文学教材を用いた英語授業の事例研究

シリーズ 言語学と言語教育

第15巻　非母語話者日本語教師再教育における聴解指導に関する実証的研究
　　　　横山紀子著

第16巻　認知言語学から見た日本語格助詞の意味構造と習得
　　　　－日本語教育に生かすために　森山新著

第17巻　第二言語の音韻習得と音声言語理解に関与する言語的・社会的要因
　　　　山本富美子著

第18巻　日本語学習者の「から」にみる伝達能力の発達　木山三佳著

第19巻　日本語教育学研究への展望－柏崎雅世教授退職記念論集
　　　　藤森弘子，花薗悟，楠本徹也，宮城徹，鈴木智美編

第20巻　日本語教育からの音声研究　土岐哲著

第21巻　海外短期英語研修と第2言語習得　吉村紀子，中山峰治著

第22巻　児童の英語音声知覚メカニズム－L2学習過程において　西尾由里著

第23巻　学習者オートノミー－日本語教育と外国語教育の未来のために
　　　　青木直子，中田賀之編

第24巻　日本語教育のためのプログラム評価　札野寛子著

第25巻　インターアクション能力を育てる日本語の会話教育
　　　　中井陽子著

第26巻　第二言語習得における心理的不安の研究　王玲静著

第27巻　接触場面における三者会話の研究　大場美和子著

第28巻　現代日本語のとりたて助詞と習得　中西久実子著

第29巻　学習者の自律をめざす協働学習－中学校英語授業における実践と分析
　　　　津田ひろみ著

第30巻　日本語教育の新しい地平を開く－牧野成一教授退官記念論集
　　　　筒井通雄，鎌田修，ウェスリー・M・ヤコブセン編

第31巻　国際英語としての「日本英語」のコーパス研究
　　　　－日本の英語教育の目標　藤原康弘著

第32巻　比喩の理解　東眞須美著

第33巻　日本語並列表現の体系　中俣尚己著

第34巻　日本の英語教育における文学教材の可能性　髙橋和子著

第35巻　日・英語談話スタイルの対照研究－英語コミュニケーション教育への応用
　　　　津田早苗，村田泰美，大谷麻美，岩田祐子，重光由加，大塚容子著

第37巻　初級韓国語学習者の学習態度の変容に関する研究　齊藤良子著

第38巻　文学教材を用いた英語授業の事例研究　久世恭子著

シリーズ 言語学と言語教育 38

文学教材を用いた英語授業の事例研究

久世恭子 著

ひつじ書房

はしがき

　本書の目的は、英語教育における文学教材の意義を授業の事例分析から再検討することである。

　かつては日本の英語教育の中心に位置していた文学であるが、昨今の急速な教育改革の過程でその言葉を聞く機会はめっきり少なくなった。しかも、文学を使ってどのような英語授業が行われているのか、その実態はほとんど明らかにされないまま、作品や教授法についてのいくつかの先入観と共に片隅に追いやられてきた感がある。

　一方、英米では1980年代前後に言語教育における文学教材の価値を見直す動きが起こった。主として教育的文体論がその原動力となったことから、当初は理論的な側面からさかんに議論が行われたが、次第に、学習者の読解過程や授業中の反応などを追究する実証的な研究が求められるようになってきた。しかし、そのようなデータの収集は文学作品を使う目的やコンテクストを考慮するとまだ十分とは言えず、そこで、本書では日本の大学における数多くの授業事例を詳細に分析することによって文学教材の意義と問題点を再検討することを計画した。同時に、様々に条件の異なる状況下での文学教材の活用法を提案したいと考えている。

　本書は、以下の7章から構成される。

　第1章は、序論として「本書の目的」「研究の課題」を示し、「用語の定義」を行う。「用語の定義」のうち、本書で最も重要な言葉である「文学」については、先行研究において示されてきた特徴の中でその中心に位置するものを意味するとし、「文学的」という表現も併せて用いることとする。そして、本書で研究対象とするのは、創造性があり、想像力に富み、ある程度解釈の自由が読者に与えられるようなテクストで、作品ジャンルとしては、小説・詩・戯曲・随筆・児童文学・歌詞・手紙・自伝・日記などであることを明らかにする。

　第2章では、歴史的考察と先行研究のまとめを行う。本章は、英語及び外国語教育における文学教材利用の歴史の考察と、文学教材利用についての

先行研究の概観の 2 部構成で、いずれも日本国内と英米の両方の文脈から議論する。まず、日本における文学利用の歴史を明治時代初頭から現在まで辿り、特に、戦後の中等教育の学習指導要領の変遷に伴い文学教材が徐々に排除されてきた過程を説明する。これに対して、英米では、教育的文体論とCLT（Communicative Language Teaching）の発展を主な要因として、1980 年前後に文学教材を再評価する動きが起こったことを確認する。第 2 章の後半では、Widdowson（1975）以降のこの分野の主な先行研究をまとめ、文学教材の意義についての理論的な研究が進むにつれて、現在では、それを支持する実証的な研究、特に、個人の学習過程や教室での授業の進行に関するデータ収集や学習者の反応の分析に関心が集まるようになってきたことを説明する。

　第 3 章では、英語・外国語教育の中で文学教材を使うことの意義と利用の問題点について、先行研究に独自の視点を加えて整理する。本章でまとめる意義と問題点は、授業事例のデータを収集する際の理論的な枠組みとし、また実践や観察を行う際に特に注目する点とする。文学教材の意義は、Carter & Long（1991）のモデルに準じる 3 つの主張、「言語に関する意義」、「感情や人間形成に関する意義」、「文化に関する意義」と、それらに区分できない「その他の意義」に分類する。また、文学教材の意義の主張を批判し、「外国語教育において文学に特別な役割はない」と結論づけた Edmondson（1997）の議論も紹介する。

　第 3 章の後半では、文学教材使用に伴う問題点を探るため、Hirvela（1989）の「語学教師が文学を避ける 5 つの理由」を端緒に、これまで渾然一体となって体系的に整理されることのなかった諸問題を、「文学読解の難しさ」「コミュニケーション能力との関係」「ESP/EAP との関係」「評価に関する問題」に分けて詳説する。

　第 4 章では、第 5 章で行う事例研究の概要を述べる。事例研究の目的は、「実際の教室での実践と学習者の反応を綿密に調査し、記述し、分析することによって日本の英語教育における文学教材の意義や問題点を論じることであること」を明確にする。事例研究の方法論を示す上で中心的な概念である、「質的研究」「事例研究」「観察」「アンケート調査」「倫理的配慮」につ

いても説明し、章末に、各事例の条件や扱う文学作品、採用するデータ収集や分析の方法をまとめた一覧表を付す。

第5章では、主として教授法や使い方に注目して、全22の事例を8カテゴリーに分類し節を立てる。それらは、「伝統的な教授法を用いた事例」「Language-based approaches を取り入れた児童文学の授業例」「Communicative Language Teaching を用いた事例」「Composition で文学を使った事例」「Extensive Reading の教材としての文学」「ESP/EAP の中での事例」「メディアを使った事例」「言語横断的授業での事例」である。各カテゴリーに属する事例の数はそれぞれ異なるが、各節では授業展開・教室談話・ワークシートの記述に加えて、アンケート・インタヴューに見られる学習者の反応をデータとして分析し、それらに基づいた考察を行う。

第6章は、事例研究の総合考察の章である。第5章でカテゴリーごとに行った考察を統合し、第3章の枠組みに応える形で、文学教材の意義と利用に伴う問題点を総合的に論じる。

第7章では、各章の要約と結論を述べた上で研究の反省を行い、改善点と今後の課題を記す。本書の結論として、文学あるいは文学的テクストは、言語、感情や人間形成、文化理解の観点から、また、解釈する力や創造性を育むという理由から、英語教育において意義のある教材であると主張する。

文学教材をめぐる議論は、英語教育の中のごく一面としてとらえられがちであるが、実は、教育のより本質的、根幹的な部分に関わっているのではないかと考えている。本書が、文学教材を中心に、過去から現在に至るまでの日本の英語教育の様相や特徴を示すことにいくらかでも貢献する事ができ、今後のより良い教育実践に向けた議論のきっかけとなれば、嬉しく思う。

目　次

はしがき　　v

第1章　序論 ——————————————————— 1

1. 本書の目的 ……………………………………………… 1
2. 研究の課題 ……………………………………………… 3
3. 用語の定義 ……………………………………………… 4
   - 3.1　英語教育 ………………………………………… 4
   - 3.2　文学、文学的 …………………………………… 5
   - 3.3　文学教材 ………………………………………… 13

第2章　英語教育における文学教材の位置
日本・英米における文学利用の変遷とこれまでの研究 —— 19

1. 英語及び外国語教育における文学作品利用の変遷 ……… 19
   - 1.1　日本の英語教育における文学の位置
     　　―明治時代初頭から現在に至るまで― ………… 20
   - 1.2　英米の英語及び外国語教育における文学利用の歴史 ……… 29
   - 1.3　文学教材をめぐる日本と英米の共通点、相違点 ……… 34
2. 英語及び外国語教育における文学利用の先行研究 ……… 40

第3章　文学教材の意義と問題点 ——————————— 47

1. 文学教材の意義 ………………………………………… 47
   - 1.1　先行研究に見られる意義のまとめ ……………… 47
   - 1.2　言語に関する意義 ……………………………… 52
   - 1.3　感情や人間形成に関する意義 ………………… 54

	1.4	文化に関する意義	55
	1.5	その他の意義	57
	1.6	意義の主張に対する反論	
		―Edmondson（1997）の議論を中心に―	59
2.		文学教材の使用に伴う諸問題	62
	2.1	Hirvela（1989）「語学教師が文学を避ける 5 つの理由」	64
	2.2	文学読解の難しさ	65
	2.3	コミュニケーション能力との関係	68
	2.4	ESP/EAP との関係	76
	2.5	評価（testing）に関する問題	78

第 4 章　事例研究の概要
研究の方法と対象事例の概要 ——— 83

1.	事例研究の目的	83
2.	事例研究の方法	87
	2.1　質的研究	87
	2.2　事例研究	92
	2.3　観察	93
	2.4　アンケート調査	96
	2.5　倫理的配慮	97
3.	各事例研究の概要	100

第 5 章　文学教材を用いた大学英語授業の事例研究 ——— 107

1.	伝統的な教授法を用いた事例	109
	1.1　伝統的な教授法について	109
	1.2　伝統的な教授法を用いた事例の概要	112
	1.3　伝統的な教授法を用いた事例研究の結果	116
	1.4　伝統的な教授法を用いた事例の考察	147
2.	Language-based approaches を取り入れた事例	152
	2.1　Language-based approaches（“LBA”）について	152
	2.2　教材としての児童文学	154
	2.3　LBA を取り入れた事例の概要	155
	2.4　LBA を取り入れた事例研究の結果	168

目次 xi

2.5 LBA を取り入れた事例の考察 ･････････････････････････････････ 182
3. Communicative Language Teaching における文学利用 ･･･････････････ 185
  3.1 Communicative Language Teaching(“CLT”)について ･････････････ 185
  3.2 CLT で文学を用いた事例の概要 ･････････････････････････････ 186
  3.3 CLT で文学を用いた事例研究の結果 ･･･････････････････････ 191
  3.4 CLT で文学を用いた事例の考察 ････････････････････････････ 213
4. Composition の題材に文学を使った事例 ･･･････････････････････････ 218
  4.1 文学と composition ･･ 218
  4.2 Composition の題材に文学を使った事例の概要 ･･････････････ 223
  4.3 Composition の題材に文学を使った事例研究の結果 ･････････ 227
  4.4 Composition の題材に文学を使った事例の考察 ･･････････････ 233
5. Extensive Reading における文学作品 ･･･････････････････････････････ 237
  5.1 Extensive Reading とその題材について ･････････････････････ 237
  5.2 Extensive Reading の事例概要 ･････････････････････････････ 241
  5.3 Extensive Reading の事例結果 ･････････････････････････････ 242
  5.4 Extensive Reading の事例考察 ･････････････････････････････ 253
6. ESP/EAP に文学を取り入れる試み ･････････････････････････････････ 258
  6.1 文学と ESP/EAP ･･ 258
  6.2 本事例研究の背景 ･･･ 259
  6.3 ESP/EAP に文学を取り入れた事例の概要 ･･･････････････････ 262
  6.4 ESP/EAP に文学を取り入れた事例研究の結果 ･･････････････ 266
  6.5 ESP/EAP に文学を取り入れた事例の考察 ･･･････････････････ 271
7. マルチ・メディアを使った事例 ･････････････････････････････････････ 274
  7.1 文学教材とマルチ・メディア ･･･････････････････････････････ 274
  7.2 マルチ・メディアを使った事例の概要 ･･･････････････････････ 276
  7.3 授業展開とメディアの利用例 ･･･････････････････････････････ 278
  7.4 アンケート調査の結果 ･･････････････････････････････････････ 281
  7.5 マルチ・メディアを使った事例の考察 ･･･････････････････････ 290
8. 言語横断的授業で用いる文学的な教材 ･････････････････････････････ 294
  8.1 「言語横断的」と「メタ言語能力」について ･･････････････････ 294
  8.2 言語横断的授業の概要 ･･････････････････････････････････････ 296
  8.3 言語横断的授業の実践結果 ･････････････････････････････････ 297
  8.4 言語横断的授業で文学的な教材を用いた事例の考察 ･･････････ 312

第 6 章　事例研究の総合考察
事例研究に基づく意義と問題点の再検討 —————— 315

- 1.　文学教材の意義 ———————————————— 315
  - 1.1　言語に関する意義 ——————————————— 315
  - 1.2　感情や人間形成に関する意義 ———————————— 318
  - 1.3　文化に関する意義 ——————————————— 321
  - 1.4　その他の意義 ———————————————— 324
- 2.　文学教材利用に伴う問題点 ———————————— 327
  - 2.1　文学読解の難しさ ——————————————— 327
  - 2.2　コミュニケーション能力との関係 ————————— 329
  - 2.3　ESP/EAP との関係 —————————————— 330
  - 2.4　評価に関する問題 ——————————————— 332
  - 2.5　その他の問題点 ———————————————— 335

第 7 章　結論 ————————————————————— 339

- 1.　要約 ———————————————————————— 339
- 2.　結論 ———————————————————————— 342
- 3.　改善点と今後の課題 ———————————————— 343
- 4.　おわりに ———————————————————— 345

参考文献　　347

Appendix　　363

あとがき　　389

索引　　391

第1章
序論

1. 本書の目的

　本書の目的は、日本の英語教育における文学教材の意義について議論することである。本書では、日本の英語教育における文学教材の位置を歴史的に確認し、英米での歴史や理論を踏まえた上で、大学英語教育における授業事例を複数分析することによって、これまで主として理論的な側面から議論されてきた文学教材の意義を再検討する。それと同時に、条件の異なる様々な授業における文学教材の効果的な教授法や活用法を提案することを目的とする。

　日本の英語教育の中で、教材としての文学が減少傾向にあると指摘され始めてから久しい。かつては中心的な教材であった文学が、「役に立つ英語力」や「コミュニケーション能力育成」、さらには「グローバル人材育成」を目指す、昨今の英語教育の大きな流れの中で次第に使われなくなってきており、その利用を正当化することはしばしば難しい状況にある。中等教育においては、文部科学省の学習指導要領に見られる変化に伴い[1]、戦後から徐々に文学教材を取り込みにくい状態となり、特に、1980 年代後半に「コミュニケーション」という言葉が登場してからはその排除の勢いが加速した。学習指導要領のような縛りがなく、より自由に授業の目標を設定することができる大学教育においても、文学作品を載せた大学英語教科書は消えつつあり、また、教員の望ましい専門分野は文学ではなく英語教育学であるという考えが多数を占めるに至っている。文学排除の方針やその理由は明記されて

はいないものの、教材選択の際には文学使用を控えるように促され、また、使いたいと望む側もその理由を説得力のある形で示すことができないという状況が続いている。

　一方、母語を含めた言語教育において文学の地位が低下したのは世界的な傾向であり、日本に限ったことではない。英語教育における実用主義やオーラル・コミュニケーション重視の風潮の中で、やはり教材としての文学は徐々に衰退してきたのである。そのような状況下で、英米で1980年前後に英語（外国語）教育における文学教材を再評価する動きが起こったことは注目に値する。Gilroy & Parkinson(1997)によると、再評価の要因は、主として「文学言語の議論や読者反応理論を含む文学批評と communicative language teaching の収束」(p.213)である。また、米国では、特に、文学は外国文化を学ぶための authentic な教材、すなわち、現実に存在する生の教材であるという認識のもとに復活したとの指摘がある(e.g. Nostrand, 1989; Kramsch & Kramsch, 2000)。

　この再評価の動きから40年近く、第一言語や第二言語・外国語教育における文学の意義や役割について活発な議論が行われてきた。そして、特に2000年代になると、文学教材の意義については、理論面から論じるだけでなく、教室のような実際の学習環境における実証的データの蓄積が急務である(Carter, 2007b; Paran, 2008)という声が高まった。例えば、「実際にどんな作品を使って、どのような授業が行われているのか」を示すために授業実践や学習プロセスを記述したり、「そのような教材や活動について学習者はどう感じているのか」を知るために学習者の反応を調べたりすることが求められるようになったのである。実践例の提案は、これまでも英米で出版された resource books の他に日本の出版物にも見られるようになってきたが、実際に行った授業の記述や結果分析についての研究は未だに限られている。

　そこで、本書では、実際に文学教材を使っている日本の大学英語授業から教材のジャンル・教授法・対象者などが様々に異なる事例を数多く収集し、それぞれの文学作品の使い方や教室内の言語活動を記述して、同時に、学習者の反応を分析することによって文学教材の持つ役割や可能性を再検討したいと考えている。まず、日本の英語教育における文学作品の位置を、英米の

英語・外国語教授法プログラムと対比させながら歴史的・制度的観点から見直し、英語教育の中で文学的な教材を利用することの意義と問題点を日本と海外の両視点から議論する。その上で、それらの意義や問題点が実際の教室事例の中に見られるかどうかを検証する。当該分野で余り用いられてこなかった実証的な手法も取り入れることにより、意義はどのような点で見られるのか、問題点を解決するための策はあるのか、などについて事例を分析しながら具体的に再考することが本書の特徴である。

　本書では、授業分析を通して文学作品の教材としての有用性を主張し、従来、文学教材の問題点とされてきたいくつかの点について解決策を探りたいと考えているが、外国語及び第二言語教育のどのような状況においても常に文学が最も優れた教材である、あるいは、文学教材だけで十分に効果的な英語教育を行うことが可能であるという主張を行うことを目的とはしていない。

2.　研究の課題

　本書では、研究の目的を達成するために、次のような研究課題を設定し、それぞれの課題に対する答えを追究する。

1) 日本の英語教育、及び、英米を中心とした世界的な第二言語・外国語教育における文学教材利用の歴史は、それぞれどのようなものであるか。
2) これまでに主張されてきた英語教育における文学教材の意義と問題点には、どのようなものがあるか。
3) 日本の大学の英語授業では、実際にどんな文学作品がどのように使われていて、学習者たちはそれらの文学教材や活動に対してどう反応しているのか。
4) 授業事例の中に、これまで主張されてきた文学教材の価値・意義、また、問題点は見られるのか。また、問題点を解決する方法があるとしたら、それはどのようなものであるか。

本書の各章とそれぞれの研究課題の対応関係は以下の通りである。

第 1 章：序章
第 2 章：英語教育における文学教材の位置　　　　研究課題 1)
第 3 章：文学教材の意義と問題点　　　　　　　　研究課題 2)
第 4 章：事例研究の概要
第 5 章：文学教材を用いた大学英語授業の事例研究　研究課題 3)
第 6 章：事例研究の総合考察　　　　　　　　　　研究課題 4)
第 7 章：結論

3. 用語の定義

3.1 英語教育

　英語教育とは、「英語以外の言語を話す人々に対する英語教育」(Teaching English to Speakers of Other Languages)を総称していう。そこで教えられる英語には、大きく分けて、「第二言語としての英語」(English as a second language [ESL])、「外国語としての英語」(English as a foreign language [EFL])の 2 つがあり、前者は英語を母語、または公用語として使用している国や地域において教えられているものであり、後者は英語を母語、または公用語として使用していない国や地域において教えられているものである(白畑他, 2012)。さらに、教室外での使用機会の違いという観点も考慮に入れ、『ロングマン言語教育・応用言語学用語辞典』(第四版)は次のように説明する。

　　英語がお互いのコミュニケーションにおいて重要な役割を果たさないような国(たとえば、中国、日本、韓国など)において、改まった教室で英語を学習し、教室の外で英語を使う機会が限られている、またはその機会がないような人の場合、英語を外国語として学んでいる、という。日常生活で英語が必要である(たとえば、合衆国で英語を学んでいる移民)ような状況、あるいは英語が、教育、ビジネス、政治において重要な役割を果たしているような国(たとえば、シンガポール、フィリピン、イ

ンド、ナイジェリア)で英語を学んでいる人は、第二言語として英語を学んでいる、という。 (p.157)

本書の議論の中心は日本の英語教育であるので、その場合の英語教育とは「外国語としての英語」(EFL)を指す[2]。その一方で、この分野の先行研究には、「第二言語としての英語」(ESL)と「外国語としての英語」(EFL)を区別せずに用いているものも多いことから[3]、理論的な枠組みや方法論などは両方のものを参照する。ただし、上記の定義のように、ESL と EFL は環境や目的などの点で異なる特徴を持つので、その点を認識した上で応用できる知見などは取り入れる。また、日本の英語教育の「外国語教育」という点に注目した場合には、英語圏での外国語(例えば、フランス語、ドイツ語)教育との共通点もあることから、そこでの先行研究も参考にしたい[4]。

3.2 文学、文学的

「文学」を定義することは過去において繰り返し試みられたが、現在に至るまで成功したものがあるとは言い難い。そこで、ここでは次の項目で「文学教材」の定義を行うのに先立ち、これまでの「文学」の定義にまつわる議論を整理して、本書ではどのようなものを「文学」あるいは「文学的」と言うのかを示したい。

最初に、本書で「文学」という場合、英語の"literature"を念頭に置いているということを記しておく。というのも、英語の"literature"と日本語の「文学」の持つ意味は必ずしも一致しないからである。日本語の「文学」は、英語の"literature"より狭い意味で使われていると指摘する文献は多い。たとえば、鈴木(1998; 2009)は、日本語の「文学」は、英語の"literature"の中でも19世紀後半から20世紀にかけてできた狭義の意味、つまり、「文字による言語芸術」という意味を持ち、英語の"literature"の多義性がふまえられていないと指摘する[5]。

確かに、*Oxford English Dictionary*(オンライン第3版、2018年9月18日にアクセス)によると、"literature"は大きく分けて以下の5つの意味を持ち、特に、4. と5. の意味を、通常、日本語の「文学」は持っていない。

1. Familiarity with letters or books; knowledge acquired from reading or studying books, esp. the principal classical texts associated with humane learning; literary culture; learning, scholarship. Also: this as a branch of study. （1450年初出）

2. The action or process of writing a book or literary work; literary ability or output; the activity or profession of an author or scholar; the realm of letters or books. （1663年初出）

3. a. The result or product of literary activity; written works considered collectively; a body of literary works produced in a particular country or period, or of a particular genre. Also: such a body of works as a subject of study or examination. （1711年初出）

   b. Without defining word: written work valued for superior or lasting artistic merit. （1852年初出）

4. （A body of）non-fictional books and writing published on a particular subject. （1797年初出）

5. Printed matter of any kind; *esp*. leaflets, brochures, etc., used to advertise products or provide information and advice. （1859年初出）

　しかしながら、英語の"literature"について上記全ての意味が実際に受容されているかというとそれもまた疑問である。一般にイメージされている日本語の「文学」よりは幅広い意味を持つ場合が多いとはいえ、やはり中心となるのは定義に"literary"の文言を含んでいる1.から3.ではないかと推測される。また、印刷されたテクスト一般を全て文学とするならば、そもそも、言語教育における文学教材の意義を議論することは意味を持たなくなってしまうだろう。そこで、本書でも主として1.から3.の語義を念頭に置き、「文学」や「文学的」という表現を用いたいと考えている。

　実際、この「文学とは何か」という質問に説得力のある答えを出すことは難しく、Williams（1983）, *Keywords: A vocabulary of culture and society*（改訂版）のLITERATUREの項は"Literature is a difficult word."で始まっている。同書は、続いて、「文学」という語の持つ意味の範囲が歴史と共に変わっ

てきていること、しかし、一般的には "printed books"（「印刷された本」）という概念と強く結びついてきたことを説明している。以下の記述は、literature の定義がなぜ難しいかを示したものである。

> What has then to be traced is the attempted and often successful special-ization of **literature** to certain kinds of writing. This is difficult just because it is incomplete; a literary editor or a literary supplement still deals generally with all kinds of books.　　　　　　　　　　　（p.185）
>
> 　　　　　　　　　　　　　　　　　　　　　　　　　（強調は原文のまま）

> ここまでくると、次にたどっておかなければならないのは「文学（litera-ture）」を特定の種類の著述に特殊化しようとする試みとその成功である。が、これは困難な作業である。なにしろその特殊化が徹底していないからである。たとえば、literary editor（文芸編集者）、literary supple-ment（文芸付録）という場合には、依然としてすべての本が対象である。
>
> 　　　　　　　　　　　　　　　　　　　　　　（椎名他, 2011, p.311）

Williams（1983）は、literature や literary がすべての本を対象として用いられていることが多いと指摘した上で、"well-written books of an *imaginative* or *creative* kind"（p.185）（「想像的」、ないしは「創造的」なたぐいの上手に書かれた本）（椎名他, 2011, p.311）という「文学」の定義を試みている。

　Eagleton（1983）もまた、定義の難しさと定義しようとする試みの多さについて以下のように言及している。

> There have been various attempts to define literature. You can define it, for example, as 'imaginative' writing in the sense of fiction – writing which is not literally true. But even the briefest reflection on what people commonly include under the heading of literature suggests that this will not do.　　　　　　　　　　　　　　　　　　　　　　　　　（p.1）

文学、あるいは文学の言語は特別なものであるという見解が特に1980年前後から反論を受けるようになったことは後述するが、例えば、Eagleton (1983) は、それを区別する性質が存在しないことを以下のように述べている。

> There is no 'essence' of literature whatsoever. Any bit of writing may be read 'non-pragmatically', if that is what reading a text as literature means, just as any writing may be read 'poetically'.　　　　　　　　　　　　(p.9)

　1990年代には、Carter (1995) が文学を "a body of written texts, produced by a culture and highly valued within that culture over a period of time" (p.102) と、定義した。また、Edmondson (1997) は、文学は外国語学習において特別な役割を果たさないと主張したが、「これまで文学には満足のいく定義がなく、だれもこれについて真剣に考えてこなかった」(p.45, 筆者訳) と文学の定義の欠如を批判しつつ、議論を先に進めるために、"written texts which have a certain aesthetic value and some perceived status in the culture of which they are artefacts" (p.45) という定義を試みている。

　文学を定義することがいかに難しいかということは、言い換えると、文学と文学でないものの間にはっきりとした境界線を引くのが困難であるということでもある。では、どのような観点から見て文学と非文学を区別するのか、或いは、文学の何に着目して境界線を引くのだろうか。伝統的には、文学の定義は文学言語の定義を持ってなされてきたが、本書では、複数の視点から文学の特徴をとらえるために、作品のジャンル、質、言語という3つの観点を設定する。以下、それらの観点に注目して文学とは何か、どんな特徴を持っているか探っていく。

　はじめに、作品のジャンルについてであるが、一般に小説・詩・戯曲はほぼ異論なく文学のジャンルと見なされるものの、随筆や自伝はどうであろうか。Belcher & Hirvela (2000) は、個人の書く随筆を文学に含める人もいれば、そうでない意見の人もいると指摘する。また、Williams (1983) は、「カーライルやラスキンは小説や詩や戯曲を書かなかったが、「英文学」(English literature) に属している」(椎名他, 2011, p.311) と述べ、随筆が文学なのかどうかの明言を避けている。小説・詩・戯曲以外の作品、例えば随筆や自伝などは、現実の出来事や経験を著すことが多く、必ずしも「想像的」と言えない場合も多いのだが、それでも文学と言えるのだろうか。これに関連して、先述の Eagleton (1983) は、"A distinction between 'fact' and 'fiction', then, seems unlikely to get us very far, not least because the distinction itself is often a questionable one." (p.1) と述べている。また、Carter & Long (1991) は、「文学は現実に起こった出来事や経験を表現するかどうか」という問題について、Literature: fact or fiction? という項で、以下のような議論を展開している。

> The main criterion here is the capacity of the author to create contexts with which readers can identify. If readers can identify with events or characters and project themselves into them *imaginatively* then a certain truth to experience can have been created. It is this imaginative, truthful re-creation of experience which is often taken to be a distinguishing characteristic of established literary texts.
> (p.13)
> (斜字体は原文のまま)

すなわち、読者が "imaginative, truthful re-creation of experience" を持てるようなコンテクストを作者が与えられるようなテクストであれば、たとえ、現実の出来事や経験を扱っていても文学であるということである。逆に、事実を直接的に記述するだけで作者によるこの作業が行われていない場合は文学的な特徴を持っているとは言えない。本書では、この議論における「想像的な」「再創造」の意味に賛同し、fact に基づいて創作が行われているような随筆、自伝、手紙、歌詞などを含めて文学的テクストとして、研究対象としたいと考えている。

　次に、文学の定義に「質」を考慮すべきかどうかであるが、この問題についての言及はこれまでの研究において「作品のジャンル」や「言語」のそれに比べ多くない。しかし、先に述べたように、Williams (1983) が「「想像的」

(imaginative)、ないしは「創造的」(creative)なたぐいの上手に書かれた本 (well-written books)」(椎名他, 2011, p.311, 下線は本書の筆者による)と文学を定義しているように、ある作品が well-written であるかどうか、つまり「質」がしばしば条件の1つとなっている。これは、14世紀における litera-ture の意味が "polite learning through reading (読書を通じた上流ならではの優雅な教養)" であったという歴史的な背景に通じるものと言えるが、Williams (1983) は、さらに、小説・詩・戯曲の中にも、「優雅な教養」とするには「内容」や「重要性」も不足していて「文学作品」とは呼べないものも多く、そのような「想像的」でも「創造的」でもない作品のために「大衆文学」(popular literature) や「二流作品、三文小説」(sub-literary) などの区分が設けられたと説明している。また、Eagleton (1983) も、例えば、Lamb, Macaulay, Mill らが文学だと見なされる理由を "fine writing" であるからと説明し、その上で、"This answer has the disadvantage of being largely untrue, at least in my judgement, but it has the advantage of suggesting that by and large people term 'literature' writing which they think is *good*." (p.10) と質について言及している。

　最後に、文学で使用されている「言語」について定義ができるのか、或いは、「言語」という観点から文学と非文学を区別することができるかどうか、先行研究を振り返りたい。Canon の概念を確立し、文学研究をこの上なく洗練された営み ("supremely civilizing pursuit") と位置付けた F. R. Leavis は、文学の言語についても "'In major literary works we have the fullest use of language'; Literature is 'the supreme creative act of language'" (quoted in Hall, 2005, p.12) と述べている。

　Leavis の影響を受けた Practical Criticism, New Criticism が文学を協調、バランス、統合、多義性などの特質により人間理解の表現形式と見なしたのに対して、Russian Formalism (ロシア・フォルマリズム) はより科学的で冷静な文学言語についての分析を行った (Gilroy & Parkinson, 1997)。彼らは、詩を中心に文学的言語の特性を研究し、文学を "a special use of language" と考えた。中でも "a structural distinction between literary and non-literary texts" (文学テクストと非文学テクストの構造的な区別) (Weber, 1996, p.1, 筆者訳）を掲げた Roman Jakobson が文学言語を表す言葉として "literariness" を造り（Simpson, 2004）、その後の文学言語研究の出発点としたが、日常言語とはっきり異なる文学言語なるものが存在するという考えは今日では受け入れられていない。以下の引用でも、文学言語というものが存在するかという問いに対して、"no" という答えが出されている。

Is there a 'Literary language'? As far as most stylisticians are concerned, the short answer to the question which heads this unit is 'no'. That is to say, there exists no feature or pattern of language which is inherently or exclusively 'literary' in all contexts. 　　　　　　　　　（Simpson, 2004, p.98）

Does literature have a language of its own, perhaps rather unrepresentative of, or rather different from ordinary language（e.g. old-fashioned, obscure, pretentious, generally 'difficult'）? The simple answer to this old question is no, there is nothing uniquely different about the language of literature. 　　　　　　　　　　　　　　　　　（Hall, 2005, p.8）

（下線は本書の筆者による）

　上記引用のそれぞれに、"the short answer"、"the simple answer" という表現が用いられているのは、実際にはより長い説明を必要するからであると考えられる。すなわち、現在、多くの文体論者たちの間で支持されているのは、文学言語／非文学言語（日常言語）という二項対立的な考えを否定し、literariness は境界を引けるようなものではなく薄いものから濃いものへの連続体またはグラデーションとして表されるものであるという以下のような説明である。

In the next section it will be argued that the opposition of literary to non-literary language is an unhelpful one and that the notion of literary language as a yes/no category should be replaced by one which sees literary language as a continuum, a cline of literariness in language use with some uses of language being marked as more literary than others.

(Carter & Nash, 1990, p.34)

　では、何を持って言語に"literariness"（文学らしさ）があるとするのだろう
か。Table 1.1 は、Carter & Nash（1990）が設定した、"literariness"を測るた
めの6つのクライテリアを説明したものである。その6つとは、Medium
dependence（表現様式依存度），Re-registration（取り込み容量），Semantic den-
sity（意味の緊密性），Polysemy（語彙の多義性），Displaced interaction（解釈な
ど深いインタラクション），Discourse patterning（談話様式）である。

Table 1.1　Literariness の6つのクライテリア

Criteria	文学言語の特徴
Medium dependence	表現様式依存度。絵や図表など他のメディアに頼らなくても読めるものは文学性が高い
Re-registration	取り込み容量。異なる言語使用域の言葉を多く取り込むことができる
Semantic density produced by interaction of linguistic levels	意味に緊密性がある（統語・語彙・音韻・談話のレベルに互いに影響を及ぼし合うパターンがある）
Polysemy	語彙に多義性がある
Displaced interaction	読み手により解釈・交渉などの深いやり取りがなされる
Discourse patterning	意味内容に影響を与えるような談話様式が可能である

(Carter & Nash, 1990; 斎藤, 2000 をもとに作成)

　以上のように、「文学」に関してはこれまで決定的な定義がないという事
実、また、文学言語とそうでないものを明確に区別することができないとい
う結論を踏まえ、本書では「文学」を明確には定義せず、これまで見てきた
特徴の中心に位置するようなものを「文学」と考えて、「文学的」という表
現も併せて用いることとする。具体的には、創造性があり、想像力に富み、
ある程度解釈の自由が読者に与えられるようなテクストを文学的と見なす。

また、作品のジャンルとしては、小説・詩・戯曲・随筆・児童文学・歌詞・手紙・自伝・日記などを研究対象とする。

　この「文学的」という日本語は英語の"literary"にあたるが、この分野の先行研究で literature, literary texts が併用されているという慣例に倣い、本書でも「文学」と「文学的テクスト」の両方を使う。Literary は特徴・性質を表す形容詞であるから、先述の Williams（1983）も指摘するように[6]、文学かどうかの明確な線引きを行わずにその特徴を持つ対象テクストにより幅広く使うことができる。本書でも、たとえば、第5章で教材とする pop song lyrics や多読用の retold 版など literature と呼ぶには議論が分かれるものも扱うが、それらも文学的な性質を持っているという理由で literary texts（materials）と呼ぶことが可能である。他にも、literature が文学という大きな概念を示すことができるのに対して、特に literary texts と言った場合にはテクストや文章そのものにより注意が払われること、また、literature が1つの完成されたもの、あるいは大きな塊という印象を与えるのに対して、literary texts（works）は、未完であったり、全体の一部を引用したりする時にも用いられるという印象を持つことなどを指摘しておきたい。

3.3　文学教材

　「文学教材」とは、母語（第一言語）、第二言語、外国語などの言語教育で用いられる文学、または文学的テクストを意味する。

　言語教育における文学が従来認識されてきた狭義の文学より広い意味を持つようになったことは、1980年前後に英米を中心に文学が言語教育の教材として再評価され、それまでより積極的に使われるようになったことに関連する。Maley（1989）は、"Literature is back, but wearing different clothes."（p.59）と題した論考の中で、旧植民地の文学・女性作家の作品・現代詩・児童／青少年文学なども EFL 教師の格好のリソースになったと指摘し、"Perceptions of what can be included in literature have been extended well beyond the traditional literary canon."（p.59）と述べている。しかし、同時にこれは、辞書の上では多義性を持つ「文学」をいう言葉が、やはり多くの人にとっては canon（正典）と同義に受け取られてきたという事実をも暗示している。

14

　この再評価の流れの中では、テクストの範囲だけでなく、それを言語教育で用いる際の方法や活動内容、また学習者の能力もそれまでよりも大きな幅を持つものとなった。Gilroy & Parkinson（1997）もこの傾向を以下のように記している。

One of the trends since the 1960s in literature teaching in FLT has been away from exclusivity, not only in the choice of literary texts, but in the level of students being given access to literature.　　　　　　　（p.217）

すなわち、伝統的には、文学が使われるコンテクストとは、大学などの高等教育機関で、知性の面でも言語の習熟度の面でも高いレベルの学習者を対象に、評価の定まった正典を中心に、講義形式で教えられることを意味していたのである（e.g. Hall, 2005）が、近年、特に 1980 年代以降には、多くの点でそれ以外の可能性が追求されるようになったということである。

　文学が語学教育の教材として再評価されるに至ったことについて教育的文体論の功績は大きいが、その基礎を築いたといえる H. G. Widdowson は *Stylistics and the Teaching of Literature*（1975）で、文学を「言語使用の一形式」（田中・田口, 1989, p.192）と位置付けた上で、文体論的分析が言語教育における文学の役割を考え直すきっかけになることを予測している。同じく文体論的なアプローチで文学を言語教育に用いることを提唱した Carter & Long（1991）は、文学を教えるというコンテクストにおいて、「文学を研究することと、題材（a resource）として文学を使うことを区別する必要がある」（p.3, 筆者訳）と述べている。文学を言語教育の題材として使う場合には言語そのものに多くの注意が払われ、言語学習のための練習なども取り入れられる。また、授業形態はレクチャータイプではなく、より学習者中心の方法が採られ、学習者の人間的成長や社会の中での自覚などを促しながら言語教育を行うことに特徴があると同書は説明する。

　言語と文学を扱う教育で、どちらにどれくらい焦点を当てて教えるかという観点から 2 つの関係を示したものが Figure 1.1 に示した Paran（2008）の図である。同図は、言語的要素と文学的要素を重要視する度合いによって、授

業の目的や活動が変わることを示している。

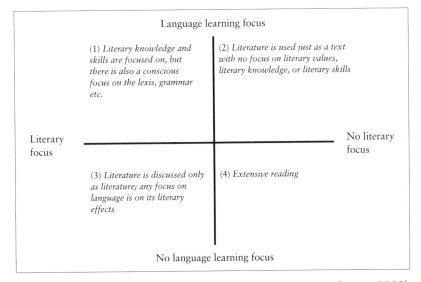

Figure 1.1　The intersection of literature and language teaching (Paran, 2008)

　本書で対象とするのは言語教育(学習)で文学を教材として使う事例で、そのほとんどが文法や語彙を学ぶ言語学習と共に文学の知識・技能・価値をも重視するものであるので、Figure 1.1 では(1)(言語と文学の両方を重視した領域)に属する。それらの多くは language-based approaches[7] に基づいたものであるが、そのコンセプトは文学教材を言語的な目的と文学的な目的の両方のために使うことであり、Carter & Long(1991)が"Language-based approaches should service literary goals"(p.8)と述べている通りである。次に、(2)の領域は、言語学習の要素を重視し文学をそのための1つのテクストとして見なすが、文学的な価値・知識・スキルは考慮されないケースを指す。ともすると、文学をあえて教材として用いる意味を持たない場合も含む。(3)は、言語学習に余り注意が払われず、文学そのものの比重が高い領域で、いわゆる文学研究がこれにあたる。(4)は、言語・文学のどちらにも特別な焦点が当てられないものであるが、表中に Extensive reading という語句が用いられており、本書第5章5.で論じる多読授業がこれに該当する。

この図を、扱う作品やテクストという視点から見ると、領域によって適するテクストも違ってくることが予想される。Literary focus が高い(3)の領域、特に文学研究を行う場合には、文学の canon が重用されるだろう。一方、言語教育の中で文学的なテクストを教材として用いる(1)の範囲では、背景やレベルの異なる多様な学習者が文学教材の利点を活かしながら言語能力を伸ばせるようなテクストが活用される。それらは、文学の canon と一部重複するものもあるだろうが、言語教育における文学教材の canon として分けて考えられるべきかもしれない[8]。以下の章では、どのような場合にどんな文学教材のテクストが適するかについても検証する。

註

1　題材、語彙や文法事項などの言語材料、授業時間数の変化を指す。詳細は本書第 2 章 1.1 を参照されたい。

2　文部科学省の学習指導要領の中で、中等教育の英語は「外国語」の 1 つと見なされている。

3　たとえば、Carter & Long(1991)では、"the teaching of English as a second or foreign language"(p.1)のように、ESL と EFL を終始一緒に扱っている。また、言語教育における文学使用についてまとめた代表的な論考のうち、Hall(2005)は "second language"、"L2" のみを用い、Paran(2008)は "foreign language" を用いているが、両論考共に「外国語としての英語」「第二言語としての英語」「英語以外の外国語」を対象とした研究を含んでいる。

4　Kramsch & Kramsch(2000)は、米国の外国語教育研究の雑誌 The Modern Language Journal における文学教材の位置の変遷をまとめている。本書第 2 章 1.2 を参照されたい。

5　鈴木(1998)は、19 世紀には "literature" の訳語として、「文学」の他に「字知り」「文字」などの訳語があてられていたにもかかわらず、次第に「文学」以外の訳語は淘汰されたことを指摘し、「その結果として、今日のわれわれは英語 "literature" が間口の広い多義的な語であることを、つい忘れてしまうほどになったのである」(p.127)と説明している。

6　Williams(1983)は、哲学、随筆、歴史など通常は「文学(literature)」と呼ばないもの

にも「文学的価値(literary merit)」や「文学的興味(literary interest)」があるものもあればないものもあると表現している。

7 本書第5章2.に詳説した。

8 斎藤(2003)は、「(文学作品を用いた英語教育の)具体的な教材選択・作成の基準は、作品が正典に入っているかどうか、その評価が定着しているかどうかではなく、それが言語・文学・文化感覚を養うのに適しているかどうかにある」(pp.6–7)と述べ、文学の正典が必ずしも英語教育の教材として適しているとは限らないという考えを示している。

第2章
英語教育における文学教材の位置
日本・英米における文学利用の変遷とこれまでの研究

　第2章では、第3章以下の議論を進めるために必要な歴史的考察と先行研究のまとめを行う。本章で扱う内容は大きく2つに分けることができ、1つ目は、英語及び外国語教育における文学教材利用の変遷を考察すること、2つ目は、英語及び外国語教育における文学教材利用についての先行研究を概観することである。いずれも日本国内と英米を中心とした海外の文脈の両方から分析する。

1. 英語及び外国語教育における文学作品利用の変遷

　日本の英語教育の歴史を紐解いてみると、これまで様々な面でイギリスやアメリカで研究された語学教育・外国語教育の影響を強く受けてきたことがわかる。日本の英語教育における文学利用の変遷も英米での語学教育・外国語教育における文学利用と密接な関係にあり、大きな影響を受けている。そこで、本節では、まず、日本における文学利用の歴史を明治時代初頭から現在まで辿った後で、英米を中心とする世界的な枠組みでの文学教材利用の変遷を追究する。そして、日本と世界とにおける文学教材利用の共通点や相違点に注目して、日本はこの分野でどのように英米に影響を受けてきたのか、日本独自の事情というものはあったのか、考察する。

1.1　日本の英語教育における文学の位置
―明治時代初頭から現在に至るまで―

　日本では、1872(明治5)年の学制発布の際に新政府が英学中心主義を採用したことから、英学全盛時代の幕開けを迎える。英語教育の中で文学がはっきりとその存在を主張したのは、舶来リーダーの採用によってであろう。中でも最も人気を博した『ナショナル・リーダー』全5巻は、明治20年ごろから大正初期まで30年以上にもわたって、中学校の正規の教科書として広く用いられた(伊村・若林, 1980)。もともと、世界的に見て、リーダーは英米で産業革命以降、爆発的に増加した労働者を管理するための下級管理職の教育を目的として作られたものであり、最終的には自国語である英語の古典を読めるようになることを目標として構成されている。従って、日本の『ナショナル・リーダー』も1, 2巻は身の回りの自然とのふれあいの題材が主であるが、3巻で「マッチ売りの少女」などの児童文学、4巻で「若草物語」などの青少年文学、そして、5巻では、Shakespeare, Dickens, Hawthorne などのいわゆる英米文学の古典が大半を占めた。しかし、このように文学作品を豊富に含むリーダーを長く採用したという理由でこの時代の英語教育が教養主義であったと結論づけるのは早計である。むしろ、西洋列強への仲間入りを目指す明治・大正の人々にとって文学作品を中心とした英語学習は西洋人の考えや風物を知るための「実用的」方法であったと考えるべきであるという指摘もある(江利川, 1998)。

　欧米列強に追いつくべく近代化を進める中で、帝国大学を頂点とする高等教育機関では「原書」を読みこなせる外国語能力が入学要件だったことから、旧制中学校・高校では必然的にその能力を養うために文学や思想書が原書で読まれた。江利川(2004)によると、1929(昭和4)年度の旧制高校の英語教科書では70%が文学教材だった。旧制中高等学校のみならず、実用的な英語を重視した実業学校においてさえも、明治・大正・昭和期を通して副読本が使用され、海軍機関学校でさえ、第二次世界大戦直前の英語教科書には文学色が強かった(江利川, 2006)。

　戦時中の1943(昭和18)年からは、いわゆる「国定教科書」の準備が始まった。編集にあたっては文部省から要望事項が示されたが、出来上がった教科

書の題材にはそれほど戦争の影響は大きくなく、軍国調の記述を含む課は中学校用と女学校用を平均して25％であり、寓話・詩・物語は21％であった（江利川, 2002; 伊村, 2003）。教科書の構成や教授法という点からは、オーラル・ワークに配慮した「コース」（教本）教科書の流れを汲んだものであると言えるが、例えば、第1巻（中学生用）のイソップの「北風と太陽」のように、文学教材も幾分残っていたのである。

　以下の段落では、戦後の中等教育における文学教材の変遷を考察するために、文部省・文部科学省の「学習指導要領」に見られる文学教材の位置の変化を追う。文部省が英語教育について定めた法規としては、戦前にも「学校令」とその「施行規則」、「教授要目」があったが（伊村, 2003）、戦後の中等教育が学習指導要領とそれに基づく検定教科書から受けてきた影響は非常に大きいと言えるからである。

　我が国の戦後の英語教育において、文学教材が徐々に減少してきたことはしばしば指摘されている（e.g. 江利川, 2008; 斎藤, 2010）。具体的には、戦後まもなくの1952（昭和27）年の学習指導要領（試案）から文学教材に対して厳しい姿勢が見られ始め、その後、1980年代に「聞く」「話す」中心の実践的コミュニケーション能力育成の方針が重視されるに至るまで、文学教材の地位は徐々に低下していく。しかし、この文学教材減少の方針は、戦前から過度に用いられてきたとされる文学の量を制限することによって教材全体のバランスを保とうという意図があったことも見逃してはならない。つまり、文学の地位が低下したように見えるのは、必ずしも文学が役立たないという理由からではなく、他のジャンルの教材とのバランスを保つという意味での相対的な理由も特に1980年代以前にはあったのではないかと考えられる。以下、それぞれの学習指導要領の「目標」「教材」を中心に、語彙数や授業時間などにも注意を払いながら、文学教材の盛衰を考察する。

　1947（昭和22）年公示の初めての指導要領（試案）では、教材一覧表に、現中二でやさしい伝記、現中三でやさしい詩、現高一で短い小説、現高二で詩と劇・小説、現高三で小説というように豊富な文学教材が論文や随筆とともに挙げられている。課外の読み物まで Lamb, *Tales from Shakespeare* や Dickens, *A Christmas Carol* などから2つというように指定されている。同

じく試案であった、1951(昭和26)年改訂版の一般読書資料類の項には、「教材はすべて文学からとらなければならないという考えが強いが、これは支持しがたい。」という文学偏重を牽制する文言が登場し、さらに、「従来、おとぎ話類か、さもなければ、「文学気取りの」文学ものに重点がおかれていたため、一般の知識を英語で読ませるための一般読書資料がじゅうぶん探求されていない」や「生徒は文学的すぎる読み物よりも一般の知識資料のほうに興味をもつものであるが」というような、文学教材に批判的ととれる表現がいくつか見られる。

　もっとも、占領下で作られたこれら2つの試案よりも、戦後半世紀にわたって日本の英語教育の方向を決めたのは、1958(昭和33)年版の中学校学習指導要領である(伊村, 2003)。文学教材と言う観点から見た場合、題材として「特定のものに片寄らないように」と脱文学をほのめかす文言が繰り返されているだけでなく、「題材の形は、主として対話文および説明文とする」ともあり、実質的に文学を扱うのは難しくなったと言える。これに先立ち、1955年には経団連から「シェークスピアより使える英語を」という要望が寄せられ、文学は使えない英語の代名詞となった。

　題材の形式を見ていくと、1970(昭和45)年版(高等学校)で「説明文、対話文、物語、伝記、小説、劇、詩、随筆、論文、日記、手紙、時事文など」であったのが、1978(昭和53)年版では「説明文、対話文、物語形式、劇形式など」となり、1989(平成元)年版では「詩・手紙」が復活して1998(平成10)年版に引き継がれているが、「伝記、小説、随筆」などは消えたままであることがわかる。現行学習指導要領(高等学校は2009(平成21)年に告示)では、外国語科の目標として「コミュニケーション能力を養うこと」が明記され、科目として「コミュニケーション英語基礎」「コミュニケーション英語I, II, III」「英語表現I, II」「英語会話」が新設された。また、いずれも原則英語で授業を行うことが決められた。言語活動の内容として「コミュニケーション英語I」では「対話」や「説明」と共に「物語」が、「コミュニケーション英語II」では「説明、評論、物語、随筆」が記されている。2018(平成30)年に告示された新学習指導要領(高等学校)では、科目名が「英語コミュニケーションI, II, III」「論理・表現I, II, III」と変わり、「英語コミュニ

ケーション」各科目の目標として「聞くこと」「読むこと」「話すこと(やり取り)」「話すこと(発表)」「書くこと」の「五つの領域」を設定したことに特徴がある。そして、各領域で扱う話題は「日常的な」「社会的な」ものとし、情報を得る能力を育成することが強調されている(文部科学省, 2018)。時代を反映したものとも言えるが、例えば、「英語コミュニケーションI」「2内容」「(3)言語活動及び言語の働きに関する事項」では、「読むこと」の具体的な教材として電子メール、パンフレット、説明文、論説文などが挙げられており、文学的な教材を扱うのはますます難しくなってきていると言える。なお、中学校の新学習指導要領(2017(平成29)年に告示)では、高校に続き、授業は英語で行うことが示された。

　学習指導要領の他に、文部科学省が2000年代の英語教育の方向を示したものとして、2003年の「「英語が使える日本人」の育成のための行動計画」[1]がある。江利川(2008)は、「台風の目となった「行動計画」は、「コミュニケーション」や「話す／会話」という呪文を1ページ平均4.6回も繰り返している。他方で「読む」は全部で5回だけ、「文学」はゼロだ。(中略)日本の英語教育から、国策として文学が一掃されつつある。」(p.84)と指摘する。日本の英語教育における「コミュニケーション能力育成」信奉と文学教材の忌避は深い関係があると言えるが、それについては、第3章で論じる。

　次に、学習指導要領で定められた外国語(英語)の授業時間数を見てみると、各指導要領で多少の変動はあるものの、中学校では「大まかにいって戦前は6、戦後は3」(伊村, 2003, p.109)となっている。1958(昭和33)年版で戦後初めて週3時間という数字が出て、1969(昭和44)年版で一旦週4時間になるものの、1977(昭和52)年には「ゆとり教育」のため他教科の時間数と共に減らされ、戦時下を下回る週3時間に制限された。その際に反対運動が起こり、次の1989(平成元)年版では選択科目用の時間として多少増やされ[2]、現行学習指導要領では、ついに長年週3時間で定着していた授業時間数が週4時間体制になった。

　指導する語彙数は、1998(平成10)年版に至るまでは改正の度に縮減された。1951(昭和26)年の指導要領(日本語版)では中学校1,200～2,300、高校2,100～4,500だったのが徐々に減らされ、1998(平成10)年には中学校

900、1999（平成11）年には高校1,800になった。しかし、現行学習指導要領では、中学校で新語数1,200、高校では新語数変わらず1,800語となり、「中高で3,000語（初の増加）」（江利川, 2018, p.21）となった。さらに、新学習指導要領では中学校での新語数1,600 ～ 1,800程度、高校での新語数1,800 ～ 2,500で、「小学校からの総計4,000 ～ 5,000語（旧課程の33％～67％増）」（江利川, 2018, p.21）となり、もはや新語数の減少が文学教材を使えない理由とすることはできなくなった。言語材料のうち文型と文法を見ても、1998（平成10）年に一旦は高校に移された文型・文法のうち、新学習指導要領では、例えば、現在完了進行形や仮定法などいくつかの事項が中学校に追加された。

　このように、学習指導要領の変遷を見ると、「目標」「内容」「授業時間数」「新語数」「言語材料」のどの観点からも、長年にわたり授業で文学を扱うのは難しい状況であったことがわかるが、「脱ゆとり教育」とも言われた現行学習指導要領や新学習指導要領のもと、質と量の両面で学習内容の見直しが行われ、より発展的な内容を扱えるようになったことから、英語教育の目標など方向性さえ合えば、今後、文学教材が増える可能性がないとは言えない。ただし、全体の傾向として「英語教育は、よりコミュニケーション重視となり、「使える英語」が求められるようになる」（斎藤, 2017, p.22）という指摘もある。

　本書では、中等教育の教科書について独自の調査は行わないが、ここで少し先行研究に触れておきたい。1980年代以降の中学校、高等学校の英語教科書と文学教材を調査した高橋（2015）は、中学校の教科書においてはコミュニケーション能力育成を目標にした体制下で文学教材が徐々に減少していき、また、高等学校の「リーディング」の教科書にも、文学教材を正課で扱いじっくりと読む活動を取り入れることに対して消極的な姿勢が見られることを指摘している。一方で、戦後からのより長い期間の調査を行った岡本（1992）によると、文学教材の割合は戦後の中学校英語教科書において常に1割前後を保っているという（江利川, 1998）。しかし、割合では減っていなくとも、教科書そのものが薄くなっているので量としては減っているという可能性もある。さらに、教科書に文学教材を取り入れたとしても、語彙制限や

言語材料の規制強化によりオリジナルを不適当に簡略化する必要があることも多く、今度はその弊害が問題になる（江利川, 1998）。この簡略化の問題について、本書第3章で議論する。

　以上、戦後の日本の英語教育における文学の地位の変化について学習指導要領を中心に見てきたが、このような考察の仕方にも問題がないとは言えない。まず、第一に、現場にいるすべての教師がこの学習指導要領を丹念に読んで授業計画を作成しているとは言えないという点である。むしろ、学習指導要領は「現場の教師の間ではほとんど読まれていない」（羽鳥, 1996）という指摘もあり、結局、学習指導要領が最も大きな影響を与えているのは検定教科書の内容だということもできる。第二に、学習指導要領の位置づけ自体が明瞭でない場合があることである。2002（平成14）年には当時の遠山文部科学大臣が「学習指導要領は最低基準」という見解を発表した。このことにより、教科書で使うことができる語彙の制限が多少緩和され、必修でない補助的な読み物が増えるという指摘があった（小泉, 2006）。第三に、特に私立中学・高等学校などでは検定外の教科書や副教材などを使っている場合も多いので、学習指導要領を持って日本の中等教育の傾向全体を論じることができると考えるのは危険であるという点である。実際、検定外教科書は全体のページ数も多く、その分文学作品や他の読み物を多く含んでいる。また、生徒の英語能力や英語の時間数に余裕がある学校では、主教材として検定教科書を使いながらも副読本として児童文学のペーパーバックやPenguin Readersなどのretold版を宿題や長期休みの課題として用いることが多い。学習指導要領をもとに編集された検定教科書で文学が減っても、それ以外で文学に触れる機会は実は多々あるということも考えられる。

　学習指導要領の変遷以外に特記すべきこととして、「戦後最大の改革」とも称される大学入試改革がある。2020年度より大学入試センター試験の後継として始まる大学入学共通テストで、英語は民間の資格・検定試験を使うことが決定している（文部科学省, 2017a）。この民間試験活用が教材としての文学にどのような影響を与えるのか判断するには、今後、複数の視点からの研究を待たなければならないが、少なくとも、民間試験導入の理由として英語の4技能評価の必要性が挙げられていること、また、それは日本の英

語教育で長らく重視されてきたとする文法・読解中心の授業への反省に根付いていること、さらには、日常の授業が民間試験対策に追われるようになることなどを考えると、文学教材を積極的に取り入れる方向には向かいそうにない。

　2010年代後半に起こったもう1つの英語教育改革として、コアカリキュラム案の策定にも触れておきたい。教職課程に文学を残すかどうかについて、決定までには紆余曲折あったようであるが、最終的な「外国語（英語）コアカリキュラム案について」（文部科学省, 2017b）には、小学校教員養成課程の外国語に関する専門的事項・学習内容に「児童文学」、中・高等学校教員養成課程の英語科に関する専門的事項・学習内容には「英語コミュニケーション」「英語学」「異文化理解」と並んで「英語文学」が入ったことで、英語を教える教員が教職課程で児童文学や英語文学を学ぶ可能性が辛うじて残され、将来の授業で文学教材を使うことにも期待が持てる結果となった。

　続いて、日本の高等教育における文学利用の変遷を辿る。短大・大学など高等教育においては、学習指導要領のような文部（科学）省の定める法規は存在せず、従ってその内容を反映した検定教科書もない。本書では、1つの指標として、日本の出版社から出版されている「大学英語教科書」の出版冊数の推移を見てみるが、今日、「大学英語教科書」が大学英語授業の中心的役割を担っているとは言い難い。各大学の英語担当部署で独自の教科書を作成しているケースは年々増えているし、また、同時に、「英語で書かれた物語を読むためのリソースに、これまでよりも簡単に広い層の学習者がアクセスできる環境が整ってきた」（齋藤, 2012）からである。実際、授業では海外の出版社が出版する英語学習用のテクストやいわゆる洋書（原書）を用いる場合も多い。これには、授業を担当する英語母語者が増え、敢えて日本人学習者用の「大学英語教科書」を用いないことや、円高や販売経路の改善により洋書が安く簡単に入手できるようになったこと、さらにはプロジェクト・グーテンベルクなどによりオンラインでもテクストを読むことができるようになったことなどが関係しているだろう。このように「大学英語教科書」の出版数を持って文学利用の変遷を追うのには限界があるが、上記を踏まえた上でここでは1つの指標として利用したい。

第 2 章　英語教育における文学教材の位置　27

　この出版数の分析を初めて行ったのは、おそらく『現代英語教育』編集部であるが、江利川(1998; 2006)は「大学の文学が、実はいま最も危ない」(p.82)としてその結果に注目した。「大学英語教科書目録」を基に 1984 年から 1994 年までの出版点数を調べた現代英語教育編集部(1994)によると、1990 年まで 600 冊以上で安定していたイギリス小説は、1992 年に初めて 600 冊以下となり、「1998 年版では 429 しかない」(江利川, 1998)状態となった。筆者も 2006 年に大学英語教科書協会のホームページ上に見られるイギリス小説・物語を調べたところ、225 冊であり、新刊書は 2 冊であった(Kuze, 2007)。「大学英語教科書目録」によると、アメリカ小説もイギリス小説とほぼ平行の下降曲線を描いており、1990 年まで 400 冊だったのが、1991 年に 400 の壁を割り込み、「98 年版では 311 冊である」(江利川, 1998)。2006 年の筆者の調査では、アメリカ小説・物語は総数 174 冊で新刊書は 0 である。現代英語教育編集部(1994)によれば、文学教材の減少に伴って出版点数を伸ばしているのが会話・LL・リスニング・総合教材である。2006 年の新刊書について調べた結果は、目立っていたのは、新刊点数 78 冊という総合教材の多さであり、また、同じく 32 冊という TOEIC・TOEFL の伸びであった(2004 年にはそれぞれ、70 冊、23 冊)。これらに押され、文学教材の新刊はほとんど見られない。イギリスとアメリカの小説・物語のほかには、イギリス詩歌・戯曲が 1、アメリカ詩歌・戯曲が 0、イギリス小説選集が 0、アメリカ小説選集が 0、英語圏小説選集が 1 である。かろうじて、新刊点数 10 冊を示し、上位 10 位に数えられた論説・随筆についてタイトルを見てみると、現代のイギリスやアメリカの生活や文化についての随筆などがほとんどで、文学の領域に属するものは見当たらなかった(Kuze, 2007)。その後、同じホームページを使って調査をした高橋(2015)によると、2012 年のイギリス小説・物語は全書籍数 175、新刊数 1、アメリカの小説・物語はそれぞれ 152, 0、イギリス詩歌・戯曲が 129, 1、アメリカ詩歌・戯曲が 64, 0、イギリス小説選集が 91, 0、アメリカ小説選集が 130, 0、英語圏小説選集が 44, 0 で(p.304)、この 30 年余の間に文学に関連する大学英語教科書の書籍数が大幅に減少していることがわかる。

　前述のように、大学英語教育には学習指導要領などの方針や検定教科書が

ないので、文学教材の位置を調べるのは中等教育に比べて困難である。「大学英語教科書」の数の推移に加えて、シラバスの研究、講師や受講生へのアンケート、聞き取り調査などをするのが有効な手段であると考えられるが、ここでは、2003年に行われた大学英語教育学会（JACET）による大規模アンケート調査の結果を引用して議論を進める。

　大学英語教育学会（JACET）実態調査委員会がまとめた「わが国の外国語・英語教育に関する実態の総合的研究―大学の外国語・英語教員個人編2003年」によると、2002年における大学英語担当者の専門分布は、「英語教育学・応用言語学」34.9％、「英語文学」27.4％、「言語学・英語学」23.5％であるが、1983年に行ったほぼ同方式の調査では「英米文学」48.9％、「英語学・言語学」37.0％、「英語教育学」20.8％となっている。また、2003年の同調査で、「大学では誰が英語を教えたらよいと思いますか」という問いに対して、「英語を母国語とする人」63.9％、「英語教育学を専門とする日本人」58.3％、「コミュニケーション学などを専門とする英語に堪能な日本人」43.3％、「英語学・言語学を専門とする日本人」19.7％、「ビジネスなどの仕事で英語を実際に使っている（使った経験のある）日本人」16.9％に次いで、6番目に「英語文学などを専門とする日本人」15.2％（金谷, 2004）というのだから、文学専門の英語教師にとっては受難の時代であることがよくわかる。ちなみに、この研究のアンケートの回答者は英語教育学を専門とする会員が多いJACETの会員のみではなく、回答者の会員：非会員の比率が全国の大学教員における会員：非会員比率とほぼ等しくなるよう1:3を目指したということである。このアンケートの結果を小池（2003）は以下のように総括する。

　　　大きくまとめれば、戦後から大綱化以前までの教養主義，翻訳，読解方式の授業からコミュニケーション，会話中心主義授業への移行現象であった。
　　　　　　　　　　　　　　　　　　　　　　　　　　　　　　　　　　（p.6）

戦後の日本の英語教育でそれを担う者が文学の専門家から英語教育の専門家に移っていった様子を伊村（1995）は次のように表現する。

昭和30年代までは、英語教育講座は指導法など英語教育プロパーのものが真ん中にあって、理論的背景としての英語学と英米文学の教養的知識とが両翼にならんでいるというのが普通の構成だった。ところが、40年代以降になると、まず文学が消え、やがて英語学もなくなって、英語教育専門家の名前だけがならぶようになってしまった。　　　（p.8）

　この調査は、少なくとも最近30年位の日本の英語教育でそれぞれの分野の専門分化が進んだということを表し、中でも英語教育学が急発展したことを示している。そして、それぞれの専門分野の研究者や教員たち、特に英語教育学と英文学の分野に属する人々がお互いに歩み寄ろうという気配は、今のところあまり感じられない。今後も英語教育学専攻の教師が日本の英語教育を主導していく時代が続くことが予測されるが、その中で文学教材の利用をどう正当化したら良いのだろうか。多くの教師たちにとって文学は数多くの教材ジャンルの中の1つに過ぎず、それどころか縁遠く使い勝手の悪いものなのかもしれない。本書では、次節以降、海外における文学利用の歴史を概観し、文学教材の意義と問題点を整理した後で、具体的な授業事例を提示してこの問題について分析したいと考えている。

1.2　英米の英語及び外国語教育における文学利用の歴史

　1980年代に英米の英語・外国語教育の中で文学が再評価されて以来、Carter ＆ Long（1991）はこの分野における最も重要な著作の1つであるが、同書の冒頭には以下のような説明がある。

> More recently – and especially in the last fifteen years or so – the emphasis on the study of English for specific practical purposes, technical or otherwise, as well as, more broadly, an emphasis on the spoken more than on the written language, has severely challenged the place of literature in the teaching of English as a second or foreign language.　　　（p.1）

この記述は、文学教材の再評価に先んずるある一定の期間、少なくとも英国

では特定の実用目的の英語教育やオーラル面を重視する風潮により、文学の地位が脅かされていたことを示す。本項では、Kuze(2007)で提案した3つの大きな時代区分に基づいて、英国と米国を中心に英語・外国語教育における文学利用の歴史を振り返る。それらは、1)古典語教授法の影響を強く受け、文学教材が語学教育の中心に位置していた1950年代初等まで、2)外国語の実用主義が強まる中で文学教材について議論されることがほとんどなくなり文学が衰退していった時代、3)1980年代前後に起こった文学教材の復活とそれに続く時代である。

まず、1)の「文学教材が語学教育の中心に位置していた時代」であるが、19世紀のヨーロッパでは、既にギリシャ語やラテン語のclassic literatureが教育の中心にあったが、国民意識の高まりと共に自国の言語で書かれた自国の文学への関心が高まっていった。こうしてイギリスでも、初めは植民地教育、次いで女性・労働者の教育のために、学問としてのEnglish Literature(英文学)が教育というコンテクストで誕生した(Hall, 2005)。近代以降、それは、大衆へ道徳や宗教教育を提供するものと見なされるようになるが、そこで問題となってくるのは「何を教えるか」ということである。そうして、価値を認められた作品群として、"canon"(正典)という概念[3]が生まれた。

教育における文学という学問分野の発達がこのような経緯を経ているので、外国語教育における文学も当初は古典語教授を模範としていた。その結果、少なくとも1940年頃までは、ヨーロッパ各地やアメリカで、教授法も文法訳読法が広く用いられていたが、同時にこの教授法に対する疑問や反対も生まれていた。文法訳読法は学習者が古典文学を読めるようにすることをねらいとし、文学を理解できるようになることが究極のゴールであるが、それをサポートする理論が乏しかったからである。

それに続く2)の「外国語の実用主義が強まる中で文学教材について議論されることがほとんどなくなり文学が衰退していった時代」には、文学がほとんど議論されずに減少してはいったが、これは全く使われなかったということではない。Carter & Long(1991)は、1970年代や80年代初期に英語教育の学術雑誌に論文がほとんど見当たらないことについて、以下のように説明している。

Perhaps this is partly due to the fact that in places where literature continued to be taught for the 'old' reasons there seemed no need for justification, and in other places it tended not to come into the picture at all – or at least not to any significant degree. (p.1)

Gilroy & Parkinson(1997)も、南アジアなどでは"the English textbook is sometimes only a collection of literary texts"(p.213)と述べている。文学は相変わらず、世界各地のより伝統的なコンテクストで使われてはいたものの[4]、それ以外の英語・外国語教育の場所では余り議論されなくなったということであろう。

アメリカでは、文学の地位の低下はイギリスより早く、既に1930年代に見られた。移民の増加や国家防衛の強化など社会的な影響や教育学・言語学の隆盛により次第に文学は周縁に押しやられ、やがてThe Audiolingual Method[5]の最盛期を迎える。Kramsch & Kramsch(2000)が20世紀初頭からこの時代までの文学の推移を端的に記述する。

The slow but ineluctable demise of philology since the late 1910s, the rise of the social sciences in the 1920s, the triumph of the sciences of education in the 1930s, and the overwhelming influence of linguistics since the 1950s have gradually made literature obsolete as the major discipline associated with language study. (p.553)

さらに、時代別の変遷を細かく考察したい。Kramsch & Kramsch(2000)は、米国の外国語教育の雑誌 The Modern Language Journal に20世紀に掲載された記事を追うことによって米国の言語教育における文学の歴史を記述したが、Hall(2005)は、その結果を紹介しつつ、英国の英語教育の雑誌 English Language Teaching Journal(ELT Journal)を独自に分析することにより、両国の言語教育における文学教材の歴史を記した。Table 2.1は、筆者がこの2つの雑誌への投稿論文に見られる文学教材の地位の変遷について、Kramsch & Kramsch(2000)とHall(2005)をもとに作成したものである。

アメリカでは少なくとも 1914 年頃までは外国語学習は外国語文学学習と同義と見なされ、文法訳読法を使った伝統的教授法が用いられた。しかし、その後、外国語教育の対象がそれまでのエリートから移民の子弟を含めた大衆へと移り変わるのにつれて、次第に脇に追いやられるようになる。第二次世界大戦後のオーディオリンガル時代には上級者の教材として特別の役割も果たすが、50 年代には言語学や語学教育の分野が発展し、また文学教育自体も人文主義を掲げて専門化していくのに伴って、外国語教育の中での文学利用についての研究は極端に少なくなる。この流れはイギリスでも大体同じで、1960 年代頃から、それまで教養ある人格の形成に不可欠だった文学研究の正当化が難しくなり、実用目的の英語、または書かれた英語よりも音声の言語が重要視されるようになった。

最後に、3)の「1980 年代前後に起こった文学教材の復活とそれに続く時代」であるが、これまで述べたような文学教材にとって不遇の時代は 80 年代前後に一変し、少なくとも理論上は文学教材再評価の時代を迎える。その動きを促進したのは、1975 年に出版された H. G. Widdowson の *Stylistics and the Teaching of Literature* であろう。同書は、文学的ディスコースを言語学の方向から研究する文体論を紹介し、言語教育における文学の役割を考え直すきっかけを作った。もっとも、この段階での教育的文体論は母語・第二言語・外国語すべての言語教育への応用を意図したものであるが、その後 1980 年代から 90 年代にかけて、文学利用は第二・外国語教育の分野でより注目を集めるようになっていった(e.g. Brumfit & Carter, 1986; Carter & Long, 1991)。

1980 年代後半には、Maley(1989)が"Literature is back, but wearing different clothes,"(p.59)と宣言し、第二言語・外国語教育における従来とは異なる文学の役割を主張したが、そこに至る経過について Gilroy & Parkinson (1997)は以下のように総括する。

"...literature had lost favour with those who write about teaching: in the structural/functional syllabus, there was often not room for literature, which was regarded as elitist, remote, deviant and not authentic. This

第2章　英語教育における文学教材の位置　33

Table 2.1　*The Modern Language Journal* と *ELT Journal* の投稿論文に見られる
文学教材の歴史

年	*The Modern Language Journal*(US)	*ELT Journal*(UK)
～ 1914	文法訳読法を使った伝統的教授法。 (外国語学習＝外国文学学習)	
1918 ～ 1929	大衆が利用できる読み物としての文学。	
1929 ～ 1945	次第に脇にやられる。上級者にとっては贅沢な補助教材として。	
1939 ～ 1945	厳しい時代の癒し。心理学の発達により、他人の考えや気持ちを知る方法として正当化される。	(1940 年代に創刊)
1945 ～ 1957	Audiolingual Method の時代に内容のある娯楽的なものとして増加傾向(上級向けの唯一ふさわしい教材として、また、観念形成のため)。50 年代には文学に関する論文は減少。	1950 年代には、文学の専門分化と懐疑から言語教育における文学についての論文は少ない。Communicative approach の興盛と共に関心が高まる。 ➤ 意味の重要性 ➤ 学習者の個性化の重要性 ➤ 学習における情意的価値 ➤ Authentic な教材、本物の言語使用とコミュニケーション そのすべてに文学は理想的なresource である。 文学に対する分析より反応を重視する傾向。
1957 ～ 1979	より人文主義的な時代。広義の文化研究、言語学や言語教育の専門分化により、エリート主義や日常のコミュニケーションと無関係との理由で、外国語教育の周縁に追いやられる。が、文学を語学教育でどう教えるかという正確な研究がなされるようになる。	
1979 ～ 1999	Communicative language teaching 興盛の中で 'authentic text' として価値を置かれる。'the proficiency movement'- 語彙習得、読解 strategies の発達、critical thinking の訓練のための文学。 心理言語学や談話分析との関連。 文学研究の孤立。	1980 年代―読みの人文主義的な価値、読者反応理論、文体論に関連する投稿。 1990 年 44 号(3)文学教育特集 ―伝統的教授法から response-based, communicative approaches へのシフト。 1990 年代―「文化」へのアクセスとしての文学。
2000 以降	Literariness, linguistic creativity, play, metaphor などによって、文学と言語が結びつく可能性。	

(Kramsch & Kramsch, 2000; Hall, 2005 をもとに作成)

view has been challenged in recent years, and now, in the 'communicative'
era, literature is back in favour." 　　　　　　　　　　　　　　　　(p.213)

そして、さらに、同書はこのような文学の復活を可能にした理由は、「文学言語についての議論や読者反応理論を含めた文学批評と communicative language teaching の収束である」(Gilroy & Parkinson, 1997, p.213, 筆者訳)と述べている。一方、アメリカでは、Kramsch(1993)が文学は文化を伝えるauthentic な(生の)教材であると主張し、語彙学習や読解技能の向上などの語学訓練にも使われるようになる。

1.3　文学教材をめぐる日本と英米の共通点、相違点

　1.1 及び 1.2 では、それぞれ日本の英語教育と英米での英語・外国語教育とにおける文学教材の変遷を見てきたが、それぞれの過程を比較して見ると、その移り変わりの様子や要因に似ている部分もあれば、そうでない部分もある。言い換えると、日本の英語教育における文学利用が英米や世界的な流れの影響を受けた面もあれば、日本独自の事情によって同じような経緯を経なかった面もあるということである。本項では、それら共通点と相違点について整理し、特に相違点に注目して、日本の英語教育で文学教材が徐々に衰退し再評価がいまだに本格化していない理由のいくつかについて議論する。

　まず、文学教材が徐々に衰退してきた理由の共通点として第一に挙げられるのは、実用的な英語能力とそれを育成する教育が尊重される傾向である。Carter & Long(1991)が文学復活に先立つ時代における文学への無関心の理由として "English for specific practical purposes" (p.1)を挙げたことは既に紹介したが、実用的な英語と言う時には少なくとも 2 通りの意味があるように思われる。1 つは notional/functional syllabus などで目指された、様々な状況による口頭表現を重視する日常レベルの英語、もう 1 つは English for Specific Purposes(ESP)や English for Academic Purposes(EAP)のアカデミックなコンテクストでのレベルでの英語である。ESP/EAP については第 5 章でさらに論じるが、これは学生がそれぞれの専門に即した英語を学ぶ状況であるから、英文学を専攻する学生以外に文学を使うのは難しいということになる。Belcher & Hirvela(2000)は、"Historically, though, ESP has generally disdained literature." (p.27)と述べ、特定の目的を持った英語教育が文学と

相容れないことを指摘する。

　日本においても、本章1.1で時系列に沿って見たように、英語教育における文学教材は実用的な英語能力を求める大きな流れの中で減少してきた。戦後には、「特定のものに片寄らないように」という文言により文学使用が牽制されたが、「シェークスピアより使える英語を」という経済界からの掛け声は、やはり文学中心の英語教育から実用英語の教育への転換を強く促すものであった。そして、1980年代には明確に実践的コミュニケーション能力育成の方針が示されたわけである。

　もっとも、このように文学が危機的な状況に陥っているのは英語・外国語教育の現場に限ったことではない。世界的な規模での教育現場の問題と言えるだろうし、さらに議論を広げて、我々の社会全体の問題とも言えるだろう。鈴木（1998）は「「文学」の衰弱」と題する一節で、Williams（1983/2011）による「今日のイギリス社会における「文学」の語の相対的な地位の低下」を紹介し、その上で以下のように述べている。

　　音声や映像に押されて、「文学」の価値が相対的に低くなっているのは、イギリスに限らず、世界一般に見られる現象である。そして、印刷された書物の相対的価値はコンピューターによる情報通信システムの発達（中略）によって、さらに下落しつつあるといえるだろう。

（鈴木, 1998, pp.6–7）

　次に、英語・外国語教育の枠組みにおいて、日本と英米の文学教材使用に関する共通点として指摘しておかなければならないのは、文学教育と語学教育の2つの専門分野の乖離である。「英語」という1つの学問の中で、英文学・英語学・英語教育学と各専門が分かれ、しかも現在のところ研究や教育において余り交流や協力体制が見られないという傾向は日本の英語教育界だけに限ったことではない。世界的な問題なのである。Tickoo（1981）は、ESPの発展に関して、1950年代からの言語・文学の隔たりが拡大していったことを以下のように説明している。

> …the language-literature divide has been widening, with the two sides taking uncompromising postures —— the literature scholar seeing no more than pattern drills and substitution frames in language work and the language-teaching specialists accusing the literature teachers of trading in rehearsed views and borrowed metaphors. (p.156)

1960年以降、これは外国語教育で文学がほとんど使われなくなった時代であるが、英米両国において急速に文学も言語学も専門化し、また応用言語学が発達したことが *The Modern Language Journal, ELT Journal* の論文に見られる（Kramsch & Kramsch, 2000; Hall, 2005）。Widdowson（1983b）は、文学的ディスコース（literary discourse）とそれ以外のディスコースの違いを説明する中で、英国の the Cambridge Exams [6] in English から文学が外されたことに触れ、今日の言語学者、言語教育者がいかに文学に関心を持たないかを嘆いている。

> I think literature was got rid of on very facile grounds, ill-considered grounds; and there's also the rather disturbing fact that, as language teaching increasingly chose <u>linguistics</u> as its point of reference, <u>literature</u> was ruled out of court very largely because <u>linguists</u>, generally speaking, are not <u>literature</u> scholars. It's amazing how much philistinism there is among <u>linguistics</u> and <u>applied linguistics</u>. It's rather surprising how few people concerned with language these days have any interest in or knowledge about literature. (p.34)
>
> （下線は本書の筆者による）

また、アメリカでは比較的最近である20世紀末においても、冷戦終結後に第三世界からの移民が増加して文化や言語の多様性に関心が集まり、社会心理学や心理言語学に比べて文学への関心が薄らいだ。Kramsch & Kramsch（2000）は、Shanahan（1997）を援用して、当時の様子を「外国語部門では、みんな語学と文学のギャップを埋めようと一生懸命である」（p.568, 筆者訳）

と書いている。Paran（2008）も「大学レベルでの言語教育と文学教育の隔たり」（p.466, 筆者訳）について報告した論考を複数紹介している。Kramsch（1993）の以下の記述は、このような大学における言語と文学の対立が北米だけでなく世界的なものであることを示している。

> The language-literature dichotomy has been institutionalized in departments of foreign languages and literatures at North American universities, but the split can be found in other forms all over the world. （p.7）

　文学と語学の間の葛藤は、制度上に見られるだけでなく、現場の教師たちの心理的な困難をも引き起こす。Kramsch（1993）は、学習者に情報を得るためにだけではなく、解釈をさせようとするならば文学を使うのは自然に思えるにもかかわらず、語学の時間に文学を使うのを躊躇する教師たちもいると指摘する。「それは、アカデミック上の自己防衛である。語学の教師として、文学ではなく、語学を教えるのに十分な能力があればいいのだと言われている」（p.7, 筆者訳）と説明する。同様に、「文学の専門家たちは、コミュニカティヴになることを目指したクラスでどうやって文学を使えばいいのか確信が持てないだろう。」（Katz, 2002, p.156, 筆者訳）という指摘もある。こうした、語学と文学の教師たちの間の心理的な隔たりは、しばしば「誤解」（misunderstanding）や「敵意」（hostility）にまで発展することが指摘されている（Paran, 2008, p.466）。

　第一言語の composition（作文）でも、Belcher & Hirvela（2000）によると、もともとは文学を教えていた文学を専門とする大学教師たちが、文学教育が縮小され同時にビジネスなど他の分野に学生の人気が集まるようになるにつれて composition のコースを受け持つようになり、自分たちが知っている最良の教材として文学を使うようになったことが "literature-composition debate" という長期にわたる確執を引き起こしたと説明している。

　次に、日本と英米との文学教材使用についての相違点について論じる。本章 1.1 で見たように文学教材が日本の英語教育の中で、特に、文部（科学省）の方針・制度の中で徐々に排除され、英米のように本格的に再評価されるの

に至っていないのはなぜか、それには日本独自の事情があると考えられる。これまで見てきた実用的な英語を重視した教育、文学の世界規模での弱体化、文学と語学教育の分野の乖離などを日本と英米との共通点とすると、相違点として、あるいは日本独自の要因として、文学教材を用いる英語教育の教授法に対する固定観念と英語教育に対する経済界からの要望が考えられる。

　まず、教授法に関する固定観念であるが、日本の英語教育では、文学を使う場合、過去において文法訳読式の講義形式の授業が多かったために、他の教授法や授業手順が想定されることは少ない。文法訳読式は、それ自体悪いものではなく、近年、むしろその効用が英国でも日本でも注目を集めている[7]。ところが、日本では、「コミュニケーション能力」がオーラルや会話の能力として狭義に解釈されることが多いため[8]、文法訳読式の授業は学習者の母語を使った一方通行の授業になるという理由で、戦後、特に1980年以降加速度的に文部（科学）省が推し進めてきたコミュニケーション能力育成と相容れないという事態が生じた。先述のJACET調査を総括した「教養主義，翻訳，読解方式の授業からコミュニケーション，会話中心主義授業への移行現象」（小池，2003）という表現からもわかるように、教養的要素を含み、翻訳や訳読を行う、主として読解の教材である文学は、会話中心のコミュニケーション授業と対立するものと見なされるようになった。結果、文学教材はコミュニケーション能力育成と共存することができなくなり、文法訳読式が時代遅れの非効率な教授法というレッテルを貼られたのと同様に、文学教材も時代遅れの非効率な教材として見られることが多くなったのである。このように教材とそれを使う方法或いは教授法の関係を決めつけて論ずるのは道理にかなっておらず、固定観念を覆し偏見を解くためには、状況に応じて様々に使うことができる文学教材の使い方の方法論の研究を進めることが急務である。英米では、「文学テクストは読解能力の発達に役立つだけでなく、口頭や筆記の訓練にも使われることができる」（Gilroy & Parkinson, 1997, p.215, 筆者訳）との認識が近年一般的であるので、日本でも文学教材の使い方についてより多くの可能性を探っていくべきである。また、そもそもコミュニケーション能力がどういうものであるかについて、日本では狭義にと

らえられがちであり、十分な議論が必要であるが、これについては本書では第3章、第5章で論じる。

　この他に、文学が戦後に受難の時代を辿った極めて外的なかつ社会的な要因として、経済界からの英語教育に対する要望がある。わが国の英語教育論争史をひも解いてみると、1955(昭和30)年に日本経営者団体連盟から語学研究所に出された「新制大学卒業者の英語学力に対する産業界の希望」と題する意見書をきっかけに、英語教育の内容について論争が高まったことがわかる。既に記したように、江利川(2008)によると、この「シェークスピアより使える英語」への要望は脱英米文学への政策を誘導したとされる。なぜなら、この「役に立つ英語」能力養成の意見書に対して、まず呈された疑問が「文学中心の英語教育でいいのか」ということであったからである。意見書提出の翌年56年には、『学鐙』誌上において英語教育関係者の間から、実業界からの要望に応えるためには「量的にも質的にも文学的教育の偏重を是正しなければならない」(橋岡, 1956)、「何よりもまず英語教師が英文学部出身者に限られる体制を再検討せねばならない」(林, 1956)という意見、さらに、英語教師の職を英文科卒業者以外にも広く開放するために、「毎年開かれる日本英文学会総会を廃止して、一人でも多く「大学英語教育のありかた」に関心を寄せる各分野のエキスパートの参加できる懇談会を開く」(石田, 1956)という提案まで活発に出された(川澄, 1978)。この直後に出された1958年度版中学校学習指導要領で、題材として「特定のものに片寄らないように」と脱文学をほのめかす文言が繰り返され、また、本章1.1で述べたようにこの学習指導要領が戦後半世紀にわたって日本の英語教育の方向を決めたとすれば、経済界からの要望が長きにわたって日本の英語教育政策に大きな影響を及ぼしたことがわかる。確かに、世界的にも職業のための実践を意識したスキル訓練が時代を席巻していく時代ではあったが、日本国内から提出されたこのような相次ぐ要請が文学を徐々に周縁に追いやっていったと言える。また、経済界と英語教育の関係という点では、近年、日本ではTOEICの点数が重要な意味を持つようになった。大学卒業後に就職する際だけでなく、入社後の昇進や昇給にも影響するということで大学教育でもTOEIC試験対策も求められるようになり、本章1.1の大学英語教科書の新

刊書調査の結果にも影響が見られる。その傾向は、企業が英語の即戦力を求めるバブル崩壊後に特に顕著になったようであるが（鳥飼, 2002）、ビジネスや日常の文脈におけるリスニングとリーディング能力を試す TOEIC 試験対策の授業に文学が入る余地はないのは確かである。

2. 英語及び外国語教育における文学利用の先行研究

　英語及び外国語教育の中で文学を使うことについての研究は、1980 年前後にイギリスで起こった言語教育における文学の再評価の動きの中で本格的に始まった。Widdowson は、文学教育こそが知性と感性を訓練できる唯一の学問であるというリーヴィス的な価値観に反論して、文学を言語使用の一形式であるとの見方を示した上で、1975 年に *Stylistics and the Teaching of Literature* を著して、言語と文学の統合を目指した文体論的アプローチを教育の現場に応用する理論と実践例を示した。それ以来、英語（外国語）教育の中で文学教材を用いることについての研究はほぼ継続的に行われてきた。まず、文学の言語について、ロシアン・チェコフォルマリストの文学言語の特殊性を主張する立場に対して、「文学性」(literariness)はそれがより高いテクストから低いテクストへ連続変異になっているという主張(Cater & Nash, 1990; Carter & Long, 1991)がなされた。また、言語教育の中で文学を用いることの意義を唱え利用の正当化を主張する著作が相次いだ(e.g. Widdowson, 1975; Brumfit, 1981; Brumfit & Carter, 1986)。それらの他にも、*ELT Journal, The Modern Language Journal, Language Teaching, Foreign Language Annals* など英語（外国語）教育専門雑誌での掲載論文がある。当初は、文体論的アプローチを教育に応用することを提唱した研究やなぜ文学を用いるのかという理論面の研究が中心であったが、1990 年前後になると教授法の研究や「実際の教室でどの作品をどのように用いるのか」という疑問に答えるリソース本(e.g. Collie & Slater, 1987; McRae, 1991; Lazar, 1993)の出版がさかんになった。文学を用いる授業での、より伝統的な教え方からコミュニカティヴな方法へのシフトの必要性を訴えた 1990 年の *ELT Journal*(44.3, a special literature teaching issue)はこうした一連の研究の 1 つのピークとい

えよう（Hall, 2005）。「文学は外国語教育において特別の役割を果たすのか」という議論も活発に行われるようになった（e.g. Edmondson, 1997）が、「実証的な研究の推進こそが急務であるという点では研究者の見解はほぼ一致している」（Paran, 2008, pp.469–470, 筆者訳）。特に、2000 年以降には実際に文学作品を用いて学ぶ学習者の読解過程や授業の進行・教室の状況などに関する研究に注目が集まり、その蓄積こそが今後文学作品を教育に用いていく上で重要であると主張された（Hanauer, 2001; Kim, 2004; Carter, 2007b; Paran, 2008）。Carter（2007b）が、"particular challenges for future work at the interfaces of pedagogy, language and literature" の筆頭に実証的研究の推進を挙げているのは以下の記述からもわかる。

[The need] to address the absence of empirical classroom-based research and to begin to ensure that very proper concerns with pedagogic process are better rooted in verifiable evidence of classroom practice; in other words, to generate enhanced paradigms for greater empirical investigation, probably by means of more successful integration of quantitative and qualitative methodologies.

(p.11)

　これまでに行われてきた実証的な研究を概観すると、文学を用いた授業や学習がどのように進んでいくかを調べたものと、教師や学習者の意識や反応を調査したものがある。前者は、まだ数は多くないものの、外国語学習者がテクストにどのようにかかわり教師やクラスメートとやり取りをするか、そこで文学教材はどのような役割を果たすかの記録であり、これまでの理論的研究を裏付けする実証的データとして重要視されている。例えば、Kim（2004）は米国 ESL 環境の成人学習者を対象とし、小説を読む reading circle での発話を 5 つのカテゴリーに分けて分析し、この活動が文学的にも外国語学習の上でも有効であることを詳細に示した。Scott & Huntington（2007）は同国の大学初級フランス語の授業を観察し、教師の効果的な先導と第一言語使用により初級者でも比較的難解な詩の解釈が可能であることを主張した。Hanauer（2001）は詩（歌詞）の読解というタスクの役割に注目し、2 人 1

組になった第二言語学習者(上級)の読解過程の発話を分析することによって
この活動が言語形式への気づきや文化に対する意識を促すという結論を導い
た。

　後者の、教師や学習者の意識や反応を調査する研究は、さらに2つのタイプに分かれる。比較的大規模に行われる意識調査と、実際に文学を使った授業を受けてみての反応を調べる研究である。学習者に対する意識調査ではアメリカの大学で文学を外国語の授業で用いることについて好意的な結果を示す研究(Davis et al., 1992)があるものの、その他は概ね否定的な結果を持つものが多い。オーストラリアのMartin & Laurie(1993)は、フランス語授業での文学利用について学生の反応が好意的でない理由として、四技能、特にオーラルの能力を伸ばすことに不安があること、また、より学習者中心の教授法を求めていることを指摘している。しかし、オーラルの能力が伸びにくいという批判は教材に向けられるべきなのか教授法に向けられるべきなのか、この種の研究が常に抱える問題点である。EFLの例では、Qiping &
Shubo(2002)が中国での調査結果を報告し、文学が評価されない理由は教師からの一方通行の授業になりがちであることを挙げている。これら意識調査が否定的な結果を示すことが多いのに対し、実際に文学を使った授業を受けた学習者の反応を調査したものには概して肯定的なものが多い。この理由としては、第一に、これらの授業ではもともと学習者自身が文学を使う授業を選択している場合が多く、担当の教師も熱心に取り組むからであること
(Paran, 2008)、第二に、外国語教育の中での文学は初めは歓迎されなくても、実際に経験してみると楽しいと感じたり英語力の向上を実感したりする場合が多いことが考えられる。

　文学教材が特定の英語能力向上に有効であること証明しようとする実証的研究は、多読の分野でいくつか見られるものの(e.g. Hafiz & Tudor, 1989;
Krashen, 1989)、それ以外での研究例は限られている(e.g. Yang, 2001;
2002)。その理由として、この研究が短期的な実践で結果が出るような種類のものではないこと、それ故に学習者の利益等に配慮すれば統制群をおいて厳密に比較実験をするのが難しいこと、また、文学教材と授業実践が密接に結びついており、切り離して研究対象とするのが難しいことなどが考えられ

る。「実証的な研究といっても応用言語学でよく行われる分析的な研究に偏ると見逃してしまうものも多いので、多数の実践例を示すことによって教師が実際に教室で行なっていることを理解できるようになるのではないか」（Paran, 2008, p.470, 筆者訳）という指摘もある。

また、このような文学教材についての研究が、復活の動き以降、継続的に行われているかというと、そうとも言えない。Paran（2006）は、アメリカのTESOL Quarterly で当該分野の研究論文が1990年代から減少に転じているという点に注目し、以下のように述べている。

> Another version of the story might view the resurgence of literature slightly differently and suggest that to some extent this renaissance may not have continued far beyond the mid-1990s. (p.1)

文学教材再評価が本格化してからの30年間を振り返り、Carter（2010）は今後の教育的文体論の発展に重大な影響を与える分野として、Transformative text analysis, New rhetorics, Cyberspace classrooms の3点を挙げた。また、Paran（2010）は、文学教材を扱うことを難しくしている要因の1つである評価の問題について、文学を使う語学教育では何をどう評価すべきなのか、という問いに答える論考を集めて出版した。これについては、第3章2.5で詳しく述べる。

日本においては、既に見てきたように、英米に比べて英語教育における文学教材についての研究が活発になされてきたとは言い難い。その中にあって、1.3で考察したような日本特有の事情を抱えながらも、英文学研究者、文体論研究者、英語教育史研究者を中心として、研究が進められてきた。

まず、大修館書店の雑誌『英語教育』において、1998年5月号と2004年10月増刊号において、それぞれ「英文学はこわくない」、「英語教育に文学を」という特集が組まれた。1990年発行の ELT Journal, "a special literature teaching issue"（44.3, July）が英国内のみならず、世界中の注目を集めたことを思い起こすと、『英語教育』の特集はその影響を受けたものと言えるかもしれない。英国での復活から20年近く経って、ようやく日本の英語教

育の中に影響が見られ始めてきたということであろうか。この2つの特集の間の2000年には、斎藤（2000）が、文体論の入門書としての役目を果たしただけでなく、教育的文体論を解説して英語教育への応用にも触れた。2004年には、中村（2004）が文体論的アプローチを用いて大学英語教育の中で文学教材を扱う新たな可能性を示した。

　このように、日本における文学教材の応用は、文体論研究者を中心として2000年以降に研究が進んだと言えるが、徐々に英語や英語教育に関連する他の分野の研究者や教育関係者の注意を引いた。2006年には、前期だけで全国語学教育学会（JALT）の *The Language Teacher* に2本の関連の論文が掲載され、Green（2006）は Steinbeck, *The Pearl* を使って最近の日本人大学生が苦手とする文法の演習を行う授業を描き、Makarova（2006）は発音の練習に詩を用いる有効性を報告した。この2本の論文は、文学作品を教材に使って語学そのものの訓練を行う、アメリカの "The proficiency movement"（Kramsch & Kramsch, 2000）に即したもので、英国における1980年代後半の文学復興の際に Ronald Carter らが目指した、文体論や読者反応試論を応用した使い方とは異なる。この他に、Rosenkjar（2006）は、テンプル大学東京校での文体論を用いた文学の授業を全世界に向けて紹介した。

　学会関係では、1976年、大学英語教育学会（JACET）に文学研究会ができ、また、2006年には日本英文学会関東支部の中に英語教育・学習研究会が発足して、文学教材の具体的な使い方を示した *English through literature* を2009年に刊行した。雑誌『英語青年』では、2006年4月号より「英語・英文学・英語教育を考える」と題する連載が始まり[9]、明治学院大学英文学科を中心とする研究会 Liberlit の年次大会では2010年以来、英語教育で文学を使うというテーマのもと英語母語話者や日本語母語話者の英語教師や研究者が活発な発表を行っている。

　2010年頃から、授業方法を記述したり学習者の姿勢や反応を分析したりする実証的な研究も盛んになり、例えば、大学の英語授業で文体論の教育への応用を提案した Teranishi, Saito, Sakamoto & Nasu（2012）や、日本人学習者が英語俳句を創作する際の感情や反応を分析した Iida（2012）などがある。

註

1 文部科学省が 2002 年 7 月に策定した「『英語が使える日本人』の育成のための戦略構想」の実施計画。江利川（2005）では、同じ文部科学省が策定した学習指導要領と整合しないことなどが批判的に考察されている。

2 伊村（2003）によると、選択科目は各教科で分けるので、英語は 3 年間で＋1 か 2 とのことである（p.109）。

3 Durant & Fabb（1990）は、"canon" を次のように定義している。"A list of writers and texts which are considered（by someone or by a group of people）to have lasting value and importance.（p.9）

4 Hall（2005）によれば、"[Traditional approaches are] Typically found in 'foreign language' and higher academic contexts."（p.49）

5 1940–50 年代に、アメリカ構造主義言語学と行動主義心理学とを理論背景として提唱、実践された教授法。書き言葉より話し言葉が重視され、pattern practice という口頭練習に特徴がある。

6 First Certificate in English（FCE）and Certificate of Proficiency in English（CPE）. It is still possible to take an extra optional paper in literature for CPE. For details see the syllabus of the Cambridge University Local Examinations Syndicate.（Widdowson, 1983b, p.35）

7 言語教育における訳の効用を説いた、Guy Cook, *Translation in Language Teaching: An Argument for Reassessment*（2010）と、その日本語版、斎藤兆史・北和丈訳『英語教育と「訳」の効用』が一例である。

8 コミュニケーション能力と文学の関係については、第 3 章 2.3 を参照されたい。

9 2009 年 3 月に休刊し web 版となり、2013 年 3 月に web 版も終了した。

第3章
文学教材の意義と問題点

　本章では、英語・外国語教育の中で文学教材を利用する場合の意義や問題点について議論する。これまでの研究の中で主張されてきた意義やそれに対する反論、文学利用に伴う諸問題をまとめ、次章以降で授業事例のデータを収集して分析する際の理論的な枠組みを設けることを目的とする。

1. 文学教材の意義

1.1 先行研究に見られる意義のまとめ

　第2章1.2で詳説したように、英米においては1980年前後に母国語教育と外国語教育の中でこれまでとは違った形で文学を利用しようとする「文学の復活」が起こり、その動きの前後から現在に至るまで様々な立場から多くの論考や著作が出版された。それらは文学理論や文体論を教育に応用して文学教材利用の意義を理論面から追究するものから、どの作品をどのような環境でどう使うかを具体的に提案するresource booksに至るまで広範囲にわたるが、文学教材の意義についてはほぼすべての著作・論文がその冒頭で取り上げている。外国語教育の中で文学を使うことに意義があると説得力のある議論を展開し、その利用を正当化することができて初めて実践例を示す段階に移行できるからである。

　本節では、まず、これまでに主張されてきた意義のうち主なものを表にまとめる。文学教材の意義の主張は、研究者によって分類の区分が異なるばかりでなく、複数の区分にまたがったり互いに重なり合ったりしている要素が

あるため、カテゴリー分けすることは容易ではないが、本節ではあえて分類することにより、これまでの議論を全体的に把握しようと考えた。主張を分類する枠組みを設けるに当たっては、この分野の理論と実践の両方を網羅する先駆的な著作である Carter & Long (1991) を参照した。Carter & Long (1991) は、文学そのものを教える場合と文学を教材として母語教育や外国語教育を行う場合とを合わせて「文学を教える」理由とし、3 つのモデルを示した。それらは、The cultural model（文化を教えるためのモデル）、The language model（言語を教えるためのモデル）、The personal growth model（人間の成長のためのモデル）で、それぞれ排他的なものではなく、傾向としてとらえるべきであると説明している。

> The three models are not of course mutually exclusive and should prefer-ably be viewed as tendencies; but they do represent distinct models which are embraced by teachers as reasons or purposes for the teaching of litera-ture and they are related to specific pedagogic practices. (p.2)

これと似た分類をしたものに、ほぼ同時代に出版され、言語教育における文学利用の代表的な resource book となった Collie & Slater (1987) がある。同書は、言語教育の教室で文学を教える理由として、valuable authentic mate-rial（価値のあるオーセンティックな教材）、cultural enrichment（文化的な意義）、language enrichment（言語的な意義）、personal involvement（個人的なつながり）の 4 つを挙げた。Carter & Long (1991) に照らし合わせてみると、1 点目の valuable authentic material だけが枠組みに入らず、残りの 3 点は、表現は異なっていてもほぼ同じ内容を指していることがわかる。また、厳密に言えば、authentic というのはテクストの性質に関わるものであって、意義として主張する場合には、authentic であることが「言語を教える」のに役立つのか、「人間の成長を促す」のか、「文化を教える」のに適当であるのかが論じられるべきであろう。このように、意義は先行研究の中で明確な区分やレベルを設けず、曖昧な基準のまま論じられてきたので、本書ではまずそれらを整理するために Table 3.1 を作成した。

第 3 章　文学教材の意義と問題点　49

　また、この他にも自分の主張としてではなく、先行研究のまとめとして文
学教材の意義について言及した論考がいくつかある。例えば、Hall（2005）
は、文学を扱うコンテクストをより限定して「第二言語における文学の価値
についての主張」とした上で、大きな 3 つの主張、affective arguments（感情
的側面からの主張）、cultural arguments（文化的側面からの主張）、psycho-
linguistic arguments（心理言語学的側面からの主張）と、more miscellaneously
（それ以外の区分が難しいもの）に分けて主張をまとめている。Iida（2013）
は、Carter & Long（1991）と同様の区分として cultural awareness, L2 lin-
guistic knowledge, personal growth を挙げた上で、さらに L2 での文学利用
が communicative competence, critical thinking の能力を高めると付け加えて
いる。Gilroy & Parkinson（1997）は、多くの論考（e.g. Collie & Slater, 1987;
Kramsch, 1993; Lazar, 1993）が文学を「文化的に authentic な」教材と位置
付けていることを指摘し、さらに、educating the whole person（全人教育的
な）価値があることを主張する研究者が多いことを指摘している。

　本書では、先行研究で論じられた意義の中から、第 5 章で事例研究のデー
タ収集及び分析の理論的枠組みに用いる重要な意義に注目する。それらは、
Carter & Long（1991）のモデルに準じる 3 つの主張「言語に関する意義」「感
情や人間形成に関する意義」「文化に関する意義」と、「その他の意義」であ
る。次項より、それぞれについて詳説する。

Table 3.1　先行研究における文学教材の意義

	The language model	The personal growth model	The cultural model	Others
Widdowson (1983b)	Discourse を解釈するための言語知識を発達させる。言語教育で文学的なアプローチを助長しようとは思わないが、文学は"available resource"である。			
Brumfit & Carter (1986)	Widdowson (1983b) が指摘するように、文学テクストでは意図的に意味が明示されない場合があり、学習者はテクストとやり取りを重ねながら意味を推測する必要がある。この訓練が言語能力の発達に極めて重要である。	刺激的。楽しい。		
Collie & Slater (1987)	語彙や構文が記憶に残る。ライティングの能力の向上。読解における推論・口頭練習の材料・言葉への気づき（中上級者）。	読者とテクストとの深いかかわりあい（感情・想像力）。	目標言語が話されている国の文化を知る1つの手掛かり。	Authentic な教材として、言語の使い方や慣習の例を提供。
Duff & Maley (1990)	広範囲にわたるスタイル・レジスター・テクストタイプを様々な難易度のレベルで提供する。	学習者が自分の経験に照らし合わせて反応するなど本物の感情をもたらし、そのことが学習の動機づけとなる。		多くの解釈が可能であるので、その違いがインタラクションを生む。
Carter & Long (1991)	言語の発達を促す・微妙で創造的な言葉への気づき・language-based approaches（文学習のゴールの必要性）。	文学を読むことが社会や文化への理解を促し、個人の成長へとつながる。	自分の時代や場所とは異なる文化を理解し鑑賞する。	

Lazar (1993)	処理や解釈を通して言語習得を促す／ディスカッションやグループワークなどの言語活動を促す／言葉への気づきを逸脱した言語使用（統語法・コロケーション・結束性）に触れることで言語の特性に敏感になる。	複雑なテーマや新鮮で意外な言葉の使い方が学習意欲を高める／（全人的教育として）学習者の想像力を刺激し、批判する力を高め、感情的な自覚を促す。	目標言語を話す人々の文化へのアクセスを提供する（問題：文化は現実か／英語・英文学の範囲の広がり）。	文学テクストは、複数の、また、隠れた意味を持つことができるので、意味の推測や解釈する能力を育てる。
Shanahan (1997)		語学教師の根本的な目的は、学習者と彼（女）らが住む社会を発展させ、豊かにすることである。		
Paran (2006)		言語を教えることは教育であり、学習者は文学を通して人生の重要なテーマと向き合う。		
Paran (2008)		全人的教育も外国語教育の目的であり、文学は情意的側面で貢献できる。		
Ur (2012)	異なるライティングのスタイルや authentic な言語使用の例を示す／語彙増強／読解力の発達／ディスカッションやライティングの出発点となる。	楽しく動機づけになる／人類の状況や対立への意識を高める。	テクストの背後にある文化の知識を与える。	共感・批判・創造的な思考を育てる。

1.2 言語に関する意義

母語教育においても外国語教育においても、その第一目標はほとんどの場合目標言語の能力を伸ばすことであるから、教材として文学を使用する場合にもこの目標の達成が期待されるのは当然である。逆に、もし、文学の利用が言語発達を促すことが証明されれば、言語教育における文学の利用も正当化されることになろう。実際、この分野の研究者や実践者のほぼ全員が言語的な側面からの文学教材の意義を唱えてきたので、まずこの点を第一の意義として取り上げたい。ただし、言語能力の発達には多くの要素があるので、いくつかを特定して議論を進める。

まず、文学教材を用いることで、language awareness（言語の気づき、言葉への気づき）を促進するということがしばしば指摘されてきた（Collie & Slater, 1987; Carter & Long, 1991; Lazar, 1993）。Carter（2003）はこの概念を以下のように定義している。

Language awareness refers to the development in learners of an enhanced consciousness of and sensitivity to the forms and functions of language.

(p.64)

同書によれば、language awareness は新しい概念ではないが、1980 年代には、ドリルやパターン・プラクティスのような細部の型を偏重する教授法への反動として発展し、また、同時に、ある種の CLT において形式（forms）が軽視されることへの反省として注目された（Carter, 2003）。言語習得の分野でも、目標言語に対する "noticing", "consciousness raising" は学習者の言語習得を促すとして、task-based activities の開発のきっかけとなったが、メタ言語的な知識が本当に言語の発達を助けるのかどうかなど、未だ研究中の要素も多い。

教育的文体論は、文学作品の中の言語と文学を統合して教育の場に活かす立場をとるので、この language awareness「言葉への気づき」を促すことを文学教材の重要な役割と考える。Widdowson（1975; 1978）は、文学はどんなディスコースを理解する際にも私たちが取る手順を意識化するのを促し、

また、文学テクストでの言葉への気づきがその言語がどう機能するか理解することを助けると主張する。

次に、言語教育の面から、文学作品は読解力を伸ばすのに適しているという主張も多い。しかし、この主張を説得力のあるものにするためには、Carter（2007a）が指摘するように、「文学と言語習得との複雑な関係、特に、読解力との関係について、より多くの教室研究が必要である」（p.x）と言える。実際、文学テクストが他のテクストより読解力を育成すると証明するのは難しいが、推測できることの1つとして、文学作品の持つ物語性が学習者の興味を引き付け、読むことへのモチベーションを高めるので、自発的に深く関わりながら読みを進めることが可能になり、結果的に読解力が伸びるというものである。これは、文学テクストの言語そのものだけの問題ではなく、「感情・人格形成に関する意義」にも関連する。

また、多くの研究が、文学テクストは読解力を伸ばすだけでなく、オーラルやライティング能力を高めるためにも有効に使うことができると述べている（e.g. Gilroy & Parkinson, 1997）。もちろん、これはテクストそのものの特質よりもどのように使うかという使い方に関連するが、少なくとも文学教材はオーラルやライティングに使えないという固定観念をもつべきではないと言える。

Collie & Slater（1987）は、文学の価値として文学のテクストの中では語彙や文法事項が覚えやすいことを主張している。実証研究という点では、SLA（第二言語習得）の分野から語彙習得について研究が進められている。Input Hypothesis[1]を理論的根拠として多読の有用性を主張したKrashen（1989）は、*A Clockwork Orange* や *Animal Farm* を教材とした実験を行い、それらの authentic texts を読むことにより語彙習得が促進されるという仮説を立て、また、Hafiz & Tudor（1989）は、やはり多読に文学教材を用いることでライティングの能力が伸びることを主張した。

Hall（2005）では、focus on form や談話処理能力という文学の意義は心理言語学的見地からの主張としてまとめられており、語彙習得、全体的な言語習得、読解力伸長などは More miscellaneously に区分されている。つまり、言語能力全体から心理言語学の領域に分けられるものを区別して論じている

ということになる。

　このように、言語教育の中で扱われる文学教材の価値は言語能力の伸長に
あるとする主張が多いのはある意味当然であると考えられるが、一方で
Carter & Long（1991）は、文学教材の意義を言語発達の促進に求めることに
より文学を単なる道具として機械的に使うようになることに警告を発してい
る。学習者には文学というテクストを通して「より微妙で創造的な言語使用
に接してほしい」（p.2, 筆者訳）のである。この理論を基にした language-
based approaches の実践例は第 5 章全体で提示し議論する。

1.3　感情や人間形成に関する意義

　文学使用に伴う感情と人間形成に関する問題を 1 つのカテゴリーに分類
することには異見もあるだろうが、この主張はつまり文学の学習者の心への
影響をまとめたものである。Hall（2005）は、この主張を affective arguments
（感情にかかわる主張）と題して pleasurable, motivating, personalizing の 3 点
を含めている。また、Collie & Slater（1987）は personal involvement（個人の
かかわり）とまとめ、とかく表面的になりがちな語学教育のプロセスが文学
を使うことによって読み手は出来事や登場人物に対して感情的な反応を行う
ことが可能になり、その結果テクストと創造的な関係を構築することができ
ると述べている（p.6）。Carter & Long（1991）は、文学を効果的に読むこと
が個人の成長を促すという主張を次のようにまとめている。

Helping students to read literature more effectively is helping them to
grow as individuals as well as in their relationships with the people and
institutions around them.　　　　　　　　　　　　　　　　　　（p.3）

先述の通り、この主張は、「言語に関する意義」と深く結びついていて、文
学を読むことを楽しいと思うからこそ、自発的に読み進め読解力が伸びるの
であろうし、学習者の興味を引く印象的なテクストだからこそ語彙や表現が
記憶に残ると言える。その意味で心への影響は言語の発達と切り離すことが
できない。また、この心への感情や人間の成長への文学の影響を数値で測る

ことは難しく、多くの場合、学習者へのアンケートやインタヴューが実行可能で利用しやすい最良の方法であると思われる。

1.4　文化に関する意義

　文化的な側面からの意義は、文学作品を教材として使えば、特に意識しなくてもその作品に描かれている時代や文化的な背景についての知識を得ることができるというのが元々の主張である。いうまでもなく、その前提としては、目標言語が話されている国や地域の文化の理解は、その言語の習得につながるということがある。この点において文学を擁護する立場の人は、新聞記事などは教材にすることがあっても過去の事物についての歴史書などを教材にする機会は限られているし、そのような歴史的な書物に庶民の取るに足らない生活習慣や文化的な記述が多く含まれているとは限らないから、文学作品を教材として用いれば、目標言語を話している国の文化を自然に学ぶことができると主張する。しかし、本章 1.6 で取り上げる Edmondson(1997)はこの見解に反論している[2]。

　文学を使って外国語を学ぶとその国の文化について学べるという主張が注目を集めたのは、1980 年代のアメリカである。Kramsch & Kramsch(2000)は、その時代に "culturally authentic artifacts" (p.567)として文学が地位を得たことを指摘し、Nostrand(1989)は、1980 年代の文学テクストの再評価は、文化的な能力の育成や外国の文化の理解の必要性と結びつきがあったことを証言している。Kramsch(1993)は、言語と文化を切り離すことができないものとし、「言語を社会実践(social practice)と見なすと、文化はまさに言語教育の核心となる」(p.8, 筆者訳)という考えを表明しており、そこに文学の果たす役割があることを示唆している。なお、言語と文化の間の密接な関係は日本でも鳥飼(1996)が強調している。

　ただし、この「文化に関する意義」を、単純に目標言語が話されている国の文化的な知識の獲得ととらえると問題がある。その 1 つは、外国語教育の中で目標言語が話されている国や地域の文化を教える必要があるかどうかという疑問である。Lazar(1993)が指摘するように、文化を教えること、さらには文化を教えるために文学を使うことは帝国主義的な考えを押し付ける

危険性をはらんでいるかもしれない。かつて、植民地の国々が宗主国の言語を強要されたように、或いは日本の明治時代のように先進的な思想や技術を外国から輸入した時のように、言語と共に文化を学ぶ必要はあるのだろうか。もっとも、文化という語義を広くとらえ、言語使用やコミュニケーションの仕方なども含めるとしたら、それは言語と切り離すことはできないのであるから、文化をどう定義するかにもよると言える。

　英語の場合に、事情がさらに複雑なのは、言語自体がグローバル化しており、以前に比べて特定の国や文化との結びつきが弱くなってきていることである。世界には英語を母語として話す人だけでなく、第二言語・外国語などとして使う人々がいる。つまり、英語が「だれの言語なのか」がよくわからなくなってきたために、英米文学を読んで英語圏の文化を知ることにどれだけの意味があるのか、正当化するのは難しくなってきているのである。また、英語のグローバル化とも関連するが、英語文学とは何かという問題もある。斎藤（2003）が指摘する通り、イギリスの植民地政策により、英文学はアイデンティティの危機に陥っている。つまり、旧植民地で書かれる英語文学は数の上でも質の上でも存在感を増しつつあるわけであるが、それらの文学の映し出す文化とは何であろうか。このような状況下では、英語教育で文学作品を用いると英語が話されている国の文化が一緒に学べるという主張は説得力を持たず、文化に結びつけて文学教材の使用を正当化することは難しくなってきている。

　この問題に対処する鍵の1つとなるのは、文化に関する意義とは、単に目標言語の国の文化を知ることではなく、他国の文化を学んだり異文化を理解したりすることによって、よりジェネラルな意味での文化的な感受性を養い、自国文化をも含む様々な文化をより深く理解したり、時には疑問を持ったりすることができる能力や姿勢を養うこととらえることである。その意味では、Kramsch（1993）が用いている、"cultural awareness"という表現が意味を正確に表していると言えよう。Lazar（1993）も文学を使う理由の1つに「文化的背景へのアクセス」を挙げているが、私たちは、テクストの中の文化的側面を単に受け入れるのではなく、批判的に見るべきであると述べている。

In fact, our response to the cultural aspect of literature should always be a critical one, so that the underlying cultural and ideological assumptions in the texts are not merely accepted and reinforced, but are questioned, evaluated and if necessary, subverted. (p.17)

1.5　その他の意義

　これまで3つの大きな意義、「言語に関する意義」、「感情や人間形成に関する意義」、「文化に関する意義」について先行研究を参考にしながら論じてきたが、本項では、それらに含めるのが難しい、いくつかの意義について説明する。特に、文学教材の再評価から約20年間が経ち、2000年代に入るとこれらの意義とは性質が異なる、つまり、無理にこれらの枠組みに収めることに意味を持たないと考えられる、様々な主張も注目を集めるようになってきた。

　Hall（2005）は、*English Language Teaching Journal* に掲載されたこの分野の論文を分析し、1980年代までは人文主義的な（humanistic）価値についての論考が多かったこと、そして、1990年の特集で伝統的なアプローチから読者の反応を中心としたコミュニカティヴなアプローチへのシフトの必要性が議論されたことを指摘している（p.55）[3]。第2章で論じたように、英米で文学教材の復活を促した1つの原動力がCLT（Communicative Language Teaching）であるとすると、CLTの最大の目的はコミュニケーション能力（communicative competence）を養成することであるから、文学教材を使う意義にこのコミュニケーション能力に関わるものがあると考えるのは当然であると言える。

　Communicative competence は、N. Chomsky の生成文法的な言語の見方では実際の言語使用を説明できないと考えた、D. Hymes によって初めて用いられた用語で、「言語を正確に理解し、実際の状況の中で適切に使用する能力」である（白畑他，2012, p.59）。外国語教育では重要な概念となっており、第2章で見たように、これを日本の文脈に置き換えた「コミュニケーション能力」あるいはその育成は1980年代以降、日本の中等教育の「外国語」における一大目標となっている。文学教材との関係において厄介なの

は、英米では communicative competence の促進が文学教材の意義であると
主張する議論がある一方で、日本ではそれとは正反対の、つまり、文学教材
はコミュニケーション能力育成に寄与しないから排除すべきであるという暗
黙の了解が散見されることである。そして、日本においても、また、海外に
おいても多くの場合、コミュニケーション能力とは何かという十分な議論が
なされないまま、それぞれ逆の立場から文学教材の存在意義を問うという状
態が続いている。本項では、英米において communicative competence を文
学教材の価値の1つであるという見解があることのみを紹介し、文学教材
とコミュニケーション能力との関係については、一括して2.3で議論したい。

　この他、Hall(2005)は、Kramsch & Kramsch(2000)の *The Modern Lan-
guage Journal* における投稿論文の分析について言及した中で、今後、文学
教材に期待される役割とし linguistic creativity, play, metaphor などがあるこ
とを指摘している(p.56)。Linguistic creativity が文学の1つの特徴であると
いう立場は伝統的文学者たちによるものであるが、今日、それは、文学だけ
の独占的なものであるとは考えられてはいない。

> In the later twentieth century, however, different ideas began to be heard:
> that creativity was not unique or even particularly distinctive to literature
> and its geniuses; that perhaps creativity in life and in literature were not
> entirely unlike in kind and degree....　　　　　　　(Hall, 2005, p.27)

　一方で、文学を使った外国語教育が学習者の creativity を高めるという可
能性は、特に creative writing の分野において否定できないものである。
Pope(2002)は、creative writing では、学生が reader としてだけでなく、
producer, writer として見なされ、他者の書いたものに対して適切に効果的
に反応することを学べると指摘する。Carter & Long(1991)は、外国語学習
者が creative writing を行うのは難しいのではないかという考えがあるのを
認めた上で、そのような理由でこの活動を行わないとしたら、重大な不利益
を被るであろうことを以下のように説明している。

However, such a view discounts the benefits in confidence and in appreci-
ation of language use which can be derived from simple language-based
exercises, designed to promote sensitivity and to develop interpretive skills
by exploiting awareness of patterns of language from the inside.　　（p.90）

　上の引用で、creative writing が"interpretive skills"の発達を促進すること
が記されていることからもわかるように、creative と interpretation には接点
がある。そして、この、解釈する力（interpretation）や思考力、あるいは批判
的思考力（critical thinking）の養成も文学教材の意義としてしばしば主張され
るのである。Hanauer（2001）は詩を読むペアの発話を分析し、読解過程が気
づき（noticing）と解釈（interpretation）を中心に進んでいくことを示した。ま
た、小説など読んだ文学作品の解釈をめぐってディスカッションを行い、外
国語教育学習者のスピーキング能力やコミュニケーション能力を効果的に高
めることができたという報告は、本書第 2 章でも紹介した（e.g. Boyd &
Maloof, 2000; Kim, 2004; Scott & Huntington, 2007）。

1.6　意義の主張に対する反論―Edmondson（1997）の議論を中心に―
　本項では、これまで見てきた文学教材の意義についての反論を Edmond-
son（1997）を中心に概観する。Edmondson は、1997 年に発表した *The role
of literature in foreign language learning and teaching: some valid assumptions
and invalid arguments* という題名の論考で、「文学テクストは外国語教育に
おいて特別な役割を担っている」というそれまでの主張に反対する立場から
議論を展開した。そこでは、まず観察（文学教材が使われている教育現場の
観察）が示され、次に議論を進める上での前提が紹介される。そして、これ
らの段階を踏み、最後に主張（文学教材の意義についての主張）を明示した上
で 1 つ 1 つを論駁してゆく形式をとっている。Table 3.2 では、Edmondson
（1997）の核となっている「主張」とそれに対する「反論」をまとめる。

60

Table 3.2　Edmondson(1997)に見られる文学教材の意義に対する議論

これまでの主張(Arguments)	Edmondson の反論
主張 1 : *The cultural access argument* 文学は目標言語の文化や人々について知識を与えてくれる	文化について知識を得るために文学が最良の方法なのか。どんなタイプの cultural access を指すのか、それは言語習得にどう影響するのか、の答えが出ていない。
主張 2 : *The language is literature argument* 日常の、あるいは専門的な言語の中にも文学が入り込んでいる	母語話者とのやり取りに参加するために、外国語学習者も文学や文学言語の知識を持つべきだというが、それはその時々に決まった表現を教えればいいだけではないか。この点で、テレビの人気番組と差は無い。
主張 3 : *The motivational argument* 文学が学圏語学習における motivation を高める	このことを理由に挙げる人は多いが、逆に demotivating(やる気を失わせる)な場合もある。また、それはテクストの問題ではなく教授の仕方なのではないか。さらに、ある学習者が文学を好むとしてもそれが学習過程にどういう影響を与えるか。
主張 4 : *The 'Look at this!' argument* 学会などで、文学教材を用いた創造的で刺激的で楽しそうな実践が示される	文学を使って、'Look at this!' と授業のやり方を示せるというのは議論にならない。関係代名詞やサイン、広告についてでも同じような印象的で教育的な授業はできる。
主張 5 : *The compensatory argument* 機能性や実用性を重視した外国語教育は言語経験、ひいては人生の豊かさを欠いている、だから文学が必要である	文学が従来の外国語学習の欠点を補うものとして見なされるのには納得できない。非文学を表す形容も時代と共に変化しており、文学が何を補うかも変わってきている。選び抜かれた文学と、つまらない非文学を比較する研究さえもある。妥当でないばかりか誠実でない主張である。
主張 6 : *The psycholinguistic argument* 心理言語学の見地から文学テクストは価値がある	例えば、Widdowson(1983b)によれば、schema など言語発達につながる認知過程の活性化に文学は役立つということだが、それには他のテクストでもいいと言える。また、学習者は L2 読解において様々な interpretive strategy を使うべきだというが、文学が特に適当であるとは証明されていない。また、close, text-based, problem-solving reading が言語習得の目的に特別の価値があるのか。従って、Widdowson の議論は non-essentialist の立場と何ら矛盾しない。 また、Kramsch(1993)は、文学テクストの持つ specificity と universality を主張するが、他のテクストとの比較がないし、これは心理言語学の議論というよりも rhetorical appeals である。

そして、最終的に導かれた結論は以下のようなものである。

外国語教育において、文学テクストが特別な役割を果たすことはない。すなわち、教育の中で使う場合、文学テクストは他のタイプのテクストから自らを区別するような essence を持たない。文学が教育の中で特別の地位や機能を持つとするこれまでの議論は妥当性を欠いており、せいぜい、文学も他のテクストが使われているのと同様に使われることができると言っているに過ぎない。 (pp.52–53, 筆者訳)

　実際には、この議論は「文学教材は(他のテクストにない)特別な役割を持っている」という主張に対しての反論であり、文学教材の意義それ自体を否定しているわけではないのだが、同論は、それまで文学教材の意義について反対する論考がほとんどなかったということもあって、意義を否定する議論の代表例と見なされることも少なくない[4](e.g. Paran, 2008)。この Edmondson(1997)に対する主な反論は Paran(2006; 2008)で、「文学テクストは「言語能力を発達させる手段として」外国語教育の中で特別な役割を担ってはいない」という Edmondson の主張に対して、「言語教育を「言語」(の発達)のみに焦点を当てて議論している」(Paran, 2006, p.8)と批判している。結局、外国語教育の目的をどうとらえるかについての見解の相違が議論をかみ合わないものにしていると言える。つまり、外国語教育の目的を言語の習得のみに限定すれば Edmondson(1997)の主張は受け入れられるかもしれないが、言語の習得だけではなく全人教育的な要素も含んでいると考えれば Paran(2006; 2008)の批判が説得力を持つであろう。

　本書では、Edmondson(1997)の反論を詳しく吟味した結果、同論考が文学教材の意義そのものに異論を唱えているわけではないことは理解した上で、しかしながら、「文学は特別な役割を担っていない」という主張は受け入れ難いと判断する。それゆえに、第5章で示す授業事例の研究を通して、文学教材の(他の教材にはない)特別な役割を探求したいと考えている。Edmondson(1997)とそれに反論する一連の議論から得られる最も重要な示唆は、以下のように Hall(2005), Paran(2006; 2008)が指摘する、実証的研究の必要性だと言えるだろう。

What have usually been missing are careful studies of literature use, rather than speculation and assertions and counter-assertions

(Edmondson, 1997, quoted by Hall, 2005, p.125)

Interestingly, both the supporters of the use of literature in language education(e.g. Shanahan, 1997; Hanauer, 2001)and its opponents (Edmondson, 1997)agree that there is little research in this area.

(Paran, 2008, pp.489–490)

2. 文学教材の使用に伴う諸問題

　文学教材の意義については、前節で示した通り、それを擁護する側の研究者や実践者たちがかなり似通った主張をしているが、文学教材を扱うことの問題点や扱いにくさについては各分野の研究者や現場の教師たちがそれぞれの立場から様々な指摘をしており、それら諸問題を体系的にまとめた論考も少ない。

　その中でも、例えば、Waring(2012)は、多くの EFL 教師が文学を使わない理由として、文学は難しく実用的でないと考えられていること／文化的な要素があるために理解しにくいこと／日本人学習者は十分な言語能力がないため読むことができないこと／教師自身が文学教育の訓練を受けていないこと／文学の概念は母語で学べばいいと考えていることなどを挙げている。また、Iida(2013)は、文学教材が第二言語教育で第一言語教育でのそれに比べて人気がない理由として、語彙・文法・構文の難しさ／産出に流暢さより正確さが期待されるので教室では文学より練習問題が多用されること／ライティングでは創造的なものよりアカデミックなものが重要視されること／文学の読解には時間がかかり、言語能力育成との関係が不明瞭であることの 4 点を過去の研究からまとめている。個別の研究では、第 2 章 2. でも言及した Martin & Laurie(1993)がオーストラリアで実施したアンケート調査で、大学のフランス語学習者たちが文学教材はオーラルの能力を高めるために有用だとは思っていないことを確認している。また、中国の Qiping & Shubo

(2002)は、高等教育での文学を使った授業について、やり取りの少ない講義形式のものになりがちでつまらないという受講者の感想を同じくアンケート調査から浮き彫りにした。

このように、文学テクストの問題点や使われない理由は様々な見地から発せられているので、ここで整理を試みる。内容に従って分類すれば、文学テクスト自体に関わるもの／使い方に関わるもの／理論的根拠や主張に関わるものと分けることができるし、誰にとっての問題かに注目すれば、学習者／教師／カリキュラム作成者などの関係者などに分けることもできる。また、何が問題かを表す形容詞を用いれば、難しい／使いにくい／役に立たないなどが考えられる。Table 3.3 は、これまでカテゴリーを超えて混在していた文学教材利用の問題点、扱いにくさを、当事者の視点からまとめたものである。

Table 3.3　文学を教材とすることの諸問題

視点	問題点
学習者の視点から	難しい・読みにくい(語彙・構文・長さ・文化的要素) 役に立つと感じられない 好み(好き嫌い)がある 1つの答えがない場合がある
教師の視点から	扱い方が難しい(活動や問題の作成) 準備に時間がかかる 評価方法が確立されていない 自分が文学教育の訓練を受けていない
カリキュラム作成など全体的な視点から	言語能力向上との関係が明らかにされていない 国語(母語)教育との役割分担がわからない 社会や学習者のニーズに応えていない

本節では、まず、1980 年代後半に Hirvela が提示した「語学教師が文学を避ける 5 つの理由」を端緒に、教師の側から見た英語・外国語教育で文学教材を使う際の扱いにくさや問題点について検討する。その後 2.2 以降では、第 2 章で概観した文学教材利用の変遷や先行研究を参考に項目を選定し、個別に論じる。

2.1 Hirvela(1989)「語学教師が文学を避ける5つの理由」

Hirvela は、文学教材復活の動きが起こって十数年経った時期に、*Five bad reasons why language teachers avoid literature*(1989)と題する論考を発表し、文学を外国語教育の中で利用する意義については十分な議論がされているにもかかわらず、実際の外国語教育の現場では文学を好んで使っている教師たちは余りいないことを指摘し、以下のような疑問を投げかけた。

> The continued failure of literature to penetrate to the grass roots level of language teaching from the lofty heights of scholarly publications prompts the inevitable question: Why?
>
> (p.127)

これに対する答えとして、しばしば議論されてきた文学テクストや文学言語の外国語教育における適切さの問題の他にどんな理由があるのか、それを語学教師の側に求めたのが論考の主旨であるが、その5つの理由とは、以下のようなものである。

1) 語学教師たちは「文学」という言葉を狭義に解釈し、canon に代表されるような古くて難しい作品にこだわり過ぎていること。Canon は、第二言語学習者にとっては大概難しい。

2) 語学教師のほとんどが自分自身で文学を読まないので、教材も新聞や雑誌などに偏りがちであること。文学はどのジャンルの言語をも最高の状態で表現する。

3) 語学教師は、教材やユニットというものに頼りすぎる。これらは厳密に規制されたシラバスを構成し、授業は単純で機械的なものとなる。逆に、文学テクストを用いると、想像的で、感動を与える、分析的な授業が可能となる。

4) 文学を用いようとすると準備などに相当な手間がかかること。しかし、文学を用いる授業は、教師たちに生産的で意味深い仕事を与える。

5) 語学教員を養成するプログラムで文学はほとんど取り上げられてい

ないこと。

（Hirvela, 1989, 筆者訳）

　これらは、なぜ文学は実際に余り使われないのかという問いに対する外国語教育の現場の視点からの答えであり、このような理由や教師たちの認識は不適当なものであるという主張をしている。同論は、結論として、教師たちは却って文学の可能性を狭めてしまうような canon の概念や文学的要素を不適当とする狭義の言語学的な考えを捨てて、文学の範囲を広げてとらえ、いろいろな状況での文学使用を試すように勧めている。また、上記の理由 5）に関連しては、数年後に Hirvela（1993）が英米の英語教師養成コースである TESOL の教育内容を詳細に調べ、文学教材利用の仕方についての教師教育が省かれてしまっている実態を明らかにしている。また、同趣旨の指摘として、"conspicuous absence of a place for literature in the TESOL curriculum"（Belcher & Hirvela, 2000, p.33）、"Most EFL teachers are not trained in literary studies."（Waring, 2012, Presentation slide, 6）がある。

2.2　文学読解の難しさ

　本章の 1. で文学のテクストや言語自体に外国語教育における価値があるという主張を取り上げたが、それはテクストや言語を読み解くことの「難解さ」につながる。2.1 で取り上げた Hirvela（1989）「語学教師が文学を避ける 5 つの悪い理由」の第一の理由の中で「canon は第二言語学習者にとって読むのが難しい」ということが指摘されているが、特に日本のように英語を（第二言語ではなく）外国語として学ぶ者たちにとっては、この問題はさらに深刻である。Canon でなくてもある程度長い小説や馴染みのないテーマの詩などになると、相応の読解力がなくては読んで理解することが難しいということになる。

　では、「難しい」と言う場合、何が難しいのであろうか。それにはいくつかの要素が含まれることが予測できる。Hirvela & Boyle（1988）は、広東語を母語とする香港の成人学生へのアンケート調査に「文学のどんな面が一番大変だと思いますか。」という質問を設け、Table 3.4 のような結果を得た。

Table 3.4 「文学のどんな面が一番大変だと思いますか。」

テーマの解釈	41%
語彙(特に現代のテクスト以外で)	27%
文化的・哲学的な違い	12%
文学的なスタイルや構造	11%
その他	9%

(Hirvela & Boyle, 1988 から作成)

また、Hall(2005)は第二言語で文学を読むことの難しさを先行研究に基づき、次のようにまとめている。

・言語的に難解である(語彙、文法、文の長さと構造、修辞法など)
・標準的でない、文学固有の特徴が言語にある
・第二言語学習者にとっては語彙不足が問題となる
・言語的な基礎力がないと文学の理解にまで到達しない
・文学テクストでは重要となる、形式的な細部(句読法など)を見逃す
・文学テクストが持つことばの遊び(playfulness)や創造性を理解が難しい
・文化的な背景がないと理解できない部分がある

(p.114, 筆者訳)

これらの問題は、英語を母語としない学習者への英語教育の中でも特に外国語教育として行う場合には常に考慮されなければならない根源的な問題で、日本の英語教育に限ったものではない。もちろん、文学作品というものが他のジャンルの書き物に比べて常に難解であるかという問いに対する答えは簡単に出されるべきではなく、文学対非文学というよりは、native speaker のための authentic なものと、語彙や文法項目をコントロールした第二・外国語学習者のための英語教材とが比較されるべきであろう。そうは言っても、同じ authentic なものを扱う場合でも、第 5 章の実践・観察の事例研究でもわかるように文学では小説などの散文を用いることが多く、それらは、たとえば新聞記事やコラムなどに比べて長いものが多い。つまり、学習者にとっ

ては読まなければならない量が多いということになる。また、Carter & Nash（1990）が主張したように文学の言語と非文学の言語の間にははっきりとした境界がないとはいえ、文学作品ではより高い頻度で独特の表現や語彙が用いられるという指摘もある。それゆえ、英語教育における文学教材の価値を主張する論考においてさえも、実際に文学作品を教室に導入する際には慎重さを要すると書き加えられることが多い（e.g. Hall, 2005; Hirvela, 2005）。

　Waring（2012）は、大多数の日本人学習者（大学生）にとって native のために書かれた文学を読むことは特に語彙レベルで問題があり、そのような文学は多くの場合精読でしか扱えないという見解を示している。結果として、1つの作品を読むのに膨大な時間を要するだけではなく、文学的要素や言語に注目する余裕を欠いてしまうことを指摘している。しかし、結論としては、これらの理由で文学を扱うべきではないということではなく、簡略版を含む学習者のレベルに合ったテクストを選定し、教授方法を考慮することで、EFL と文学を対立するものではなく、補い合うものと見なすべきであると述べている。

　読解に伴う難しさをある程度回避しつつ文学を扱う方法としてしばしば用いられるのが、graded readers などの retold 版を単独で使うこと、あるいはオリジナルと併用することである。実際、日本でも多くの教師がこの方法をとっている。特に、扱う作品が canon のように長く難解で学習者に過大な負担がかかるあまり授業の目的が妨げられるような場合であれば、少なくとも補助的に retold 版を用いるのは賢い判断と言えるだろう。これを 1 つの解決策として認識した上で、simplification（簡略化）の問題を論じたい。

　簡略版のテクストを言語教育に用いることについて、その有用性を認めている論考は余り多くない。特に、英米での文学教材復活の 1 つのきっかけを作った文体論の研究者はほとんど反対の立場をとっているが、それはこの分野が言語と文学の統合を目指したものであり、文体論者にとっては書き手が創作したテクストの中の言語こそが代替不可能な研究対象であることを考えると当然といえよう。簡略版を使用することについての短所は第 5 章で詳説するので、本節では、Davies & Widdowson（1974）が簡略版では重要なものが失われていると指摘していること、Carter & Long（1991）が「文学は

簡略版で教えることはできない。」(p.151, 筆者訳)と主張していることを紹介するにとどめておく。

　読解に伴う難しさを和らげつつ、かつ、簡略化に伴う損失を最小限にするためにしばしば用いられるのが、絵本、児童文学、ヤング・アダルトなどの作品である。これらの作品は、もちろん、native speaker に向けて書かれた authentic なものであるので、学習者に「生の英語」に触れる機会を与えることができるし、学習者自身がその体験を通して達成感や満足感を得、英語学習全体へのモチベーションを持つことにつながっていくことが多い。ただし、大学の授業などで用いる場合には、学習者と想定されている読者の年齢が離れていること、また、作品の内容がファンタジーなどで現実離れしていることもあるので、教師が学生たちの年齢、性別、性質などを考えた上で、興味を持ち続けられ、しかも扱う価値があると考えられる作品を教材として選ぶことが必要となるだろう。最後に、このような子供向けの作品を文学と呼べるのかという議論もあろうが、序論で述べた通り、本書では、1980 年代の文学教材復活の動きに関連して、伝統的な作品のみならず広い範囲での創造的な作品を文学と見なしているので、このような子供・青少年向けの作品も文学の一部ととらえている。

2.3　コミュニケーション能力との関係

　文学教材にとって、コミュニケーション能力は、最も複雑な関係にあるものの 1 つである。なぜなら、本章 1.5 で論じたように、これを文学教材の意義として見なす主張もあれば、文学とは全く相容れない、むしろ相反するものとして排除の理由とする見解も存在するからである。実際、文学作品を英語・外国語の授業で使わない理由として、コミュニケーション能力を発展させる効果があるかどうかが明らかでないことを挙げる教師は多い。Communicative competence は、Hymes (1972) が提唱して以来、第二言語・外国語教育研究において重要な位置を占めてきたので、文学教材の意義や問題点を探求するために両者の関係を振り返っておく必要がある。

　文学とコミュニケーション能力がどう関わり合っているかについては、英米、日本を問わず、どちらのコンテクストにも共通した大きな問題である

が、その関係のとらえられ方はかなり異なる。すなわち、英米では、コミュニケーション能力が重視されていく中で文学が衰退していった時期があったにもかかわらず（Paran, 2006）、文学が再評価された際にはコミュニケーション能力の育成を目的とした Communication Language Teaching（CLT）がその動きの 1 つのきっかけとなった（Gilroy & Parkinson, 1997; Paran, 2006）。これに対して、日本では、第 2 章で説明した通り、英語教育の歴史の中でほとんど対立と言ってよいほどの関係が続いている。以下の段落では、まず、日本と英米の両方のコンテクストでの文学とコミュニケーションの関係を考察し、英語教育におけるコミュニケーション能力がどういうものであるか議論した上で、この言葉や概念がいかに文学を教材とする上で障害になっているか、探っていく。

　第 2 章 1.1 で既に考察したように、2011 年度から順次実施された小・中・高等学校の現行学習指導要領では「「コミュニケーション能力の育成」ということが主軸となっている」（金谷, 2010, p.6）。「コミュニケーション能力育成」は、まさに近年の日本の英語教育のキーワードと言える。そして、過去数十年の間、少なくとも学習指導要領や検定教科書等に見られる方向性という点では、日本の英語教育は文法指導や訳読を中心とした伝統的な教授法からコミュニケーション能力重視の教授法へとシフトしてきており、その過程で文学あるいは文学教材は減少の一途を辿った。まさに、「昭和後期以降の日本の英語教育は、教養主義を廃し、文学教材を捨て去り、「実用コミュニケーション」をスローガンに掲げてひたすら突っ走ってきた」（斎藤, 2010, p.41）のである。

　歴史を振り返ると、1969 年度版指導要領は、従来の「学習活動」が「言語活動」に改められたという点でコミュニケーション重視に舵を切る発端となったといわれている（江利川, 2007）。やがて、1989 年度改訂版では、「目標」に初めて「コミュニケーション」ということばが使われ、1998/99 年度版で新たに「実践的コミュニケーション」（practical communication abilities）という造語[5] が用いられた。そして、2003 年の「「英語が使える日本人」の育成のための行動計画」の中で明らかなコミュニケーション信奉と文学排除の傾向が見られたことは、既に本書第 2 章 1.1 で示した。このような中等教

育の現場での文学減少と呼応するように、大学英語教育においても大学英語教科書から文学が消え、教員の専門分野の分布も近年、「英語教育学」が「英語文学」を大きく引き離していることも既に述べた。

近年の日本の英語教育において、「言語活動」、「コミュニケーション」、「実践的コミュニケーション」、「使える英語」と少しずつ表現を変えながらコミュニケーション重視の方針が取られてきたわけであるが、その中でしばしば、文学はコミュニケーションの敵として位置づけられた。以下の例では、この2つが対立するものとして示されている。

> 英語に限らず、ことばによるコミュニケーションの大部分は、事実に即したものである。(中略)フィクション的なものしか教えられない英語教師(英文学関係者)が、英語学習環境汚染をしているゆえんである。
>
> (藤掛, 1982, p.13)

> 学生の今の関心は英語をコミュニケーションの道具として身につけることであって、英語で書かれた文学作品を読むことではない。
>
> (羽鳥, 2002, p.5)

> 日本の中等教育で Communicative Approach が浸透しない理由の第一は英文学専攻の教師が多いことである。
>
> (Nishino & Watanabe, 2008, p.133, 筆者訳)

このように両者が対立する概念として扱われる理由はどこにあるのか、3つのカテゴリーに分けて論じたい。まず、最初は、第2章1.3で述べたように教授法に関するもので、文学教材を用いる授業では教授法として文法訳読式を用いると決めつけて受け取られ、その場合、母語を通しての教師から学習者への一方通行な授業形態になりがちなので[6]、コミュニケーションにはそぐわない印象があることである。次に、教授目的或いは活動内容であるが、文学を使うと学習者の活動がリーディング中心になり、それ以外の技能——リスニングやスピーキングなどのオーラルの能力はもちろんのこと[7]、

ライティング能力さえ──を向上させることが期待できないというものである。最後に、文学作品の言語そのものに関わる問題で、文学で用いられる言語が日常生活から離れた特殊なものであるため実用的コミュニケーションには役立たないということである。

　米国の外国語教育の歴史においても、少なくとも 1970 年代には、文学はコミュニケーションとは相容れないものであった。

> The universal cognitive turn in second language acquisition research…
> and the multicultural turn in education further drove the study of foreign
> literatures, perceived as an elitist pursuit needs, virtually out of the picture
> in the study of modern languages. 　（Kramsch & Kramsch, 2000, p.566）

また、1990 年代になっても、特に外国語教育の分野では文学とコミュニケーションを対極に位置づける記述が見られる。

> Today, university teachers of foreign language（FL）in the U.S. face a peda-
> gogical environment in which two camps have developed, one basing its
> emphasis on communicative competence, the other on the importance of
> exposure to culture and, especially, literature. 　（Shanahan, 1997, p.164）

しかしながら、英米において 1980 年前後に教材としての文学が再評価された際にはコミュニケーション能力育成を目標とする CLT がその再評価の要因の 1 つとなったことも多くの研究者が指摘するところである（Maley, 1989; Gilroy & Parkinson, 1997; Paran, 2006; 2008; Carter, 2007b）。ここでは、日本の英語教育で見られたような両者の対立関係はなく、CLT の文学教材復活への貢献が次のように説明されている。

> The communicative movement has produced many innovative techniques
> （including information / opinion gap activities）which are eminently appli-
> cable to literary, among other texts. 　（Maley, 1989, p.59）

Their [teachers and material designers] search for more <u>communicatively-oriented</u> materials and learning conditions led, almost inevitably, to <u>literature</u>. （Hirvela, 1996, p.127）

…in the '<u>communicative</u>' era, <u>literature</u> is back in favour. The reason for its return seems to us to be the convergence of idea from two main sources: first, literary criticism, including the debate the nature of literary language and reader response theory, second, <u>communicative language teaching</u>. （Gilroy & Parkinson, 1997, p.213）

（下線は本書の筆者による）

　CLT が文学教材再評価に寄与した理由として、文学テクストの持つ authenticity や様々な言語形態を取り込むことのできる特質、読者の解釈や想像力を促し意味のある言語活動を生み出すことができる可能性などが CLT の中で希求されたことがあげられよう。これらに加え、Hall（2005）は、倫理的・政治的に複雑になりつつある現代社会において文学を用いて行う行間を読むような訓練が諸問題に対応するのに役立つこと、また、語学教育は地理的・文化的な境界を超えた人やアイディアの自由な動きを助長すべきであり、文学はそれに貢献することができることを主張している。

　CLT を1つのきっかけとして復活した文学自体も、この時、それまで一部のエリート学習者のための正典中心だったものから、扱うテクストの種類・対象学習者の習熟度・教授法などにおいて教材としての範囲を広げた。また、CLT は、既に90年代に、とかく日常場面のやり取りに終始し人文主義的な深い内容を扱えないという悩みを抱えており、文学教材を取り込むことでこの欠点を補うことができたことが次の引用からもわかる。

Alan Maley…advocates the use of <u>literature</u> because it is intrinsically motivating to talk about death, life, love and the like, larger themes which otherwise escape（purportedly）'<u>communicative</u>' syllabuses, preoccupied, as they tend to be, with timetables, tourisms and other exchanges and transactions.

(Hall, 2005, p.57)

（下線は本書の筆者による）

同様に、米国の Kramsch（1985）もコミュニカティブ・アプローチが文学教材の復活を求めていたことを指摘する。

<u>Communicative</u> approaches to language teaching and the current focus on oral proficiency are calling for a reassessment of the use of <u>literary</u> texts in the language classroom.

(p.356)

（下線は本書の筆者による）

このように見ると、英米の文学教材復活の動きの中では、コミュニケーションや CLT と文学の関係は対立するどころか、むしろ、お互いの弱点を補い合うような相互補完的なものであったといえる。

それでは、ここで外国語・英語教育におけるコミュニケーション能力とはどのようなものであるか、整理しておく。Savignon（1997）は、外国語教育におけるコミュニケーション能力の定義を追究する中で、まず、その意味が混乱して使われていると指摘し、「オーディオ・リンガル・メソッドができなかったことすべて——例えば、柔軟性があり、創造性があり、また学習者のニーズに応えてくれること——を代表するシンボルになってしまったのだ」（草野他訳, p.9）と述べている。また、日本の大学英語教育の現状を表すものとして、「社会の要請が「コミュニケーションに使える英語」であるというだけで、「コミュニケーション」が実質的に何を意味するかの腰を据えた議論はほとんどないまま、言葉だけが独り歩きしている」（鳥飼, 2004, p.8）という指摘がある。北（2006）は、雑誌『英語教育』の過去の記事を分析することによって、この言葉に「国際的（異文化間）」、「積極的な、自己表現としての」、「役に立つ、実践的な」の少なくとも 3 つの含意を見出すことができることを示し、「「コミュニケーション」というキャッチフレーズが一人歩きし、それ自体としては明確な意味を失いつつある」（p.47）と結論づけている。Canale & Swain（1980）が communicative competence を 4 つの能力に

下位分類して説明したものの、それ以降もこの言葉は曖昧な意味のまま便利な用語として使われることが多く、その傾向は、特に、日本の英語教育の文脈で強いと言えよう。

　実際、1989 年版以降の学習指導要領や「行動計画」に「コミュニケーション能力」という文言が繰り返し使われているが、それが何を意味するかはほとんど明記されていない。新学習指導要領では、中学校外国語の「目標」に、「聞くこと、話すこと、読むこと、書くことなどのコミュニケーション能力の基礎を養う」と四技能が列挙され、本来ならコミュケーションの方法や手段であるはずのこれらの技能が能力そのものを意味するかのように用いられている。高等学校外国語の「目標」には、「情報や考えなどを的確に理解したり適切に伝えたりするコミュニケーション能力を養う」と短く簡単に記されているに過ぎない。遡って、改訂前の 1998/99 年度版では、共に「実践的コミュニケーション能力」という言葉が用いられ、特に、中学校においては「聞くことや話すことなど」と音声面だけが強調されていた。このように、日本の英語教育では、きちんとした定義がなされないまま、繰り返し「コミュニケーション」という表現が使われ、かつ「実践的」や「実用」と常に結びつけられ、音声面での能力育成が過度に強調されてきた。その結果、学習指導要領をもとにした検定教科書でも、平易な表現を使った会話練習中心の疑似コミュニケーション活動が多く取り上げられるようになったと言える。

　これに対し、米国の *Standards for Foreign Language Learning in the 21st Century*[8] では、外国語教育の 5 つの目標領域(The Five C's of Foreign Language Education)の筆頭に Communication を掲げ、以下のように説明している。

　　Communication is at the heart of second language study, whether the communication takes place face-to-face, in writing, or across centuries through the reading of <u>literature</u>.　　　　（下線は本書の筆者による）

コミュニケーションがどういう場合に起こるかについてのこの記述の中

で、日本でのとらえ方と異なるのは、時代を越えた「文学」の読みをも含んでいることである。また、CEFR（ヨーロッパ言語共通参照枠）(2001)でも、4. Language use and the language user/learner の 4.3 Communicative tasks and purposes において 4.3.5 Aesthetic uses of language という項が設けられ、文学言語の重要性を訴えると同時に、例えば、"retelling and rewriting stories" のような文学テクストを用いた様々な活動が推奨されている。

　さらに、上記の *Standards* では、"Knowing how, when, and why to say what to whom"[9] というフレーズを用いてコミュニケーションが何であるかの定義を試み、「コミュニケーションには文法や語彙は不可欠であるが、意味のある適切な方法でコミュニケートする能力の習得が外国語教育の究極の目的である」(筆者訳)と提言する。これは、「言語についての知識と言語の社会的・機能的働きの両方を身につけることにより、人間はコミュニケーションができるようになる」(白畑他, 2009)という、CLT の論拠となった D. Hymes の communicative competence の説明や、言語運用能力を言語使用 (language use) と言語用法 (language usage) の両面から論ずる H. G. Widdowson の主張と共通する。また、コミュニケーションについて3つのスタンダード——1) Interpersonal：他の人との情報のやり取り、感情の表出、意見交換をすること、2) Interpretive：書かれたものや話されたものを理解し、解釈する、3) Presentational：自分の考え、意見、情報を口頭で、書いて発表する——を設け、具体的な目標を設定している。

　次に、H. G. Widdowson が説明する「コミュニケーション能力の習得」という概念について見てみたい。外国語教育の目標は一般的に四技能に分けて設定することが多く、第2章1.1で考察した中学校の新学習指導要領もそれに沿ったものとなっているが、Widdowson (1978) は、言語使用という観点から見て、四技能を外国語教育の目標に定めることの妥当性に疑問を呈している。まず、それぞれの技能を、コミュニケーション活動あるいは言語使用という観点からとらえた時、「話す」は speaking から saying へ、「聞く」は hearing から listening へと認識されることになり、さらに、コミュニケーション活動は相互作用であることから、この両者は talking（「話し合う」）というレベルに移行される。同様に、「読む」は comprehending から reading

へ、「書く」composing から writing へと移り、この2つはたとえ時間差が
あるにしても相互に作用し合って corresponding(「やり取りする」)というレ
ベルまでの到達が目指されるべきであると提案している。そして、これらす
べての相互作用のある行為を統合し最も高いレベルに位置する技能は inter-
preting(「解釈する」)ことであり、「言語学習の究極の目標は、コミュニケー
ション能力の習得、つまり、解釈ができるようになることである」(Widdow-
son, 1978, 東後他訳)と主張する。

　文学教材では、事実に基づく1つの決まった答えや明確な筆者の意見を
持つ論説文とは異なり、たとえ部分的にでも幅広い解釈が許されることが多
い。そして、その解釈をめぐって学習者がテクスト、自分自身、仲間、教師
とやり取りを重ねながら、様々な言語活動を通して、読みを深めたり、自分
の言葉で書いたり、話し合ったりしながら、目標言語の学習を進めることが
可能である。本当の意味での「コミュニケーション能力」とは、単に生活場
面での表面的かつ定型化した会話練習やオーラルの能力を強化するための訓
練を行えば習得できるというものではなく、様々な状況の中でテクストや相
手と話し合ったり、読み書きし合ったりして解釈を行い、創造的なやりとり
を行っていく能力であると考えることができる。コミュニケーション能力を
そのように認識した時、そこに文学教材を有効活用できる可能性があるので
はないだろうか。

　2000年以降、特に米国では、文学教材を用いての授業実践を分析する際
にコミュニケーション能力の育成という観点を持ち合わせた研究が増えてい
る(e.g. Kim, 2004; Scott & Huntington, 2007)。日本でも文学教材のコミュ
ニケーション能力育成への貢献を論じた研究が教育的文体論などの理論や実
践報告の両面から見られるようになってきた(e.g. 川畑, 2008; 玉井, 2010; 寺
西, 2010)。

2.4　ESP/EAP との関係

　大学の英語・外国語教育において文学教材を用いる場合、文学と ESP
(English for Specific Purposes)/EAP(English for Academic Purposes)との関係
も明らかにしておかなければならない。ESP は「ある特定の目的をもって学

習され使用される英語」(白畑他, 2012)と定義され、EAP は、通常、その一種と見なされる。

第 2 章 1.3 で日本の英語教育が 1950 年代以降に直接的・間接的に経済界からの要望に影響を受け、それが脱英米文学を促す政策につながったことに触れたが、ESP と文学の複雑な関係は決して新しいものではない。英国でも、文学が再評価される前に特定の実用的な英語が重視されたことを、Carter & Long(1991)は "the emphasis on the study of English for specific practical purposes, technical or otherwise, … has severely challenged the place of literature in the teaching of English as a second or foreign language"(p.1)と説明している。また、Belcher & Hirvela(2000)は、文学と L2(第二言語)composition の関係を探る中で、「高等教育における composition は、ESP/EAP の理論と実践と深く結びつき、また影響を受けている」(p.27, 筆者訳)とし、歴史的に ESP は文学を否定的にとらえてきたことを指摘する。

Strevens(1977)も、ESP は、言語教育は文学のためにあるという、それまでの前提に反発する形で発展してきたと述べる(Strevens, 1977; Belcher & Hirvela, 2000)。言語教育はもともと文学と結びつきが強かったのが、1950 年頃に、まず、実用的でコミュニカティブな英語が求められる中で文学の地位は低下し、さらに ESP が隆盛してきたことを説明する。

> A further change in the justification for teaching English is taking place in some localities: there is emerging the concept of teaching only such selections of English as are needed for vocational needs or other special purposes, e.g. for studying science, technology or business.　　(p.60)

日本でも、野口(2013)が「ESP(特定の目的のための英語)テキストと文学テキストは、人間のコミュニケーションが目指す 2 つの方向の対極にある」(p.9)と述べており、その理由を、前者は特定の専門領域内でパターン化された言語を扱い特定のグループに対し発信するものであるが、後者は創造的でオリジナルでユニークであることが望まれ、社会全体に向かって発せられるものであると説明している。

伝統的に共通点を持たない ESP と文学であるが、一方で、ESP を排他的で極端なコンセプトとしてとらえるべきでないという議論や、そのような場合には文学を入れる余地があるという主張もある。Hutchinson & Waters (1987) は、ESP は特別な言語や教授法ではなく、その教材も特別なものに限定しないという解釈を示しており、また、Widdowson (1983a) は、"The purposes of ESP are arranged along a scale of specificity with training at one end and education at the other." (p.10) と述べている。ESP 教育は conformity/creativity（画一性／創造性）などの観点からバリエーションがあり [10]、もっとも専門的で画一化された ESP 教育は言語トレーニングの性質、その逆のもっとも専門性の低い創造性に富んだものは言語教育の性質を持つという見解である。そして、後者には文学教材の果たす役割があると Hirvela (1990) は主張する。

2.5　評価 (testing) に関する問題

　文学を教材として使う場合の問題として、評価の仕方が定まっていないという点がしばしば挙げられる。実際、教室でどんな作品を使い、どのような活動をするかについての提案は多いが、学習者の評価をどうするのかについて具体的な議論は余り見かけない。

　Paran (2010) の "Six Dilemmas for Testing Literature in Foreign Language Teaching" を Table 3.5 にまとめる。

Table 3.5　文学を使う外国語教育での評価に関する６つのディレンマ

Dilemma 1: To test or not to test?	外国語教育で文学を使う意義には、言語発達以外の要素（人間の成長など）も含まれているのに、それを測るべきか。
Dilemma 2: Testing language or testing literature?	言語と文学の関係が授業によって異なり、文学を言語の媒体として使う教師もいれば、文学の勉強に近い外国語教育もある。
Dilemma 3: Testing knowledge or testing skills?	Knowledge は、既に読んだテクストについての知識や記憶を測ることになり、skills の場合は unseen passages もしばしば使われる。

Dilemma 4: Testing private appreciation of literature or testing public knowledge about/or literature?	Rosenblatt（1985）の efferent reading versus aesthetic reading の関係に相当する。Public knowledge を問うテストには試験者が答えを知っているようなものが出題される。
Dilemma 5: Authentic/genuine tasks or pedagogic tasks?	文学を読んだ後にプロットについての話し合いなどをするのが前者で、例えば、授業中に架空の場を設定して行うのが後者である。
Dilemma 6: Should we require metalanguage?	Meta-language [11] を教えるのであればテストされる、或いは基準に入れられるべきである。

（Paran, 2010 をもとに作成）

　問題の1つは Dilemma 2 に関わることであるが、外国語教育における文学利用の理論的背景となった文体論がそもそも言語と文学の統合を目指したものであること、また、文学を使う外国語の授業では literary goals と linguistic goals の両方を持つべきであること（Carter & Long, 1991）を考慮すると、評価もその2つ——言語と文学——の要素に対して行わなければいけないということであり、それが言語教育で文学を用いる場合の評価を複雑にする。

　また、文学の持つ特徴の1つ、多くの場合ある程度の範囲内で読者自身の解釈が許されるという点が、学習者の評価という視点から見た場合に厄介な問題を引き起こす。いくつかの解釈が許されるのなら、評価の基準をどこに置けばよいのか。たとえば、登場人物の言動にも様々な解釈が考えられ、学習者はそれらを通して作者の意図を探っていくような場合、教師はいくつかの可能性に導くことはしても自分の見解を示さないこともある。また、自分の見解を示したとしても、それが決定的な正解であるとはだれが決めるのだろうか。このような、文学が宿命的に持ってしまう評価の問題を、Alderson（2000）は次のように述べている。「読者が文学テクストに対して自分にとって意味がある、あるいは面白いと反応した時、その読者が文学テクストを本当に理解したということを見るために、どんな「意味」を得たとテストすればいいのか、難しい。」（p.66, 筆者訳）。この問題は、テクストの言語が第一言語であろうと第二言語であろうとついてまわるだろう。

これとは別に、Alderson (2000) は、文学テクストの持つ「楽しみながら読む」という利点が学習者を評価することと両立しない場合があることも指摘する。すなわち、読者が心から楽しみながら夢中になってテクストを読んでいるような場合、そこにテストやタスクや成果主義が入り込むことによって楽しみを損ね、読むという体験を壊してしまう可能性があるということである。「そういった場合の評価は難しく、かつ望ましくないものである。」(Alderson, 2000, p.28, 筆者訳)という見解を示す。

さらに、第二言語や外国語での文学読解になるとどうなのか。Hall (2005) によると、第二言語や外国語による文学読解では、「テクストに書かれている言語をきちんと理解しているかどうかが評価の中心となるに違いない」(p.64, 筆者訳)とのことであるし、実際、第二言語の読解においてはその言語の読解能力が重要であることは自明である。ただ、作品を理解しているかどうかを主に問うテストでは、「テストを受ける者が翻訳作品や、或いは簡略版で読んだとしても答えられるような問題になりがちである」(Carter & Long, 1991, p.217, 筆者訳)という危険性をはらんでいる。そこで、多くの場合、教師たちは、プロットの要約をさせたり、登場人物の性格を書かせたり、主題に関わることを書かせたりというように内容についての短い記述を課して評価するのである。しかし、第二言語での文学読解において、確かに、言語自体が評価の重要な要素であるにせよ、1人の読者がテクストとどうかかわり、テクストから何を得るかといったような、読者や読むという行為そのものへの関心が持たれてもいいのではないかという意見も多い (Hall, 2005)。

註

1　Input hypothesis は、「学習者は現在の外国語能力を少し超えたレベルのインプットを浴びることによって、習得を効果的に進められる」という S. Krashen の仮説（白畑他、2012）。第 5 章 5. も参照されたい。

2　Edmondson (1997) は、たとえば、19 世紀イギリスの労働条件を知りたいときに、

Dickens の小説を読むより良い方法はいくらでもあるだろうと述べている。また、文化の理解が言語習得を促進するかどうか明らかにされていないことも指摘している。

3 第 2 章 1.2 を参照されたい。

4 例えば、"Interestingly, both the supporters of the use of literature in language education (e.g. Shanahan, 1997; Hanauer 2001) and its opponents (Edmondson 1997) agree…" (Paran, 2008) でも、Edmondson (1997) が文学使用に反対する論考として引用されている。

5 実際、これに相当する英語はなかなか見つからない。近いものに、everyday conversation (Carter & Long, 1991) がある。

6 Qiping & Shubo (2002) は中国の英語教育における文学教材の意義を論じたが、文学教材が評価されない理由として教師からの一方通行の授業になりがちである点を指摘している。

7 オーストラリアの大学フランス語教育について学習者の反応を調査した Martin & Laurie (1993) は、学生たちが文学を用いた授業でオーラルの能力を伸ばすことに不安を感じていることを示した。

8 1983 年に ACTFL (American Council on the Teaching of Foreign Language) を中心に連邦政府から支援を得て始められた、外国語学習スタンダーズを開発・作成するプロジェクトである National Standards in Foreign Language Education Project の出版物。アメリカの外国語教育における文学教材利用の研究にはこのスタンダードについて言及するものが多い (e.g. Scott & Huntington, 2007)。

9 "how" は grammar、"what" は vocabulary を表すが、コミュニケーションのためには "why", "whom", "when" も重視するべきであると解説している。

10 Widdowson (1983a) は、conformity/creativity, goal-oriented/process-oriented teaching, competence/capacity, narrow-angle/wide-angle course design を対比させ、伝統的で厳密な ESP の方法は、training, conformity の要素を持つと説明した。その上で、"We can suggest that the purposes of ESP are arranged along a scale of specificity with training at one end and education at the other" (p.10). と述べている。

11 Meta-language とは、「言語のしくみを表現するために用いられる言語」(白畑他, 2009).

第4章
事例研究の概要
研究の方法と対象事例の概要

1.　事例研究の目的

　これまで第2章、第3章では、英語・外国語教育の中で文学教材を扱うことの歴史的な変遷や意義の主張を様々な文脈の中で調査し、また議論してきたが、第4章以降では実際の授業と学習者に焦点を当てた事例研究を行うことによって、これまでに得た文学教材の特徴が実際に見られるのか、どのような点でどう見られるのかを調べていく。

　従って、事例研究の目的は、実際に行われた教室実践と学習者の反応を綿密に調査し、記述し、分析することによって、日本の英語教育における文学教材の意義や問題点を論じ、それらを認識した上での文学利用の方法を探ることである。

　第1章、第2章で述べたように、英語・外国語教育における文学教材の役割や可能性を論ずる研究は、文学教材が再評価された1980年代から理論的な側面からのアプローチが中心で、徐々にそれらを証明するための実証的な研究、具体的には教室での授業や個人の学習過程で得られるデータの収集や学習者の反応・姿勢の分析に関心が集まるようになってきた（Edmondson, 1997; Kim, 2004; Carter, 2007b; Paran, 2006; 2008）。この分野における理論研究から実証的研究へのシフトは次の記述にも見られる。

Since most of the writing in this area has been theoretical, the challenge for research is to validate these theoretical positions, and to support the claims that literature can contribute to language learning, that learners are motivated and interested in it, and that its study has something unique to contribute to language learning. (Paran, 2008, p.470)

The research focus has shifted from a theoretical discussion to a more practical one that involves the use of empirical research on the effect of literature on L2 learning. (Iida, 2013, p.5)

このような実証研究への関心のシフトは、特に 2000 年以降の傾向であることがわかるが、さらに、実証的研究の必要性を訴える中でも、実際に文学を使う言語教育の教室に焦点を当てた研究が求められていることが、以下の記述から推察できる。

One of the main problems is that there is very little actual empirical data relating to the reading and comprehension of literature within the language classroom. (Hanauer, 2001, p.295)

Although the academic literature describes multiple aspects of literature discussions and their benefits, there have been few qualitative studies employing a close scrutiny of L2 learners' interactions in a natural classroom setting. (Kim, 2004, p.147)

But particular challenges for future work at the interfaces of pedagogy, language and literature include the need: to address the absence of empirical classroom-based research and to begin to ensure that very proper concerns with pedagogic process are better rooted in verifiable evidence of classroom practice; in other words, to generate enhanced paradigms for greater empirical investigation, probably by means of more successful integration of quantitative and qualitative methodologies. (Carter, 2007b, p.11)

（下線は本書の筆者による）

　日本においても、第2章2.で示したように、2000年以降に英語教育における文学教材の研究例は増えてきてはいるが、実証的研究に関してはまだ数が限られている。その原因の1つとして、語学教育で文学を使うという研究のテーマ自体が教育と文学という2つの分野にまたがる、つまり学際的な分野であることが挙げられるだろう。第2章で論じたように、今日、英語教育と文学という2つの分野はそれぞれが高度に専門化しており、相互交流が活発であるとは言い難い。英語教育学を学んだ多くの教師にとって、文学は、何となく近寄りがたいもの、使いにくいもの、そして、余り役に立たないものなのである。また、文学教材の価値を積極的に訴えると想定される文学を専門とする教師たちの多くは、通常、教育的な研究手法、特に実証的な方法に関心がないか、あるいは価値を見出さない。さらに複雑なことには、文学の専門家の中には文学を英語教育の教材として使うことに賛成しない人も少なからずいて、その点においては皮肉にも多くの英語教育の専門家と意見を同じにする。実証的な研究が進まない結果、実際の教室や学習の過程で文学を使ってどんなことが行われているかはいつまで経っても明らかにされず、先入観や思い込みによって文学は避けられ、使いたい人も使えないという状況が続いている。

　本書では、そのような状況を打開して、文学が使われている現実を伝えるべく、研究のために作った実験的な環境ではなく、ありのままの教室環境で行われている授業事例を複数記述し、学習者の反応を調査する研究を行う。文学教材を使っている授業の実像を映し出し分析して、意義が見出されるのであればこれまでの理論をサポートすることができるだろうし、もしそこに誤解や偏見などがあるのであればそれらを排除して見解を改めることができる。事例の記述や学習者の感想の分析など地道な作業の積み重ねから、文学教材の特質を抽出し、これまで長く論じられてきたこの教材の持つ意義を裏付けることが本事例研究全体の目的である。

　本事例研究はまた、教育現場での実践者に向けて、文学を英語教育の場で利用する実例を紹介し、方法論を提案する役割も担いたいと考えている。文

学教材は使ってみたいけれども、どんな作品をどう扱ったらいいかわからないという先生方や、既に使ってはいるけれど他の授業はどう行われているか知りたいという方々も多いと推測できる。日本でも、ようやく2000年以降、文学教材の用い方を提案する著作等が教育的文体論の研究者を中心にいくつか出版されるようになったが(e.g. 斎藤編, 2003; 斎藤・中村編, 2009; 吉村・安田他, 2013)、その多くは実践結果を示すことを目的にはしておらず、「実際に使ったらどうなるのか」という問いがしばしば投げかけられてきた。また、教室内でのやり取りや学習者のワークシートへの記述の分析がなされた例もあるが、学習者の姿勢や感想などに触れたものは非常に少なかった。さらに、これまでの実践研究は、比較的高い知力・英語力を持つ学習者を対象にしている場合が中心であったため、他の状況でも同じような教材や手順を用いることができるかどうかという疑問の声もあげられてきた。これらを反映して、本書の事例研究では、教材となる文学作品のジャンルや難解さ、採用する教授法、コースや授業の目的、学習者の専攻や英語能力、教師の母語など、条件を異にする事例を数多く取り上げ、実際に使われた文学教材や授業に対する学習者の反応と合わせて、詳細に記述し議論する。このような多数の授業事例の蓄積が必要とされていることをParan(2008)は次のように述べる。

> …we should realise that a consideration of the large number of papers of this type results in an understanding of what it is that teachers actually do in their classrooms…Such papers are even more noteworthy when we realise that they are often a description not of one experience, but of repeated experiences and indeed experimentation with literature in the classroom.
>
> (p.470)

　以上、様々な授業事例を学習者の反応と共に示して、文学教材の意義や問題点を議論することが第4章から第6章までの主たる目的である。そして、それぞれの文学作品の使い方や授業の手順の実例を詳述することで、「文学作品を使いたい」「使ってもよい」と思っている教師や研究者に何らかの示

唆を与え、先入観や偏見を持っている場合にはそれを取り除くための助けとなるような提案をすることが第二の目的である。

2.　事例研究の方法

　実証的な研究の蓄積が急務であることは前節で述べたが、その一方で、英語教育の枠組みの中で他の教材にはない文学教材の価値や文学だからこそ果たせる役割などを、数値を用いて示すことは著しく困難である。たとえば、言語教育である教材の価値を主張するには、その教材を使った学習者の能力が向上したことを示せば一番説得力があるだろう。しかしながら、文学教材の使用が英語能力の向上に効果があることを個人や集団を対象として示すのには、おそらく結果を得るまでに非常に長い年月を要することが予想される。また、文学教材と英語能力の関係を解明するために実験群と統制群を設けて実験を行うためには、被験者の対象授業以外の英語学習経験を同じものにし、さらに厳密に言えば、対象授業以外の英語との接触を一定期間同じものにしなければならないので、その点で非現実的である。また、実験が長期間にわたる場合は、比較する 2 群のうち片方のグループに不利益が生じることも予測されるので、倫理上の問題も考慮にいれなければならない。

　そこで、本書では、主として質的な事例研究を行い、それら事例研究をサポートし研究全体により多角的な視点をもたらすために量的な研究も組み合わせる、いわゆる mixed methods(混合メソッド)の研究手法を採用する。以下の段落では、本事例研究の研究方法の妥当性を主張するために、方法論を特定する上で重要な概念である「質的研究」、「事例研究」、「観察」、「アンケート調査」、「倫理的配慮」について順を追って説明する。

2.1　質的研究

　質的研究の特徴とはどのようなものだろうか。Creswell(2003)は、言語教育に限らず、一般的な研究のリサーチデザインについて説明する中で、Rossman & Rallis(1998)が提示した概念を援用しながら、質的研究の特徴について次のようにまとめている。

・既に存在している自然な環境で行われる。研究者が現場を訪れる。

・研究の参加者と良い関係を保ちながら、観察・インタヴュー・様々な種類の書類や電子資料など複数のものをデータとして収集する。

・結果は狭く予測せず、研究の途中で得られたものを大切にする。研究課題の変更や修正もあり得る。

・基本的に解釈を必要とし、それは研究を行う者が行う。

・社会現象を全体論的に見る。

・質的研究の研究者は、自分がどういう立場であるかを研究に反映させる。

・多面的で複雑な論法を用いる。帰納的であることが多いが、帰納・演繹の両方を組み合わせることもある。

(Creswell, 2003, pp.181–183, 筆者訳)

　本書で扱う個々の研究は、全て、教室という既に存在する環境で行い、そこで筆者が教師として授業をしながら研究を行う場合と観察者としてその現場を訪れて調査を行う場合のいずれかを対象とした。そして、観察や実践の際に得られる利用可能なすべての資料[1]、例えば、ワークシートへの記述・談話に加えてシラバスなど書類からもデータを収集する。どの事例でも行ったアンケート調査は質的研究とは言えないが、これは多数の回答を集めて統計処理を行い一般化するという目的を持ったものではなく、個々のケースでの学習者の姿勢や感想を調べるために便宜的な方法として用いたもので、通常の量的研究とは異なる。以上のことから、本書の事例研究は全体的に質的研究の特徴を多く持っていると言える。

　さらに、言語教育の中での文学についての研究という枠組みで見てみると、Hall（2005）もまた、同様に、質的研究は綿密に計画された実験的な環境などではなく、あくまでも自然な状況において起こる現象に注目し、それがどのような意味を持つか理解したり解釈したりする場合に用いられると述べている。

Qualitative research seeks to study things so far as possible in their natural settings, rather than out of context or in contrived or possibly distorting experimental settings. (Hall, 2005, p.183)

同書によると、教育分野での研究は、方向性という点で、qualitative（質的）なもの、あるいは naturalistic（自然主義的）なものが増えてきている。そして、これまで支配的であった言語の獲得（acquisition）から言語の社会（socialization）という概念へのシフトが必要であると主張している。質的研究は、個別のケースや特別の状況におけるニュアンスや細部に言及することができ、過度な一般化などを差し控えることができる。また、それぞれの場所や状況で起こる教育的なやり取り（学習者同士、学習者と教師、学習者と教師と教科書と他の教材など）を認識することができるという利点がある（Hall, 2005）。

Paran（2008）も、この分野における実証的研究の必要性を十分に認めた上で、質的研究の価値を示唆している。すなわち、この分野の実証的研究にはこれまで応用言語学の伝統に従った分析的なものが多かったと指摘し、それらの危険性について以下のように記している。

However, an emphasis on this type of research〔a very clear empirical approach〕can easily lead us to ignoring other types of knowledge, resulting in a situation where‘much of the interesting work done by teachers is not actually documented’（Rönnqvist & Sell 1995: 52）.

(Paran, 2008, p.470)

Paran（2008）の出した結論は、実際の教室で教師は文学作品を用いてどのように授業を行っているか、どのようなやり取りがなされているか、を理解するためには、非常に多数の質的研究による教室事例の報告が必要であるということであり、それこそがまさに本書の事例研究が意図していることである。

Hall（2005）に戻り、今一度、言語教育における文学の利用という観点から彼の主張を見てみると「言語教育における文学の研究で、社会的・感情的

90

なテーマを扱う場合には質的研究が特に効果的である」(p.183)と述べた後で、この分野の典型的な具体的方法として以下のようなものを紹介している。

・観察(例えば教室での参加型観察)
・インタヴュー(制限を設けない自由な調査として)
・テクストや文書の分析(会話分析、談話分析、日記研究)
・ナラティブの興味(個人の歴史)
・会話分析や談話分析(教室内でのやり取り、プロトコル分析、インタヴューを書き起こした物)

(p.184, 筆者訳)

そこで、本書でも、これらの方法をできるだけ数多く使って実際の授業事例を分析したいと考えている。

　一方で、このような質的研究の欠点は何かと考えると、最大のものは結果の分析が研究者の主観に依存し、しばしば客観性を欠くということが言えるだろう。研究者が得られたデータを解釈する際に、たとえ無意識のうちにでも期待や思惑、偏見などがデータ分析に介入することは十分に予測できる。Creswell(2003)は質的研究の validity(妥当性)を高めるためのストラテジーをいくつか提案しているが、その筆頭で triangulation を行うことを勧めている。

Triangulate different data sources of information by examining evidence from the sources and using it to build a coherent justification for themes.

(p.196)

元々、「3点測量」から転じて「3点観測法」を意味するようになったこの語は、今では対象を分析する際に多方面からのアプローチを行うことによって質的研究の妥当性や信頼性を高めるために広く用いられる。

Triangulation may be defined as the use of two or more methods of data collection in the study of some aspect of human behavior. ...Triangulation is a powerful way of demonstrating concurrent validity, particularly in qualitative research. （Cohen, Manion, & Morrison, 2000, p.141）

Hall（2005）も、言語教育における文学（Literature in Language Education）の研究について複数の方法論を提案しているが、重要なのはいくつもの手法を組み合わせた triangulation であると主張する。

The best research often uses several methods in *triangulation* to try to get different perspectives and a fuller overall picture of the object of research interest. （p.189）

（斜字体は原文のまま）

　本書の事例研究でも、対象が実際の授業であるがゆえに、その都度、大学や授業科目を設定する部署の方針、担当教師の意向に従い、授業への影響や学習者の負担を最小限に抑えなければならないことなど多くの制約がある中で、できるだけ多くの手法を用いて常に異なる視点から分析しようと心がけ、データの客観的な解釈ができるように配慮する。

　この triangulation の概念を十分考慮に入れながら、本書では、さらに、アンケート調査という量的研究も組み合わせる。量的研究は、質的研究としばしば相対するものとして見られているが、現在、教育研究の分野においては完全に対立する方法ではなく相互補完的な視座を持つ（秋田・藤江, 2007; 白畑他, 2009）という見方が受容されていることを確認しておく必要がある。「アンケート調査」については、本節 2.4 を参照されたい。

　以上を要約すると、第 5 章の事例研究において、文学作品を用いた授業の記述では、筆者の実践や観察により教室内談話やライティングの分析を提示した質的アプローチをとり、また、学習者の反応を測るためには、各授業の前後のアンケート調査の結果を分析するために量的アプローチを行う。従って、本書の事例研究の方法は、大部分は質的なものであるが、個々の事

例研究の中で小規模なアンケート調査も行うという点で、研究全体の性質としては質的・量的両方の性質を持った混合メソッド（mixed methods）であると言える。

2.2　事例研究

「事例研究」（case studies）という言葉は、「応用言語学において、主として、第一・第二言語学習者の言語発達を調査する方法として用いられてきた」（Nunan, 1992, p.78, 筆者訳）。この場合、通常は個人の学習者を対象とし、言語発達を測る方法という性質上、長期間にわたる研究が多い。そのような個人を対象とする研究だけでなく、集団や出来事などを対象とするものも事例研究の一例であり、個々の教室や授業に焦点を当てた研究も事例研究と呼ばれる。Nunan（1992）は、Stenhouse（1983）が作成した事例研究の類型を次のように紹介している。

1）　Neo-ethnographic: 参加者でもある観察者が 1 つの事例を綿密に調査するもの
2）　Evaluative: 方針や実施状況を評価するために行われる調査
3）　Multi-site: 複数の現場からの数名の研究者によって行われる研究
4）　Action: 授業者によって、専門的な環境で参加者を対象として行われる調査

（Nunan, 1992, pp.77–78, 筆者訳）

この観点から見ると、本書で対象とする個々の事例研究は、3）以外のいずれか 1 つまたは 2 つに当てはまると言える。先行研究を見ても、実際に文学作品を用いた教室の報告や個人の読解過程などの調査では事例研究を用いたものが多い。"Case studies in TESOL Practice Series"のシリーズ編集者であるBurton（2006）は、事例研究を以下のように位置づけている。

Perhaps more importantly, case studies also constitute a public recognition of the value of teachers' reflection on their practice and constitute a new form of teacher research – or teacher valuing.   （p.vii）

　Hall（2005）は、事例研究の長所として、研究者以外の人にもわかり易いこと、サーベイのような大規模調査では見過ごされてしまう独特の特徴を見つけられることを挙げる一方で、短所として、一般化することが難しい、バイアスがかかったり主観的になったりしがちであることを指摘している。その上で、言語教育における文学利用という分野では、事例研究が重要な役割を担っていることを以下のように指摘している。

> What are needed now are <u>case studies of varying literature in language education situations</u> both to understand and appreciate that very variety, but also to look for possible emerging patters in how literature is used, and what may be gained（or lost）by using it.   （p.203）
>
> （下線は本書の筆者による）

　さらに、従来の事例研究は、Brumfit & Benton（1992）が世界各国の文学利用の事例を報告した例のように、教師や教育機関の見地から文学利用を見たトップダウンのものが多く、学習者が文学を使った授業をどう感じるか、近年、そういったものが求められていると述べている。ここに、本書の事例研究の価値の1つがあると考えている。

2.3　観察

　次に、「観察」という方法について説明する。本章 2.1 でも Hall（2005）を引用して論じたように、観察は典型的な質的研究の方法である。ただ、ここで確認しておきたいのは、研究の方法論では、一般的に、研究者自身が授業者である場合でも「観察」という言葉が用いられることである。これは、たとえ授業をしながらでも学習者の様子を観察することが可能であるということなのであろう。しかし、本書では、筆者自身が授業者である場合には「実践」という言葉を用い、他の授業者の授業を筆者が研究対象とする場合にのみ「観察」という言葉を用いる。つまり、本書のほぼすべての事例研究は、

「実践」と「観察」の2種類から成り立つということになる。「実践」は、自分の授業の実践報告と言う形で学会発表や論文にもよく見られるし、また、特定の問題に対して教師自らが調査や研究を行い、問題解決のために行動を起こす「アクション・リサーチ」でも用いられる。一方、他の授業者の授業を観る「観察」は教育学や応用言語学の分野では広く用いられているが、例えば、文学研究の分野などでは余り使われない用語なので、本書の「実践」と「観察」を合わせた広義の「観察」について説明を加えたい。

　Nunan（1992）は、授業観察（classroom research）の方法を4つのタイプに分けてそれぞれを比較した。Table 4.1 にそれらの方法と特徴をまとめた。

Table 4.1　授業観察の方法と特徴

授業観察の方法	特徴
Formal experiment	教授法などを比べる実験をする。変数と変数の関係を示すのが難しい。（e.g. 教授法や教材と、言語能力など）
Stimulated recall	研究者が録音からスクリプトを作成し、教師や学習者がそれをもとに「何が起こったか」などについてコメントする。
Observation schemes	リサーチの目的に合った計画表を作成し、観察者はそれに答える形で研究を進めていく。
Interaction analysis	教室内の発話（classroom talk）を書きとめるか、あるいは録音するかして、やり取りを分析する。談話分析。

（Nunan, 1992, pp.92–103 を参照）

　Hall（2005）も、同様に、観察にはスキームを使ってチェックを入れていくようなしっかりと形を決められたタイプのもの（structured）から、新たな側面についての気づきを取り入れられるようなタイプのもの（semi-structured）まで様々な方法があるが、いずれの場合でもフィールド・ノートを観察中か直後に取ることが大事だと述べている。

　そこで、本書では、シラバスなどの文書やフィールド・ノートをもとに授業展開などを記述するほかには、可能な限り interaction analysis を行い、文学を使う教室で、テクストと学習者、教師と学習者、学習者同士でどのような interaction がなされているかを観察した。

第 4 章　事例研究の概要　95

　Lazar（1993）は、言語教育で文学を使う授業を観察するに当たって、どの
ような観点から行ったらよいかという具体的な提案をしている。例えば、「ど
ういう点で、学習者がテクストを興味深い／退屈であると思っていると判断
できるか。」「どういう点で用いたタスクや活動は適当であったとわかるか。」
などである。さらに、授業中のフィールド・ノートの取り方についても以下
のような案を示しているので、本書の事例研究でもしばしば取り入れる。

What the teacher did	Students' response

（Lazar, 1993, p.173 から転写）

Figure 4.1　見出しを使ったフィールド・ノートの例

　自分以外の教師の授業を観察することの一番の意義は、客観的な分析が可
能になるという点であろう。本書の事例研究では、授業実践の方法の提示の
みを目的としているのではなく、実践に対する学習者の反応を教室研究とア
ンケートから分析することを試みているため、教室あるいは授業中の学生の
反応を客観的に観察することは非常に重要である。また、観察の事例におい
ては、受講生を評価する教師の立場から離れるので、無意識のうちにでもア
ンケートなどで期待する結果に受講生を誘導したり、文学教材の有用性を押
し付けたりする可能性を払拭することができる。

　また、観察の事例では、これらの利点のほかに、観察者としての立場に徹
することで教室観察の詳細な記録が可能となる。実際、文学教材を用いた授
業に対する学生の反応を表すには、録音やフィールド・ノートによる詳細な
教室内 discourse の分析が必要になる場合が多いが、筆者自身が授業者つま
り教師であるとこれは物理的に難しい。本書でも、IC レコーダーによる録
音を行い、スクリプトを書き起こす事例もあるが、同時にフィールド・ノー
トをとり、また、録音できない授業の授業分析のためにはより詳細なフィー
ルド・ノートをとった。その上、自分が授業を行う場合には教材選択や教材

研究・学習者へのフィードバックなど授業外にも多くの時間が取られ、その授業を分析するための研究の時間を確保することが困難な場合も多いので、その意味でも他者の授業を観察することには利点があると言える。

　以上、説明してきたように、他の教師の授業を観察することは自分の授業実践を分析することに劣るものでは決してない。むしろ、第三者として授業に参加するので心情的にも時間的にも余裕があり、研究そのものに集中できると言える。さらに、自分がいろいろな制約から実際には担当することができない様々な授業を観ることで文学教材の意義を多角的に論じることが可能になった。たとえば、条件の異なる多くの教師——英語母語話者と日本語母語話者、専門が文学である場合とそうでない場合、授業で使う文学のジャンルが異なる場合など——による授業に接することは、観察以外の方法では不可能なのである。本書の研究を始めた時点では主として現実的な理由から多くの「観察」を含めたが[2]、結果的には、様々なコンテクストのデータを収集することができるようになったと考えている。

2.4　アンケート調査

　第1章で示した研究課題4)の一部である「文学教材に対する学習者の反応」を調べるためにどの事例でもアンケート調査を行った。アンケート調査は、通常、量的研究の1つで、典型的なものは多くの人を対象にしてデータを集め、数値化し統計処理を行って一般的な傾向や法則を見つけ出すことを目的とするものである。母集団にいる人々の性質・姿勢・意見などを描き出すのに適していることが Dörnyei & Ushioda(2013)の説明からもわかる。

Survey studies aim at describing the characteristics/attitudes/opinions of a *population* by examining a subset of that group, the *sample*, at a single point of time. The main data collection method is the use of *questionnaires*, and the results are typically processed by means of descriptive statistical analyses to provide frequencies, means, percentages, ranges, etc.

(p.213)

（斜字体は原文のまま）

本書の事例研究は、大規模なサーベイ・リサーチと性質が異なり、個々の事例におけるそれぞれの学習者の反応を調べることを目的とする。学習者が教材や授業のやり方についてどう感じているかというのは、授業中にも手掛かりがあるものの、その実態を正確につかんで断言することは難しい。そこで、授業実践や観察、テクストや文書の分析、教室内の談話分析を方法として特定のケース(事例)に起こる現象を表し解釈していく質的な分析を主として行う一方で、状況が許す限り授業前後のアンケート調査をして個々の学習者の「声」を聞きたいと考えた。選択式の回答の分析には数的な処理も行うが、それは個々の事例での回答の傾向をわかりやすく示すことを目的としたものである。

　Hall(2005)も、文学に対するattitude(姿勢)を調べるにはアンケートが最良の方法で、できればその後に半構造化(semi-structured)インタヴューやディスカッションを行うと良いと述べている(p.228)。しかも、学習者の反応は変わっていくものであるという理由で複数回行うことを勧めているので、本書でもできる限り、文学を使う一連の授業の前と後で調査をし、同一の質問を含めることで授業前後の違いを見るように計画した。

　　Since attitudes change over time, it may be worth asking these questions
　　<u>before</u> the teaching begins and then again mid-way through or <u>at the end</u>
　　of the course.　　　　　　　　　　　　　　　　　　　　　　　(p.228)
　　　　　　　　　　　　　　　　　　　　　　　　　(下線は本書の筆者による)

　アンケートの作成に当たっては、本書と完全に同じコンテクストの先行研究はなかったので、同分野の類似の研究(e.g. Martin & Laurie, 1993; Kim, 2004; Scott & Huntington, 2007)からアイディアを得たほか、モチベーションを測るアンケートの作成手順を記したDörnyei & Ushioda(2013)の"Obtaining an appropriate survey instrument"(p.214)の項を参考とした。

2.5　倫理的配慮
　本書の事例研究は、人間を対象とした研究であるため倫理的な問題への配

慮は欠かせない。筆者が事例研究を行った期間は 2006 年から 2014 年と長期に渡り、その間に倫理問題に関わる研究が大いに進歩したことから、本書が拠り所としたものは 1 つではないが、以下のような方法でこの問題に対処した。まず、事例研究開始前には Creswell（2003）の "Ethical Issues in Data Collection"（pp.64–65）の項で研究一般の倫理問題に関わる基本的な考え方を学び、研究中には秋田・藤江（2007）から教育・学習分野の研究に特化した倫理的配慮について知見を得た。さらに、本書執筆にあたって東京大学のホームページに掲載されている「科学研究行動規範—科学の健全な発展を目指して—」を読み、本事例研究がこの問題への配慮が十分なされているか確認した。中でも、秋田・藤江（2007）には、学校をフィールドにする場合の留意点が詳説されており、常に参照したので以下にポイントを整理しておく。

1. 個人情報にはみだりに接触せず、子どもや教師のプライバシー保護に努める
2. 教師のおかれている複雑な立場を理解する
3. 当事者間の関係を良好に保つ配慮をし、教育実践の改善を促すような情報提供、助言に努める
4. 研究の結果を必ず協力校や教師などにフィードバックする
5. 調査結果は研究上の目的以外で公表しないことを厳守する
6. 調査結果の公表にあたっては、当事者の個人名が特定されないようにする。また、学校名等の団体名の提示については、研究の目的と学校等の団体側の意向をふまえて決定する
7. さらなる調査が必要になった場合には、その都度、教師や管理職等の同意を得る必要がある

（秋田・藤江, 2007, pp.36–37）

この他、個々の事例ではそのコンテクストの違いにより配慮の仕方も異なったが、授業担当の教員や学科の主任などに相談しながら研究を進めた。特に、研究対象の受講生（学習者）に対しては、筆者が授業実践者である場合

でも観察者である場合でも、研究の目的と参加の方法について丁寧に説明をして理解を求めた。学科主任等から同意書の利用を助言された時には、Figure 4.2 のような同意書を作成し受講生に署名をしてもらった[3]。

同　意　書

1．研究への参加・協力は任意であり、いつでもやめることができます。
2．研究への参加・協力とは、具体的に、約 15 分間の Reading Circles の録音に協力することと、それに付随するアンケートに答えることをさします。
3．得られたデータは、研究目的にのみ使用され、成績やその他の評価には一切使用しません。
4．結果を発表する際には、個人の特定ができないように配慮します。
5．研究への参加が皆さんの利益になるように、得られたデータをもとにして適切なフィードバックを与えるなど教育的な配慮をします。
6．この件について、いつでも質問したり結果の開示を求めたりすることができます。

2009/05/11

　　　　　　　　　　　　　　　　　　　参加者

_____　　_____

Figure 4.2　同意書の様式

　また、同意書を用いない場合には、事例のほとんどでアンケート調査を行ったことから、アンケートに Figure 4.3 のような質問項目を設けることにより研究参加への同意を確認し、同意してもらえない場合には当該受講生のデータを除くことにした。

最後に、このアンケートの結果及び writing の内容を、個人を特定することなく、研究目的でのみ使わせていただきたいと考えています。同意していただけない場合には、✔を入れて記名して下さい。

□ 同意しない　　　　　氏名_____

Figure 4.3　アンケートでの同意確認の例（事例 4.4 のアンケートから）

3. 各事例研究の概要

本節では、第 5 章で行う事例研究の概要を説明する。特に、それぞれの事例でどのような研究手法を用いるかを明らかにすることによって、多角的な視野を持って事例研究を行い、結論を出すに当たって客観的な判断ができるような体制が整っているかを確認する。

本事例研究では、授業観察、フィールド・ノート、シラバスなど書類の分析、ビデオ・カメラや IC レコーダーを使用した録音・それから得た授業談話の分析、ワークシートへの記述の分析、アンケート及びインタヴューなど、可能な限り多くの手法を組み合わせて利用した。対象とした全ての授業が実際に行われたものであったため、組織的・制度的な制限もあり、また、筆者自身が授業者または観察者としてそれぞれの授業の中で果たすべき役割も毎回異なったため、授業の自然な成り行きやありのままの学習の過程を妨げないように十分に留意した上での観察や授業実践となった。そのため、事例により研究方法が異なり、全体の統一性には欠けることにはなったが、これも自然の授業を対象としたことに起因する避けがたい弱点であると認識している。

本書の事例研究で研究対象とする授業は、いずれも英語教育の中で文学作品を教材として用いた事例であるので、教え方の方法としては全て広義の language-based approaches である。しかしながら、それぞれの授業は教授法や教材の使い方に違いがあり、独自の特徴を持っている。そこで、それら教授法や使い方の特徴を中心に、事例を 8 つのグループに分類した。以下の 8 グループである。

1. 伝統的な教授法を用いた事例
2. Language-based approaches を取り入れた事例
3. Communicative Language Teaching における文学利用
4. Composition の題材に文学を使った事例
5. Extensive Reading における文学作品
6. ESP/EAP に文学を取り入れる試み

7. マルチ・メディアを使った事例
8. 言語横断的授業で用いる文学的な教材

　各グループに分類されたそれぞれの事例ごとに、用いる文学的な教材、対象授業のコンテクスト、事例研究のための研究方法をまとめたのが、Table 4.2 である。

Table 4.2　各事例研究の概要と研究方法

作品（教材）	対象教育機関と研究の時期	授業名と対象者	担当教員	授業や活動内容の特徴	観察・実践	文書、分析	読話の分析	記述の分析	アンケート	インタヴュー
1.　伝統的な教授法を用いた事例										
［事例 1.1］ *Great Expectations* 他 様々なジャンルのテクストを抜粋したオリジナル教材	首都圏 A 大学 2009 年度夏学期	「英語 2 C」（選択必修）教養系学部（理系を含む）2 年	日本語母語話者	読解と聴解の能力を同時に伸ばすことが目的 視聴覚教材の使用 主として文法訳読法 発音指導	●	●			●	
［事例 1.2］ 『現代イギリス短篇小説集』（Penelope Lively, Susan Hill, David Lodge などの作品）	首都圏 B 大学 2009 年度後期	［Intensive Reading I］（必修）人文系学部英文学科 1 年	筆者	主として文法訳読法	●				●	
［事例 1.3］ 英詩（イギリス・ロマン派）	イギリス・ロマン派学会 2012 年度	「イギリス・ロマン派」講座　対象者は首都圏 B, C 大学学生 8 名（国際関係・法学・経済学専攻）	日本語母語話者	ワークショップ形式の講演会 詩の精読（文法と発音に焦点を当てる）	●			●	●	●
［事例 1.4］ *A Room of One's Own*	首都圏 B 大学 2014 年度後期	［Intensive Reading II］（必修）人文系学部英文学科 2 年	筆者	主として文法訳読法 映像使用	●	●		●	●	●
2.　Language-based approaches を取り入れた事例										
［事例 2.1］ *The Tale of Peter Rabbit*	首都圏 D 短期大学 2006 年度	「英米児童文学」（選択）英語学科 2 年生	筆者	Language-based approaches (worksheet, pair work の多用)	●				●	

事例	大学・年度	授業科目・学年	教員	方法・内容						
[事例 2.1] *Charlie and the Chocolate Factory*	首都圏 D 短期大学 2006 年度	「英米児童文学」(選択) 英語学科 2 年生	筆者	精読と速読の併用 / 視聴覚教材の利用	●	●				●
[事例 2.2] *Charlotte's Web*	首都圏 D 短期大学 2008 年度	「英米児童文学」(選択) 英語学科 2 年生	筆者			●	●			●
[事例 2.3] "The Happy Prince"	首都圏 E 大学 2014 年度前期	「英語 I」(必修) 音楽学部 1 年生	筆者	Language-based approaches (worksheet を使用) 映像の使用		●	●		●	●
3. Communicative Language Teaching における文学利用										
[事例 3.1] Pop song lyrics (*More Songs for Ourselves*)	首都圏 F 大学 2008 年度後期	「Reading」(必修) 人文系学部英文学科 2 年	英語母語話者	Discussion on literary texts 教科書に基づいた様々な言語活動		●		●	●	●
[事例 3.2] *There's a Boy in the Girls' Bathroom*	首都圏 G 大学 2009 年度後期	「基礎英語 II b」(必修) 人文教育系学部 (学科は混合 1 年)	英語母語話者	Discussion on literary texts グループ活動 (毎時間違う役割を担当) 授業時間の一部 (15～20 分位) を利用し、1 学期で 1 冊読む		●	●		●	●
[事例 3.3] *A Curious Incident of the Dog in the Night-Time*	首都圏 H 大学 2010 年度前期	「英語 I」(必修) 理工学部・情報学科 1 年	英語母語話者	Discussion on literary texts 理系の学生対象 グループ活動 (毎時間違う役割を担当) 授業時間の一部 (15～20 分位) を利用し、1 学期で 1 冊読む		●				●
[事例 3.4] *Daisy Miller*	首都圏 B 大学 2011 年度後期	「Literary Reading I」(必修) 人文系学部英文学科 1 年	英語母語話者	Discussion on literary texts 教師の専門は異文化コミュニケーション		●		●	●	●

4. Composition の題材に文学を使った事例

	大学・年度	授業	筆者	内容				
[事例 4.1] "Désirée's Baby"	首都圏 B 大学 2010 年度後期	「Composition II A/B」(必修) 人文系学部国際関係学科 2 年	筆者	Academic writing のコースの最後の 1, 2 時間に行う 文学作品を使った Creative writing(最終部の prediction)	●	●		●
[事例 4.2] "The Birds Poised to Fly"	首都圏 B 大学 2011 年度後期	「Composition II A/B」(必修) 人文系学部国際関係学科 2 年	筆者	Academic writing のコースの最後の 1, 2 時間に行う 文学作品を使った Creative writing(最終部の prediction)	●	●		●
[事例 4.3] "Eveline"	首都圏 B 大学 2012 年度後期	「Composition II」(必修) 人文系学部国際関係学科 2 年	筆者	Academic writing のコースの最後の 1, 2 時間に行う 文学作品を使った Creative writing(視点を変えた rewriting)	●	●		●
[事例 4.4] "Lamb to the Slaughter"	首都圏 B 大学 2013 年度後期	「Composition II」人文系学部国際関係学科 2 年(必修)	筆者	Academic writing のコースの最後の 1, 2 時間に行う 文学作品を使った Creative writing(視点を変えた rewriting)	●	●		●

5. Extensive Reading における文学作品

	大学・年度	授業	筆者	内容				
[事例 5] Graded Readers, 児童書(文学教材は一部のみ)	首都圏 B 大学 2009 年度前期	「Extensive Reading」(必修) 人文系学部英文学科 1 年	筆者	多読授業 教師主導の多読 言語活動を取り入れる(Book report writing, Presentation, Reading circle など)(Reading circle を録音)	●	●	●	●

6. ESP/EAP に文学を取り入れる試み

事例	大学・年度	科目	指導者	内容
[事例6.1] National Story Project	首都圏C大学 2014年度前期	「Communication 1」(必修)理工学部1年生	筆者	Narrative を学ぶための教材 Listening, speaking, writing の組み合わせ 授業の一部分で使う文学教材
[事例6.2] *Awakenings*	首都圏I大学 2015年度	「英語」(必修)医学部、薬学部、看護学部1, 2年生	日本語母語話者	医療英語の用語集や総合教材と共に授業の5-8割で、簡略版やワークシート、映画と共に使用。プレゼンテーション等多様な活動を取り入れる。 ●(教師に対して)

7. マルチ・メディアを使った事例

事例	大学・年度	科目	指導者	内容
[事例7.1] *The Remains of the Day*	首都圏A大学 2011年度前期	「英語2C」(選択必修)教養系学部(理系)2年	日本語母語話者	CALL 教室での文学教材の使い方 DVDの使用 解釈に関わる問題を作成
[事例7.2] *The Remains of the Day*	首都圏J大学 2011年度	「英語」通信課程の夏期集中講義(文系)	日本語母語話者	DVDの使用
[事例7.3] *Pygmalion*	首都圏B大学 2011年度後期 2012年度後期 2013年度後期	「講読II B (Intensive Reading II)に名称変更」(必修)人文系学部英文学科2年	筆者	教材作成にメディアを使う コースの一部での取扱う (非文学教材を用いたコースの最終回授業に関連のある文学作品を扱う) Language-based approaches DVDの使用

8. 言語横断的授業で用いる文学的な教材

事例	大学・年度	科目	指導者	内容
[事例8] *The Giving Tree*	首都圏K大学 2012年度後期	「英語1B」(必修)理学療法学科1年	日本語母語話者	国語教育との連携における文学使用

註

1 入手可能であっても、実際には授業者の意向などで利用できないものも多い。例えば、授業の録音やビデオ撮影は授業者によって許可されない場合もあるし、大学からの許可を得なければならない場合もある。ワークシートなど学生が書いたものを資料とさせてもらう時には、必ず同意書にサインをしてもらった。

2 筆者は、十数年の間、数か所の大学(短期大学を含む)で英語を担当してきたが、担当科目の目的や内容などを自分の裁量で決めることができるのは限られた場合のみであった。それでも、1学期に1授業時間、授業の最後の10分などに限って文学的な教材を取り入れる工夫もしたが、やはり、事例分析の対象として量的には十分でなかった。

3 同意書の作成にあたっては、Creswell(2003)の中の項目、Ethical Issues in Data Collection(pp.64–65)にある、"Informed consent form"についての記述を参考とした。

第5章
文学教材を用いた大学英語授業の事例研究

　本章では、日本の大学において文学教材を使った英語授業の事例を提示する。事例研究の目的、方法、対象については第4章「事例研究の概要」で説明したので、それらに従って収集したデータの提示と分析、事例ごとの考察を順に行っていく。

　各事例を提示するにあたっては、第4章3.で述べたように、主として教授法や授業方法に見られる特徴をもとにグループ分けを試みた。しかし、グループ名の中には、例えば、Communicative Language Teaching (CLT)のように応用言語学において既に確立された教授法もあれば、language-based approaches (LBA)のように教育的文体論の特定の分野で使われているアプローチもある。また、composition や extensive reading のように、活動を示すと同時に大学でのコース名を表す場合もある。さらに、English for Specific Purposes (ESP)や「言語縦断的」は教授法や授業方法ではなく、言語教育における概念を表している。本書では、分類に伴うそのような問題を認識しつつも、多くの事例を整理してできるだけわかり易く提示するために、教授法を中心として様々な特徴を考慮し、8つのグループを設けた。そして、全体的には、教授法だけでなく、文学教材の種類や難しさ、言語活動の内容、学習者の英語能力や専攻などできる限り異なる例を収集できるように努めた。そのため、1つの事例が教授法以外にいくつもの特徴を持っていたり、あるいは類似した条件を事例間で共有したりすることは当然の結果であると言えるが、特に、本書の対象授業は実験のために編成されたものでなく実際の教室で行われたものであるので、このような分類に伴う困難はやむを得な

いことであると考えている。

　事例のグループを提示する順番については、まず、伝統的な教授法を用い
た事例(第 5 章 1.)から始め、次に、近年、その支持が主張されたり注目を
集めたりしている教授法や使い方の事例(第 5 章 2., 3.)へと移るように配置
する。続いて、特定の活動やコースの中で使う例(第 5 章 4., 5., 6.)を提示し、
最後に、文学教材の利用が英語・外国語教育の将来的な発展の可能性と関連
するような事例(第 5 章 7., 8.)について概観できるように構成する。

　なお、各事例で用いたワークシートやアンケート様式など付属資料のうち
本文中で示すのに適さないと思われるものは、巻末の Appendix に掲載す
る。また、本章に限っては、註を章末ではなく各節末に掲げるので、必要に
応じてそちらもご参照いただきたい。

1. 伝統的な教授法を用いた事例

本節では、日本の大学で中上級の英語力を持つ学習者を対象に、比較的難解な文学テクストを用いて、精読・訳読などの伝統的な教授法を用いた事例を分析する。

1.1 伝統的な教授法について

伝統的な教授法は近代外国語教育において幅広く見られ、初級学習者たちが語彙や文法の練習問題と共に短いパッセージを読むものから、大学などで言語能力を身に付けた上級学習者たちが作品のテーマなどを話し合う批評の授業に至るまで様々である。Hall(2005)は、第二言語教育における文学利用の文脈で、この「伝統的アプローチ」(traditional approaches)の特徴を「コミュニカティヴ・アプローチ」(communicative approaches)と対比させながら説明しているが、それによると、伝統的アプローチは、19世紀のcanonの概念に影響を受けたものであること、新批評や文体論研究も採り入れるが言語的要素は比較的軽視される傾向にあること、外国語教育や大学などのアカデミックな場面で行われることなどに特徴がある。

伝統的な教授法の短所としてしばしば指摘されるのは、もともと19世紀の文学教育に端を発しているため、教材は評価の定まった正典やそれに準ずる作品を用いることが多く、教師を中心とした講義型の授業になることが多いという点である。その意味で、学習者中心の活動を多く採り入れ、様々な種類のテクストを教材としたCLTは、この伝統的な教授法の反省から生まれたとも言われている。伝統的な教授法では作品を読むにあたって作者の人生や背景などが扱われることもあるとはいえ、次の引用にも見られるように、学習者のニーズに応えて授業内容などが工夫されることは余りなく、言語教育の理論的な根拠に基づいていないという批判にもしばしばさらされている。

Curricula seem largely intuitive or are justified purely on grounds of tradition with little concern or regard for educational research- or even the

expressed desire of students and other stakeholders for a vocationally rel-
evant education. 　　　　　　　（Liskin-Gasparro, 1999; Hall, 2005, p.50）

　日本の英語教育というコンテクストでは、精読や文法訳読法がこの伝統的
アプローチに該当すると言えるが、これらは英語ではそれぞれ intensive
reading, Grammar Translation Method と表記される[1]。白畑他（2012）は、精
読を「外国語学習において、テクストの内容と言語的表現を深く、かつ詳細
に分析しながら読むこと」(p.150)と定義するが、それに「訳す」ことを含め
ると訳読という活動になると言えるだろう。精読の場合は必ずしも母語を介
して訳することは要求されないので、「訳読」は「精読」の一部であるとも
言えるが、日本の教育現場では同義で用いられることも多い。授業では、「精
読」も「訳読」もテクスト内の単語や文法に注意を払いながら意味内容を理
解していくが、英語を日本語にそのまま直しただけでは理解できないような
文を自分の言葉で言い換えたり、段落ごとに要約したりする作業も取り入れ
られている。
　教授法としての「文法訳読法」は、ヨーロッパ古典語の教育だけでなく、
日本の英語教育においても長い間、中心的な教授法であった。教室内のすべ
ての学習者と教師が母語を同じにする場合、その母語を用いることは学習者
の理解を深めるために効率がよく、また、本当に理解しているかどうかを教
師が確認する際にも便利であるばかりか極めて自然な方法であるように思わ
れる。それにもかかわらず、母語使用は目標言語である外国語能力の向上を
妨げるという批判にさらされ、近年、学習者の母語あるいは既得言語を介し
た教授法は排除される傾向にある。そのことは、第 2 章 1.1 でも言及したよ
うに現行学習指導要領で高等学校の英語は基本的に英語で行うことが明記さ
れたことからもわかる。
　一方で、母語あるいは既得言語を用いた、訳や訳読の効用を再評価する動
きも見られている。Cook（2010）は、文法訳読法を批判する側の言い分とし
て、流暢さをないがしろにしてもっぱら文法の正確さばかりを重視している
／会話を軽視し書くことばかりを重視している／作り物の例文の細切れを用
いている（斎藤・北訳, 2012, p.29）などを紹介した上で、文法訳読法の効用

自体は否定されるべきものではないという見解を示している。

> ひとまとまりの文章、実際の使用例、話し言葉、流暢さ、学習者中心の
> 活動など、ないがしろにされている言語使用の諸要素に焦点を当てるよ
> うな活動があれば、文法訳読法は補足・修正することができる。
>
> （Cook, 2010; 斎藤・北訳, 2012, p.29）

　ここで「母語使用」という問題について教授法の歴史という観点から整理
しておきたい。しばしば誤解を招くことがあるが、伝統的な教授法に取って
代わった、いわゆる新しい教授法においても母語使用が完全に禁止されてい
るというわけではない。確かに、1940–50 年代にアメリカを席巻した Audi-
olingual Method では "The use of the student's native language is forbidden"
とされ母語使用は禁止されていたが、CLT では、"Judicious use of native
language is accepted where feasible. Translation may be used where students
need or benefit from it." (Finocchiaro & Brumfit, 1983; Richards & Rogers,
2001) となり、思慮分別のある母語使用は認められている。また、文体論の
理論を言語教育に応用し language-based approaches において数多くの実践
案を示した Ronald Carter も、意味のある活動を行う際に必要ならば学習者
の母語を使って活動を行っても良いという見解を示している。

> Such activities can be a basis for stimulating and motivating class oral
> work and discussion. <u>There is no reason why in some cases this should
> not be done in the students' own language,</u> but the target language should
> be used wherever feasible.　　　　　　　　　　　（Carter, 1996, p.150）
>
> 　　　　　　　　　　　　　　　　　　　　（下線は本書の筆者による）

　最後に、文学教材使用と「文法訳読式」の関係について見ておきたい。第
3 章 2.3 でも言及したが、日本の英語教育では現在に至るまで文学を教材と
して使う授業では文法訳読式を用いると見なされてきた。この 2 つは多く
の場合、「時代遅れ」というラベルの下に同一視され、共に排除されてきた。

既に見てきたように、ヨーロッパにおけるギリシャ・ラテンの古典語教育では古典文学を読めるようになることが外国語教育の最終目的であり、文法訳読法がそこで発展したという歴史を考えると、また、日本の英語教育にも戦前には似たような状況があったことを考えると、確かに「文学」と「訳読」は密接に結びついてきた。しかし、いうまでもなく、文学作品を教材として利用することは教材論であり、文法訳読式を用いることは方法論であるので、それぞれの長所や短所を議論する時、2つは分けて論じられなければならない。本書では、訳読の効用は認めつつ、「訳読式」という方法は、文学作品の使い方や教授法において多くの様々な方法のうちの1つであるという立場を取ることを確認しておく。

　以下では、これらの背景を踏まえて、精読や訳読を中心とする伝統的な教授法の中で文学がどのように使われるのか、実際の事例を提示して議論したい。

1.2　伝統的な教授法を用いた事例の概要

　本節で研究対象とした4例の授業の概要について次ページの Table 5.1.1 にまとめる。

［事例 1.1］

　読解力と聴解力の向上を目的とした選択必修の授業で、1学期のうち何回か単発的に文学あるいは文学的テクスト及びそれに関連する視聴覚教材を用いた。使用教材は、*Tuesdays with Morrie*, Helen Keller の自伝、*Bushido* ほか武道・禅に関連するテクスト、"Table for Two", *Great Expectations* などからの引用で、教授方法は主として文法訳読法であるが、教材によっては速読も採用している。教師は日本語母語話者で、筆者は観察者として全授業に参加した。

Table 5.1.1　伝統的な教授法を用いた事例の対象授業

	授業名など	対象学生	教材
事例 1.1 （2009 年度）	英語 2C （選択必修）	A 大学教養系学部 （文系・理系） 2 年生約 67 名	様々なジャンルから抜粋したオリジナル教材（文学的な教材を多く含む） Charles Dickens, *Great Expectations* 他
事例 1.2 （2009 年度）	Intensive Reading I （必修）	B 大学人文系学部英文学科 1 年生 20 名	『現代イギリス短篇小説集』Penelope Lively, Susan Hill, David Lodge などの作品
事例 1.3 （2012 年度）	イギリス・ロマン派学会「イギリス・ロマン派講座」	B 大学人文系学部国際関係学科、 C 大学法学部、経済学部 1, 2 年生計 8 名	イギリス・ロマン派の詩 William Wordsworth などの詩
事例 1.4 （2014 年度）	Intensive Reading II （必修）	B 大学人文系学部英文学科 2 年生 23 名	Virginia Woolf, *A Room of One's Own*

[事例 1.2]

　筆者が担当した必修の Intensive Reading I の授業である。教科書は大学から指定された英米の短編小説集 4 冊とエッセイ 3 冊の中から選んだ『現代イギリス短篇小説集』。精読の授業ではあるが、単なる英文理解にとどまらず、解釈に関わる活動もできるだけ多く取り入れている。例えば、重要な場面では、丁寧に辞書をひき何度も英文を読んで語の意味や訳にこだわり、常に作者の意図を読み解くことを意識させている。

[事例 1.3]

　イギリス・ロマン派学会が主催する「イギリス・ロマン派講座」における講演「やさしい英詩入門―ワークショップ形式による文法構造を考える愉しみ、音読する愉しみ」を研究の対象とした。この講座は、研究者を対象とする通常の学会とは異なり、専門的な内容を扱いながらも学部学生はじめ広く一般の人々を受講の対象としている。学会のウェブサイトにも「英文科の学生はもとより、詩、文学、イギリス一般に興味がある方」の来場を歓迎する旨が記されている。

　今回の講演はワークショップ形式をとっており、講演者が一方通行で話をするというものではなく、大学の授業のように受講生に向けて質問が投げか

けられ考える時間が与えられた後、講演者が解説や講義を行うという形式で進行する。しかし、時間の都合で実際には受講生が発言をする機会は非常に限られていたため、各受講生が質問にどのように答えたか、またその際に何を感じたかについてノートをとってもらい、講演後にこれを分析した。さらに、受講の前後に本講座について、及び一般的な文学的な教材の印象などについてのアンケートに回答してもらった。

対象とした講座は大学の授業ではないが、講義者は大学の教授であり、内容も大学の授業と同じかそれ以上に専門的なものである。また、本書の事例研究の主旨に沿い、研究対象者を大学生に限る意図で、大学生のボランティアに講座受講及び研究への参加をお願いした。対象学生は、首都圏の B 大学と C 大学に通う 8 名(男女各 4 名)で専攻はすべて社会科学系(国際関係学専攻 1 名、経済学専攻 1 名、法律学専攻 6 名)であり、英語力は TOEIC 500–800 程度に分散している。

本講座で扱った詩は、William Wordsworth, "Daffodils", Lord Byron, "Childe Harold's Pilgrimage, IV, Stanza 141", Percy Bysshe Shelley, "Ozymandias"の 3 篇である。1 時間 20 分の講演は、上述のようなワークショップ形式で行われ、「文法構造を考える愉しみ」「音読する愉しみ」という読み方に焦点をしぼって 3 篇の詩を順に 1 つずつ読む。講座の前に配布されたハンドアウトに、詩のテクスト、各問い、metrical scheme(韻律を示すためのテクストの抜粋)などが示されており、受講生はそのハンドアウトに沿って講師とテクストを読み、問いの答えを考え、講義を聞くことによって、詩の意味を理解し解釈することへ導かれる仕組みとなっている。

[事例 1.4]

筆者が 2014 年度に担当した、首都圏にある B 大学(女子大学)英文学科 2 年生の通年必修科目 Intensive Reading II の後期の部分である。クラスは習熟度別に編成されており、大多数が TOEFL-ITP で 520 点以上と推定される。英文学科という名称ではあるが、学生は 3 年次より、英語学、英米文学、英語圏文化、英語教育などの各コースに分かれ、文学を専攻する予定の者は 1 名のみである。

第 5 章　文学教材を用いた大学英語授業の事例研究　115

　このコースで教材とするテクストは、各授業担当者がコース・コーディ
ネーターから与えられたリストを活用して[2]、前後期 1 冊ずつ選ぶように指
示されている。対象授業では、前期に Bauer and Trudgill (eds.), *Language
Myths*（以下、Myths）、後期に Virginia Woolf, *A Room of One's Own*（以下、
Room）を選んだ。いずれも、日本語注釈のない原書である。Myths は言語
に関する神話（伝説）について言語学者たちが専門知識を用いながら一般の人
向けに解説し議論する、極めて論説的な要素の濃い文章のコレクションであ
る。一方、Room は、「女性が小説なり詩なりを書こうとするなら、年に五
百ポンドの収入とドアに鍵のかかる部屋を持つ必要がある」（川本訳, 1999,
pp.213–214）というフェミニズムの主張で有名な、随筆と見なされることの
多い作品で、読者は英文の意味をひと通り理解した上でテクスト内の表現を
もとに想像力を駆使して作者の著したいことを探りながら読み進める必要が
ある。
　上記の理由から、Room は多分に文学的な要素を持つ作品であると考えら
れるが、ここで「文学的」という曖昧な表現を用いるのは、第 1 章でも述
べたように、文学を定義することの難しさによる。事実、対象授業では「原
則として文学以外の作品」を用いることがコース・コーディネーターからの
指示に明記され、その上でこの作品が候補として挙げられている。つまり、
Room はカリキュラム上、文学と見なされていないのである。筆者はこの場
合の「文学以外」は「小説以外」を意味していると推測しているが、このこ
とは「文学」の意味が使う人や状況によって変化し得ることを示している。
また、ジャンルという観点から考えても、簡単には「文学」と言い切れない
かもしれない。Room の文章は、作者自身も書いている通り、もともとは 2
つの講演の草稿をまとめたものである。その一方で、作品内には fiction と
いう言葉もたびたび登場し、対象授業で読んだ Chapter 1 は Oxbridge とい
う架空の大学を舞台とした物語の形式をとっている。さらに、この作品を広
義の随筆と見なしたとして、そもそも随筆は文学に属するのだろうか。第 1
章で論じたように、随筆というジャンルが文学に含まれるかどうかについ
て、一致した見解があるわけではない。本書では、Room を文学作品の 1 つ
と見なし、その事例研究から得られた結果は文学教材の利用一般に応用でき

るとする立場を取るが、以上のような議論を踏まえて「文学的」という表現を用いる。それに対し、Myths を「論説的」テクストと位置付ける。

　授業の目的・内容についてはテクスト選択と同様に大学のコーディネーターからガイドラインが示されており、目的は「専門課程で必要な読解力と分析力の養成」である。また、「単なる訳読ではなく、文化的、社会的、歴史的文脈の中で、テキストの内容を正しく理解するとともに分析的に読み解く訓練を行うように」という方針が示されている。

1.3　伝統的な教授法を用いた事例研究の結果

　本節で対象とする 4 つの事例は、伝統的な教授法を用いているという共通点を持っているものの、授業が行われたコンテクストや時期などが大きく異なる。そこで、結果については、それぞれの事例ごとに「授業展開」に続けて「学習者の反応」を記述し、分析していく。

[事例 1.1]
（1）授業展開

　随筆・自伝など様々なジャンルのテクストを扱う中で、単発的に文学を教材として用いた授業である。教師が教材の英文を少しずつ区切って学生に音読させ、まず、発音チェックと指導をし、重要または難解である箇所に焦点を絞って和訳させる。その後、教師が内容と言語要素の両面から解説をする。様々なジャンルの毎回ほぼ異なるテクストを読む授業で、*Great Expectations* には 2 回が当てられた。結末が異なる 2 つのバージョン、Text A, B を各自が授業前に読んできて、授業では上記の方法で読解し教師が解説した上で、「Text B の結末としてピップが何かを言うとすれば、どのような台詞が考えられるか。自由に創作しなさい。」という課題に対してライティングをしたり、映画による内容確認を行ったりした。"Table for Two"のように英語が難解でない作品では、宿題として各自読んできて授業で comprehension check を行なうというように毎時間異なる授業が展開されていた。時間配分は平均してテクスト読解に 50 分、視聴覚教材を用いての聴解と鑑賞に 20 分、DVD を用いた発音訓練に 10 分程である。視聴覚教材を毎時間利用

第5章　文学教材を用いた大学英語授業の事例研究　117

したが、内容や難易度によってスクリプトを用いての解説・聴解・ディク
テーションなど使い方や活動内容が工夫されていた。

　全体的には文法訳読法の要素が多い授業であったが、訳読以外にも、創作
的なライティング・視聴覚教材を用いてのリスニングやディクテーション・
文学作品の中の日常表現への気づきを促進するための指導などが見られた。
また、授業者は、テクストの抜粋と読解のための問題が書かれた教材を毎時
間配布することにより、語義や文の意味をとるだけでなく、より深いレベル
での解釈を含めた読みをするように方向付けていた。

(2) 学習者の反応

　アンケート調査(アンケート様式は Appendix A を参照)では、Table 5.1.2
と Table 5.1.3 が示すように、文学教材の印象及び効果について受講後に 9
割以上の学生が肯定的な回答をした。ここで注目すべきは受講前 36 名／ 67
名、受講後 35 名／ 62 名が理系の学生であることである。彼(女)らは、文
学教材の印象として「文学の英語は日常表現に近いことがわかった」「内容
が楽しく読もうという気になれる」「読解・聴解・発音を連動して学べて力
がついた」などを挙げている。コースで扱った様々なジャンルのテクストの
中で一番良かったものに *Great Expectations* を選んだ回答者は、クラス全体
で 40 名／ 62 名(3 つまで複数回答可)であったが、理系に限っても 25 名／
35 名であった。その理由として、「文学教材を読むことでしか接することの
できない英語・表現があると感じた」という感想があった一方で、「文学作
品には日常の表現や身近で使える表現が多いことがわかった」「実際に読ん
でみて文学教材の方がコミュニケーション英語に近いと感じた」という日常
性やコミュニケーションに関連したコメントも数多く寄せられた。

　また、様々なジャンルの教材の中で文学も扱うというこの授業のスタイル
については、受講後に 100％の受講生が「好ましい」「まあ好ましい」と答
えており、その理由として「文学教材だけ扱わない理由がない」(共に理系)
などを挙げている。

Table 5.1.2 「文学教材についてどのような印象を持っていますか。」(n=67, 62)

好ましい		まあ好ましい		あまり好ましくない		好ましくない		無回答
受講前	受講後	受講前	受講後	受講前	受講後	受講前	受講後	受講前
25%(17)*	60%(37)	45%(30)	34%(21)	13%(9)	5%(3)	1%(1)	2%(1)	15%(10)

* カッコ内の数字は回答数を示す(以下の Table でも同様)

Table 5.1.3 「文学教材を使う授業は英語力の向上に効果的であると思いますか。」(n=67, 62)

効果的である		まあ効果的である		あまり効果的でない		効果的でない		無回答
受講前	受講後	受講前	受講後	受講前	受講後	受講前	受講後	受講前
37%(25)	48%(30)	49%(33)	47%(27)	1%(1)	5%(3)	1%(1)	0	10%(7)

［事例 1.2］

（1）授業展開

　コース名の Intensive Reading からも明らかなように、精読することがこの授業の目的なので、構文を理解し正確な意味をとるという言語的な側面に重点を置いた。一方で、コース・コーディネーターから与えられた教材リストの中から敢えて短篇小説集を選んだので、Carter & Long(1991) の literary texts に対する見解、すなわち、"For us literary texts are not just any text…. Literary texts are special and bestow special enjoyment and fulfillment." (p.8) を念頭に置いて、できるだけ文学教材ならではの使い方ができるように授業内容を考えた。

　1 作目の Penelope Lively, "Clara's Day" では、まず、Kim(2004) が作成した 5 つのテーマ(topical themes)[3] をもとに Worksheet 5.1.1 のような表を作成して配布し、読みながら気づくことを書き込むように指示した[4]。また、この作品では、1 つの読み方として「過剰なるもの」に目をつける方法(山本, 2008) を紹介し、読み終わった後にレポートを書いてもらった。この活動は、思春期の少女が母親の恋人を通して感じる性に対する戸惑い、孤独、家族愛への思慕など作品の主題を読み取るのに大いに役立ち、また、学生たちは「過剰なるもの」を見つけようとして何度も丁寧にテクストを読んだので精読の訓練にもなったとアンケートに記している。

第 5 章　文学教材を用いた大学英語授業の事例研究　119

使用した表は以下のようなものである（記入スペースを縮小）。

Worksheet 5.1.1　　［事例 1.2］ "Clara's Day"

CLARA'S DAY		
	Self-reading Page, Line	In class Page, Line
Literal Comprehension		
Personal Connections		
Cross-cultural Themes		
Interpretation		
Evaluation		

　2 作目の Susan Hill, "Red and Green Beads" はフランスの貧村に生きる司祭の最晩年の日々を描いた作品で、本文中に繰り返し現れる "the questions" と "answers" が何を意味するか各場面で話し合いを持ち、各自書きまとめながら読み進めた。教師や仲間との意見交換を通して、始めの頃には方向性を持たなかった学生たちも次第に理解を深め、期末試験には解釈の幅はあるにせよ作品の主題に沿った解答が多く見られるようになった。

　3 作目の David Lodge, "Hotel des Boobs" は前 2 作のような作者の意図を探る活動は適当でないと判断し、入れ子式の構造やことば遊びを意識し楽しむよう提案した。最終場面のことば遊びの理解が作品全体の構成の理解につながるのであるが、授業中の comprehension check の結果から受講生の理解度が高くないことがわかったので解説を重ねた。

　使用したワークシートの例を以下に示す（記入スペースを縮小）。

Worksheet 5.1.2　　[事例 1.2] "Hotel des Boobs"

Worksheet for *Hotel des Boobs* (pp.28–34)

Name _____

1. "Twelve hundred francs?" (p.30, l. 21) 夫はなぜこの値段かと聞いたのですか。

2. "We've got to leave this hotel." (p.30, l. 24) とありますが、その理由を記しなさい。

3. The author は、この書きかけの小説の結末を当初どのようにしようと考えていましたか。また、それは妻と話すうちにどう変わりましたか。

4. "Theirs and yours." (p.34, l. 8) の theirs と yours の指すものをそれぞれ書きなさい。

5. "But he didn't sound entirely convinced, or convincing." (p.34, l. 14- l. 15) を日本語に訳しましょう。

　四作目の Fay Weldon, "Watching Me, Watching You" は冬休みの課題として冒頭の約 1 ページを翻訳してもらった。最初に 4 人グループでお互いの翻訳を批判・検討してから提出してもらい、構文や語の意味のとり方などポイントだけを確認した。和訳と翻訳の違いにも触れることができ[5]、有意義で楽しい活動だったと学生たちは述べている。

(2) 学習者の反応

　Table 5.1.4, Table 5.1.5 に見られるように、文学教材に対する印象や英語力向上のための効果において授業前後で顕著な違いは見られなかった。英文学科の学生ということで、もともと文学教材についての評価が高かったということが考えらえる。半期の授業を受講した後で変化が生じた学習者の反応としては、「英語を学ぶ上で文学教材はそれ以外の教材と違いがあると思いますか」の問いで「違いがある」が 39％から 50％（「解釈が様々である」9、「語彙や表現が特殊である」9）に増加し、「文学教材を扱う授業を精読あるいは文法訳読式の方法で学ぶことについてどう思いますか」の問いで「好ましい」が 39％から 50％に増加したことである。

Table 5.1.4 「文学教材についてどのような印象を持っていますか。」(n=23, 24)

好ましい		まあ好ましい		あまり好ましくない		好ましくない	
受講前	受講後	受講前	受講後	受講前	受講後	受講前	受講後
30%(7)*	29%(7)	70%(16)	71%(17)	0	0	0	0

* カッコ内の数字は回答数を示す(以下の Table でも同様)

Table 5.1.5 「文学教材を使う授業は英語力の向上に効果的であると思いますか。」
(n=23, 24)

効果的である		まあ効果的である		あまり効果的でない		効果的でない	
受講前	受講後	受講前	受講後	受講前	受講後	受講前	受講後
26%(6)	29%(7)	65%(15)	71%(17)	9%(2)	0	0	0

[事例 1.3]

(1) 授業展開

　本書では、対象とする講座で取り上げられた三篇の詩のうち William Wordsworth, "Daffodils" に焦点を当てて、その講義の内容と受講生の答え・反応を主な設問ごとに記述する。

　以下では、まず、"Daffodils" のテクストを提示し、続いて、講義内容と受講生の反応を［文法構造を考える愉しみ］(Table 5.1.6)、［音読する愉しみ］(Table 5.1.6, 5.1.7)の順にまとめる。講義内容の記録はハンドアウト、筆者によるフィールド・ノート、IC レコーダーによる録音から書き起こした原稿をもとに作成し、受講生の答え・反応については筆者が用意した「記録様式」(Appendix B を参照)への書き込み、アンケート、インタヴューに基づいて作成した。

XII

[Composed 1804. – Published 1807.]

I WANDERED lonely as a cloud

That floats on high o'er vales and hills,

When all at once I saw a crowd,

A host, of golden daffodils;

Beside the lake, beneath the trees,
Fluttering and dancing in the breeze.

Continuous as the stars that shine
And twinkle on the milky way,
They stretched in never-ending line
Along the margin of a bay:
Ten thousand saw I at a glance,
Tossing their heads in sprightly dance.

The waves beside them danced; but they
Out-did the sparkling waves in glee:
A poet could not but be gay,
In such a jocund company:
I gazed--and gazed--but little thought
What wealth the show to me had brought:

POEMS OF THE IMAGINATION

For oft, when on my couch I lie
In vacant or in pensive mood,
They flash upon that inward eye
Which is the bliss of solitude;
And then my heart with pleasure fills,
And dances with the daffodils.

[*The Poetical Works of William Wordsworth*, Second Edition]

第 5 章　文学教材を用いた大学英語授業の事例研究　123

Table 5.1.6　講義内容と受講生の反応［文法構造を考える愉しみ］

【問 1】I WANDERED lonely as a cloud… の下線部の文法構造を説明せよ。

講義内容のポイント	受講生の反応、ノート	文法項目
	余り深く考えずに、lonely は wandered を修飾する副詞であると考えた。	品詞（形容詞と副詞）
lonely は辞書で形容詞しかない。副詞は OED に 17 世紀の一例があるのみで、通常は副詞なら lonel-ily となるはずである。		
形容詞で準補語（状況補語）として機能していると考えることもできる。その場合、I wandered and felt lonely を縮めたものといえる。	受験勉強の際に学んだ準補語がどう使われるのか初めてわかった。	文の構成（補語、準補語）文型
詩的な読みをした場合、lonely の語尾が副詞によくある -ly であるため、形容詞でありながら副詞の意味が重なる → I felt lonely as I wandered alone.より文学的な読みをすると、		
I felt lonely（A）＋ I wandered alone（B）対立する概念である A, B は何であるか。　A：内面の表現　　B：外面の様態の描写	I felt lonely：心の中 I wandered alone：外側 ⇒ I wandered lonely.	

【問 2】…lonely as a cloud / That floats on high… という比喩は何を雲に喩えているのか?

【問 1】で見てきた心の内面を喩えているのか、外面の様態を喩えているのか。 　cloud は、C（加算名詞）・U（不加算名詞）の両方に用いられるが、この場合は、冠詞の a がついている。空に一つだけ浮かんでいる雲→語り手が wander している外面の描写を比喩として表している。	U—空一面に広がっている雲 C—空に一つだけ浮かんでいる雲	名詞の種類（加算名詞・不加算名詞）
しかし、これは、white as snow のように誰でもが自明のものと受け取る比喩ではない。→あまり自明でない命題を比喩表現に組み込むことで、その命題の正しさを無条件に主張する。「空に一つだけ浮かんだ雲が孤独を感じている。」「私＝雲」	この比喩は、A, B 共、つまり、内面も外面も両方共雲に喩えている。	

【問 3】o'er vales and hills が修飾する語句はどれか

	floats か、その前の wandered を修飾。	
散文の文法では that 節の中にある副詞句が that の前の動詞（wandered）を修飾することはない。floats を修飾することしかない。		文構造（副詞句の修飾）
詩的に解釈すると、もう一つの副詞句である on high は静止した状態を表すのに対して、over は野山全体を覆うような状態、或いは野山の上を移動するような状態を表す。cloud に a がついていることを考え合わせると後者の意味となる。つまり、私＝雲が o'er vales and hills を wander, float している。		語の持つ意味、ニュアンス

	o'er vales and hills は、wandered と floats の両方を修飾している。	
ここまで（最初の二行）を paraphrase すると、 I felt lonely as I wandered alone over vales and hills, just like（＝ and felt as if I were）a cloud that floats over vales and hills and feels loneliness.		

【問 4】 以下の(a), (b)の意味の違いを説明せよ。

(a) When all at once I saw a crowd, a host of golden daffodils.

(b) When all at once I saw a crowd,
　　A host of golden daffodils.

	詩の改行は拍数を整えるため。	
改行することで、文を強制的に切断し、一時的に後続の語句の意味の影響を免れる。 　a crowd は「人の群れ」、読者の頭の中にそのイメージができてから、それに a host of golden daffodils が重なる。 ⇒水仙が人に喩えられる		

【問 5】 crowd と cloud の音の近似性は何を暗示しているか

crowd（群れなす水仙）と cloud（孤独な雲＝私）、相反するものが似た音を持つ。 第 2 stanza：水仙＝天の川の星、dance 第 3 stanza：波も水仙も dance、そして glee（喜ぶ）見ている詩人も gay（喜ぶ）。この体験が今まで思いつかなかった wealth をもたらす。 第 4 stanza：というのも、一人うつうつとしている時などに水仙が心の眼に写る→私の心に喜びがあふれ、私は水仙と共に dance する。 ⇒雲の孤独が水仙の群れに近づく可能性を詩の最初で暗示。	これまで受けた詩の授業では、押韻やリズムから詩の雰囲気を感じた。が、今回は文法から詩の雰囲気と解釈を味わう。	

第5章　文学教材を用いた大学英語授業の事例研究　125

Table 5.1.7　講義内容と受講生の反応［音読する愉しみ］

講義内容
詩のリズムに従って読んでみるとどうなるか。この詩は弱強四歩格になっているので、それを意識して読んでみよう。I wandered lonely...   　しかし、第1 stanza の最終行は破格になっている。強音節が最初にくる。散文の読み方では、強弱弱弱強弱弱弱強。   　韻文として読むとどうなるか。弱音節と強音節を交互にして読む→行頭の強の部分（fluttering）は弱＋強の時間をかけて読む。第2 stanza の tossing も同じ。   　何のためにするのか？退屈になってくるので、ところどころ重要なところで韻律を乱す。
【問6】強調された /tr/, /s/ は、どういう音を表しているのか。
風に揺れる水仙の花を音が表す。音が現実を模倣することを発見するのは大変な喜びである。（英国人の朗読を聞く）イギリス英語ではその効果がある。米音では母音に挟まれた /t/ は限りなく /r/ に近づくため、これは起こらない。   （講師がアメリカ英語の発音で朗読）

　本講座の特徴の1つは、講師の言葉を借りれば、最近の、特に日本の英語教育の中では重視されていない、むしろ、敵視されている「文法」を副題に取り入れ、さらにそれを考えることを愉しみと位置付けている点にある。講座に参加した英詩・英文学を専門とする研究者は別として、今回研究対象とした一般の大学生にとっては、文法をそのように正面切って扱うことにはなじみがなく、さらにそれを「愉しみ」ととらえることに最初は違和感すら覚えたのではないかと推測される。

　また、興味深いのは、講師自身は教育的文体論の応用について言及しなかったものの、それに近いアプローチを用いて読解の講義を行っていたことである。教育的文体論の目的は言語と文学の統合を言語教育に活かすことであり、本事例に見られるように、テクストの言語、すなわち、1つ1つの文法や語彙の意味にこだわりそれらを分析することによって、その作品の意味を理解し解釈を行っていくことである。たとえば、講義の冒頭の【問1】で、I wandered lonely as a cloud... で、文法的に突き詰めて考えなければ見過ごされてしまう wandered と lonely の関係がある。文法を用いて厳密に分析すると lonely は wandered を修飾するとは考えにくく、I wandered（alone）＋（felt）lonely という構文が浮かび上がってくる。しかも、この構文の前半は作者の外面の様態を表し、後半は内面を描写しているという、始めには考えられなかった解釈に行き着くのである。

(2) 学習者の反応

　学習者の反応について、講座の受講前後に行ったアンケート調査への回答をまとめた。Table 5.1.8 は、英詩を含む文学的な教材（小説、戯曲など）についての印象をたずねた結果で、Table 5.1.9 はそれら回答の理由である。

Table 5.1.8　「英語学習の中で扱う文学的な教材についてどのような印象を持っていますか。」(n=8、数字は回答数)

好ましい		まあ好ましい		あまり好ましくない		好ましくない	
受講前	受講後	受講前	受講後	受講前	受講後	受講前	受講後
1	0	6	6	1	2	0	0

Table 5.1.9　Table 5.1.8 の回答の理由

回答／理由	受講前	受講後
「好ましい」	「ロミオとジュリエット」が好きなので	―
「まあ好ましい」	読んでいて楽しい(2)／高校時代の「ギャッツビー」が楽しく達成感があった(2)／難易度が高い／小説と共に時代背景がわかる	わかれば面白い／丁寧に読めば面白い／韻律など日本文学と共通するところがあった／興味を持つ人と持たない人に分かれると思う／詳しく読み解くことは重要である
「あまり好ましくない」	面白くないものが多いから	使える英語とは違うから／簡単な表現もあれば難しい表現もあってわかりにくい

　文学教材に対する印象について、講座受講前と受講後の回答の変化を見るために「好ましい」「まあ好ましい」「あまり好ましくない」「好ましくない」をそれぞれ 4, 3, 2, 1 の数字に置き換えて平均値を計算すると、受講前が 3.0、受講後が 2.75 となり、講座後に好ましいという印象がわずかではあるが減少したことがわかる。このように規模の小さい調査では結果が少数意見に左右されるという欠点があるが、講座後に肯定的な意見を持たなくなった理由を follow-up interview で聞いたところ、「思った以上に難しかった」「人によって好みの教材が違うので皆が好きなのかわからない」などの返答が得られた。

　次に、英語力の向上のために文学的な教材は効果的であると思うかと、そ

の理由について、Table 5.1.10、Table 5.1.11 にまとめる。

Table 5.1.10　「文学的な教材は英語力の向上に効果的であると思いますか。」(n=8)

思う		少し思う		あまり思わない		思わない	
受講前	受講後	受講前	受講後	受講前	受講後	受講前	受講後
1	2	3	5	3	1	1	0

Table 5.1.11　Table 5.1.10 の回答の理由

回答／理由	受講前	受講後
「思う」	中高の教科書（プログレス旧版）にかなり載っていて自分の英語力が向上した	英詩によって音声面の能力向上がはかれる／読むことに慣れる
「少し思う」	(1)学習に取り組む意欲が高まる／(2)適格な勉強法であれば効果的だと思う／毎日、英文に触れることで英語力が向上すると思う	語彙・文法力の向上になる／詩を読むと発音の練習になるし、語や文のつながりを大切にするので効果的／いろいろな言葉に触れるのはいいことだと思う／文法に必然的に興味を持つようになる
「あまり思わない」	例外的な文法が多いから／時代背景についての勉強にはなるが直接英語力の向上に繋がるかは微妙である／読みづらいところは読み飛ばせるから	難しい
「思わない」	実際に向上しなかったから	

　「印象」の場合と同様の方法で平均値を計算すると、受講前が 2.5、受講後が 3.12 となり、「英語力の向上に効果的であるか」という問いについては受講後に肯定的な回答が大きく増加した。受講前には、文学教材が効果的あるいは効果的でないと考えた理由は、これまでの自分の学習経験を踏まえてであろうが、かなり漠然としていたものであった。同じく受講前の「少し思う」の理由の 1 つ、「学習に取り組む意欲が高まる」（下線部(1)）は、第 3 章でも論じた、感情に関わる意義の例と言えるが、中学高校時代のこれまでの学習という個人的な経験を振り返って得られた感想だと考えられる。同じ箇所の「的確な勉強法であれば効果的だと思う」（下線部(2)）は、示唆に富む指摘である。結局、文学教材を用いた授業に対する評価というのは、勉強法や教授法、あるいは講師や教師に対する評価と深く結びついているので、教

材の意義のみを完全には分離して論ずることが難しい。つまり、同じ文学作品でも、それが英語力の向上に効果的であるかどうかは作品の使い方によるということである。

　教材の使い方という点について、本講座では開始前から何に焦点を当てて読むかということを明確に示し、受講生の意識化を促していた。どのような方法で3篇の英詩を読むのか、ここでは「文法構造を考える」「音読する」の2点に焦点を当てて、それに沿った形で講義やワークショップが行われた。その結果、受講前には文学的な作品の英語力向上への効果について自分の過去の経験に照らし合わせながら漠然とした答えしか持ち合わせていなかった受講生たちが、受講後のアンケートでは、2名が発音や音声面での能力向上に役立つので効果的であると回答し、3名が文法を意識し、語と語の関係を細かく分析しながら読んでいくことが英語力の向上に効果的であると答えた。Table 5.1.11 に示した受講前と受講後の英語力向上についてのコメントを見ると、これまで何となく良いもの、つまり、時代背景も含めた教養がつき、学習意欲を高めてくれるものではあるが、英語力の向上には関係があるかどうかわからなかった文学作品が、読み方や使い方を示されたことによって、このように読めばこういう点で英語力向上につながるという具体的な実感を受講生たちに与えたと言える。

　Table 5.1.12 では、文学的な教材とそれ以外の教材の違いを講座の前と後で聞いた。「違いがある」とする意見は、Table 5.1.12 の統計からも Table 5.1.13 の回答の理由からも講座の前の方が若干多いと言える。

Table 5.1.12 「文学的な教材は、それ以外の教材に比べて違いがあると思いますか。」(n=8)

思う		少し思う		あまり思わない		思わない	
受講前	受講後	受講前	受講後	受講前	受講後	受講前	受講後
4	3	2	3	2	2	0	0

第 5 章　文学教材を用いた大学英語授業の事例研究　129

Table 5.1.13　Table 5.1.12 の回答の理由

回答／理由	受講前	受講後
「思う」	歴史があるので単なる単語や文法の勉強にとどまらない／ただ英語の使い方を知るのではなく、言外のメッセージを読む必要があるから／物語性がある／読みにくい	表現がわかりにくいからよくわかっていないと理解できない
「少し思う」	単語の意味だけでなくバックグランドも加味して考えなければならないから／言い回しが難しい節がある	音を気にするようになった／昔の英語が学べるから／文学的で崇高な感じがする
「あまり思わない」	普通の教材との違いがわからない／文法の教科書と大差ないと思う	文法は他のところでも学べる

Table 5.1.14　(受講後)「今回のような英詩を教材とした英語学習で、得られると思うことは何ですか。」(複数回答可)

得られること	回答数	得られること	回答数
読解力向上	4	オーラル(音声面)の能力向上	2
語彙力向上	1	文法力向上	3
教養・人間的成長	4	外国の文化に触れること	2
楽しさ、面白さ	6	英語学習への動機づけ	3

　Table 5.1.11 で、文学的な教材は英語力の向上に効果的であると思う理由として、「文法」「音読」を挙げた回答者が目立ったにもかかわらず、最終的に今回の講座で得られると思うことを聞くと、Table 5.1.14 に見られるように、「楽しさ、面白さ」という回答が圧倒的に多かった。また、「教養・人間的成長」と「読解力向上」も、その次に多い 3 名が挙げている。

　次に、このような詩は、英語の教材としてコミュニケーション能力育成に役立つと思うかどうか、受講後に聞いた結果が Table 5.1.15 である。第 3 章でも論じたように、コミュニケーション能力は定義そのものが難しく、今回はそのとらえ方を回答者に委ねたのであるが、回答や回答の理由は示唆に富む。

Table 5.1.15 （受講後）「文学的な教材は、コミュニケーション能力育成に役立つと思いますか。」(n=8)

回答	回答数	理由
思う	3	外国人と話す時によく知られている文学を知っていれば交流に役立つと思う／オーラル能力が向上する／英語に多く触れるから
少し思う	2	面白いことが言えるようになる／音読をすることでコミュニケーションの取り方を練習できると思う
あまり思わない	2	コミュニケーション能力というよりは文法の勉強だと思う／あまり関連性が見出せない
思わない	1	―

　その1つは、文学的な教材は「よく知られている文学を知っていれば交流に役立つ」「面白いことが言える」などの点でコミュニケーション能力育成に役立つという言及で、とかく表面的な言語使用のスキルに限定してとらえがちなコミュニケーション能力を、内容をも含めてとらえているという点である。また、4つの選択肢に対する回答数にはばらつきがあり、全体として明確な結果を示しているとはいえないものの、文学的な作品はコミュニケーション能力育成に役立つと考えている受講生の方が勝っている。しかも、今回の講座のように日本人講師が日本語を用いて伝統的教授法で講義を行い、詩という通常は難解だと見なされている作品を教材として用い、英語によるディスカッションなどオーラルの活動はほとんどなかった場合においてさえ、過半数の受講生がコミュニケーション能力育成に役立つと考えたことは、本事例の受講生が「コミュニケーションとは何か」をどうとらえているか考えると興味深い。

　今回の講演の感想としては、受講後アンケートの自由記述欄と集団インタヴューで以下のような回答が寄せられた。

- 詩と言えば、まず、リズムや押韻を気にするように習っているが、今回はまず文法を取り上げていたので、アプローチの仕方が新鮮だと思った。
- 受験で文法を勉強した時に、やる意味が見出せなかったが、今日はこのように役立つことがわかった。例をあげると、今まで準補語がどのように使われるのかわからなかった。
- 英詩に興味を持てるようになった。
- 思っていた以上に面白かった。

　最後に、アンケート及びインタヴューの結果を総合的に考察する。全体の傾向として、「英語学習の中で扱う文学的な教材についての印象」について好ましいという印象が受講後にわずかではあるが少なくなり、「英語力の向上に効果的であるか」については、逆に肯定的な回答が受講前よりかなり多くなっている。この理由として、実際に今回の英詩の授業を受けてみて、受講者たちは文学的な教材について「難しい」「興味を持つ人と持たない人に分かれる」「使える英語とは違う」という感想を持った一方で、英語力の向上という観点からは「語彙・文法力の向上になる」「発音の練習にもなる」などの理由により効果的であると感じたことがわかる。言い換えると、このような文学的な教材は、難易度、内容の特殊性、実用性などから英語学習に好ましいかどうかについては断言できないが、それでも、今回のように英語教育上の明確な目標を持って文学的な教材を使う講座や授業はやはり英語能力の向上に効果的であると学習者の多くが判断したということが言える。

　実際、受講後アンケート調査やそれを補う形で行われたインタヴューの自由記述・自由回答の箇所では、「受験で文法を勉強した時に、やる意味が見出せなかったが、今日はこのように役立つことがわかった。」(文学的な作品を読むことが)「文法力の向上になる」など、本講座を通して文法を学ぶ意義に触れ、また、実際にこのような作品をこのような読み方で読むことで文法力が向上する可能性を身を持って感じたことが述べられていた。そして、「思っていた以上に面白かった」という率直な感想は、受講前にはそれほどの面白さを期待していなかったにもかかわらず、実際にこのようなやり方で読んでみたら意外にも興味を持てたという、文学作品を使う時に見られる学習者の典型的な反応の1つであると言える。

[事例 1.4]

（1）授業展開

　第 1 回授業では、授業者である筆者が Woolf とその作品について概要を説明し、その後で彼女の書いた遺書を配布してグループごとに内容や印象について話し合ってもらった。補足説明をした後で、映画 *The Hours* [6] の冒頭のシーンをクラスで鑑賞した。これは、映像や音声の面からも同作家や作品を印象づけ、興味を持ってもらうためである。第 2 回以降の授業では、毎回 2 名の発表者を決め、本文 1 ページ半程度の担当箇所を割り当て、発表をしてもらった。その際、発表者には、読みのポイントとなる箇所に焦点を当てて問題を作成すると共に難解な語句の意味や背景知識については説明を加えるように指示した。授業中は、クラス全員がテクストを精読してきていることを前提に発表担当者を中心に授業を進め、筆者が言語的・内容的に重要と思われる点を補った。前期の Myths は論説的なテクストで文章全体や段落内の構成が整っていたことから段落ごとの要約を中心に授業を進めたが、Room は形式・意味内容の特徴も全く異なっているため同じやり方は適さないと判断し、発表者による問題作成というやり方を試みた。その他、アイディアを整理するためにワークシートを用いたり、イメージがとらえにくい場面では絵を描いたりする活動 [7] も取り入れた。半期でカバーする範囲については予め決めず、少なくとも Chapter 1 を読み終わることを目標とした。

　以下では、実際に授業を行って見られた結果を、「授業中の精読に伴う発言に見られるテーマ」と「問題作成に見られる発表者の関心」に分けて示す。前者は授業中に受講者の発言を分析したものであり、後者は発表者である受講生がレジュメに作成した問題をテーマ別に示したものである。

[授業中の精読に伴う発言に見られるテーマ]

　まず、授業中の精読に伴う受講生からの質問や問題提起、授業者による説明、受講生同士の話し合いなどの諸活動において、どのようなテーマ（topical themes）が現れたかを分析する。事例 1.2 でも用いた、Kim（2004）が小説を読むサークルでのディスカッションの分析に用いた 5 つのカテゴリー（literal comprehension, interpretation, personal connections, cross-cultural themes, evaluation）を使って、フィールド・ノートの記述内容をコード化した。それにより、文学的なテクストを精読する授業の中のやり取りにはどのような特徴があるかを議論する。

Literal comprehension

　Literal comprehension とは、英文を読んで単語の意味を踏まえながら構文を理解し、文字通りの意味をとることをいう。Room では、次々と出来事が起こったり登場人物の言動を中心にプロットが発展していったりすることは余りないが、作者の言いたいことを理解する前段階としてまず文を丁寧に読みその意味を理解する必要がある。作品中に使われる単語もこれまで知っていたものとは異なる意味を持つ場合がしばしばあり、そのつど辞書を引き、さらに前後の文脈から注意深く意味を選ぶという作業が必要となった。例えば、第 3 週に読んだ以下の文では、making で始まる挿入句を「小説家の<u>自由と免許</u>をすべて利用して」としたのでは意味が通じず、辞書を引くと liberty には「特権」、licence には「（行動の）自由」という意味が、特に正式な言語使用の際に、あることがわかった。

　　Therefore I propose, making use of all <u>the liberties and licences</u> of a novelist, to tell you the story of the two days that preceded my coming here....
　　　　　　　　　　　　　　　　　　　　　　　　　　（Woolf, 2004, p.4）
　　　　　　　　　　　　　　　　　　　　　　　（下線は本書の筆者による）

また、構文も倒置や挿入が多く難解なものが多いため、受講生からの質問には英語・英文の意味に関するものが多かった。このように、単語 1 つ 1 つの意味や構文をじっくりと考え、読み解いていくという作業は精読の授業だからこそ可能であると言える。

　その一方で、この作品には文字通りの理解ができて日本語にも訳すことができるが、作者が何を言いたいかわからないという箇所が多かった。それは次の interpretation に関連する。

Interpretation

　Interpretation について、Kim（2004）は「読み手は時折テクストの文字通りの意味を超えてもっと深い隠れた意味を見つけようとする」（p.155, 筆者訳）と説明する。Room は、作者が自己を内省しその思想や心の動きを伝える作品であるので、読み手は作者の細かな心の動きを追いながら読み進め、各場面で言おうとしていることは何なのか理解する必要がある。授業前にRoom を精読し単語や構文を理解して英語の意味がわかる段階、つまり、literal comprehension をほぼ達成しても、それがどういうことなのか、作者は何を言いたいのかわからないという感想や質問が毎時間大変多かった。そこで、文の前後やテクストの全体を繰り返し読み、教師やクラスメートと意見交換し、自分でさらに深く考えて作者の意図を探ることが必要となった。前期の Myths ではそのようなことは起こらず、文が長く文法が難しいことはあっても、英語を読み解いて文字通りの意味を理解すればそれ以上の疑問は出てこなかった。次の文がその一例である。

> To use one particular group's accent in broadcasting is to give that accent a wider reach than perhaps it had before, but the accent itself is no 'less' of an accent than any other, although it may represent groups and institutions with more political and economic power than groups whose members use another accent.　　　　　（Bauer & Trudgill, 1998, p.170）

　実際に Room の授業で受講生の読解を観察すると、interpretation にもいくつかのレベルがあることに気づかされた。1つ目は、テクストの特定の箇所にのみ関わり文脈に沿って読めば決まった1つの答えに比較的容易にたどり着ける比喩的表現などで、2つ目は、抽象的な表現を用いてテクストの広範な内容を指しているもので、文字通りの意味を理解した上で文章の大きな流れをつかみ作者の指しているものを見極めなくてはならないというものである。3つ目は、ある箇所の出来事や事象が象徴的に描かれ、作品全体の重要なテーマにつながるもので、より深く広範な解釈が必要となる例である。以下、1), 2）については本文を引用して例を示し、3）については内容を

提示する。

1）文脈に沿って読めば1つの答えにたどり着ける比喩的な表現の例

…a good dinner is of great importance to good talk. One cannot think well, love well, sleep well, if one has not dined well. <u>The lamp in the spine does not light on beef and prunes.</u>　　　　　　（Woolf, 2004, p.21）

（下線は本書の筆者による）

2）文章の大きな流れ中で作者が指しているものを見極める必要がある例
（1文目は友人と会話をしている時の主人公の心の動きを表す。2文目はChapter 1で書いたこと全体を指しChapter 2を書く動機・理由を述べている。）

While these things were being said, however, I became shamefacedly aware of a current setting in of its own accord and carrying everything forward to an end of its own.　　　　　　（Woolf, 2004, p.22）

One must strain off what was personal and accidental in all these impressions and so reach the pure fluid, the essential oil of truth.

（Woolf, 2004, p.29）

3）出来事が象徴的に描かれ、作品全体の主題と大きく関わるもの

大学を造る工事の描写／男子寮の午餐と女子寮の夕食の描写／マン島猫の出現

受講生たちは、1)の例に見られる比喩的表現の理解には困難を感じていなかったが、2)については作者が何を意味しているのか、ほとんど理解できていなかったようである。また、授業回が進むに従って、特に第7回以降

は、3）のような作品全体の解釈に関する問題提起が受講生の側から多く出
されるようになり、同時に、そのような興味を持ちながら読むことが楽しい
という声も聞かれた。

　このような interpretation に関わる発言や話し合いは、どれも読み手がテ
クストを繰り返し読み自分の知識や想像力を用いて作者が何を言いたいのか
探ろうとする姿勢を要求するが、これらの発言が前期の Myths を用いた授
業ではほとんど見られなかったことを考えると、解釈や推測についての発言
を生み出すことは文学的テクストの読解の１つの特徴であると言えるだろ
う。Hall（2005）は第二言語での文学の価値をまとめる中で、"(Literature)
promotes interpretive and inferential skills"（p.48）という主張を紹介している
が、対象授業ではそれをサポートする具体的な例が観察された[8]。

Personal connections

　これは、読み手が作品を自分の価値観や体験に結びつける作業である。
フェミニズムという本作品のテーマを自分自身の関心としてとらえながら読
んだ受講生は実際多かったようで、授業中にもそれに関する発言はしばしば
聞かれた。ただ、対象授業では作品についてのディスカッションの時間は限
られていたので、読み手が授業前にテクストを精読する際にどれくらい自分
自身に結びつけながら作品を読み進めたかは明らかにできなかった。後述の
アンケート結果で示したい。そのような限られた機会の中でも、フェミニズ
ムに関連して母親など自分の周りの女性の生き方について言及する受講生
や、また、作品中に描かれている大学の建物や中庭と自分の大学のものに似
ているということで創立当時の様子などを調べてくる者も見られた。

Cross-cultural themes

　この作品の精読では、literal comprehension, interpretation のいずれの段
階においても文化的・社会的な背景に注意を払う必要があった。例えば、作
品の舞台である大学の構造や午餐と夕食における食べ物の詳細などの目に見
える文化的要素から、当時の女性が置かれた社会的背景に至るまで、それら
をなくして作品を読み解くことはできない。しかし、本対象授業では、読み

手それぞれが読解の過程で背景知識について調べたり発表者の書いた説明を参照したりしていたので、文化的テーマについてクラス全体で議論する機会は限られていた。Personal connections 同様にアンケート調査の結果から受講生の関心の度合いを見たい。

　授業前の読解過程において異文化への興味から受講生が文化事象や単語の意味を積極的に調べてくるという姿勢は学期を通じて見られた。文化的な背景に関連して個々の単語の意味にもこだわる例を挙げると、作品冒頭に出てくる mantelpiece という語について、それが単に暖炉の上の飾り棚を示すだけでなく、そこに飾られるものが居間全体や住む人の品格をも示す重要なものであるという指摘があった。他にも、女性の服装やフェミニズムなどについては他の授業で得た文化的・社会的な知識や話題などを受講生同士が共有する場面はよく見られた。

Evaluation of the work

　Evaluation は作品に対する読者の評価である。対象授業では、作品全体の評価というより、場面ごとに表現力の豊かさや構成の巧みさなどについて好意的な指摘がよくなされた。例えば、男子寮の午餐と女子寮の夕食の場面ではそれぞれ「英語の表現」「日本語の意味、解釈など」をワークシートにメモしながら読むという作業を行ったが、いかに細やかで多彩な表現をしかも有効に用いて両者の差を際立たせているか、作者の言葉の使い方の巧みさや表現のゆたかさに気づくことができたという感想が聞かれた。また、下に引用した本文は、思索にふける主人公が大学内の芝生を横切ろうとして止められる場面の描写であるが、男性社会と自分の立場との対比が速いテンポで描かれ、憤りや情けなさを伴って段落最後の文に収束していく構成に感銘を受けたという受講生が何人もいた。

Instinct rather than reason came to my help; he was a Beadle; I was a woman. This was the turf; there was the path. Only the Fellows and Scholars are allowed here; the gravel is the place for me... The only charge I could bring against the Fellows and Scholars of whatever the college might happen to be was that in protection of their turf, which has been rolled for 300 years in succession, they had sent my little fish into hiding.

(Woolf, 2004, p.6)

以上の 5 項目が実際の授業ではどのように現れたか、第 10 回の例を用いて Table 5.1.16 で示す。精読したテクストの範囲は Woolf（2004），pp.18–21 である。

Table 5.1.16　授業における項目別の発言内容（第 10 回：2014 年 12 月 2 日）

Topical themes	授業中の精読に伴う発言内容（意見、質問、感想など）
Literal comprehension	p.20　仮定法の意味に注意（One could have seen...）
	p.20　And if anyone complain that prunes... の訳。主節の he は誰を指すのか。
	p.20　Everybody scraped の everybody とは誰を指すか。
	p.20　no more - than - の構文の訳。
	p.22　such beginning とはどのようなことを指しているか。
Interpretation	pp.18–19　10 月なのになぜわざわざ春の庭の空想をするのか。
	p.19　どうして冒頭で soup だけ強調されているのか。
	p.20　dinner の中で coal-miner はどのような役割を果たしているか。
	pp.19–20　dinner の場面で否定的な意味を持つ単語はどれか。luncheon との比較。
	p.21　the lamp in the spine とはどのようなものか。
	p.21　probably, hope が斜字体になっているのはなぜか。
Personal connections	p.21　"a good dinner is of great importance to good talk. One cannot think well, love well, sleep well, if one has not dined well." に、賛成するかどうか。
Cross-cultural themes	pp.19–20　食事の場面などには文化的な語が多く、意味が分かってもニュアンスを理解するのは難しいことがある。
Evaluation	p.21　luncheon と dinner の比較はとても面白い。
	（全体）前期のテクストは探しさえすれば答えがどこかにあったが、この作品はそうとは限らない。

［問題作成に見られる発表者の関心］

　対象授業では、毎時間 2 人の発表者を予め指名し、自分が難しいと感じた点や重要だと思う点を問題形式でレジュメにまとめてもらい、それを中心

にクラス全体での精読を進めた。それらの問題を分析すれば、少なくとも発表担当者たちが何に関心を持って読んだかがわかると考え、「授業中の精読に伴う発言に見られるテーマ」と同様の 5 項目を用いてコード化した。例えば、literal comprehension に区分される典型的な問題は、「－を日本語に訳して下さい」「－の it は何を指しますか」などの和訳や文法に関する問題である。それに対し、interpretation は、「pp.12–15 を読んで、Manx cat は何を象徴していると思いますか」「どうして probably, hope がイタリック体で書かれているのか考えてみましょう」など深く考え解釈を必要とする問題である。Figure 5.1.1 は、授業時間ごとに作成された問題の種類を示すものである。

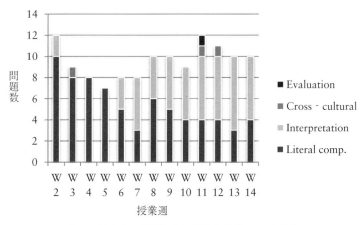

Figure 5.1.1　問題作成に見られるテーマの変化

注 1　W2, W8, W14 は発表者が 1 人だったため、各テーマに属する問題数を 2 倍にして表示。
注 2　Literal comp. は、Literal comprehension。

　実際に授業が始まった第 2 週から第 5 週まではほとんどの問題が literal comprehension に関するものであったが、次第に interpretation が増えていき、後半ではその数が literal comprehension と同数か、時には上回っていることがわかる。後半で interpretation に関する問題が頻出したことの理由は、授業が進むにつれて受講生が作品に慣れ言語的な意味を理解するだけでなく

深く解釈する余裕が生まれたことと、前半でのクラスの読み方を反映させて意識的に解釈への関心を向けるようになったことの両方であると考えられる。

Cross cultural themes, evaluation の項目に関しては、問題としてクラスメートに問いかけるケースは少なかったが、特に文化的事項は説明として付記された。ほぼすべてのレジュメで平均して 3 点ほど社会背景や歴史を含めた文化的要素についての説明がなされている。Personal connections は発表者からの問題としては現れなかった。

次に、発表者たちが何に関心を持ってどのようなレジュメを作成したか、第 11 回授業の発表者の一人が作成したレジュメを例にとり Table 5.1.17 にまとめる。

Table 5.1.17　発表者のレジュメの例（第 11 回：2014 年 12 月 16 日）

	発表者が作成した問題	Themes
Q1	p.23, l.14–16: 'That' と 4 つの 'it' はそれぞれ何を指しますか。	Literal comp.
Q2	p.23, l.16–17: 'a long struggle' とは具体的に何のことですか。	Literal comp.
Q3	p.23, 脚注：作者が Mary Seaton に 2 つの書物を引用させているのにはどのような意図があると思いますか。（作者はここで何を訴えたいのでしょうか。）	Interpretation
Q4	p.24, l.4–5: '...we burst out in scorn at the reprehensible poverty of out sex.' にはどのような感情が込められていますか。	Interpretation
Q5	p.24, l.5–8: '?' の連続使用はどんな効果を生んでいますか。	Interpretation Evaluation
Q6	p.24, l.8–9: 'some photographs' とはどんな写真か、文中の名詞・形容詞をすべて使ってイメージして下さい。また、Mary の母親の体型、服装、格好、表情、雰囲気から何が読み取れますか。	Literal comp. Interpretation Cross-cultural
Q7	p.24, l.10–13: 'so' の内容を明らかにしながら文全体を説明して下さい。	Literal comp.
	発表者が付記した背景知識のための説明	
	1. Lady Stephon について／ 2. *Emily Davies and Girton College* について／ 3. Emily Davies について／ 4. R.Strachey について／ 5. *The Cause* について	Cross-cultural

授業では、また、luncheon と dinner の場面に使われた表現の比較を行うために、Worksheet 5.1.3 のようなワークシートを使用した。記入例 Figure 5.1.2 は、受講生が精読という授業形態の中で、1 つ 1 つの語や句に注意を

第5章　文学教材を用いた大学英語授業の事例研究　141

払いながら細かく読み、作者の意図を探っていく様子を示している。

Worksheet 5.1.3　　［事例 1.4］ *A Room of One's Own*（回答欄を縮小）

A Room of One's Own

Name _____

1. Luncheon Party（pp.11–12）と Dinner（pp.19–21）を比べて気づいたことをメモしましょう。

Luncheon Party		Dinner	
英語の表現	日本語の意味、解釈など	英語の表現	日本語の意味、解釈など

2. 作者はこの二つを比較してどのようなことを考えていますか。あるいは、どんな疑問を投げかけていますか。

Intensive Reading II

A Room of One's Own

Name _____

1. Luncheon Party (pp.11-12)と Dinner (pp.19-21) を比べて気づいたことをメモしましょう。

Luncheon Party		Dinner	
英語の表現	日本語の意味、解釈など	英語の表現	日本語の意味、解釈など
P.11 うしろから ℓ.3～		P.20～	
soles	舌平目 (最初の料理)	plain gravy soup	あっさりとした肉汁のスープ (煮込み料理)
deep dish	深い皿	(The plate was) plain	無地の皿
whitest cream	真っ白なクリーム	a homely trinity	平凡な3つ。
P.12～		① beef … the rumps	① 牛肉 の角切る
The partridges, many and various	たくさんの杜のた山うずら	of cattle in a muddy market	ぬかるんだ市場にある牛肉の切り肉
potatoes, ～ not so hard	そんなに固くないけれど	② greens … sprouts	② 青野菜…端の方が茶ばんだ
sprouts, foliated as rosebud	バラのつぼみのように葉をつけている	curled and yellowed at the edge	うるまきの青キャベツ
its most succulent	最も水分のある 芽キャベリ	③ potatoes withered	③ ジャガイモ
confection which rose all sugar from the waves	波の中から砂糖が盛りよがった砂糖菓子	Prunes and custard	カスタードとプルーン
→ pudding	→ プリン	uncharitable vegetable	無情な野菜
wineglasses had flushed yellow and flushed crimson	黄色や深紅に光めくワイングラス	stringy as a miser's heart	ケチな人のように筋張ってる
the spine ～ has the move profound, subtle, and	背骨～もっと深みのあるひかりに	Biscuits … dry, cheese	ビスケット … 軽爆、チーズ
subterranean glow which	暗く見えない輝き	a good dinner is of great importance to good talk. ～	よい晩にはより語り合いに非常に重要な晩の。～
is the rich yellow flame of rational intercourse	理性の理いがなった変わりの豊かな黄色い炎	P.21～	
		The lamp in the spine does not light on beef and prunes	牛肉とプラムでは背骨のランプに火は灯らない。
We are all going to heaven	私たちはみんな天国に行ってしまう	the dubious and qualifying state of mind	あやふやで何か加減するような精神状態
how good life seemed ～	人生はなんとも良きもので～	We are all probably going to heaven	たぶん私たちはみんな天国に行ける
P.13～		Squat bottle and little glasses	ずんぐりしたボトルと小さなグラス
excellent hock	すばらしい白ワイン	P.22～ a scene of masons +	石工の風景

2. 作者はこの二つを比較してどのようなことを考えていますか。あるいは、どんな疑問を投げかけていますか。

Luncheon Party → (P.12より) このランチは 人生はとても良いもの、人生の細いりはとても甘美なもの、悩みや不安はささいなもので、仲間との友情と付き合いはとてもすばらしいもの、と思わせるとても感動的なものだった。

Dinner → (P.21より) このディナーは、ディナーにはよい語り合いが必要で、よい飯をとなければ よい客さも浮かばない、参すると、眠ることもできない、と思もさるような 期待外れなものだった。

Figure 5.1.2　受講生のワークシート記入例［事例1.4］

Intensive Reading II

A Room of One's Own

Name _____

1. Luncheon Party (pp.11-12)と Dinner (pp.19-21) を比べて気づいたことをメモしましょう。

Luncheon Party		Dinner	
英語の表現	日本語の意味、解釈など	英語の表現	日本語の意味、解釈など
・a deep dish	・深皿	・the plate	・平皿
・the flanks of a doe ⇒	皆さんが想像しているのと違います。→(もっとすごい)	・There was nothing to stir the fancy in that	想像・何をかきたてるものは何もない。
<表現> ・many ・various ・sharp ・sweet ・not so hard ・as rosebuds ・succulent ・flushed Yellow ・flushed crimson	soup beef with greens and potatos 同じ黄色でも 輝く黄色と、端が黄ばんだ褐色サイズの芽キャベリの色	<表現> ・plain ・homely ・muddy ・sprouts curled and Yellowed ・bargaining ・cheapening ・women with string bags on Monday morning	同じ材料に対して 真逆の表現
・serving-man ・料理内容 (・舌ビラメ ・山ウズラ ・焼肉と盛り合わせ ・砂糖菓子 ・ワイン	・登場する←	・serving-man ・料理内容 (	・登場しない。 ・スープ ・牛肉と野菜とじゃがいも ・プレーン ・ビスケットとチーズ ・水

芽キャベツについて Ⓛ バラのつぼみのような葉 Ⓓ 端が黄ばんだような感じ

potatos vine

2. 作者はこの二つを比較してどのようなことを考えていますか。あるいは、どんな疑問を投げかけていますか。

ディナーを悪く表すことで現代の社会状況の不満を反映させているのかなと思った。

男性のランチョンはごうかで女性のディナーは質素である。

男性優位社会が歴史的だけでなく、現在も続くことを示す。

(2) 学習者の反応

　学習者の反応は、主に、第 12 回授業の終了後[9]に行ったアンケート調査とその直後のフォローアップ・インタヴューの結果から分析する。まず、アンケート調査の結果を示す。質問項目は以下の 5 点であるが、アンケート様式については Appendix C を参照されたい。

　　- Room について感じたこと（Myths との比較において）
　　- それぞれの作品に取り組む際に関心を持った点
　　- 両作品について印象に残ったこと
　　- 学生が担当箇所の問題を作成するというやり方について
　　- 教材や授業についてのコメント

　最初に、Room の特徴として感じたことを、前期に使った論説文 Myths との比較において、予め設定した「むずかしさ」「面白さ」「英語力向上」の観点から書いてもらった。多く見られた回答のみを観点別に Table 5.1.18 にまとめる。

Table 5.1.18　Room に対する学習者の反応（Myths との比較において）（n=21）

観点	感じたこと、理由、具体例など	回答数
むずかしさ	作者の意図をつかむこと・解釈すること	8
	単語の意味をとること	4
	背景知識がない	4
	意識の流れ（作者の思考が続いていく点）	4
面白さ	作者の意図をつかむこと	9
	背景知識、文化と合わせて読み解くこと	5
	フェミニズム	4
英語力向上	文法力向上（様々な構文に出会ったため）	9
	読解力向上（意味をとるために繰り返し、深く読み込んだため）	4
	訳・日本語への置き換えができるようになった	4
	深く考える姿勢が身につく	3
	表現のゆたかさ	3

「むずかしさ」の観点からは、「作者が何を言いたいのか、理解することが難しかった」という回答が多かった。前述のように、interpretation にはいくつかのレベルがあるので回答者たちが念頭に置いているものが必ずしも同一であるとは限らないが、全体的な傾向として、言語の問題を解決した後で作者の言いたいことを理解するのに苦労したことがわかる。しかし、同時に、それは「面白さ」に通じていることも示している。「面白さ」の観点では、約半数の受講生が Myths との比較においてこの作品で「作者の意図をつかむこと」が面白かったと回答している。これは、「背景知識、文化」についても同様で、Room では文化や背景の知識を持ち合わせていないために「難しい」と感じたが、同時にそれらと合わせて作品を読み解くことを「面白い」点として認識していた。

　「英語力向上」の観点からは「文法力の向上」と答えた受講生がもっとも多かった。Room には長い文が多く、特別な文法知識を必要とするような文は少ないものの倒置や挿入が頻出する。そのため、そういうテクストのスタイルに慣れていない受講生は、Myths に比べて特に文構造が複雑だと感じ、その点での文法力が向上したと実感したのであろう。

　次に、それぞれの作品を読む際にどのような点に関心を持って取り組んだか、その結果を Table 5.1.19 に示す。両作品とも「英語の意味を理解すること」「解釈すること」が上位を占めているが、Myths では「英語の意味を理解すること」に、Room では「解釈すること」により多くの関心が持たれたことがわかる。「自分の経験に結びつけること」への関心が両方ともかなり低いのは、Table 5.1.18 で Room の面白かった点として「フェミニズム」と答えているにもかかわらず、自分の経験とは結びつけられないということであろうか。「外国の文化を学ぶこと」への関心も高く、特に Room では半数を大きく超える受講生がこの点に関心を持ちながら読んだと言える。

Table 5.1.19　それぞれの作品を読む際に関心を持って取り組んだ点
（複数回答可）(n＝21)

感心を持った点	Room	Myths
英語の意味を理解すること	14	18
解釈すること（作者の言いたいことなど）	19	12
自分の経験に結びつけること	0	4
外国の文化を学ぶこと	13	6
作品を評価すること	4	1

　その他の質問項目の中で、受講生が問題作成をするという授業のやり方について は、「（問題に答える側として）理解が深まった」(7名)、「問題を作るのは難しかったが勉強になった」(5名)、「他の人の作問や視点の違いが勉強になった」(3名)など概ね肯定的な評価を得た。一方で、この方法について「（レジュメを授業直前に配布するので）予習として取り組めないことが大変」「試験対策がわからない」（各3名）という感想もあった。

　フォローアップ・インタヴューは、授業・アンケート後で自由参加としたため、3名[10]のみの参加であった。また、構成を予めしっかりと決めないsemi-structured形式としたので、それぞれがアンケートの回答の理由を説明したり授業の感想を述べたりする場となった（インタヴュー全体のスクリプトはAppendix Dを参照されたい）。

　Roomについては、「内容はとても面白いけれども難しかった」という感想を全員が述べた。「今まで読んだ英語の文章の中で一番難しかった」と言う受講生もいたが、「面白い」と「難しい」は自分の中で両立するものであると説明していた。「概念的なものを問われているので、それをつかむのが難しい」という感想も聞かれたが、これは「解釈が難しい」というアンケート結果と呼応する。また、「前に書いてあることが後で出てきて、それがわかった時がとても嬉しかった」と、この作品には「わかる喜び」があるという感想を述べ、それができたのは細かく正確に読む精読を行ったからだと読み方に関する発言につながった。読み方については、他の受講生も「この作品は速読で読んでもわからないと思う」あるいは「本当の良さがわからない」と同意していた。言語的には、「単語の意味が今まで知っていたものと

違うことがあり、その発見が楽しかった」という発言があったが、これを苦労と思う受講生もいただろうことは推察される。また、背景知識が必要とされることについて、「自分は興味を持てたが、イギリスへの興味、文化・歴史的背景がないとつらいかもしれない」という指摘があり、文学的テクストを扱う際の留意点として示唆に富んでいる。その他、「奥が深くて、「ウルフ、すごいな」と思いながら読んでいた」「ウルフを大学時代に読めたということが、1つ意味がある」などの感想も聞かれた。

Myths との比較では、「Myths はここが説明でここが結論だという論理構成がはっきりしていた。でも、こちら（Room）は、流れるようで」と、Room の文章構成や「意識の流れ」の手法に関する指摘があった。しかし、それ以上に全員が強調していたのは、テクストの性質そのものの違いである。参加者たちは「前期は説明文で[11]、書いてあることが全てという感じだった」と表現していたが、つまり、Myths では文字通り読んだことがそのまま作者の言いたいことであり、また、決まった答えが必ずテクストの中に書かれていたが、Room はそうではなかったということである。内容面の比較では、Myths よりもフェミニズムを扱った Room の方が自分たちの問題として興味を持つことができたと答えており、言語（英語）という現代社会の日常のトピックを扱った文章の方が古い時代の虚構を用いた作品よりも関心が持たれるということは、必ずしもないということが言える。

1.4　伝統的な教授法を用いた事例の考察

本節では、訳読や精読などテクストの細部にも注意を払いながらテクストを読んでいく伝統的な教授法を用いた事例を記述、分析した。本節 1.1 でも述べたように、訳読や精読という方法は、日本のように日常的に英語を使用する機会が少なく外国語として英語を学ぶ環境においては重要な役割を担ってきた一方で、近年では英語の運用能力の向上に貢献しないという批判にさらされている。また、本来、教材と学習法・教授法は区別して論じられるべきところ、文学作品と訳読は 2 つまとめて実用英語と対立するものと見なされることも多かった。本節では、そのような先入観を持たれている訳読や

精読などの伝統的な授業方法に焦点を当て、実際の教室で文学はどのように使われているのか、学習者たちはどう反応しどう感じているのかを検証した。その結果、文学が言語的にも内容的にも学習者にとって意味のある使い方がなされていることが確認された。

まず、言語的な意味から議論する。本節で対象とした4つの作品は、いずれも語彙や文構造のレベルから読解が難しいものであるが、それらを読み解くために、学習者は単語の意味を調べ、通常とは異なる意味を持つようであればさらに調べ、文法知識を使いながら文の意味を理解しようと努力していた。そして、語彙や構文の問題を解決して表面的な英語の意味をとった後でも、文脈に当てはめて自分の言葉でわかりやすく言い換え、また、作者の意図や明示されていない深い意味を探るために、もう一度テクストに戻り、読み、考えていた。

本節で扱った文学作品には内容面でも読み手に深く考えさせるような難解な作品が多かったが、受講生たちは上記のような英語の表面的な意味を理解した後で、さらに行間を読み、作者の意図を探ったり登場人物の心情を考えたりしていた。英語の理解や日本語への訳だけでなく、さらにもう一段階、解釈や推測などのためのテクストとのやり取りが要求されたと言える。そして、事例1.4に見られるように、授業回を重ねるにつれ、学習者はより自主的・積極的に作者の意図を推測したり作品のテーマについて解釈したりするようになった。読解や現実の様々な場面でテクストや相手とやり取りをして、表面的な語意だけでなくより深いレベルにある書き手や話し手の意図を理解する能力は言語教育の中で身に付けるべき重要なものであると言える。また、学習者の人間的な成長という観点から見ても、物事を一面的にではなくいろいろな角度から吟味して考える訓練は成熟した人間になるために必要な過程であると言える。その過程で、グループ・ワークやクラスの活動で他者の見解を聞いて異なるものの見方に気づくこともあれば、自分の意見を説明する場合は論理的思考力を養う好機となる。

もちろん、このような内容的なレベルの読みと先に述べた言語的なレベルの読みとは緊密に関係していて、深く解釈するためには正確に注意深くテクストを読まなければならない。Hall(2005)は第二言語での文学の読解では

言語的な問題が障害になるという点を指摘した上で、単語や文の理解を重視せずに文学的な使い方をすると学習者が戸惑ったり興味を持たなくなったりして推論や解釈というレベルには達しないという報告を紹介している（e.g. Shulz, 1981; Davis, 1992）。難解なテクストを用いて文学的な活動を行うためには、まず言語的な問題を解決し、そこから解釈や推論などの段階へ移行していくべきで、その点で精読は不可欠であると言えるだろう。単語1つ1つの意味にもこだわり、文の構造をつかんで意味をとっていく緻密な読みと、その内容に基づいて作者の言いたいことを探るという作業は精読だからこそ成し得たものである。

　伝統的な教授法の採用という観点からさらに議論を続けると、各事例は精読・訳読に様々な活動に組み入れる可能性をも示唆する。これは、他の活動と組み合わせることでより効果的に文法訳読法を使うことができるというCook（2010）の主張と一致する。教師の工夫により、授業の目的に照らし合わせながら、例えば、訳読と共に視聴覚教材を使うこともできるし、また、ペア・グループワークを用いて「聞く」「話す」能力の向上に寄与することも可能である。文学作品は様々な言語活動を生み出すことができるゆたかなものであることが先行研究で主張されてきたが、訳読や精読を主とする授業の中でも様々な言語活動の実践が可能であることに改めて気づかされる。

　このように言語的にも内容的にも意味のある英語授業を実践できたのには、教材の果たす役割が大きい。注意深く正確に英語の意味を取った後でさらに深い理解や解釈のための使い方がなされる時、文学は格好の教材であると言える。この点で、情報を得ることを目的とした論説文などとは異なる価値を持っていると言えよう。事例1.4で詳説したように、言語的な難解さという点でほぼ同レベルの読み物であっても、学習者は文学的テクストを読む時には作者の意図を探ること・解釈することにより多くの関心を持ちながら読むのである。

　この他にも、伝統的な教授法の授業での文学使用には外国語教育の観点からいくつかの価値があることが観察された。まず、訳だけでなくそれ以外の様々な活動を通して言葉への気づきを促すことができたという点である。事例1.1では、例えばDickensの小説の一部を読んで登場人物同士の会話を状

況に合うように日本語に直したり、結末の異なる 2 つのバージョンを比べたりした。事例 1.2 では短篇小説を使って作品中にどのようなテーマが現れるかワークシートに記録し、また、過剰なるものに注目する読み方などを体験した。事例 1.3 では、詩の中の文法に注目する読み方が意味の理解にも影響を与える例を学んだ。そして、事例 1.4 では、男子寮での luncheon と女子寮での dinner の様子を細部まで比較することによって作者の用いた語彙や表現の巧みさを実感することができた。

次に、アンケートやインタヴューから得られた結果について議論する。今回、学習者たちの多くは、このような活動、すなわち、訳読や精読といった伝統的な教授法を用いた授業で文学作品を読むことを、「楽しく、英語力向上に効果的である」と感じたことがわかった。文学的な教材についての印象は、事例 1.1, 1.2 では受講後に肯定的な回答が大幅に増加し、文学的な教材が英語力の向上に効果的であるかについては、事例 1.1, 1.2, 1.3 のすべての事例で肯定的な意見が多数を占めた。事例 1.4 では、Room という特定の作品について、論説文的な Myths との比較における反応を測ったが、ほとんどの学習者が「難しいが、面白い」という回答を寄せた。その理由として、半数近くが「作者の意図を探り、解釈すること」を挙げ、次に多くの学習者が文化的・社会的背景を学ぶことであると回答した。

本節の 4 事例の対象者には理系や社会科学系の学生も多く含んでいたので、文学教材やこのような読み方を高く評価する傾向は、特に英文学や英語専攻の学習者に限らないことも示している。そもそも文学専攻の学生は全体として非常に少数であったのだが、理系や社会科学系の学生たちが「文学作品の精読」に対して好意的に反応していたことは先入観を覆すことになるだろう。おそらく、彼(女)にはこれまで文学教材を扱う授業を受ける機会が少なかったか、機会があっても印象が強くなかったが、今回の授業を通して文学教材に対する認識を新たにし、楽しく効果的なものであると感じたのではないだろうか。大学教育においても English for specific/special purposes が関心を集める中で特に理系には文学は使えないという固定観念があるが、ぜひこの機会に再考したい。その際には、"literature as a source"(Carter & Long, 1991, p.3)としての使い方を意識し、教材選択や授業展開を考えるべ

きであろう。

註（第5章 1.）

1 平賀(2008)は、西洋の GTM は単発の例文を逐一訳しながら文法の習得を目指すもの
   で、意味的にまとまりのある文章を用いて読解を行う日本の文法訳読法とは異なると
   指摘している。

2 リストには他に Bertrand Russell, *On Culture and Politics*, Susan Sontag, *Illness as Met-
   aphor* や随筆集などが挙げられており、場合によってはそれ以外のものもコーディ
   ネーターに相談の上使用することができる。

3 Kim(2004)は小学校の母語教育の中で文学教材を使って話し合いをする児童の発話を
   分析した Eeds & Wells(1989)のコーディングをもとに、literal comprehension, per-
   sonal connections, cross-cultural themes, interpretation, evaluation の5項目を用いた。

4 対象授業においては、精読が目的であることと授業中の使用言語が日本語であること
   から、これ以降の「書く」活動には基本的に日本語を用いた。

5 英文和訳には慣れていても翻訳は初めてという学生が多い大学1年生の授業で、文学
   教材を活かすことができる翻訳を体験することは専門課程への導入としても意味深い
   活動となった。

6 この映画は、主に Virginia Woolf, *Mrs. Dalloway* をモチーフとして制作されたが、冒
   頭に Woolf 自身が入水する場面があり、そこに遺書の文言が映像及び音声で重ねられ
   ている。

7 発表担当の受講生から、主人公の友人の母親の姿・服装を問う問題が出された時に、
   筆者が絵を描く活動に切り替えた。

8 解釈は推論とも密接に結びついている。詩の読解過程を学習者の発話から分析した
   Hanauer(2001)は読み手が明示な情報を超えた情報を加えることを "inferential pro-
   cess" (p.304)と呼び、読み手が自分の知識や経験やテクストにある証拠をもとにさら
   なる内容を予測し想像を働かせ仮説を立てることを示す。

9 これは冬休み前の最後の授業で、後期のテクストに十分に慣れ、かつ前期の教材もま
   だ記憶にあるというタイミングを狙ったものである。

10 次年度よりの専攻は、それぞれ、英語学、イギリス文化、コミュニケーションである。

11 「説明文」とは、インタヴューにおいて学生が用いた言葉である。

2. Language-based approaches を取り入れた事例

　本節では、初級・初中級レベルの学習者を対象とした日本の大学英語の授業で、language-based approaches を取り入れた事例に焦点を当てる。いずれの事例も授業の目的、学習者の英語能力や興味などを考慮して、教材は児童文学を選んでいる。

2.1　Language-based approaches（"LBA"）について

　文学を言語教育で用いる研究の発展には文体論の果たした役割が大きいことは第 2 章でも述べたが、LBA は、特に、教育的文体論の理論を授業実践の場に応用したものである。そもそも文体論は、「文学的ディスコースを言語学の方向から研究すること」（Widdowson, 1975, 田中・田口訳, p.15）であり、斎藤（2000）によると、「いわば専門分化する言語学と文学研究とをつなぎ留める求心力として登場した学問」（p.154）である。教育的文体論はこの文体論の研究を母語・外国語教育へ応用したものである。

　1970 年代に Widdowson（1975）が教育的文体論の意義を提唱したのに続いて 1980 年代には多くの文体論学者が"pre-literary language-based activities"という名称の下、具体的な言語活動の例を示すようになった。それら活動の種類は、文学テクストを使った cloze（穴埋め問題）、unscrambling（並び替え）、intertexual comparison（テクスト間相互分析）、creative writing など多岐に渡るが、1 つの大きな目的は、以下の引用に見られるように、これらの活動を通して学習者の言語や言語使用への気づきを促すことであった。

　　Such activities will, it is hoped, not only improve the students' reading
　　and writing skills, but also awaken their awareness of, and sensitivity to,
　　different（literary and non-literary）uses of language.　　（Weber, 1996, p.3）

　Carter & Long（1991）は、このアプローチの特徴として、完成品としての文学テクスト自体よりも読みの過程を重要視するものであること、教師は学習者がテクストとの意味のあるやり取りをするのを支える人（enabler）にな

ることであるなどを記している。そして、重要なことは、通常の英語・外国語教育に用いられる言語活動を行いながらも、決して語彙の習得や構文の理解などのみを目指した機械的な練習などに陥ることなく、言語的なゴールと共に文学的なゴールを持った授業でなくてはならないということである。つまり、このアプローチでは、学習者が中心となるような言語活動を多用し、言語の使い方に特別の注意を払いながら、文学テクストを読んでいくことがねらいなのである。

Carter(1996)は、このような language-based study skills を "important pre-liminary activities to reading literature" と位置付け、この活動は以下のようなことができると解説した。

a) 目標言語のディスコース・タイプにおける言語構成を認識し、敏感になる
b) 言語の構造的な特徴に着目することにより、基本的な解釈を学ぶ
c) 特定のテクストの文学的な特性を説明できるようになる
d) Literary, non-literary のテクストに触れ、literariness の特徴を指摘する
e) 自分のために有益な学習者中心の活動を促進する

（Carter, 1996, p.149）

LBA は教え方のアプローチであるが、そこでの具体的な言語活動は、前述の通り、通常の ESL/EFL で用いられる cloze, prediction, creative writing, rewriting, role-play などである。言い換えると、LBA は言語活動の内容を厳しく限定するわけではないので、文学を教材として学習者中心の言語活動を行う限り、多くの実践例が LBA を取り入れているということになる。従って、本書第 5 章でもほとんどのグループが多かれ少なかれ LBA に基づく言語活動を含むのであるが、本節では特に、この LBA を授業のアプローチとして教師が強く意識し、その理念を授業の中心として全面的に採り入れている事例を示す。

2.2 教材としての児童文学

本節で議論する事例はいずれも児童文学を教材としている。第2章でも論じたように、1980年代に英米を中心に文学教材が再評価され、第二言語・外国語教育も含めた言語教育の中で積極的に使われるようになって以来、「文学」という言葉の持つ意味は大きく広がった。同時に、文学を言語教育で用いる方法や活動内容、また学習者の能力もそれまでよりも大きな可能性を含むものとなった。すなわち、正典をテクストに伝統的なやり方で授業を行う教室にはなかなかアクセスできなかった比較的初級レベルの学習者たちも、教師が教材の選択と教え方を工夫することによって、新たな意味での文学を読んで英語の力をつけることが可能になったのである。本節では、そのような広義の文学として児童文学を使った授業の実践例を示す。

英語教育の教材としての児童文学にはいくつかの優れた点がある。まず挙げられるのはauthenticityを保ちながら、比較的読み易い(奥, 2014)ということである。初中級向けの外国語学習には語彙や文法をコントロールして短く書き換えられた簡略版(retold, simplified, abridged)がしばしば利用されるが、簡略版にも外国語教育の中で一定の役割があるものの、重要な語句や多彩な表現が削られてしまうという批判が教育的文体論者を中心に根強くある(e.g. Carter & Long, 1991)。また、1980年代に英米で文学教材が再評価されたきっかけとなったCLTでは、基本的にauthenticな教材、つまり「本物」「原文」を有効活用することが前提となっているのでその意味でも原作の使用が好まれることが多い。筆者が多読のクラスで簡略版を使った経験でも、長い文学作品の簡略版は話の展開が速く、長さの割に登場人物が多いので読みにくいという感想を学生からよく聞いた。さらに、簡略版では会話が省かれることが多いので、その結果、自然なコミュニケーションの表現が学べず、映像を併用する際にも会話から起こした台詞を理解しにくいという事態が生じる(Kuze, 2007)[1]。

文学作品は使いたいけれど長くて難しい、しかし簡略版には上記のような欠点がある、というそのディレンマを解消するために、青少年文学を含めた児童文学の利用は外国語教育の中で価値のあるものとして位置付けられている。Paran(2008)も、児童文学を大学生や大学入学準備中の学習者など成人

学習者に使うことができることを示唆し、多くの先行研究を紹介している。その中で、McNichollas(2006)は、児童文学のEFL教育における意義を訴え教職課程でも使うことを主張して実践例と結果を示している。また、Rönnqvist & Sell(1994)は、ティーンエイジャーには正典の簡略版よりティーンエイジャー向けの文学の方が教材として有用であることを議論している。

　その一方で、大学生や成人を対象として児童文学を使う場合に注意を払わなくてはならないのは、もともと子供向けに書かれた作品が内容と言語形式の両方で学習者の興味を引き、知的レベルに合うものであるかどうか検討する必要があるということである。特に、教室内の学習者の性別や専攻などが多様な場合、好みの問題もあって却ってやる気を削ぐようなことにもなりかねない。例えば、「動物同士が会話をする」というようなファンタジーが万人に受け入れられるものではないかもしれないということは十分に考慮しなければならない。

2.3　LBAを取り入れた事例の概要
　本項では、対象授業、教材、授業デザイン、ワークシートの作成について、順に説明する。

(1) 対象授業
　研究対象とした3例の授業の概要についてTable 5.2.1にまとめる。学生の英語能力は概して初級レベルに属するが、どの事例にも英語が好きでよく勉強してきた学生とそうでない学生が教室内に混在しており、教師の立場からは、英語能力の面でも英語学習に対する姿勢の面でも幅広い範囲の学習者を同時に教えることが課題であった。授業は、いずれも本書の筆者である日本人教師が担当した。

156

Table 5.2.1　LBA を取り入れた事例の対象授業

	授業名	対象学生	教材
事例 2.1 (2006 年度)	英米児童文学 (選択)	D 短期大学英語学科 2 年生 12 名	*The Tale of Peter Rabbit* 及び *Charlie and the Chocolate Factory*
事例 2.2 (2008 年度)	英米児童文学 (選択)	D 短期大学英語学科 2 年生 12 名	*Charlotte's Web*
事例 2.3 (2014 年度)	英語 I (必修)	E 大学音楽学部音楽学科 1 年生 15 名	"The Happy Prince"

[事例 2.1]

　本事例は、女子短期大学英語学科における選択の英米児童文学の授業である。英語学科の学生を対象とした児童文学のコースなので、厳密には外国語教育の中での文学利用とは言えない部分もあるが、実際には初中級者を中心とした英語の訓練のために設置された選択のコースであり、いわゆる文学研究のためのコースではないので、本書の研究対象とした。

　受講生は全員 2 年生で、学期始めに 12 名の登録があったが、学期最終日にアンケート踏査を行った時には 10 名であった。また、アンケートの 6 か月後には、この授業に対する姿勢や成績の異なる 3 人の受講生にフォローアップのインタヴューも実施した。

　大学英語教科書である『英米児童文学への招待』(S. Gates 著)を主教材とし、その他に絵本の読み聞かせの練習もしながら、児童文学の作品としては、*The Tale of Peter Rabbit* と、*Charlie and the Chocolate Factory* の最初の 10 章を授業で読んだ。

[事例 2.2]

　事例 2.1 と同じ短期大学の同じコースで異なる年度に行われた。この授業では、毎回、授業時間のうち 60 ～ 70 分を使い、1 学期で 184 ページのペーパーバックを読み終えることを目標とした。毎週、指定された 1 ～ 2 章を授業前に読んできて、授業中にはワークシートを用いた作業・ペア / グループワークなどの活動・DVD 使用による理解の確認や原作との比較などを行った。訳読は重要な場面や構文が複雑な部分でのみ集中的に行い、登場人

物の感情や役割などについての意見交換も多く取り入れた。

[事例 2.3]

　音楽大学の 1 年生を対象とした必修の英語授業、「英語 I」を研究対象とした。「英語 I」は週 2 時限（各 90 分間）行われ、1 時限は口頭練習を含むコミュニケーション能力の養成に焦点を当てた授業、もう 1 時限は文法事項の復習と共に読解力を中心に総合的な英語力を発展させる目的の授業で、後者を筆者が担当した。さらに毎週 90 分の授業のうち、約半分は大学生向けの文法書を使って文法の解説・演習を行い、残りの約半分で大学英語教科書である *Story Box*（A. Uemura 著）と "The Happy Prince"（原作）を用いて文学作品の読解及び言語活動を行った。本書で研究対象としたのは、2014 年度前期に実際に行った授業のうち、"The Happy Prince" を扱った部分である。学生の英語能力については、入学時に英語の試験が課されないこともあって非常にばらつきがある。アンケートに任意記入してもらった公的な資格試験や大学入試センター試験の点数から、初級から中級に広く分布していると推定する。

(2) 教材
[事例 2.1]［事例 2.2］

　研究対象とした部分の作品は、［事例 2.1］が *The Tale of Peter Rabbit* と、*Charlie and the Chocolate Factory*（11 章）で、［事例 2.2］が *Charlotte's Web* である。それぞれ、『英米児童文学への招待』や絵本に加えての教材で別途ペーパーバックなどを購入してもらい、教材とした。

　児童文学のテクストを選択するに当たっては、Nuttall（1996）が外国語のリーディングを研究した中で主張した、考慮されるべき 3 つのクライテリア：suitability of content（内容がふさわしいこと）、exploitability（目的のために利用できること）、readability（読みこなせること）を参考にした。それ以外に、一般に知られている物語であることも条件とした。特に、初級レベルでは動機づけや読み続ける根気が必要なので、有名な話で部分的にでも聞いたことがあるものは読もうという気持ちになるだろうし、また、実際に友

人や家族とその作品について話すこともできるので読むことの励みになっていた。また、事例 2.2 の *Charlotte's Web* のように日本では余り有名でなくてもちょうど映画ができて有名女優が吹き替えを担当して話題になっていたというタイミングの良さも助けになると考えた。それから、付加的な条件ではあるが、映像があると良い。読み終わった後で映画やアニメーションを英語で見ればリスニングの練習にもなるし、学生は原作と映像を比べることで様々な解釈の可能性を知ることができるからである。

[事例 2.3]

　対象とする授業では、日本人の大学生向けに書かれた教科書 *Story Box* を予め指定し、追加として"The Happy Prince"(原作)を使用した。*Story Box* は、同じ出版社が出版している英文学作品の簡略版 5 つを、本文の抜粋に練習問題と日本語の解説などを加えて編集したものである。その第 1 話(Unit 1, 2)が"The Happy Prince"であるが、児童のために書かれた作品で作品の全体の長さも短く、語彙や文法もそれほど難解ではないことから、教師が手助けすれば原作を読むことが可能であると判断して、原作を読むことにした。

　本節の事例では、「児童文学はやさしい」ということを前提にしているので、ここで児童文学は本当にやさしいかどうか、readability を検証し Table 5.2.2 に示す。

Table 5.2.2　LBA で扱った児童文学作品の readability

Text	Author	Flesch-Kincaid Reading Ease	Flesch-Kincaid Grade Level	Scholastic Grade Level Equivalent
The Tale of Peter Rabbit	Beatrix Potter	82.5	5.1	—
Charlie and the Chocolate Factory	Roald Dahl	—	—	5.9
Charlotte's Web	E.B.White	—	—	4
"The Happy Prince"	Oscar Wilde	77.7	6.9	—

(奥(2014)及び Scholastic のデータを含め、筆者が作成)

Flesch-Kincaid Formulae は、テクストの平均的な一文の中の単語数と一単語の中の音節の数を算出し、Reading Ease のスコアが低いほど読むのが難しいとされる。ただし、語彙のむずかしさや作品全体の長さは考慮されない。Flesch-Kincaid Grade Level は Reading Ease のスコアによって自動的に決まる。雑誌 *Time* のスコアが 50、アメリカの 6 年生(12 歳)が課題として読むのが 60–70 で、grade level 6–7 であるので、Table 5.2.2 で示した児童文学作品は大体アメリカの小学校高学年向きのものであると言える[2]。

(3) 授業の展開

各事例とも、他の教材と並行して児童文学作品を読み進め、その過程でLBA のアプローチを取り入れた言語活動を行った。授業の展開は 3 事例とも類似しているため、ここでは最新の事例 2.3 の展開を示す。

[事例 2.3]

授業では、リスニング練習、重要語句の確認、あらすじ把握などのために *Story Box* を用い、並行して原作を精読した。また、一学期の後半に筆者がワークシートを作成して配布し、授業中にも時間を与えて記入してもらった(ワークシートは Appendix E を参照されたい)。研究対象とする部分の主な授業展開を Table 5.2.3 に示す。

Table 5.2.3　授業展開［事例 2.3］

第 1 回	オリエンテーション
第 2 回	作者 Oscar Wilde について学ぶ
第 3 回	*Story Box*, Unit 1(Vocabulary, Listening) "The Happy Prince" 原作を読み始める。
第 4 回 －第 12 回	*Story Box* でリスニング、ディクテーションを行いながら、"The Happy Prince" 原作を毎回 1 ページ半から 2 ページのペースで読む。
第 10 回	ワークシートを配布し、設問について説明をする。各自、授業外で学期末にレポートとして提出するよう指示する。
第 13 回	原作を読み終え、映像(アニメーション)を見る。映像を見ての感想や原作と比較して感じたことをワークシートに記入する。
第 14 回	期末試験を行う。試験後にワークシートの記入時間を与え、終了後に提出する。

まず、作品を扱い始めた第2回授業で、学生に Oscar Wilde について知ってもらうため、Story Box の「作者について」や "The Happy Prince"「はしがき」を授業前に読んで来てもらい、筆者が追加の資料を用いて説明をした。音楽専攻の学生たちであったので、耽美主義者と言われた Wilde の芸術観やオペラの原作「サロメ」にも触れ、学生たちが音楽を通してこの作者との関連性を認識してもらうことによって作品を身近に感じてもらい、読んでいく際のモチベーションを持ち続けてもらうように配慮した。

　第3回からはテクストを読み始めた。Story Box は、主として物語のあらすじをつかむためと、リスニング・重要語句の練習に使用した。"The Happy Prince"原作の精読は、各自が予習してきているという前提で主な箇所を音読してもらい、文の意味（日本語訳）を言ってもらった後に、教師が語句の意味や文法を説明して訳を直したり繰り返したりして進めた。難しい単語が数多く使われている箇所、たとえば、度々登場するエジプトの描写などは、学生が辞書を引くことに多くの時間を費やすことが予測されたため、教師の方で説明することにして語句の意味は調べなくていいということにした。限られた時間の中で難解な語彙に多くの時間を割くよりも、物語の中心となる王子とツバメの会話を繰り返し読んだり、Wilde の風刺や皮肉が見られる表現や作品のテーマを考える上で重要である箇所に注意を払ったりしてほしかったからである。文学作品を使った授業が一方通行のものになりがちであることはしばしば指摘されているので（Qiping & Shubo, 2002）、そうならないようにペアやクラスで音読やテクストの意味や解釈についてのディスカッションの時間を多く持つようにした。

　原作を読んでその細部に注目することにより、作者の意図や作品のテーマを考えることにつながるのは特に以下のような箇所である。それらがどういう点で重要であるのか解説を施した。授業中にはこれらについて学生の注意を喚起し、その場でディスカッションをしたり、またワークシートで関連する質問を設けたりした。

My courtiers called me the Happy Prince, and happy indeed I was, if pleasure be happiness.

(p.12)

王子は、「自分は幸せだった」とは言い切っていない。"if pleasure be happiness"という条件をつけているのはなぜか。生きている時と銅像になってからの今とで、王子の幸福に対する考えに違いはあるのか。さらに発展して、人間にとっての幸せとは何であるか。

"You must take it off, leaf by leaf, and give it to my poor; the living always think that gold can make them happy." (p.20)
セミコロン以下の句をわざわざ挿入した作者の意図はどのようなものか。人間社会への皮肉や幸福の本当の意味について考える。

"He is as beautiful as a weathercock," remarked one of the Town Councillors who wishes to gain a reputation for having artistic tastes; "only not quite so useful," he added, fearing lest people should think him unpractical, which he really was not. (p.9)
"As he is no longer beautiful he is no longer useful,".... (p.22)
作品中に繰り返し登場する「美しさ」と「役に立つ」の関係について作者はどう考えていたのか。2か所とも「実利的な役人に対する諷刺」(Wilde／西田編注, 1888／1959)が見られるが、この作品の根底には、「芸術のための芸術」という思想に影響を受けた作者の耽美主義的な世界観が流れているのではないか。

(下線は本書の筆者による)

(4) ワークシートの作成

　ここでは、LBA の実践において重要であるワークシートの作成について説明する。各事例ともワークシートを作成し、学習者が様々な言語活動を通して英語能力を高めるだけでなく、主題について深く考え、一定の範囲内で自由な解釈をするという文学的なテクストを教材とするからこそ可能となるような活動ができるように工夫した。受講生にとっては、実際に LBA の活動を視覚的に意識するのはこのワークシートである。ワークシートの作成に当たっては、Collie & Slater(1987), Carter & Long(1991), Lazar(1993)な

どの resource books を参考として、各授業の目的に合うように個々の設問や言語活動をデザインした。

　次ページ以降、それぞれの事例について設問の例を挙げながら、ワークシート作成のポイントを説明していくが、設問内容には各事例によって違いがある。事例 2.1 では、作品自体が「幸せ」や「生と死」のような深刻なテーマを扱っていないこと、また、ワークシートの作成者である筆者が授業の目的を文学的な解釈などに置いていなかったこともあり、学習者が深く考えるような内容に関する設問は少なく、言語学習の要素が大部分を占めている（Worksheet 5.2.1）。むしろ、文学を用いても、他のジャンルのテクストと同じような言語活動をするのが可能であることを証明するような設問が多い。これに対し、事例 2.2, 2.3 では、作品自体の性質と授業の目的を反映し、設問に言語的な要素と文学的な要素の両方が同程度織り込まれている。

　また、ワークシートの授業内での使い方も事例によって異なる。事例 2.1, 2.2 ではほぼ毎時間配布して授業中に記入してもらい、それに基づくペアワークやディスカッションなどを行った。宿題にして次週に答え合わせをしたこともある。それに対して、事例 2.3 では、Table 5.2.3「授業展開」で示したように、第 10 回授業に配布し基本的には授業外に各自に記入してもらった。授業中にも時間を作ってわからない点があれば教師に質問ができるようにしたが、提出は学期末としてレポート形式での課題とした。その場合の評価については、このワークシートと期末試験を点数化して 1 対 1 で合算し、出席状況を含む平常点を加味して前期の成績とすることを明示した。

［事例 2.1］ *The Tale of Peter Rabbit*

　良く知られている作品で挿絵も美しく、全体の長さも短いので教師の助けがあれば初級者のクラスでも読むことができるが、文体には古い言い回しも多く、またそれぞれの文が比較的長いので文法や構文で難しい点もある。速読というよりは、精読をして英語を正確に読む練習をするのに適した作品だと言えよう。この事例でも、他のものと同じように、様々な活動を含むワークシートを複数作成したが、ここではこの作品によく使われている文法項目である「仮定法」に焦点を当てた設問を紹介する。大部分の受講生がこれま

第 5 章 文学教材を用いた大学英語授業の事例研究　163

でに仮定法を学習してきてはいるが、授業では、「仮定法過去」「仮定法過去完了」などの基本的な形と用法について説明した後で、実際のテクストの中に現れている部分を見つけるように指示し、ワークシートを使って演習を行った。

Worksheet 5.2.1　［事例 2.1］ *A Tale of Peter Rabbit*

a）テクストの中で、次の仮定法が見られる箇所を見つけて下線を引きましょう。

> 1. After losing them［shoes］, he ran on four legs and went faster, so that I think he <u>might have got</u> away altogether <u>if he had not unfortunately run</u> into a gooseberry net,…
> 2. It［the can］<u>would have been</u> a beautiful thing to hide in, <u>if it had not had</u> so much water in it.
> 3. A white cat was staring at some goldfish; she sat very, very still, but now and then the tip of her tail twitched <u>as if it were alive</u>.

b）仮定法現在／過去／過去完了の意味と用法を確認しましょう。

c）与えられた語句を使って、次の文をそれぞれ完成させましょう。
　　1）仮定法現在（If I get too much homework today…/We will all be very sad if…）
　　2）仮定法過去（If I were a genius…/My parents would be very delighted if…）

d）過去において、自分がしたことやしなかったことで、後悔していることや良かったと思っていることを英語で書きましょう。
　　- I missed the train this morning. / I didn't study math hard at high school.
　　- I stayed in England in summer vacation.

e）そのようなことがもし起こらなかったら、どうなっていましたか。想像して仮定法過去完了の文を書きましょう。
　　- If I had not missed the train this morning, I could have attended the class.
　　- If I had studied math hard, I would have passed the entrance exam.
　　- If I had not stayed in England in summer vacation, my English would not have been improved.

f）小グループで、作った文章を発表し合いましょう。それぞれの発表の後には、お互いに質問やコメントを英語で言って話し合いをしましょう。

g）テクストの内容に合わせて以下の問いに答えましょう。
　　［Target Sentence 1］　　　　Did Peter run into a gooseberry net?
　　　　　　　　　　　　　　　Did he get away altogether?
　　［Target Sentence 2］　　　　Did the can have much water in it?
　　　　　　　　　　　　　　　Was the can good to hide in?
　　［Target Sentence 3］　　　　Is the tail of the cat alive?

h）テクスト内の Target Sentences 1–3 を日本語に訳しましょう。

164

[事例 2.1] *Charlie and the Chocolate Factory*

　この作品は、語彙、構文の両観点から平易な英語で書かれていてプロット
の展開も早いので、学生の英語能力によっては多読用教材に適したものと言
えるだろう。対象とした授業では、部分的に速読をしながらストーリーを追
い、英語の本を読む楽しさと自信を持つことを狙いとしていたので、ワーク
シートも専ら書かれている事実を整理したりまとめたりするための媒体とし
て位置付けた。Worksheet 5.2.2 は全 6 ページのうち、1 ページ目である（記
述スペースを縮小）。

Worksheet 5.2.2　　[事例 2.1] *Charlie and the Chocolate Factory*（1）

Name＿＿＿＿＿＿＿＿＿＿＿＿＿＿＿

1．Make a family tree of Buckets.

2．Describe the life of Charlie's family.

	pages, lines	Descriptions
Housing		
Father's job		
Meals		

3．What are two tortures for little Charlie?
（1）

（2）

第5章　文学教材を用いた大学英語授業の事例研究　165

　この作品のワークシートでは読んだ情報を整理するために Q&A exercises
を多く用いたが、Question はそれに答えるための作業内容によって少なく
とも3種類に分けられる。以下に示すように、1つ目は、テクストにある情
報を見つけ出してそのまま答えるもの(Question Type A)、2つ目は情報は書
かれているが解答者が要約したり加工したりしてまとめる必要があるもの
(Question Type B)、3つ目は解答者(読み手)の「解釈・推測・想像を必要と
するもの(Question Type C)である。

Worksheet 5.2.3　[事例 2.1]　*Charlie and the Chocolate Factory*(2)

〈Questions for Chapter 10–11〉
Question Type A: What did Charlie find on the way home one afternoon?
Question Type B: What happened at the little shop a few seconds after Charlie found
　　　　　　　 the Golden Ticket?
Question Type C: Why was the shopkeeper so nice to Charlie?

　さらに、このような Q&A exercises では、一言では答えにくいような質
問を投げかけ学習者に深く考えさせることによって、paragraph writing に
発展させることもできる。内容的にも文学的な要素を取り入れた活動と言え
よう。学習者の英語能力がそこまで達していない場合には、日本語で書いて
もらうこともできるが、その場合でも少なくともテクストを繰り返し読んで
自分の考えをまとめるのであるから、文学作品を用いてこその意味のある活
動となる。

Worksheet 5.2.4　[事例 2.1]　*Charlie and the Chocolate Factory*(3)

〈Writing a short paragraph on a controversial issue〉
On his birthday this year, Charlie wanted to share his chocolate candy bar with his
family members for the first time, by saying, "Here Mother, have a bit. We'll share it. I
want everybody to taste it"(Chapter 7). Why didn't he eat it up all by himself as
usual?

[事例 2.2]　*Charlotte's Web*
　この作品は、アメリカでは小学校低学年で読まれる児童書ではあるが、生

と死についての深刻な問題を扱い、また、登場人物の心情を察しながら読み進めるなど文学的な使い方ができる作品である。ワークシートは、会話の表現に注目する問題、情報を整理するための問題、自分の意見を記述する問題など、様々なタイプの設問を考案して言語活動と共に行えるように作成した。Worksheet 5.2.5,［Interpreting］にあるように、1つの決まった答えを持たない、学習者に考えさせる問題も含めた。

Worksheet 5.2.5　　［事例 2.2］Charlotte's Web

［**Matching and Jigsaw**］それぞれの会話の次に来るものはどれか、結びつきを考えて記号で答えなさい。また、1)〜5)を、話の順序に並べ替えなさい。

1) "A miracle has happened and a sign has occurred here on earth, right on our farm, we have no ordinary pig." (　　　)
2) "What's the trouble?" asked Mr. Zuckerman. "Anything wrong with the pig?" (　　　)
3) "How are you going to save me?" (　　　)
4) "Don't tell anybody else," (　　　)
5) "You notice how solid he is around shoulders, Lurvy?" (　　　)

a. "Well," … "I don't really know. But I'm working on a plan."
b. "Sure. Sure I do," said Lurvy. "I've always noticed that pig. He's quite a pig."
c. "Well," … "It seems to me you're a little off. It seems to me we have no ordinary spider."
d. "I intend to speak about it in my sermon and point out the fact that this community has been visited with a wondrous animal."
e. "N-not exactly," said Lurvy. "Come and see for yourself."
(　　　) – (　　　) – (　　　) – (　　　) – (　　　)

［**Grids**］この章でそれぞれがどんな役割を果たしたか、整理して書きましょう。

人や動物など	果たした役割
Mr. Zuckerman	
Lurvy	
Avery	
Fern	
Templeton	

［**Interpreting**］
1. p.31 の挿絵で Wilbur が泣いているのはなぜですか。英語または日本語でできるだけ詳しく説明して下さい。
2. Templeton は、これらの章でどのような働きをしますか。
3. Fern は、これまで Wilbur を可愛がり、農家の納屋で動物たちと過ごすことが一番好きな女の子でしたが、ここではどのような変化が見られますか。また、それを Mrs. Arable はどのように感じていますか。

4. p.146, ll.4–5 の Wilber noticed that Charlotte's voice sounded sad. の sad の理由は何ですか。
5. Charlotte は、「勝利の時」をどこでどのように過ごしていましたか。

[**Figures**] 登場人物の相関図を書きましょう。場所や職業等、得られる情報をすべて書きましょう。

[**Pictures**] 本文 pp.128–129 を参考にして、Fair に行くトラックに乗せられたときの木箱（crate）の絵を描きなさい。

[事例 2.3] "The Happy Prince"

　この作品は、児童文学という枠組みを超え、大人の読者にも深く考えさせる内容を持つ作品であるので、言語的な問題と共に文学的な問題もできるだけ多く取り入れてワークシートを作成した。また、視点を変えて短い英作文をする rewriting という活動も設問の一部に入れた。この事例のワークシートは全ページを Appendix E に掲載したので、主な設問と活動内容のポイントのみを Table 5.2.4 にまとめる。

Table 5.2.4　ワークシートの主な設問と活動内容のポイント

ワークシートの主な設問	活動内容のポイント
1. 空所にあとの語群から最も適当だと思うものを入れなさい。 　（例）The Happy Prince never dreams of crying（　　　）anything.	文法（前置詞・副詞の用法）
2. 各文の後にある動詞を、最も適当な形に変えて文に入れなさい。 　（例）Then the Swallow flew back to the Happy Prince, and（　　　）him what he（　　　）. [tell, do]	文法（動詞の活用）
3. 物語の中で王子はツバメにどのようなことを頼みましたか。まとめてみましょう。	内容理解
4. 王子の問いかけに対するツバメの返答を選んで、会話を完成させなさい。 　（例）I am the Happy Prince.（p.12）（　　　）	会話のマッチング（口頭表現）
5. この物語の中で、情景が目に浮かぶ場面はどこですか。その箇所（一文〜数文の英語）を書き抜いて、日本語に訳しましょう。その後で、絵を描いてみましょう。	日本語訳と情景の描写
6. ツバメが亡くなる前に、エジプトにいる仲間のツバメに手紙を書くとしたら、どのようなものになりますか。"Dear Friends,"で始め、英語で手紙を書いてみましょう。（少なくとも 80 語以上は書きましょう！）	自由英作文
7. 王子は幸せだったと思いますか。生きている時と、像になってからのそれぞれの時に幸せだったと思うかどうか、あなたの考えを書いて下さい。	解釈・論理的思考力
8. 映像（アニメーション）と原作を比べて、気づいたことや感想を書きましょう。	視聴覚教材の利用・原作との比較

2.4 LBA を取り入れた事例研究の結果

　本節の 3 事例はそれぞれ実施された時期が大きく異なり、そのため研究の方法もかなり異なったものとなっている。結果の示し方も事例によって異なるが、利用できる資料を最大限使って結果を分析したいと考えている。すべての事例に共通するのは授業前後に行ったアンケート調査であるが、事例 2.3 では受講生のワークシートへの記述も分析する。

[事例 2.1]

　アンケート調査による結果を Table 5.2.5 に示した。また、その 6 ヶ月後に行った非形式的な Follow-up interview のスクリプトを Appendix F に載せた。

Table 5.2.5　学生の反応

	肯定的	かなり肯定的	かなり否定的	否定的
Q1：文学作品を読むことついてどう思いますか？	70%	30%	0%	0%
なぜそう思いますか？（複数回答可）	楽しい　　　　　80% ためになる　　　40% 知的だから　　　30% 感動する　　　　30%			
Q2：文学作品を読むことは英語学習に効果があると思いますか？	90%	10%	0%	0%
どのような点でそう思いますか？（複数回答可）	表現が学べる　　　70% 外国の文化が学べる 70% 語彙が増える　　　60% 読解力がつく　　　60% 文法が学べる　　　10%	———		
Q3：これからも文学作品を読みたいと思いますか？	90%	10%	0%	0%
Q4：この授業をとって、英語をもっと勉強したいと思いましたか？	80%	20%	0%	0%

　ここでは、アンケート調査とインタヴューから得られた学生の反応を、［文学作品を読むことについての印象］［英語学習においての文学教材の効果］［英語の作品を読む難しさ］［教材について］［授業のやり方について］の 5

つの点から論じる。

［文学作品を読むことについての印象］

　2つの児童文学作品を扱った授業の後で70％の学生が「好ましい」、30％が「かなり好ましい」という回答をしており、文学作品を読むことについての肯定的な回答が目立つ。理由としては、肯定的な回答をしたうちの80％が「楽しい」と答えている。アンケート自由記述欄に書かれたコメントと、インタヴューで語られたことでも「児童文学を読むのは楽しかった」という感想が目立った。それ以外は以下の通りである。

- 洋楽を聴くのと同じように、外国の文化を知ることができると知った。
- 次にどうなるか知りたかったので、どんどん読み進めることができた。
- 初めて生の英語に触れることができた。
- 今まで映画の中の会話などを教材とすることが多かったが、単語や文法が余り身につかないことが気になっていた。これからは、こういう作品を読みたい。
- 他の教科書より、このようなお話で勉強するほうが好きです。
- ペーパーバックを一冊買ってそれを読むという経験が良かった。勉強しようという気持ちになれた。

［英語学習においての文学教材の効果］

　90％の学生が「効果がある」と答え、10％が「かなり効果がある」と答えた。理由は、「表現が学べる」「外国の文化が学べる」「語彙が増える」「読解力がつく」をいずれも過半数の学生が選んだ。

- 単語はお話の中に出てくると覚えやすい。
- 同じような意味の単語、例えば動詞、でもいろいろな語があるとわかる。
- （作品の中の）実際の状況で覚えた方が単語は覚えやすいし、使い方もよくわかる。しかし、リーディングの力が伸びたかどうかはわからない。

6か月後のインタヴューで、授業の後も自分で辞書を引きながら Charlie の残りの部分を読んだという学生もいた。彼女によると、一人で英語の本を読んだのは今回が初めてで、授業で作品に触れたことにより読むことに自信がついたと言う。

[英語の作品を読む難しさ]

「文学作品を読むと単語が覚えられる」という声が多かった一方で、読む上で知らない単語が障害となってプロットがつかめなかったという感想も記述された。児童向けの作品であっても外国語学習者のために語彙のコントロールがなされてはいない authentic なテクストであるので、やはり、初中級レベルの学習者の中には語彙に苦労する人も多いのであろう。

[教材について]

本事例ではほぼ全員が積極的な姿勢で作品を読んでくれたのでそれに助けられた部分は大きい。が、言い換えると、テクストの選択が適当に行われたということである。

- ストーリーを知っていたので楽しんで読めた。それでなければ難しかったと思う。
- みんなが知っている本で良かった。よく（この本について）家族と話して、それが励みになった。
- 昨年、別のクラスで Hemingway を読んで、単語も文法も難しくていやになった。それ以来、文学はもうやりたくないと思った。

[授業のやり方について]

- ワークシートのアクティビティがあったので、ストーリーをつかむことができた。
- 文法や訳ばかりする授業は退屈だったので、今回はよかった。
- 映画を見ると内容がわかるだけでなく、いろいろ考えさせられた。
- 訳をする授業だと訳のことばかりに気を取られて、内容がわからなくなる。

第 5 章　文学教材を用いた大学英語授業の事例研究　171

このように、文法訳読法のような伝統的な教授法とは異なるやり方をしたことが多くの学生に受け入れられた反面、やはり、明示的に文法を説明し、いくつかの文に関しては日本語訳を言ってほしいという声もあった。

- アクティビティーやワークシートはストーリーを理解するのに役立ったが、時々、文法や文の意味をもっと知りたいと思うこともあった。
- 先生にもっと訳やコロケーションなどを教えてほしいと思うことがあった。

[事例 2.2]
Table 5.2.6　「文学的な教材にどのような印象を持っていますか。」(n＝14, 12)

好ましい		まあ好ましい		あまり好ましくない		好ましくない	
受講前	受講後	受講前	受講後	受講前	受講後	受講前	受講後
21％(3)＊	42％(5)	79％(11)	58％(7)	0	0	0	0

＊ カッコ内の数字は回答数(以下の Table でも同様)

Table 5.2.7　「英語力向上という観点から、文学的な教材は効果的だと思いますか。」(n＝14, 12)

効果的		まあ効果的		あまり効果的でない		効果的でない	
受講前	受講後	受講前	受講後	受講前	受講後	受講前	受講後
43％(6)	58％(7)	57％(8)	42％(5)	0	0	0	0

　受講前後のアンケート調査の結果は、受講人数が元々少ない上に途中でさらに減ってしまったため、比較が余り意味を持たず、受講後に両項目においてよりポジティヴな方向への若干の変化が見られたという考察にとどまる。しかしながら、文学教材の印象や英語力向上への効果について肯定的な回答をした理由として、「物語を読むことの楽しさ」(8)、「外国の文化が学べること」(6)などが挙げられ、また、教材と授業に関する全体的な感想には、「映像やワークシートにより理解が深まった」「話す英語や表現を学べた」「1 冊を読み切ったという達成感があった」「また読み直そうと思う」「英語の本(ペーパーバック)を持てて嬉しかった」などがあった。

[事例 2.3]

　この事例では、「ワークシートへの記述」と「アンケート結果」の2つの観点から受講生の反応を分析する。

[ワークシートへの記述]

　Table 5.2.4 で示したワークシートの設問のうち、設問 1, 2 の文法演習は、このコースのもう1つの教材である大学生向けの文法書で前期に学習した文法事項について、実際の読み物の中で確認できるように作問したものである。設問 1. から 4. まではテクストを注意深く読めば答えにたどり着けるタイプのものなので本書では取り上げず、1つの決まった答えがない 5. から 8. についての結果を主に記述・分析する。

　まず、5. では各自が「情景が目に浮かぶ場面」を取り上げて、英文を写しそれを日本語に訳してから情景を絵に描いた。川辺の葦に恋をしたツバメが銀色のさざ波を立てながら求愛する場面が3名、ツバメが初めて王子に会った晩に月明かりに照らされた美しい王子の頬を涙が伝った場面を3名が取り上げ、残りの学生のうち多くが物語の最終部でツバメが亡くなる場面について描いた。それらの場面は「情景が目に浮かぶ」という点で受講生にとって印象的な場面であったことが推測できるが、作業としては、まず、テクスト全体の中から情景が目に浮かぶ場面を探し出し、次に、絵に描くために書かれている英文を正確に理解する必要があり、その上で想像力も働かせなければならない。授業中の活動にきちんと参加していることが要求され、自分でも作品に関心を持って注意深く読まなければならないので簡単な作業ではない。次ページの Figure 5.2.1 は、2名の受講生が選んだ場面を絵に描いてもらった例である [3]。

第 5 章　文学教材を用いた大学英語授業の事例研究　173

5. この物語の中で、情景が目に浮かぶ場面はどこですか。その箇所（一文〜数文の英語）を書き抜いて、日本語に訳しましょう。その後で、絵を描いてみましょう。

(英語) p10 l 12.
~ the Reed made him a low bow.
So he flew round and round her, touching the water with his wings, and making silver ripples.

(日本語訳)
葦は、低いおじぎをした。
そして、彼は彼女の周りを飛び回で水に触れ、
銀色の波紋を作った。

(絵)

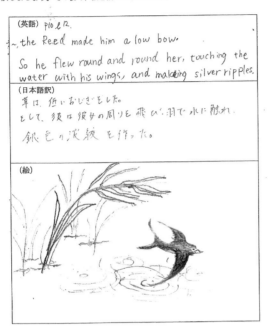

6. ツバメが亡くなる前に、エジプトにいつ仲間のつばめに手紙を書くとしたら、どのようなものになりますか。"Dear Friends,"で始め、英語で手紙を書いてみましょう。（少なくとも 80 語以上は書きましょう！）

Dear Friends,

I staying a town now. The winter is just around the coner. I will not go to Egypt. It's a pity that I can't

Figure 5.2.1　ワークシート記入例［事例 2.3］

5. この物語の中で、情景が目に浮かぶ場面はどこですか。その箇所（一文〜数文の英語）を書き抜いて、日本語に訳しましょう。その後で、絵を描いてみましょう。

（英語）
His face was so beautiful in the moonlight that the little swallow was filled with pity.

（日本語訳）
彼の頬は月照かりに美しくてらされ、小さなツバメは彼がかわいそうになった。

（絵）

6. ツバメが亡くなる前に、エジプトにいつ仲間のつばめに手紙を書くとしたら、どのようなものになりますか。"Dear Friends,"で始め、英語で手紙を書いてみましょう。（少なくとも80語以上は書きましょう！）

Dear Friends,

I will be death. But I have no regret. I helped the happy prince and every, I flew

Figure 5.2.1　ワークシート記入例 [事例2.3] 続き

次に、6.はツバメになったつもりで英文の手紙を書く活動だが、この rewriting は教育的文体論の分野からしばしば提案される。Carter（2010）によると、学習者は視点を変えて物語中の事象を書き換えることにより、テクストのスタイルに注意を払い、より積極的な読みをするようになる。また、Hirvela（2004）は、ライティングとリーディングの組み合わせが目標言語のリテラシー（literacy）を向上させると主張する中で、文学は格好の材料であると述べている。実際の回答を見てみると、そのような言語活動としての意味があっただけではなく、書き手が物語全体をよく読んでツバメの立場や気持ちを深く考えて書いていることがわかった。15 名中 13 名までもがツバメは自分自身を幸せだと思っていることを手紙の中で表現しているが、そのようなツバメの気持ちはテクストには書かれていないし、筆者も授業中に触れていない。語数は 80 語以上と指定したが、Figure 5.2.2 に示すように多くの学生が 80 語から 90 語書いた。

（学生 A）Dear Friends,

At first, I'm sorry not to go to the place where you are. But I have found a very beautiful thing that is the most important in my life. Of course, I wanted to go to your place, but I feel very comfortable now. I'm still in England, where it is very cold because of winter, but my heart feels warmer. I worked a lot here, so finally I noticed that the most important thing is a heart that cares about others. I'm a happy swallow. （86 words）

（学生 B）Dear Friends,

I'm sorry for being late to Egypt. I'm still in the city where you were before going to Egypt. In this city, I happened to make friends with the Happy Prince, and I helped him to give his jewelry to poor people. Thanks to this action, people and the Prince seemed to become happy. Of course, I was glad, too. But, probably, I can't go to Egypt because I don't have strength to go there. I'll soon die, but I'm very happy now. Good luck! Good-bye, friends. （87 words）

（下線は本書の筆者による）

Figure 5.2.2　ワークシート記入例 ［事例 2.3］

続く 7.「王子は幸せだったと思いますか。」という問いは、作品の主題に関わる問題である。1 名を除いて全員が王子は像になってからも幸せであっ

たと書き、生きている時も幸せではあったが、「それぞれ意味が異なる」、或いは、「幸せの意味の深さが生きているときと像になってからでは全く異なる」などと回答した。像になってから幸せであると思った理由としては「町の人々を救えたから」が最も多く、類似した回答として「人を幸せにすることが真の幸せである」「多くの善い行いをしたので」などがあった。「ツバメとの友情や交流を得たから」や「像になって初めて不幸を見たので、幸せの意味もわかった」と書いた学生もいる。

　この「王子は幸せだったか」という問題は、授業中に物語を読みながら筆者が時々問いかけていたので、各自が作品を読みながらずっと考えてきたものであると推測できる。原作にのみ書かれている細部にこだわって読み、なぜ Wilde は敢えてプロット上は重要でないこれらの部分を入れたのか、注意を払いながら読むことが作品全体の主題を考えるきっかけを与えてくれる。キリスト教世界に住まない私たちが作者の意図を完全に理解できたかどうかは別として、物語を何度も読み返しながら「王子は幸せだったか」「幸せとは何であるのか」について自分なりの解釈を行うという行為は、あらすじだけを追って物語を楽しむという体験とは異なるものである。

　最後の 8. は、映像を見て感想やコメントを書くというものである。内容も言語も原作を忠実に採用して制作しているアニメーションが見つかったので、それを第 13 回授業で鑑賞した。鑑賞前には、リスニングの練習にもなり物語の理解も深まるということを期待しただけであったが、実際には「読んだ作品の理解が深まる」という感想は 2 名のみで、それ以上に音楽効果についてのコメントも含めて非常に多角的な視点からの回答が寄せられた。大半を占めたのは、自分で原作を読んで得たイメージと、他者が作ったアニメーションのイメージを比較してその違いを楽しんだり興味深く受け止めたりしたというものであった。「原作と異なる部分に興味を覚えた」という回答が 14 名中 6 名で、映像の制作者はどういう意図でそのようにしたのかという自分なりの分析の結果もいくつか記されていた。また、映像が自分のイメージと異なっていたという今回の体験から、先ず原作を読んで自分で想像することの楽しさや意義を主張する以下のような回答が見られた（Figure 5.2.3）。

> （学生 C）「王子は、私のイメージしていた王子ととても異なっていたので、絵のない、お話だけを読んで想像することの楽しさを改めて感じました...（中略）他の人がイメージするものを知ることができ、面白かったです。」
>
> （学生 D）「原作を読むと自分の中でいろいろな解釈を広げられたり、イメージを作ることができるので、映像は原作を読んでから見るのがいいなと思いました。先に映像だと固定のイメージが入っていますので、これからも映像を見る機会があれば、原作をしっかり読んで、自分の中で一回解釈をしてから見るようにしたいです。」

Figure 5.2.3　ワークシート記入例［事例 2.3］

　Figure 5.2.3 の記述はいずれも英語教育で文学作品を扱うことの意義に通じるコメントである。それは、英語という言語の勉強しながら、同時に、物語を読んで想像を膨らませたりテクストを自分で解釈したりするという作業が可能になることである。そして、時にはクラスメートと話し、また、制作された映像を見て、他者の考えを知り、解釈にいくつかの可能性があることに気づく。文学教材はそのような使い方がなされる時に、たとえ児童文学であっても、大学生の知的興味を刺激するものとなり、後々まで各人の心に残る貴重な教材となり得るのではないだろうか。

　映像鑑賞の付加的な効用としては、対象学生が音楽専攻であることから音楽の使い方に興味を持った学生が多かったことである。音楽について書かれた回答は 14 名中 8 名あり、一度しか聴かなかったにもかかわらず、ただ映像に音楽が合っていたというような簡単なものではなく、「ツバメがメインのシーンは、フルートの軽やかな、明るい、かわいらしい音楽、王子がメインのときは荘厳でしっとりとした悲しみのある音楽で対照的であった」というような具体的な指摘が多かった。「アニメーションを通して思いがけず音楽が持っている力を改めて実感することができました。」というコメントもあった。

［アンケート結果］

　この作品を扱った全 12 回の授業の前と後に無記名のアンケート調査を行い、受講生が教材や活動についてどう感じたかを調べた。

まず、英語学習の中で扱う文学教材についての印象であるが、Table 5.2.8が示すように、受講前に2回答あった「あまり好ましくない」が受講後にはなくなり、全員が「好ましい」または「まあ好ましい」という肯定的な回答になった。そのうち過半数が「好ましい」を選んでいる。「好ましい」を4、「まあ好ましい」を3、「あまり好ましくない」を2、「好ましくない」を1のスケールで平均値を計算すると、受講前の3.33が授業後では3.53になっている。また、受講後にそのような肯定的な印象を持った理由として「楽しい」11名、「英語力が向上する」8名、「外国の文化が学べる」5名、「人間的に成長する」が3名である。受講前に「あまり好ましくない」とした回答の理由は「実用的でない」「英語力が向上しない」各1名であったが、それらの回答は受講後に肯定的なものに転じた。

Table 5.2.8 「英語学習の中で扱う文学教材について、どのような印象を持っていますか。」(n=15, 15)

好ましい		まあ好ましい		あまり好ましくない		好ましくない	
受講前	受講後	受講前	受講後	受講前	受講後	受講前	受講後
46.7%(7)	53.3%(8)	40.0%(6)	46.7%(7)	13.3%(2)	0	0	0

次に、英語力向上という観点から文学教材は効果的であるかを聞いた結果がTable 5.2.9である。受講後に文学教材への評価が高くなったという点でTable 5.2.8と同様の結果を得た。平均値も同じく3.33から3.53に変化した。「効果的である」または「まあ効果的である」と思う理由として、受講後には「語彙が増える」(4名)、「表現、言い回しを学べる」(3名)という理由が目立った。

Table 5.2.9 「英語力向上という観点から、文学教材は効果的であると思いますか。」(n=15, 15)

効果的		まあ効果的		あまり効果的でない		効果的でない	
受講前	受講後	受講前	受講後	受講前	受講後	受講前	受講後
46.7%(7)	53.3%(8)	40.0%(6)	46.7%(7)	13.3%(2)	0	0	0

第5章　文学教材を用いた大学英語授業の事例研究　179

　さらに、今回デザインした授業のいくつかの項目について受講者の反応を
調査した。調査項目は、原作の使用・活動内容（特に映像の使用）・文学作品
を扱う時間で、それぞれについて授業を受けた後で受講生がどう感じたかを
調査した。

　簡略版からの抜粋を中心に編集された教科書 *Story Box* と原作の用い方に
ついて、Table 5.2.10 で示す。受講前に一番多かった「教科書で概要をつか
んだ上で原作を読みたい」が受講後にも全体の約半数を占めたが7回答に
減り、代わりに受講前には 2 回答だった「最初から原作だけ読みたい」が
受講後には 7 回答に増加した。今回の一連の授業を通して、原作を読む自
信が付き、次の機会には最初から原作を読みたいという意欲を持てるように
なったことを表している。受講前に 2 名いた「両方とも気が進まない」と
いう回答は受講後に見られなくなった。

Table 5.2.10　「教科書 *Story Box* と "The Happy Prince" の原作を
扱うことについて、どう思いますか。」

	受講前	受講後
教科書中心がいい	0*	0
教科書で概要をつかんだ上で原作を読みたい	10	7
最初から原作だけ読みたい	2	7
両方とも気が進まない	2	0
無回答	1	1

＊ 数字は回答数（以下の Table でも同様）

　また、個々の活動内容については、「映像と原作の比較」を良いと思った
学習者が一番多く（Table 5.2.11）、また、「映像を使ったことに対してどう思
うか」を聞いたところ、大多数の学生が「好ましい」と答えていることから
（Table 5.2.12）、この視聴覚教材の使用が非常に良い印象を残したことがわ
かる。また、「原作の精読」についても 11 名が良かったとしており、一般
に批判されることが多い文法訳読式の読み方も様々な活動と組み合わせて一
方通行にならないように工夫すれば学習者にも支持されることがわかる。

180

Table 5.2.11 「次の活動で良かったと思うことはどれでしょうか。」(複数回答可)

Story Box のリスニング	4	原作の精読	11
ワークシートへの記入	2	映像と原作の比較	12
その他	0		

Table 5.2.12 「映像を使ったことに対してどう思われましたか。」

好ましい	14	まあ好ましい	1
あまり好ましくない	0	好ましくない	0

　次に、文学作品を扱う時間について、今学期は平均して45分位費やしたと示した上で、どれくらいが適当だと思うかを聞いた。その結果、Table 5.2.13 が示すように、個人によって差はあるものの、平均すると今回と同じ45分間が適当だと感じていることがわかる。

Table 5.2.13 「このような文学作品を扱う時間は、
どれくらいが適当だと思いますか。」

30分	1	40分	1
45分	11	50分	1
60分	1		

　最後の質問は、「音楽を専攻する学生として文学教材を使って勉強することをどう思いますか」というものである。受講前には、1名だけが「実用的に話せるようになることはそれ（文学教材を使って勉強すること）以上に大切だと思う」と答え、それ以外は肯定的な回答であったが、受講後は全員が肯定的な回答を寄せた。Table 5.2.14 は、回答内容の類似性からカテゴリーを作ってすべての肯定的な回答を提示したものである。それによると、音楽という自分の専攻に関連付けて文学教材を検討した受講生は5名ずつで、その中には「音楽と文学には通じ合うものがある」「音楽の勉強には英語が必要」「音楽をやる上で外国の文化を知ることが必要であるが、文学はそれに役立つ」など様々な理由が含まれていた。受講前と受講後の回答に見られる全体的な相違は、受講前には文学が知識を与え教養を高めるという漠然とし

た期待感が高かったのに比べ、実際に授業を受けた後では、文法・読解力・語彙力などの英語力の向上を指摘した回答や「楽しかった」という具体的な感想が目立ったことである。

Table 5.2.14 「音楽を専攻する学生として文学教材を使って勉強することをどう思いますか。」

	受講前	受講後
音楽との関連において	文学的なことをいろいろ考えることが音楽にも役立つと思う／英語で書かれた音楽の書物も読めるようになる／英語は音楽を勉強するのに切り離せない／文学の世界は音楽に必ず通じていると思う	同じ芸術という分野だと思う／クラシックを勉強するには英語は身に付けなければならない／音楽をやる上で外国の文化を知ることは大事(2名)／音楽を学ぶことにおいて語学力は必要
教養・知識として	有名な文学・有名な作者の話を知ることは大切(2名)／様々なものに触れてみたいので進んで取り組みたい／世界の文学について勉強できるのはとても興味深い／教養を高めるためにとても良いと思う	普段は日本語の文学にしか接する機会がないので、英語の文学を読むことができてたくさん勉強になった
英語力向上の観点から	読解力が付くので良いと思う／専攻にかかわらず英語は重要である／小さい頃から知っている文学に触れながら英語の能力を高めるのは良いことだと思う	現代に生きる者として英語は必要で、文学を読むことで文法が身につくと思う／英語を読む力が付いてきた／リーディングの授業は少ないので、これからも文学作品を使った授業を受けたい／語彙力や表現力を学ぶことができるので良いと思う
実用性の観点から	普通の教科書より実用性があって楽しいと思う	
感受性やauthenticityなど	感受性が豊かになりそうだと思う／想像力やインスピレーションを得られる	原作を扱うことで、生きた英語やその言語ならではの言い回しやイマジネーション・表現のニュアンスを感じられてとても勉強になった
楽しさ	文学はとても楽しい	文学作品に触れられて楽しかった／あらすじは知っていたが、細かいところまで読めて楽しかった／文学作品は内容もとても面白くイメージもしやすいので楽しかった、これからも文学作品を使って英語を勉強したい／物語を読むのは楽しかった
理由なし	良いと思う	文学は大切だと思う／専攻に関係なく、英語で文学作品を読むことは大切だと思う／良いと思う

2.5 LBA を取り入れた事例の考察

本節では、初級・初中級レベルの大学生を対象として、language-based approaches を意識的に取り入れた授業の例を分析した。

まず、対象授業で扱った教材について議論する。本節の事例ではすべて児童文学の原作を読んだが、authentic な教材に慣れていない初級レベルの学習者たちでも、語彙や構文もやさしく全体の長さも短いというテクストの特性を活かして、余り抵抗なく原作を読むことができた。外国語教育で文学を扱う場合の簡略版が引き起こすディレンマについては既に述べたが、学習者の興味や知的レベルを考慮した上で用いるのであれば、児童文学は簡略版の持つ問題の1つの解決になると言えるだろう。もちろん、簡略版の持つ利点も軽視されるべきではなく、実際の授業では、本節の事例のように児童文学を使ったり、学習者のレベルに合った簡略版を使い英語で読むことに慣れてから原作に進んだりする方略が必要となるだろう。児童文学もまた長く難解な作品の簡略版も、工夫しながら用いることで英語の読解力が高くない学習者に向けた授業で文学を使用することが可能になる。このような状況を考慮すると、「文学は上級者にしか使うことができない」などという主張は不適当であることがわかる。

本節の事例では教育的文体論を理論的背景とした language-based approaches を取り入れていたが、授業担当者が作成したワークシートを使用しただけでなく、ディスカッション、ロール・プレイ、ディクテーションなども行い、またすべての事例で映像を使うようにした。それら様々な言語活動を通して、学習者はテクストを繰り返し深く読み、解釈をめぐってテクストや教師・学習者間のやり取りを行い、作品を理解していったことが観察された。本節の研究対象者はこれまでまとまった分量の英語の作品を余り読んだことがない学習者たちであったが、今回示した学習者中心で様々な言語活動をベースとした授業のやり方は概ね好意的に受け入れられた。その一方で、もう少し明示的に文法事項の説明や日本語訳をしてほしいという要望も一部では聞かれた。このような授業は活動自体を楽しむことができ、物語のプロットを追うには役に立つが、完全には理解できない部分も残ってしまうので学習者自身が不安を感じたことが推察される。言語活動中心の教え方と

伝統的な教え方のバランスをとるという点で教師の力量が試されるところだと言える。

　ワークシートへの記述からは、特に事例 2.2, 2.3 で、児童文学であってもそれぞれが作品を解釈しテクストの中の例を挙げながら論理的に自分の意見をまとめることで、大学生にふさわしい文学の使い方ができたことが観察された。例えば、事例 2.3 で、「王子は幸せだったと思いますか」という問いに対して、「銅像になってからも幸せだった」という答えに多くの受講生がたどり着いたのは、原作を注意深く読んで深く考えた結果である。また、ツバメの手紙でも、ほとんどの受講生がある程度まとまりのある英文を書き、授業でも触れていない「ツバメ自身は幸せを感じている」という気持ちを表現したことで、言語的な成果と共に登場人物に感情移入する文学的な読み方をしたことが察せられる。また、映像が読んだ内容を確認するために役立ったことは言うまでもないが、原作と比較する活動が予想以上に受講生の興味を引き付けた。さらに、数人の受講生が、作品を読んでから映像を見るという順番で良かったと指摘し、自分の想像力を用いながら作品を読むという行為がいかに貴重なものであるかに気付いたという感想を寄せた。それによって、英語能力を高めるだけでなく、想像力を膨らませながら読むことの楽しみや自分の解釈と他者のそれを比べることを通して人間的な成長を促すことができたのではないかと考えている。

　アンケート調査によると、文学作品に対する印象も、英語力向上という観点からの効果についても肯定的な回答がほぼ100%を占めた。しかも、肯定的な回答の割合は、事例 2.2, 2.3 のように受講前後で調査を行った場合には一連の授業の後で必ず大きくなっている。印象については「楽しい」という感想、英語効果については「表現・外国の文化・語彙を学べる」を挙げた回答が多かった。また、これからも文学を使って英語を勉強したいという英語学習全体へのモチベーションを高めることができたと考えている。事例 2.3 では「始めから原作を読みたい」という回答が増え、文学作品に対して何となく抱いていたとっつきにくいイメージがなくなり、authentic な英語を読む自信がついた結果と言える。

　事例 2.3 では文学作品を扱う時間について尋ねたが、授業例と同程度が適

度と感じている者が多かった。やはり、毎回 90 分全部を使うのは負担に感じるのかもしれない。Hirvela & Boyle（1988）が結論づけているように、文学は、教師の側がどんなにその価値を信じていても、緩やかに少しずつ導入した方がいいのかもしれない。

　このように、これまで英語のテクストを読む機会が少なかった初級レベルの学習者でも、児童文学を使い、学習者中心の活動を多用した教授法を用いることによって、英語を学習しながら、作品を読む楽しみを感じ、自分で解釈を行って主題を深く考える機会を持つことができれば、それは英語教育で文学を使う意義の 1 つであると言える。

註（第 5 章 2.）

1　簡略版の持つ問題点については、本書第 5 章 5.「Extensive Reading の教材としての文学」でも論じたので、参照されたい。

2　Flesch-Kincaid Grade Level と Scholastic の Grade Level Equivalent との相関を表す情報を筆者は得ていない。

3　事例 2.3 において、アンケート結果やワークシートの記入事項を研究に使用することは受講生に承諾を得ていたが、ワークシートに描いた絵を本書に含めることについては当該学生に別途許可を得た。

3. Communicative Language Teaching における文学利用

　本節では、中級レベルの大学生を対象に文学教材を用いる英語授業で、Communicative Language Teaching を主な教授法として採用した4つの事例を紹介し、議論する。

3.1 Communicative Language Teaching（"CLT"）について

　Communicative Language Teaching は、コミュニケーション能力の向上を目的として開発された教授法であるが、既に第3章2.3で論じたように、「文学」と「コミュニケーション能力」の関係は複雑である。日本の英語教育では、「コミュニケーション能力育成」主義の広がりが文学教材の排除を後押ししたという見方が一般的であるが、欧米では、CLT と関係の深い実用主義が文学と相容れなかったという事実がある一方で、1980年代には CLT こそが第二・外国語教育における文学の再評価を促したとされているからである。本項では、まず、CLT の特徴を概観する。

　CLT は、1960年代後半から1970年代にかけて EC 諸国間の交流が盛んになったヨーロッパで生まれた教授法またはアプローチで、英語の教授法としては英国における Situational Language Teaching、米国における Audiolingualism の後に現れたものである。Communicative Approaches（"CA"）と同義で使われることも少なくないが、Richards & Rogers（2001）は、CLT を、CA という大きなグループの中の1つとして、他のいくつかの教授法、例えば、Content-based Instruction などと共に位置付けている。CLT は、コミュニケーション能力（communicative competence）の養成を目標とし、概念・状況中心、相互交流活動中心、authentic 教材の使用、タスクの活用などを大まかな特徴とする（白畑他, 2009）。

　本節の事例と特に関連のある CLT の特徴は以下のようなものである。Richards & Rogers（2001）では、CLT を The Audiolingual Method と比較する Finocchiaro & Brumfit（1983）の説明を紹介しているので、それも参考にした。

1. 教室内のコミュニケーションを活発に行い、それにより英語を学ぶことを最大の目標としている。それ以外のこと、例えば、言語構造に関わる知識の習得、文法力の養成、文学作品の理解などには目標が置かれていない。基本理念は、"Language learning is learning to communicate" (Richards & Rogers, 2001, p.156) である。

2. ペア・グループワークを積極的に活用する。"Students are expected to interact with other people, either in the flesh, through pair and group work, or in their writings." (Richards & Rogers, 2001, p.156)

3. タスクを重視する。CLT ではゲームやロールプレイを含む様々なタスクを学習者に与え、それらを通してコミュニケーションを行うことが想定されている。

4. 基本的には目標言語で授業が行われるが、学習者の母語使用や翻訳は禁止されない。"Judicious use of native language is accepted where feasible." (Richards & Rogers, 2001, p.156)

5. authentic 教材を使用する。CLT における authentic 教材とは、例えば、地図や時刻表などの生活に密着した実用的な教材がまず挙げられる (Richards & Rogers, 2001)。

上記の 3. の「タスク重視」について、本節の事例はいずれも reading のコースではあるが、教師はワークシートを作成したり口頭の言語活動を与えたりして、タスクを多用した授業を行っている。また、5. の「authentic 教材」について、白畑他 (2009) はその意味を「外国語学習用として意図的に作られた教材ではなく、現実に存在する事物をテキストや音声教材としたもの」(p.28) と定義しており、文学作品の原作も該当すると考えられる。実際に、Hirvela (1996) は、「より communicative な教材や環境を探すうちにほぼ必然的に文学へとたどり着いた」(p.127, 筆者訳) と述べている。

3.2. CLT で文学を用いた事例の概要

(1) 対象授業

研究対象とした 4 つの授業の概要について Table 5.3.1 にまとめる。いず

れも首都圏にある四年制大学において 2008 年度後期から 2011 年度後期ま
でに実際に行われた授業であり、大半の学生の英語能力は中〜中上級
(TOEFL-PBT で 480 前後〜 550 点)に属する。

Table 5.3.1　CLT で文学を用いた事例の対象授業

	教師(専門分野)	対象学生	教材
事例 3.1 (2008 年度)	イギリス人英語母語話者 (英文学、英詩)	F 大学人文学部 英文学科 * 2 年生約 25 名	*More Songs of Ourselves* に収め られた歌詞(pop song lyrics)
事例 3.2 (2009 年度)	アメリカ人英語母語話者 **(英語教授法)	G 大学人文教育系 学部 1 年生約 30 名	*There's a Boy in the Girls' Bath- room*
事例 3.3 (2010 年度)	アメリカ人英語母語話者 **(英語教授法)	H 大学理工系学 部(情報) 1 年生約 30 名	*The Curious Incident of the Dog in the Night-Time*
事例 3.4 (2011 年度)	アメリカ人英語母語話者 (異文化コミュニケー ション)	B 大学人文系学部 英文学科 * 1 年生 23 名	*Daisy Miller*

* 事例 3.1 と 3.4 の対象学生は 3 年次より英語学・英語圏文化など英米文学以外を専攻する学生を
含む。
** 事例 3.2 と 3.3 の教師は同一である。

[事例 3.1]
　必修の Reading の授業で、歌詞を教材とした教科書 *More Songs of Our-
selves* を中心に進められた。本書では、1 学期のコースのうち、オリエンテー
ションやまとめ、定期試験を除いた一連の授業の中から、Unit 1: "Nine
Million Bicycles" by Katie Melua を扱った初回授業と、Unit 16: "I am a
Town" by Mary Chapin Carpenter を扱った最終回授業を研究対象とする [1]。
このコースでは、他に授業時間外に各自で Graded Readers を読み進めレポー
トを書く課題出されていた。

[事例 3.2]
　必修の Reading & Listening の授業である。主として市販の大学英語教科
書を用いた上で副教材として毎時間約 20 分間を使いアメリカで人気のある

児童書 *There's a Boy in the Girls' Bathroom* のペーパーバックを半期で 1 冊読む。学生たちは 4 〜 5 人のグループを形成し、予め指定された 20 ページ程を読み担当のタスク 1)Chapter Titles, 2)Vocabulary, 3)Questions, 4)Picture/Map, 5)Summary を行ってきて、授業ではそれに基づいた情報交換や討論などをする。グループは固定化され、タスクは順番に変えていく。

[事例 3.3]

　必修の Reading 授業である。教師は事例 3.2 と同じで、扱った作品は異なるものの、授業手順や活動の内容などの主な部分は事例 3.2 と同じである。主教材には市販の大学英語教科書を用いており、本書では副教材のヤング・アダルト(YA)を扱った部分を研究対象とした。事例 3.2 と異なるのは、受講生が理系の学生であるということである。理系学生が YA という文学的な作品やそれを基にした活動にどう反応するか、調査するために研究の対象とした。*The Curios Incident of the Dog in the Night-Time* は、自閉症の少年を中心として話が展開するミステリー・タッチの作品であり、数字や数式が頻繁に出てくるので理系学生にも馴染みやすいと予想された。

[事例 3.4]

　必修授業の Reading A であるが、この授業はカリキュラムの中で外国語科目としてではなく、英文学科の専門科目として位置付けられている。従って、文学研究の入門とも取れなくもない。しかし、対象学生が一年生であり、カリキュラム上、他のリーディング科目である Intensive Reading/Extensive Reading(共に半期科目で外国語専門科目)と並列して扱われていること、また、対象の学科では 3 年次より英語関係の各専門に分かれるのであるが、近年、イギリス文学・アメリカ文学に進む学生はごく少数であること、加えて、担当教員の専門が文学ではなく異文化コミュニケーションであることなどから、本書ではこの授業を、文学研究の専門科目ではなく、外国語科目の性質を多く持つものと見なして議論を進める。

　対象コースの共通シラバスには「文学作品を教材とすること」「授業は完全に英語で行われること」が記されており、各担当教員がテクストを選ぶ。

本授業では、前期が George Orwell, *Animal Farm* で後期が Henry James, *Daisy Miller* が用いられた。担当教員が作成した本コースの個別のシラバスには「文学的価値のあると認められている英米小説を読む」「受講生は単に筋書や単語や文の意味を理解するだけでなく、登場人物の性格描写や重要な事柄の意義、作品全体の主題などについても深く考えることが求められる」(筆者訳)とある。

(2) 教材

　本節で対象とする授業の教材は、pop song lyrics、現代の児童書、ヤング・アダルト、小説の4作品である。本書において、「文学教材」が何を意味するかについては第1章で論じたが、対象とする個々の教材について以下に説明を加える。

　まず始めに、pop song lyrics(歌詞)を文学教材の一種と見なすかどうかについて議論する。対象授業のテクストである *More Songs of Ourselves* の著者である Hullah は、song lyrics を、「それぞれの学習者の反応を刺激するようなもの、そして、歌詞の中にある事柄やテーマについての熟考や議論を促すようなもの」(Hullah, 2007, p.6, 筆者訳)と位置付け、さらに、編集を施していないオーセンティックなものであり、学習者に目標言語の実例を与えるとの見解を示している。そもそも彼がこのテクストを作成した動機として、学習者が興味を持ち、楽しんで学べる教材を使った方がコミュニケーション能力を測る試験で良い結果を残せること、現在、日本の大学で良く用いられている実用会話中心の教科書の多くが知的な刺激がなく、つまらないものであることが説明されている。この見解は、歌詞と文学の関係について直接には論じていないものの、歌詞には他の文学的な教材と共通する多くの要素が含まれていることが確認できる。

　また、"Suzanne Takes You Down" という pop song lyrics を教材として第二言語学習者の読解過程を研究した Hanauer (2001) は、以下のように述べて pop song lyrics を文学の一部として位置付けている。

　The reading of literature is a naturalistic task that exists within the realm of real-world language use. This is especially true since the canon wars within the field of literary research have redefined literature to include a wide variety of texts and reading situations including the lyrics of popular songs. （p.297）

このように、本書でも韻律に従って書かれた英語の歌詞である pop song lyrics を広い意味での文学的な教材と見なす立場をとる。他にも、俳句や川柳を詩の一形態と見なし、英語教育においてそれらを制作する学習者の反応を分析した研究もある（e.g. Iida, 2012）。

　事例 3.2 の現代の児童書や事例 3.3 の YA を広義の文学教材と見なすことについては、第 1 章及び第 5 章 2. で既に述べた。また、事例 3.4 の *Daisy Miller* は、Henry James の小説で、文学作品として見なすことに議論を必要としないだろう。

（3）方法

　各事例は異なる授業目的や教授法を持ち、また、調査上の制約にもばらつきがあったため、それぞれ異なる分析の手法をとった。しかし、本節は CLT という教授法に焦点を当てているため、教室で何が起こっているか、文学教材を中心とした活動がどう進展していくかを示すために、授業手順を記したり、教室談話を分析したりすることを、機会が与えられる限り、研究の中心におき、その成果を質的に示した。

　また、4 事例に共通するのはアンケート調査である。事例 3.1, 3.2, 3.3 については、半期の授業のうちで対象の教材を扱った一連の授業の前後に、学習者に対して行なった。これは実際の授業では期の途中で履修者が減ってしまうなどの欠点を考慮に入れつつも、教材や授業に対する学習者の生の声を聞くことを目的とし、特に、授業の前後で文学教材についての学習者の意識に違いが生じたかどうかを見られるようにデザインしたものである。事例 3.4 については最終回授業でのみ、受講後のアンケート調査を行った。本節では、それらから得られた結果を教室研究に加味し、4 事例を横断的に分析してこれらの教材と授業について考察を行った。

第 5 章　文学教材を用いた大学英語授業の事例研究　191

　各事例の研究方法は、既に第 4 章で詳説したが、事例 3.1 に限っては研究課題 3 題を設定して行った研究であるため、研究課題とその答えを導き出すための方法を以下に示す。

［事例 3.1］の研究課題

1) 文学的なテクストを教材とした授業では教師と学習者の間でどのようなやり取りが行われるのか。
2) 総合的な英語力を伸ばすために教師はどのような工夫をしているか、特に、オーラルの要素をどのように取り入れているか。
3) 学習者はこのような授業をどう感じているか、それは初回と最終回では違いがあるか。

　研究課題 1) と 2) に答えるためには、初回授業（2008 年 10 月 6 日）と最終回授業（2008 年 12 月 22 日）の 2 回の授業を観察し、IC レコーダー・ビデオカメラ・フィールドノートによる録音・記録から授業全体のトランスクリプトを作成した。これを、第 5 章 1.「伝統的な教授法を用いた事例」でも使った、Kim（2004）のコーディングを参考に、本事例では 6 つのカテゴリー（student reactions, lecture, literal comprehension, personal connections, interpretation, related activities）を設定し、各カテゴリーに属する発話の内容と時間を計測した。また、このトランスクリプトとシラバスから英語技能別の活動内容の種類と時間的配分を記録し表にまとめた。

3.3　CLT で文学を用いた事例研究の結果

　前項で示したように、4 事例の研究方法はそれぞれ異なるため、本項では事例別に、教室研究の結果とアンケート調査による学習者の反応を記述する。

［事例 3.1］

　本事例研究は、3 つの研究課題を設定して行ったので、それらに沿って結果を示す。

1）文学的なテクストを教材とした授業では教師と学習者の間でどのような
　やり取りが行われるのか。

　初回、最終回の授業のトランスクリプトを6つのカテゴリーに分けて時
間を計測したところ、それぞれに費やされた時間はTable 5.3.2の通りであっ
た。授業時間は90分であるが、出席確認、宿題の回収や返却、授業全体へ
の導入、定期試験の説明（最終回のみ）などを除く、教材に即して授業を行っ
た正味の時間だけを調査の対象とした。

Table 5.3.2　各カテゴリーに費やされた時間（分：秒）

	Student reactions	Lecture	Literal comprehension	Personal connections	Interpret ation	Related activities	Total
初回	6:45	0	5:01	17:29	30:49	5:21	65:25
最終回	13:14	10:52	4:19	14:06	10:53	0	53:24

Student reactions

　授業の導入部として教師が授業で扱う歌詞について何人かに感想を聞くも
のである。学生は毎回授業前に自分で歌詞を読みノート約1ページに質問
やコメントをまとめてくることになっているのでそれに基づき応答する。時
には、literal comprehension や interpretation と重複するような内容に発展す
ることもあるが、授業の開始直後ということもあり "How did you feel about
this lyric?" という教師の問いかけに対して "It was difficult for me." というよ
うな単なる感想を述べる発話が多い。

Lecture

　本事例研究は授業という形態を観察したものであり、また、研究課題 1）
と 2）で教師の役割にも注目していることから、このカテゴリーを新たに付
け加えた。しかし、ここでいう lecture は教師が前もって計画し準備してく
るような講義ではなく、授業の流れの中で自然に行われた説明や補足などを
指し、作品の内容自体に大きくかかわるものは interpretation など別のカテ
ゴリーに入れることができるのでここでは除外した。最終回授業において、

学生の質問に答える形で conceptual coherence や metaphor についての解説したこと、外国語学習者が詩を読む際の心構えなどを話した部分がこれに該当する。Table 5.3.2 が示すように、最終回では初回に比べて lecture に費やされた時間が長くなっているが、これは次第に読む作品の難度が高いものになり、学習者の質問や疑問も教師の説明を引き出すような専門的なものとなったためと考えられる。授業の重点が英語そのものの理解から「詩を読む」学習へとシフトしているこの事例から、文学的なテクストを扱う授業の持つ多様性や発展性が推察される。

Literal comprehension

　歌詞の中に書かれている意味内容を把握するための活動を指す。物語の場合には、Kim（2004）に見られるように起こった順序に従ってできごとを述べたり話を要約する活動が可能であるが、詩や歌詞の場合には意味のわからない箇所をグループやクラスで話し合い、最終的に教師が解説することが多い。

Personal connections

　このカテゴリーに分類される発話は、読んだテクストの内容を学習者が自分自身の価値観や経験と結びつけ、時にはそれをクラスメートと共有するものであり、次の interpretation と共に文学作品を教材とする授業だからこそ可能となる活動であるといえよう。つまり、文学的な要素の少ない教材、たとえば情報を伝えることを目的とした論説文などでは扱いにくい部分である。最終回授業では Unit 16 のタイトルが“Metaphors”であることから、宿題として各自が作成した metaphor を発表させ、他の学習者にそれが意味するところを推測させた。歌詞の中の metaphor の意味を考えることが最終目標であるが、クラスメートが作成した metaphor の意味を推測するこの活動に学習者たちは夢中になって熱心に参加していた。そして、教師の導きにより「metaphor とはどういうものなのか」「それを解釈するとはどういうことなのか」身を持って体験し、決まった 1 つの答えを必ずしも追い求めない文学作品の特質について学ぶ良い機会となった。言語学習の観点からも、こ

の personal connections の作業は「目標言語の中で自分自身の考えを相手にわかるように表明するための格好の機会を作り出す」(Kim, 2004, p.153、筆者訳)。

Excerpt 5.3.1 はこの活動の一部分である[2]。やり取りが学習者同士のものでなく教師を介したものなったのは、小グループの話し合いでなくクラス全体でのものであることや学習者の英語産出能力が十分でないことなどが考えられるが、それでも、教師はテクストをもとに個人のアイディアを引き出す活動を導入している。そして、下線部のように、文学はある範囲内で読み手に自由な解釈を与え、読み手は創造的になれるということを metaphor を通して教えている。

Excerpt 5.3.1　Personal connections の例(2008 年 12 月 22 日最終回授業)

Teacher: And tell me your original metaphor, Student 1("S1")! S1, hello. What...tell me your original metaphor.

S1: My original metaphor is I am [a] see-saw.

Teacher: See-saw! Wow. Now, all right. What S1 said is "I am a see-saw." S2, do you know S1? Do you know her well? What do you think S1 means by this?...See-saw, and S1. What the similarity? You know what the see-saw is.

S2: She is … indecisive.

Teacher: You think the see-saw is indecisive?

S2: Yeah, the see-saw always moves like this.

Teacher: Come up and down, up and down, up and down?

S2: She cannot decide which one is more better... more good.

Teacher: So, up and down, up and down like a see-saw.(To S1)Do you agree?

S1: Yeah.

Teacher: You think so? Or do you have a different idea, S3?

S3: ...I think if I want to play [a] see-saw, I cannot play it well, so when I want to play [a] see-saw, I cannot play it by myself. So I think she thinks she cannot exist by herself.

Teacher: Fantastic! She doesn't exist herself. She has to have her company. S4, what do you think? What would you say if S1 says I'm a see-saw?

S4: I thought her emotion is sometimes up and down.

Teacher: Her emotion! Moody? Moody! Sometimes up, sometimes down. Sometimes up, sometimes down. This is wonderful! This is great! I am a see-saw, so, I go moody, indecisive, and how about saying "craving company." Is that all right?

S5: For example, she is absorbed in things, something like a jewel.

Teacher: Jewel?

S5: Yes, diamond. For example, she loves something, but if...on the other side of see-saw, on the counter side of see-saw, if there is an attractive thing, she moves.

Teacher: The English word for that? The English word for that? A very good word, fickle. Do you know the word "fickle"? Changeable, fickle...(writing words on the board)Moody, indecisive, craving company, and fickle. Anything else? This is great.(To S1), when you say I am a see-saw, what did you mean?

S1: I think I am indecisive.

Teacher: So this was your meaning. This was what you…you intended to say. Ya? Now, see what happened. You see what happened here.（To class）S1 uses a very good, very good metaphor. Quite simple. But even though it is quite simple, we have interpreted her metaphor in different ways. See, when a poet… a poet writes a poem, the poet loses control, because the reader decides. The reader makes the meaning. And sometimes the poet, the writer might say, いやいや違う、違う。But it doesn't matter. Doesn't matter because <u>we can create, we can make the meaning. Literature allows you, me and everybody to be creative. So metaphors can be read in different ways. But sometime there is agreement…</u>

（下線は本書の筆者による）

Interpretation

　テクストの表面的な意味理解を超えて、さらに深い、時には隠された意味を探ることで明示されていないことを予想したり、登場人物の性格などを推測したりしながら読みを進める過程を分類した。Kim（2004）によると、一般的に「学習者たちは主な登場人物の特徴を描写し、それについて話し合うことが好きである」（p.155、筆者訳）が、これらの歌詞のように作者の特徴が作品の中に投影されている場合、作者がどんな人であるか想像し意見を交換し合うのも文学的な作品を教材とするからこそできる活動である。ほかにも、教科書の設問［We think it's a ＿＿＿＿ song, because ＿＿＿＿＿＿.］（Hullah, 2007, p.11）に答える形で「どんな種類の歌か」をグループ別に話し合い、その後教師がクラスの意見をまとめて歌詞全体の解釈に発展させたりしていた。Excerpt 5.3.2 は、教師がどのようにしてクラスをこの歌詞の主題に導いているかを示す。

Excerpt 5.3.2　Interpretation の例（2008 年 10 月 8 日初回授業）

Teacher: What kind of song do you think it is? Let's put a word or two, S6?

S6: I think it is a one-sided love song.

Teacher: One-sided love song!

S6: …because she is not sure that her lover loves her.

Teacher: Wow, did you think that now, or did you think before the class?

S6: Before class.

Teacher: Wow, so you thought that.

S6: Yes, yes.

Teacher: Wow, you felt this song is she is not so sure.

S6: Yes.

Teacher: That's great. Yes, I think that's exactly right. She is not actually very confident. Excellent!

	Why did you think that, (to S6)? Or, what part of the song?
S6:	"Just believe everything that I say."
Teacher:	Yes, that's a good strategy. When you are reading a poem…I will give you another tip. When you are reading a lyric or a poem, sometimes you find one line which really stands out. That's often something that seems to be contradiction to the rest of it.
Teacher:	For me, I believe, for me, when she says "Don't call me a liar," it's a kind of strange. Because nobody says she is a liar. Bur she says "don't call me a liar." Strange! And "high on wire" is as well. The image which is not confident. Good! Thank you. Ah, S7, what kind of song do you think it is?
S7:	I think it's a love song.
Teacher:	And what kind of love song? You have to say something, something love song. Positive? Confident?
S7:	Positive.
Teacher:	You do, too? OK. You know, another interesting thing is that the meaning we make for a poem will tell everybody about our personality. That'll make you a positive person. All right? Why do you think so?
S7:	Because she says "I will love you till I die" twice.
Teacher:	Repetition! They are repeating. That's something we can find in the songs more than in written poetry.

Related activities

　直接にテクスト読解に関わるものでない、言語学習と教材理解の両方の観点から作り出さる関連活動を含めた。たとえば、教科書の"Pre-Reading and Listening activities"として歌詞の作者についてインターネットで調べてくる課題（初回授業）などがこれにあたる。ここでは、単に調べた内容を確認するだけでなく、インターネットから得られたいくつかの情報が事実（fact）であることに注目させ、Unit 1 のタイトル（'Is That a Fact?'）でこの歌詞を読む際のキーワードでもある fact に学習者の気づきをつなげる目的もある。この他に、自分自身の fact(s) について書いてくる課題もあったが、これは personal connections に分類した。

2) 総合的な英語力を伸ばすために教師はどのような工夫をしているか、特に、オーラルの要素をどのように取り入れているか。

　ここでは、英語学習という観点から、この授業が学習者の英語能力を伸ばすためどう貢献しているか、教師はどんな工夫をしているか示すために、シラバス・授業観察・学習者へのアンケートから分析した。このような文学的な教材を用いた授業では、読解力はともかくとしてそれ以外の英語能力、と

りわけオーラル・コミュニケーション能力が身につかないということはしば
しば指摘されており(e.g. Martin & Laurie, 1993)、日本においては文学教材
が忌避される一因ともなっている(Kuze, 2007)。Table 5.3.3 は、初回授業に
おいてそれぞれの活動にかけられた時間を技能別に示したものである。

Table 5.3.3　授業前・授業中・授業後の受講生の技能別活動

	授業前	授業中	授業後
読む	意味を考えながら詩を何度も読む(20分) Internet search(15分)	歌詞の精読	授業外で graded readers を読む
書く	教科書の設問に答える(15分) ノート1ページ分の journal (book report)を書く(30分)		授業の内容を反映させて journal を書き直す(30分) Essay test の準備をする
話す		Journal の内容や自分の意見の発表 Pair work 2回(計15分)	
聞く		教師や他の学生の話す英語を聞く 歌を聴く(3分)	

　Table 5.3.3 は、対象授業で教師がテクスト読解だけでなくそれ以外の様々
な言語活動をバランスよく取り入れ、総合的な英語力伸長のために工夫をし
ていることを示している。例えば、毎週ジャーナルを書いてそれを授業中に
発表し、学期中に2度提出することによってライティングやスピーキング
の力をつけたり、また、英語母語話者の教師とのやり取りだけでなく学生同
士でペア・グループワークを頻繁に行うことによりリスニングやスピーキン
グ能力を向上させたりするように計画していた。このことは、教材が文学的
なものであっても、授業のやり方によって読む力だけでなく書く力や聞く・
話すなどのオーラルの能力を伸ばす活動を取り入れることは十分可能である
ことを示している。

　これに関連し、Table 5.3.6 はこの授業の効果について技能別に受講生に
聞いた結果を示しているが、「話す」「聞く」について「効果的」「まあ効果的」
と答えた受講生の割合が授業後で上がっていることから、教師が文学を用い
ながらもオーラルの活動を積極的に、また、受講生自身に効果があったと実

感させる程度まで取り入れているということが言える。

3）学習者はこのような授業をどう感じているか、それは初回と最終回では
　違いがあるか。

　この研究課題に答えるために、学習者に対するアンケート結果を分析し
た。アンケート調査は初回授業と最終回授業に実施したが、これは一連の授
業の受講前後という意味であり、これ以降の他の事例と表現を統一するた
め、受講前・受講後という言葉を用いる。

Table 5.3.4 「文学教材についてどのような印象を持っていますか。」(n=26, 18)

好ましい		まあ好ましい		あまり好ましくない		好ましくない	
受講前	受講後	受講前	受講後	受講前	受講後	受講前	受講後
19%(5)*	33%(6)	65%(17)	50%(9)	12%(3)	11%(2)	4%(1)	6%(1)

* カッコ内の数字は回答数を示す（以下の Table でも同様）

Table 5.3.5 「文学教材を使う授業は英語力の向上に効果的であると思います
　　　　　　か。」(n=26, 18)

効果的		まあ効果的		あまり効果的でない		効果的でない	
受講前	受講後	受講前	受講後	受講前	受講後	受講前	受講後
46%(12)	39%(7)	38%(10)	56%(10)	15%(4)	6%(1)	0	0

　学習者の反応は、歌詞という文学的な教材についての印象もそれを用いた
授業についても受講前から肯定的なものが多く、また最終回授業は欠席者が
多かったために回答数が減り[3]、受講の前後で顕著な相違を得ることはでき
なかった。しかしながら、「文学教材を使う授業は英語力の向上に効果的で
あるか」(Table 5.3.6)の問いでは、受講前後に明らかな変化が見て取れ、「効
果的である」または「まあ効果的である」が84%から95%へと上がり、「あ
まり効果的でない」が15%から6%へと下がっている。「効果的である」ま
たは「まあ効果的である」と答えた理由として多かったのは、受講前には「語
彙がゆたかになる」「楽しみながら勉強できる」「独特の表現や言い回しを知
ることができる」などが目立ったのに対し、受講後には3人の学生が「生

の英語、authentic な英語に触れられる」ことを記している。

　Table 5.3.6 は、「この授業は効果的であると思うかどうか」について、英語の各技能別に受講生に聞いた調査の結果である。それによると、「話す能力を伸ばすのに効果的」または「まあ効果的」と答えた学生の割合は、受講前から受講後に39％から55％へ、「聞く力」についても27％から50％へと上がり、文学教材を用いる授業でも使い方によってはオーラルの能力を伸ばすのに有効であるということを学習者自身が実感しているといえる。

Table 5.3.6　「文学的な教材は、英語のそれぞれの技能を伸ばすために効果的であると思いますか。」(n＝26, 18)

	効果的		まあ効果的		あまり効果的でない		効果的でない	
	受講前	受講後	受講前	受講後	受講前	受講後	受講前	受講後
読む	73％(19)	67％(12)	23％(6)	33％(6)	0	0	4％(1)	0
書く	31％(8)	33％(6)	59％(13)	33％(6)	19％(5)	22％(4)	0	11％(2)
話す	12％(3)	22％(4)	27％(7)	33％(6)	46％(12)	33％(6)	19％(5)	11％(2)
聞く	8％(2)	17％(3)	19％(5)	33％(6)	50％(13)	33％(7)	19％(5)	11％(2)

　次の、詩(歌詞)についての印象を問う調査(Table 5.3.7)では、「文化が学べる」「人間的に成長する」が割合を増やし、「詩を読むのは難しい」と答えた受講生は人数も割合も大きく減った。「退屈である」「実用的でない」という回答も減少した。受講生の一人は「詩を読むのは楽しい」という理由を「答えが1つではないので面白い」と答えている。「1学期間の授業をほぼ終えて、教材や授業のやり方等について自由に感想を書いて下さい。」という問いに対する自由記述では、授業や教材に対する肯定的な感想を述べた受講生8名のうち6名が文学教材の解釈の自由さに関する言及をし、それに伴う活動を楽しいと答えた。その一方で、5名の受講生が「やはり詩の解釈は難しかった」と書き、そのうち3名が「前期にやった小説の方が取り組みやすい。」と回答した。

Table 5.3.7 「この授業でも扱う詩（歌詞）についてどういう印象を持っていますか。」（複数回答可）

	受講前	受講後		受講前	受講後
詩を読むのは楽しい	15（58%）	8（44%）	詩を読むのは難しい	23（88%）	12（67%）
英語力が向上する	7（27%）	7（39%）	英語力は向上しない	0	1（6%）
文化が学べる	5（19%）	6（33%）	退屈である	4（15%）	1（6%）
人間的に成長する	11（42%）	9（50%）	実用的でない	2（8%）	0

[事例 3.2]

　対象とした授業では、毎時間、主教材である教科書 *Stranger Than Fiction*（Knudsen 著・南雲堂）を使った後に、残りの 20 〜 25 分間で児童書 *There's a Boy in the Girls' Bathroom* を用いていた。受講生のほとんどは教師に指定された 20 ページほどを読み、グループ内でタスクを決めて、その分担に従い自分のタスクを宿題として行ってきた上で授業に参加していた。オリエンテーションの際に教師がそれぞれのタスクの内容について具体例を挙げながら説明したのが効果的に働いていたと見られる。

Procedures（シラバスから）

We will make reading groups 4–5 people. Each week you will read 20–30 pages of the book. Each person in the group will be responsible for a different kind of homework each week. One person will draw pictures, one will write chapter titles and a summary, another will write questions and the last one will look up vocabulary words. You will have a different kind of homework each week. Your group is counting on you so please do not forget to do your homework!

　宿題が確実に行われていた一方で、授業観察や IC レコーダーによる録音によると、授業時間中は各自が宿題として書いてきたものを単に読み合うという状態に陥りがちだった。教師が当初から意図したように、他の受講生の発言を聞いてそれに対し反応しディスカッションに発展させるという展開に

はなかなか至らず、教師や筆者が各グループをまわり話し合いを促したり質問をしたりすると、ようやく考えたことを英語で発言したり、お互いに質問し合ったりする場面が少しずつ見られるようになるという状態だった。学習者の第二言語による詩の読解のためのディスカッションの難しさについてはScott & Huntington（2007）でも指摘されているが、やはり学習者だけではうまく進んでいかないケースも多く、facilitator としての教師の役割が重要であるということが本事例でも確認された。このように、毎時間、予め準備してきたタスクに基づくディスカッションを行う他には、他の活動内容として、テクストの会話文を基にしたロールプレイや登場人物の視点から日記を書くことなど様々な活動が実行されており、読んで内容を理解するというだけでなく、児童書のテクストを用いて話すことや書くことの活動が多く取り入れられていた。

　また、このような活動はアクティブ・ラーニングの要素を多く含んでおり [4]、近年、大学教育の枠組みで日本でも注目されつつあるアクティブ・ラーニングが、文学的テクストを教材とする授業で効果的に実行できる可能性があるということについて触れておきたい。

　期末試験は、以下のような設問に英語で答える記述式の試験が課されたが、Figure 5.3.1 で受講生の解答例を示す。

1) Define the following words in English OR use them in a sentence. （showing 12 words）
2) Write a short review of the book TBGB. Include a short summary, how you felt about the book and a short description of a memorable section.
3) Describe the significance（why it is important in the story）of the following pictures or words. Write as much as possible.

3) Describe the significance (why it is important in the story) of the following pictures or words. Write as much as possible.

A,

Bradley wear his socks in different one and the other. When he went to the Carla's room, he found Carla wear her socks different one and the other, and She said " I like to wear different socks." Bradley feels sincronicity with her.

B.

At the Colleen's birthday party, Bradley doesn't know what to do because he hadn't gone to the birthday party for long time, therefore he sit at first. Colleen's mother said "Your so hungry." He heard the first they should game so he upset and droped a drink and chair but girls helped him.

C,

Bradley was friend with Jeff, but because Bradley tell his mother " Jeff is a boss of gang," he made friends with others, not Bradley. He mind it. He has no power to fight with people who say " Bradley monster." He mind the word monster. He went to the Carla's office. The last time he went there, Carla told him to take notes what he want to talk with her. She ask him i and he said "Monster." She said to him " There are no monster i the world. Monster should believe I'm not monster." Bradley was happy to hear it because he was naive to be said monster. Uo L. the monster and present it to her.

Figure 5.3.1　期末試験・設問 3) の解答例

3) Describe the significance (why it is important in the story) of the following pictures or words. Write as much as possible.

A.

In the morning, Bradley made a mistake when he wore his saxes. He realized that once at home, but he mistook again because he was upset. He went to school without knowing his mistakes. When he went to Carla's office, she told about his saxes and then he realized that. But unexpectedly, Carla said that is good looking. She likes such a fashion. Bradley thought that she was very unique. 70

B.

When Bradley went to Colleen's birthday party, he hit his cup unconciously and liquid went around. He was very confused because he remembered his mistakes at the birthday party about three years before. He feared that he had to go back to his home. But it was no problem. His friends treated him kindly. 55

C.

Bradley went to Carla's office and talked with her. Then he drew this picture. According to him, this is a monstar out of the space. And Carla prased him that he was a good drawer. She asked him if he would give this picture to her. It is because she want to put it on the wall in her office. However, he rejected the offer. In those days, he thought that he was a monstar himself. So he didn't show his picture to other people. 86

次に、受講生の反応を調べるためのアンケートの結果を Table 5.3.8 –
5.3.10 に示す。

Table 5.3.8 「文学教材についてどのような印象を持っていますか。」(n=28, 25)

	好ましい		まあ好ましい		あまり好ましくない		好ましくない	
	受講前	受講後	受講前	受講後	受講前	受講後	受講前	受講後
	29%(8)	64%(16)	57%(16)	36%(9)	14%(4)	0	0	0

Table 5.3.9 「文学教材を使う授業は英語力の向上に効果的であると思いますか。」
(n=28, 25)

	効果的		まあ効果的		あまり効果的でない		効果的でない	
	受講前	受講後	受講前	受講後	受講前	受講後	受講前	受講後
	21%(6)	72%(18)	64%(18)	24%(6)	14%(4)	4%(1)	0	0

Table 5.3.10 「文学的な教材は、英語のそれぞれの技能を伸ばすために効果的で
あると思いますか。」(n=26, 18)

	効果的		まあ効果的		あまり効果的でない		効果的でない	
	受講前	受講後	受講前	受講後	受講前	受講後	受講前	受講後
読む	79%(22)	96%(24)	21%(6)	4%(1)	0	0	0	0
書く	11%(3)	12%(3)	50%(14)	52%(13)	36%(10)	28%(7)	4%(1)	8%(2)
話す	4%(1)	24%(6)	46%(13)	44%(11)	43%(12)	28%(7)	7%(2)	4%(1)
聞く	14%(4)	12%(3)	29%(8)	40%(10)	43%(12)	44%(11)	14%(4)	4%(1)

　Table 5.3.8「印象」において受講後には 100％の学生が「好ましい」また
は「まあ好ましい」と答え、Table 5.3.9 では受講後に 96％が「効果的」「ま
あ効果的」と答えた。その理由としては「速読の力がついた」(7 名)「語彙力
がついた」(5 名)など。Table 5.3.10 でこれをさらに技能別に見ると、特に「話
す能力」において「効果的」「まあ効果的」が 50％から 68％に、「聞く能力」
で 43％から 52％への顕著な増加が見て取れる。「授業の一部を使って英語
が比較的やさしい児童文学のペーパーバックを読むというやり方についてど
う思いますか」の問いに対しては授業前・後ともに 1 名を除いて全員が「好
ましい」「まあ好ましい」と答えており(理由は「楽しいから」受講前・後と

もに 8 名、続いて「英語がやさしいので取り組みやすい」「1 冊読むので達成感が得られる」「学生対象でない生の英語に触れられる」など。)、メインの教科書とこの副教材を比較した自由記述には、前者では語句の形や表現・文法を学べ、後者では速読の力がつき、生の英語に触れることができ、コミュニケーション能力が向上したことを記している。

[事例 3.3]

本事例は、前述した事例 3.2 と同一の英語母語話者教師による授業であり、研究対象とした部分の活動内容もほぼ同一であるので、その記述は省く。

受講生について事例 3.2 との主な相違点は、情報科学を専攻する理系の学生であること、英語能力が事例 3.2 の受講生に比べて高くないことである。授業の主教材は、科学的な内容を題材とする *Reading for the Real World* で、本書で研究対象とした部分の副教材は、児童書 *The Curios Incident of the Dog in the Night-Time* であった。

筆者の観察により 2 つの事例を比較すると、事例 3.3 では、宿題として課された授業準備や授業中のディスカッションの両方において受講生の姿勢が事例 3.2 ほど積極的、主体的なものではなかった。

以下では、アンケート結果を提示する。

Table 5.3.11　「文学教材についてどのような印象を持っていますか。」(n=31, 29)

好ましい		まあ好ましい		あまり好ましくない		好ましくない	
受講前	受講後	受講前	受講後	受講前	受講後	受講前	受講後
10%(3)	24%(7)	58%(18)	48%(14)	29%(9)	24%(7)	3%(1)	3%(1)

Table 5.3.12　「文学教材を使う授業は英語力の向上に効果的であると思いますか。」(n=31, 29)

効果的		まあ効果的		あまり効果的でない		効果的でない	
受講前	受講後	受講前	受講後	受講前	受講後	受講前	受講後
10%(3)	38%(11)	74%(23)	48%(14)	16%(5)	14%(4)	0	0

Table 5.3.13 「文学的な教材は、英語のそれぞれの技能を伸ばすために効果的であると思いますか。」(n=31, 29)

	効果的		まあ効果的		あまり効果的でない		効果的でない	
	受講前	受講後	受講前	受講後	受講前	受講後	受講前	受講後
読む	65%(20)	59%(17)	32%(10)	38%(11)	3%(1)	3%(1)	0	0
書く	19%(6)	21%(6)	42%(13)	34%(10)	35%(11)	28%(8)	3%(1)	17%(5)
話す	13%(4)	10%(3)	29%(9)	34%(10)	42%(13)	28%(11)	16%(5)	17%(5)
聞く	10%(3)	17%(5)	35%(11)	17%(5)	35%(11)	45%(13)	19%(6)	21%(6)

　Table 5.3.11 が示すように、「印象」については「好ましい」「まあ好ましい」の合計が授業の前後で68%から72%と微増しているものの、事例3.2の86%から100%への増加と比べると高くないことを示している。Table 5.3.12の「英語力向上の観点から効果的か」については、84%から86%で「印象」に比べると受講前、受講後共に高い数字であるが、事例3.2では85%から100%であったことを考えると、事例3.3では授業を通して受講生の評価が劇的に高まったとは言えない。また、Table 5.3.13では文学教材の英語力向上への効果について技能別に聞いたが、これも事例3.1、事例3.2で「話す能力」「聞く能力」への評価が受講後に高くなったようにはならず、特筆すべき結果を生まなかった。

　このように他の事例、特に事例3.2との差を生んだ要因は、学習者の英語能力、主教材の質と量の難しさ、文学的な教材である副教材の質と量の難しさ、学習者の専攻の違いなどが考えられる。アンケートの自由記述で、「Dogと主教材を比較して感じたこと」という設問に対してDogは長くて大変だった」という回答が5、「Dogは難しかった」が4あり、「全体的な感想」には「もっと余裕を持って進めてほしかった」が4あった。また、受講生全員が情報科学専攻の理系である本事例では、「英語力向上の観点から効果的か」の問いに対して、授業の前後で「あまり効果的でない」と感じる理由として、「理系では話すより読んだり書いたりが多い」「理系は小説の慣用表現などではなく、基礎的な英語が必要」「理系にとっては（文学作品は）実用性がない」「理系は短期間でいろいろなものを読む方が良い」などの、自分の専攻と関連付けたネガティヴな意見が複数あり、「主教材は科学的な内容で良

かった」という英語も内容も同時に学びたいという感想もあった。

　しかし、また、内容も文体も異なる作品を併用した授業を評価する声も多かった。「Dogと主教材を比較して感じたこと」で「両方読めたことが良かった」という回答が7、「全体的な感想」の中の肯定的なもののうち、「両方の教材を扱ったことがよかった」と特定したものが3あった。

[事例3.4]

　授業では、後期15回のうち、第1回Introduction、第7回Quiz on Part One、第14回Review、第15回Final Examを除いた11回でテクストを読み切る計画を教師が立て、受講生にReading assignmentとして授業までに読んでくるページを指定した。受講生はそのReading assignmentを完了してくるだけでなく、予めワークシートとして配布された毎時間の"Assignment"を行った上で授業に臨むことが求められた。授業は、Assignmentの確認や答え合わせを中心として、教師と受講者、あるいは授業者同士がやり取りをし、重要な部分については教師が講義するという形で進められた。

　Assignmentの大体、構成は以下の通りであるが、テクストの対象箇所によって教師が少しずつ内容を変えていた。

I.　Vocabulary and terms matching（10–20 pairs）

II.　Please make a list of other new words and phrases which you found in the reading. Make note of questions you may have about them.

III.　Please provide a brief summary of what happened during this section of the reading.

IV.　Identify the quote/passage.（several quote/passages）

V.　Content questions（several questions）

VI.　Questions for thought and discussion（One or two questions）

　授業観察を行った5回のうち、第11回（2011年12月9日）と第12回（2011年12月16日）授業の内容について時間の経緯に従って記述し、さらに、教師と学生のやり取りやディスカッションについてはどのような特質を持って

208

いるか、分析した。この分析に当たっては、事例 3.1 でも用いた Kim (2004) のコーディングを参考に、5 つのカテゴリー (literal comprehension, personal connections, cross-cultural themes, interpretation, evaluation) のどれに当てはまるかを検討した。以下に、時間の経緯に従って様々な要素のやり取りが行われた第 11 回授業の進行を示す。

Table 5.3.14　第 11 回授業の展開 (Assignment 8-9)

時間	内容	カテゴリー
0:03	〈Assignment 8〉 I.　各単語を全員で音読練習してから、答え合わせをする。 　(T) "beckon" – 人を呼ぶときに日本ではどうするか、学生に聞く。	Literal comp. Cross-cultural
0:10	II., III. (T) が答えを言う。 　IV.　各引用の説明を指名してさせる。 　"I suspect, Mrs. Walker, that you and I have lived too long in Geneva!" 　(S)：Winterbourne said this to Mrs. Walker. 　(T)：Yes, he is criticizing him and Mrs. Walker. They are too European. 　The judge to Daisy is too harsh, too strong. 　V.　内容について質問し、議論する。 　2.　What does Mrs. Walker want Daisy to do? 　(板書) Save her reputation. 　3.　What reason does Daisy give for wanting to walk instead of getting in the 　　carriage? 　　(T) points out 'I am more than five years old.' (p.43) 　　(T)：Daisy is challenging to Mrs. Walker. That's an American value, 　　freedom or equality. 　4.　⁽¹⁾Does Daisy want to hear what Mrs. Walker wants to tell her? Why or 　　why not? 　　(T)：She doesn't want to hear her criticism. 　　(T)：Does she care about other people?　→　ペアで意見交換 　　(T)：⁽²⁾Do you care about other people or you don't? Why? 　　(S)：Yes, because I am not confident. 　　(T)：All right. Some people care about other people, but she doesn't. 　　(板書) Avoid things she doesn't like. 　　　　　In US, it is more individualistic. = European American value 　　　　　⇔ Groups = Asian American value 　VI.　グループ・ディスカッションの後で教師が解説する。 　1.　What does Daisy's behavior in this passage reveal about her?	Literal comp. Cross-cultural Interpretation Interpretation Cross-cultural Interpretation Personal Cross-cultural
0:31	(T) asks questions, "How do you feel Daisy?" "Is tomboy a good image or a 　good image? In USA and in Japan? 　(T)：She is both tomboy and feminine.	Interpretation Cross-cultural

	2. Has Winterbourne's image of Daisy evolved (developed) in any way in this passage? (T): Winterbourne feels that Daisy has been American, but he became to realize that they judge her too much from the European view.	Interpretation Cross-cultural
	〈Assignment 9〉	
	I.（Assignment 8 と同様）	
	II. 指名して学生に指定部分の要約を言わせる。	
0:43 0:46	(S1): She [Mrs. Walker] held a party and invited a lot of people. (T): What happened next? Who came to the party? (S2): Winterbourne, Mrs. Miller…	
	(T): Did Daisy come? Did they arrive on time? What happened next? (S3): Mrs. Walker said that Daisy can never come here again. (T): She basically shut down Daisy. Why did she come late? Notion of time is different. In US, at social party, people always come late. Dinner party, sitting, 20 minutes late. Why do people come late?	Literal comp.
	（板書）To be fashionably late	
	1) It shows you are a busy person, a popular person. Not so eager. 2) Everybody is already there.（In the case of Daisy）	Cross-cultural
	（板書）To make an entrance	
	You have to find out what "to be on time" means. ⇔ In Japan, trains come on time, people follow their schedules.	
	残りの時間に教師はこれまでの宿題のチェックをし、学生はグループ毎に Assignment の答え合わせをした。	Cross-cultural

　授業内に行われた教師と受講生、或いは受講生同士のやり取りをみると、単語の意味を捉えたり、テクスト内の引用が誰の発言でどのような状況のものであるかを確認したりする活動（literal comprehension）の後は、ほとんどが cross-cultural の内容に関わるやり取りが行われている。これは、*Daisy Miller* という作品の持つテーマや担当教師の専門を考えると予測できる授業の流れではあるが、それでも、文化についてのディスカッションを行ったり、異文化体験について意見を交換したりする際に、文学作品が重要な役割を果たすことができるということを本事例は示している。そして、その cross-cultural の要素を取り上げるとき、たとえば、「この文化では人々はこのようにふるまう」などというような単なる知識の獲得に終わることはなく、Table 5.3.14 の[(1)]Does Daisy want to hear what Mrs. Walker wants to tell her? Why or why not? のように、作品のある場面における登場人物の言動についての解釈（interpretation）につなげたり、或いは、[(2)]Do you care about other people or you don't? Why? というように受講生自身の姿勢や感情を聞いたりしている。これにより、クラスやグループでのディスカッションを活発に行えるように促すだけでなく、受講生に異文化というものについて深く考えさせる機会を与えている。言い換えると、作品に次々に現れる cross-cultural に関するテーマを interpretation に関わる活動や personal connections に結び付けて授業に取り込むことにより、受講生が単に文化の違いを発見したり、指摘したりするという表面的な読みに陥るのを避け、作品のみならず、自分自身や教師や仲間と対話するように促しているといえる。

　この授業の翌週の第 12 回の授業では、Daisy が "I don't see why I should change may habits for them." と言ったことに対して、Winterbourne 氏が "When you are in Rome, do as the Romans do." というアドヴァイスを与えた場面に焦点を当て、教師が "Do you agree with this advice in general? How about in Daisy's case?" という質問を投げかけ、さらにグループ活動で受講生に自分の経験を語るように指示した。ここでも、cross-cultural に関わる発見を、作品解釈(interpretation)や個人的な体験(cross-cultural)に照らし合わせて受講生たちが作品を理解していく過程が見て取れる。

　以上、授業内の 2 つの談話から、ほとんどの受講生が教師の質問に対して迅速にかつ的確に答えており、また、多くの受講生が積極的に教師とのやり取りに参加しているということがわかる一方で、クラスという状況になると [5]、なかなか受講生同士のやり取りが行われず教師と 1 人の受講生とのやり取りになってしまうこと、また、それぞれの受講生の発言が概して短く、ほとんど 1 文ないしは 2 文程度のものであったことを指摘しておく。

　次に、この作品を読み終わったあとの第 14 回の授業で、受講生に対して行ったアンケートの結果を Table 5.3.15 に示す。

第 5 章　文学教材を用いた大学英語授業の事例研究　　211

Table 5.3.15　「この授業を通して得られたと思うことは何ですか。」(3 つまで複数回答可)(n=23)

	回答数		回答数
外国の文化に対する理解	17	オーラル(音声面)の能力向上	3
読解力向上	17	内容の面白さ、楽しさ	3
語彙力向上	13	英語学習全体に対する動機づけ	2
教養・人間的成長	4	—	—

　上述の教室談話では、外国の文化・異文化に対するテーマが頻出するが、アンケートも、「外国の文化に対する理解」を「この授業を通して得られた」こととして一番多くの受講生が挙げたことを示している。一方で、オーラル(音声面)の能力向上を挙げた回答はわずか 3 名しかいない。

Table 5.3.16　「授業の内容や活動でよかったと思うものは何ですか。」(3 つまで複数回答可)(n=23)

	回答数		回答数
講師の説明	21	ペア・グループ活動	9
ワークシートへの記入	14	小テスト	8
テクストの精読	9	その他	0

　活動内容は、「講師の説明」をよかったとする回答が多いが、これは、講師が中心となってクラス全体でディスカッションや意見交換をする活動も含む。

Table 5.3.17　「文学教材についてどのような印象を持っていますか。」(n=23)

好ましい	まあ好ましい	あまり好ましくない	好ましくない
9%(2)	78%(18)	13%(3)	0
(理由) 楽しい、興味が持てる(7)		(理由) 難しい(1) 論説文のように(構成が)きれいな 文章の方が学びやすい(1)	

* カッコ内の数字は回答数を示す(以下の Table でも同様)

8割近くの受講生が「まあ好ましい」と答えている。「好ましい」と「あまり好ましくない」もそれぞれ少数いる。「まあ好ましい」の理由としては、「内容が面白い、楽しい、興味が持てる」など感情面からのコメントが目立つ。

Table 5.3.18 「文学教材を使う授業は英語力の向上に効果的であると思いますか。」(n=23)

思う	少し思う	あまり思わない	思わない
61%(14)	35%(8)	4%(1)	0
(理由) 表現や言い回しが身につく(6) 楽しんで読めるので(3) 読解力の向上(2) 語彙力の向上(2) 生の英語なので(1)			

Table 5.3.17 が示す「文学教材に対する印象」よりも Table 5.3.18 の「文学教材の英語力に及ぼす効果」の方が、「思う」というポジティヴな回答が多い。その理由で一番多いのは、「表現や言い回しが身につく」というものである。また、Table 5.3.15 で多くの回答を得た「読解力の向上」と「語彙力の向上」は、ここではわずかな回答しか得られなかった。

Table 5.3.19 「文学教材は、コミュニケーション能力育成に役立つと思いますか。」(n=23)

思う	少し思う	あまり思わない	思わない
17%(4)	44%(10)	35%(8)	4%(1)
(理由) 会話表現が身につく(6) 解釈の違いに基づく意見交換ができる(3)		読むことと話すことは違う(2)	

コミュニケーション能力とはどんなものか、回答者によって定義が異なることは予測できたが、それも含めて判断してもらった。肯定的な回答は6割を超える程度で、肯定的・否定的双方の理由欄を見る限り、コミュニケーション能力を「会話」と結びつけてとらえている受講生が多かった。「思う」「少し思う」では、この作品では登場人物たちの会話を通して表現を学べる

のでコミュニケーション能力育成に役立つからという理由が 6 あった。また、文学作品は異なる解釈ができるので、それぞれの読者が意見を持ち、それを交換するときにコミュニケーションが可能になると指摘した回答が 3 あった。一方で、「あまり思わない」という意見の理由としては「読むことと話すことは違う(2)」、「学生同士で意見を述べ合うことが少なかった」などがあった。

3.4 CLT で文学を用いた事例の考察

　本節では、コミュニケーション能力の養成を目的とする CLT の授業の中で使われる文学教材について検討した。既に述べたように、日本の英語教育では、文学とコミュニケーション能力育成は相容れないものと見なされることが多い。そこで、本節では英米において文学作品が再評価された際に CLT が 1 つのきっかけとなったという主張に注目し、日本においても CLT という教授法の中で文学が有効に使われるかどうかを検討した。

　その結果、まず、対象とした 4 事例では、いずれも学習者が文学的教材に深く関わり、そのテクストを基にして教師や他の学習者と意味のあるやり取りを行っていることが観察された。また、コースは全て reading の授業であったが、教師の工夫により読解以外の言語活動を取り入れられており、実際、ディスカッションや CLT の特徴であるペア・グループワークを通して「聞く」「話す」能力の向上が図られていることが談話や活動内容の分析から見られた。文学作品を扱う授業では、常に文法訳読式の教授法が用いられ、教師から 1 人の学習者へ一方通行の授業が行われるという先入観が日本では強いが、これらの事例では CLT の活動が効果的に行われていた。文学教材を用いるとコミュニケーション能力を育成できないという意見は先入観による不適当な見解であり、教材と教授法の関係は固定化して論じるべきでないと言える。

　また、事例分析が示しているのは、文学を教材として用いても CLT が使えるということだけでなく、文学の持つ特性が CLT の活動をより活発なものにしているということである。ペアやクラスのディスカッションを通して学習者同士が考えや経験を述べたり、お互いの発話に反応したりして活発な

やり取りを行うことが可能であったのには、文学教材の特性に負う部分が大きい。その特性とは、読み手がある一定の範囲内で解釈の自由を持つという点である。Excerpt 5.3.1 で、教師自身が強調しているように、文学を前にしてそれぞれの個人は創造的になることができる。つまり、文学を用いた活動では一定の範囲内で様々な解釈を許されることが多く、このような解釈の幅広さこそが文学作品の特徴の 1 つなのである。事例で見られる具体的な活動の多くは、そのような特徴があるからこそ成り立つ教師や仲間とのディスカッションやワークシートを使ったライティング活動などである。特に、文学作品を読む際には、Kim（2004）も指摘しているように登場人物の行動や感情を自分自身の経験や姿勢・感情と結びつけて考えたり表したりすることが可能となるため、この personal connections の要素が学習者間のコミュニケーション活動を促すのである。

　各事例の教師たちは、このような文学教材の持つ特性を十分に認識し、それを活かした授業展開を行っていた。授業者として全体をコントロールする一方で、ファシリテーターとして学習者とテクスト、学習者同士、学習者と教師などの間のやり取りがスムーズにかつ活発に行われるように細心の注意を払っていた。それぞれの授業の目的を考慮しながら、教材の言語的側面と文学的側面の両方に注目して文学作品を扱い、同時に学習者の関心を引き付ける活動を行う教師の役割は大きい。本節の事例ではすべて、英語母語話者である教師が学習者の母語である日本語を介さずに授業を行っていたが、このような CLT の授業は日本語母語話者の教師でも可能であると考えられる。

　「文化に関する意義」という特定の意義が見出される例としては、事例 3.4 がある。この事例は、作品自体が異文化との接触がテーマとなっている *Daisy Miller* を教材として用いていることに加え、担当教師の専門が異文化コミュニケーションであることから、ディスカッションやワークシートの設問に対する答えなど活動内容の多くが「文化」というテーマを中心にデザインされたものであった。この「文化的意義」は、第 3 章でも論じたように当初から文学作品を用いることの意義として主張されてきたが、事例 3.4 では、作品から単に文化的な知識を得るだけでなく、異文化に接触するとはどういうものなのか登場人物を通して具体的に学び、さらにそれらを自分の体

験に結びつけて過去の事実や感情や意見など語ったり書いたりする活動が頻繁に行われていた。このような文化に関する perosnal connections の要素を活かした活動がすべての文学作品で使えるというわけではないが、文化や異文化をテーマに作品を読み、それを基にコミュニケーションの活動ができるという 1 例は示すことができたと考えている。

　次に、アンケート結果を考察すると、学習者はすべての事例で文学教材に対して好意的であり、教材やそれに伴う活動を高く評価していることがわかる。事例 3.1, 3.2, 3.3 では、受講前後に 2 度のアンケートを行ったが、どの事例でも授業後により評価が高くなっている。「文学教材についての印象」の項目では、肯定的な回答が、7 割から 10 割を占め、その理由として 1 番多かったのが、「楽しみながら学習できる」というものである。また、「いろいろな表現が身につく」「本物の英語に触れられる」「1 冊読むことで達成感が得られる」という回答も多かった。「英語力の向上に効果的だと思うか」については、肯定的な回答の割合がさらに高く、いずれの事例でも 9 割前後である。「読解力がつく」「語彙がゆたかになる」という声が圧倒的に多く、技能別の効果を問う項目では、特に、事例 3.1, 3.2 で「話す」「聞く」の能力について効果的であると答える割合が授業後に上がっている。コミュニケーション能力の向上を目指した CLT の授業ならではの感想といえる。

　全体を通して、「表現を学べる」という感想が非常に多かったが、その中には「独特な表現を学べる」というものもあれば、「（日常の）口頭表現を学べる」というものもあった。前者については、学習者自身が文学的な作品で用いられる言語や表現を他のテクストでは得られないものとして認識していると言えるし、また、後者については、従来から指摘されている通り、文学作品には日常会話の表現が多く含まれているという点が支持されたと言える。いずれにせよ、この「表現を学べる」という学習者からの指摘は、文学作品に書かれている言語とコミュニケーション能力の向上との関係を示唆するものであると言える。

　事例 3.2 や 3.3 のように、副教材として文学的な教材を取り入れる授業のやり方については、負担が大きいという声が受講生からあったものの、内容も文体も異なるテクストを複数読むことで学習意欲を持ち続けることがで

き、また、英語力を伸ばす上でも役立ったと思うと評価する声が多かった。しかし、「様々なテクストに触れるのが大事」という受講生からの指摘は、文学教材だけを良いとするのではなく、いくつかの教材の1つとして文学も使いたいという意思表示であると受け止めるべきだろう。

事例3.3では、事例3.1, 3.2に比べて文学教材とその活動についての評価が授業後にそれほど高くはならず、それには上述したいくつかの要因が関係している。事例3.2, 3.3のように内容も文体も大きく異なる複数の教材を並行して使う場合は、それを好ましく思う学習者も多い一方で、両教材の難しさや長さなどを十分に考えないと学習者に負担をかけ却ってモチベーションを下げてしまう場合もあるかもしれない。また、受講生が理系の場合には、将来どんな英語を使う可能性が高いか自ら予測できており、また、特に英語能力が高くない者の場合には、「（文学などではなく）基礎力がつくものを読みたい」「内容も科学的なものがいい」などの希望があったことは理解できる。大学教育におけるEnglish for specific purposesの必要性を訴えていると言えるが、そのような状況下で、文学教材の意義を信じる教師たちがどのように文学を教材として使っていったらいいのか、第5章6.でさらに議論を深めたい。

註（第5章3.）

1 初回・最終回授業とは、対象とした授業内容を扱った部分の初回及び最終回をいう。

2 Excerptの中で受講生の文法的な誤りを教師がそのつど指摘しないのは、内容面を重視し発言の流れを妨げたくないという意図のためと考えられる。

3 最終回授業は休日と休日の間の平日に当たり欠席者が多かった。

4 文部科学省のホームページにある用語集は、「アクティブ・ラーニング」について以下のように定義している。

> 教員による一方向的な講義形式の教育とは異なり、学修者の能動的な学修への参加を取り入れた教授・学習法の総称。学修者が能動的に学修することによって、認知的、倫理的、社会的能力、教養、知識、経験を含めた汎用的能力の育成を図る。発見学習、問題解決学習、体験学習、調査学習等が含まれるが、教室内での

グループ・ディスカッション、ディベート、グループ・ワーク等も有効なアクティブ・ラーニングの方法である。

5　クラス・ディスカッションの前にグループ・ディスカッションがあり、そこでは受講生同士のやり取りが活発に行われていた。

4. Composition の題材に文学を使った事例

　本節では、composition 英作文の授業で短編小説を使う事例を取り上げ、英語の composition, writing で文学教材を利用する可能性について議論する。大学の composition のコースでは、通常、academic writing に焦点が当てられ、その中に文学作品を取り入れることの是非には長い間激しい議論の応酬があった。現在では、文学を使うべきかどうかという点よりも、文学を適切にかつ効果的に writing の中で使うにはどのように使ったら良いかという点に関心が移ってきており（Richardson, 2004; Hirvela, 2005）、教育的文体論の分野からも実践例の提案がなされるようになってきたが、それでも実際にcomposition や writing で文学を用いたという事例の報告は非常に少ない。

4.1 文学と composition

　文学を第二言語・外国語教育の中の教材として再評価しようという動きは、1980 年代に英米を中心として起こったが、その中で writing に関連する実践例の報告や研究は、reading など他の言語活動に比べて数が限られている。Carter & Long（1991）が「ESL 或いは EFL の学生が英語で創造的に書くという考えには抵抗を覚える教師もいる。」（p.90, 筆者訳）と指摘しているように、自分で内容を創作しながら writing の活動を行うことは第二言語・外国語学習者にとって難易度が高いと考えられているからであろう。本項では、まず、教育的文体論と第二言語教育研究の視点から、writing や composition の授業で文学教材を使うことの意義や問題点を整理し、その上で最近の実証的な先行研究を紹介する。

　文学教材再評価の 1 つのきっかけともなった教育的文体論の研究者や実践者の間から、1980 年代以降、文学テクストを使って行う creative writing, rewriting, paraphrasing, prediction などいくつかのタイプの writing の活動が提案されてきた。たとえば、Collie & Slater（1987）は Roald Dahl の短編小説である “Hitchhiker” を題材とし、ある事件を新聞記事風に書き換える rewriting の実践を具体的に示しているし、Carter & Long（1991）は language-based approaches の活動例の 1 つとして creative writing や paraphrase

を紹介し、その意義は言語的な感覚や解釈するスキルを育てることであると主張した(pp.88–90)。文学作品をオリジナルとして用いながら視点を変えて書き直すrewritingの例には、他にJames Joyceの"Eveline"を用いて登場人物の視点から日記や手紙を通して出来事を書く活動がある(Lazar, 1993)。さらに、物語の先を予測して書くpredictionには、Carter(1996)のSomerset Maughamの"Man with the Scar"を用いた実践例の提案がある。この活動の意義としては、学習者が物語構成に注意を向けるようになること、次を予測するためにその前の部分をよく読むことが要求されること、また、ペア・グループワークをwritingの前後に行えば、刺激的で高いモチベーションをもたらす話し合いに発展させることができる点が指摘されている。2000年以降も、Hess(2006)が"Eveline"を用いた様々な活動の中の1つとして、受講生が主人公になったつもりで5年後に父親に手紙を書くrewritingの活動が紹介されている。

Carter(2010)は、これらの活動に関連した"Transformative text analysis"という概念を紹介し、これからの教育的文体論が担ってゆく重要な3つの展望のうちの1つに位置付けている(p.118)。これは、具体的には、rewrite(言葉の選択を異なった範囲から行う)、transform(語りの構造などテクストの主要な特徴を操作する)、re-register(同じ内容を異なったジャンルで表現する)のプロセスを指すものであるが、このようにテクストの書き換えを行ったり原文とこれらのプロセスを経たテクストを比較したりすることにより、学習者は、通常は消極的に受容されがちな精読においても積極的な役割を担う読者になることができるという教育的な効果を説いている。

一方、第二言語教育の分野では、writingやcompositionにおける文学テクストの使用の是非については長い間議論されており、未だに結論が出ていない。というより、多くの場合、L2 writing教育の中で文学は余り関心を集めないものであったということが、次のBelcher & Hirvela(2000)の引用からも推察できる。

While there are interesting and innovative efforts being made to connect literature and composition, literature's place in L2 writing instruction remains tenuous. (p.32)

　L2 writing で文学がほとんど利用されてこなかった理由は大きく分けて 3 つある。第一に、既に指摘したように、L2 特有の問題として、英語能力が十分でない学習者にとっては文学を読んだり書いたりすることは言語的に負担になる、という問題である(e.g. Hirvela, 2005)。しかし、日本の英語教育において、この難しさは言語的な難解さだけではなく、「創造的なテクストを書くことに慣れていない」ことに起因する難しさも含むと考えられる。Iida(2013)が日本の英語教育の実情について指摘するように、「(大学のwriting のクラスでは)学生たちは創造的に書くというよりも、文法的に正確に書くことを期待されている」(p.8, 筆者訳)ので、そのことが、文学教材を使いにくくしていることの 1 つの理由になっていると考えられる。

　第二に、もともと L1 composition の分野には文学教材を扱うことの是非を問う激しい議論(lit/com debate)があり、L2 writing は 1980 年代に研究が本格化した比較的新しい分野であったため、L1 composition におけるこの議論の影響を甚大に受けたということである。歴史的に見ると、英米の大学では文学の教授や専門家が composition を担っていた時期もあり、その時代には composition に文学作品が使われていたのであるが、その後、文学と composition というこの 2 つの分野は次第に分離していった。1990 年代になると、Horowitz(1990) は L2 composition の分野で、また、Lindemann(1993)が L1 composition の分野で、それぞれ anti-literature discourse community argument[1] を展開し、composition のコースで文学作品を使うことについて疑問を投げかけた。

　文学が利用されてこなかった理由の 3 点目として、L2 composition は、特に高等教育において、ESP(English for Specific Purpose)及び EAP(English for Academic Purposes)の理論や実践と密接に関係しながら発達してきたことである[2]。EAP では広く学術的な、また ESP では学生の専攻に関わる特定のニーズに応えることが要求されるため、将来文学を専門とする学生を対象とするコースでない限り、文学教材の使用を正当化するのは難しいという事情があった。

しかしながら、上記の第二と第三の問題は、観点こそ異なるものの実はほぼ同一の問題に根差しているように思われる。それは、文学を使うことが妥当であるかどうかという妥当性(relevance)の問題である。第二の理由として紹介した lit/com debate の中で、文学使用に反対する研究者たちは、文学テクストを通して通常の academic writing で扱うべき discourse を教えることができるのか疑問を呈しており、また、第三の理由として挙げた ESP/EAP との関係に懸念を持つ人たちも、composition で文学を用いても学術的な writing に有効ではなく、ESP に特化した writing にも役立たない、つまり、文学とそれらの academic writing には関連性が見出せないので、文学利用は妥当ではないと主張しているのである。

これらの主な理由のほかに、writing で文学を使うことの問題点としてしばしば指摘されるのが評価の難しさである。もともと writing 自体が評価の難しい活動ではあるが、創造性に富んだものになるとその評価はさらに難しいものとなる。文学を使った writing の多くは創造性に富んだもの、つまり、creative writing の要素を多分に含むものになるので、教師は何を基準にどう評価するのか学習者に前もって明示する必要がある。本書第 3 章 2.5 で既に議論したように、一般に文学を使った多くの活動は、linguistic goals と literary goals の両方の目標を持つものであるのだから、評価も当然その両方の側面を持つことになるだろう。文学教材を使った活動の 1 つの利点となる、学習者にある程度の解釈の自由を与える、または創造的な活動ができるという点が、評価においては問題点につながることもあるので、文学を用いた writing でもその基準を明らかにしておくことが求められる。

以上のように、第二言語教育の分野、特に composition の専門家の中に文学を使うことの根強い反対がある一方で、文学を用いることを擁護する研究者や教師も多数いる。文学利用をサポートする理由としては、まず、文学そのものや文学を読んだり解釈したりすることが学術分野で必要とされる分析的思考能力(analytical thinking skills)を育てるという主張がある(Belcher & Hirvela, 2000)。また、Hirvela(1998)は、特に ESL の学生には広い範囲にわたる academic literacy が必要であり、これには文学を読んだり書いたりすることが有効であることを説明している。さらに、Kramsch(1993)は、文

学により学習者は narrative forms に触れることができ、様々なタイプの discourse に対応する能力を高めることができることを指摘する。実際、この narrative forms(structure)の獲得に関しては、composition 専門家たちも、学習者の専門に関わらず、将来、質的研究などで研究プロセスや結果などを描写する時に必要なことであり、それは情報伝達を目的としたテクスト(information-based texts)を読んで身につくものではないと唱え、composition における文学作品利用の依拠としている。最後に、L1 composition における文学利用の議論の中で、Tate(1993)が人間としての教育の重要性を挙げ、文学を人間教育のための教材と捉えて、「学生を専門教育の狭い領域のためではなく、人生のための準備をさせる」(Belcher & Hirvela, 2000, p.24, 筆者訳)ことの意味を主張していることを付け加える。

　次に、L2 writing あるいは composition における文学利用についての実証的研究を概観する。第二言語教育あるいは L2 writing の分野では、過去における研究のほとんどが文学を使うかどうかの議論に偏っており、現実にどのように文学を使うことができるのか、という点にほとんど注意が向けられてこなかった(Belcher & Hirvela, 2000; Hirvela, 2005)。あるいは、使い方について、上述した通り、30 年ほど前から教育的文体論の立場から実践例が提案されてきてはいるものの、実際に使ってみてどういう結果が得られたかという報告は非常に限られている。これは writing に限らず、第二・外国語教育における文学利用という研究分野全体の大きな問題点であり、文学の役割を明らかにするためには実証的な研究の積み重ねが必要であることが繰り返し指摘されている(Carter, 2007b; Paran, 2008; Hanauer, 2001)。

　これまでに発表された、小説を使った composition の授業の実証的な研究のうち、代表的なものに Hirvela(2005)がある。彼は、アメリカの二年制大学の ESL composition の授業で Graham Greene の短編小説 "The Tenth Man" を使い、2 つのグループにそれぞれトピックに沿ったフォーマルなエッセイと、形式にこだわらないインフォーマルなエッセイを書いてもらって学生の反応を分析した。結果として、学生たちは composition のクラスで文学について書くことを概ね肯定的に受け止めてはいるものの、あくまで文学を 1 つの構成要素として見ていること、また、文学を使う時には、適度にしかも

academic writing の向上に寄与するようなやり方で使いたいと望んでいることなどを示した(Hirvela, 2005)。また、Chen(2006)は、台湾の大学での児童文学を用いた英語授業を記述し、いつもの composition と趣の異なる興味深い授業ができること、学習者が自分の経験を投影させながら熱心に活動に参加できることなどを結果として示している。既存の文学テクストを使って書くという活動ではないが、Iida(2012)は、日本の大学の EFL 教室で英語の俳句を書くことに学習者がどう反応するか、coding system を用いて分析した。そこでは、英語で俳句を書くという活動は言語的な気づきを高め、自己表現を促す可能性を持つことなどが主張されている。

4.2 Composition の題材に文学を使った事例の概要

(1) 研究対象

首都圏 B 大学(女子大学)で国際関係学を専攻する 2 年生を対象とした外国語科目の英語(必修)「Composition II」で、2010 年度から 2013 年度までコースの最後の 1, 2 時間を使い、連続する 4 年間に行った授業実践を研究対象とする。対象とした受講生の人数は、それぞれ、20, 20, 16, 19 人で英語能力は TOEFL-ITP で約 500–530 点である。

対象授業では、大学のコース・コーディネーターからのガイドラインに基づいて授業内容や評価を決めるが、扱う活動内容には、writing だけでなく、以下のような活動が含まれる。

  a. Reading
  b. Composition of Several Paragraphs
  c. Formal Letters
  d. Paraphrases and Summaries
  e. Research Paper Format
  f. Literacy ethics

また、授業の中心は年間を通して academic writing に置かれるが、それ以外に translation, news articles, book reports などの writing 活動を行うことが

奨励されているので、本書で研究対象とする文学作品を用いた writing 活動
はコース内容にも沿うものと考えられる。

(2) 題材

事例ごとに題材を用いた年度、タイトル、作者名を以下に示す。

【事例 4.1】2010 年度 "Désirée's Baby" Kate Chopin

【事例 4.2】2011 年度 "The Birds Poised to Fly" Patricia Highsmith

【事例 4.3】2012 年度 "Eveline" James Joyce

【事例 4.4】2013 年度 "Lamb to the Slaughter" Roald Dahl

以下、本書では各作品をそれぞれ、"Désirée's", "Birds", "Eveline", "Lamb"
と短く表記する。いずれもペーパーバックで 10 ページに満たない短編の小
説である。

教材としてこれらの作品を選んだ基準は、受講生が興味を持ち writing 活
動へのモチベーションが上がることを第一とした。いずれの作品も若い女性
が主人公で恋愛や結婚がテーマである。文学教材を用いる場合、学習者が作
品中に「個人的なつながり」(personal connections)を持つことが言語活動を
促進させることはしばしば指摘されている(e.g. Kim, 2004; 久世, 2011)。ま
た、テクストが、自分自身の人生に関連のある思考や見解や状況について書
かれている時に、特に存在感のある教材になるということも主張されている
(Hirvela, 2005)。

次に、これらの作品を writing の活動に用いるという本授業の特性を考え
て、はっきりした筋書があり最終または後半部分で意外な展開があるような
ものを選んだ。Carter(1996)は、prediction(先を予測して書く活動)に向く
作品として、「強いプロットを持ったテクストで、次のステップが重要な役
割を持つようなものが読者の予測を促す」(p.150, 筆者訳)と述べているが、
そのアドヴァイスも教材選択の参考とした。最後に、通常は作品を読む上で
の言語的なむずかしさが最も重視されるべきであるかもしれないが、今回は
対象クラスの場合は受講者たちが中級程度の英語力を持っているということ

で、教師が作品のむずかしさが受講生のレベルに合っているかどうか、チェックするにとどめた。

（3）授業展開

　2010年度、2011年度は、作品の最後の部分を予測して物語を書く prediction exercise を行い、2012年度、2013年度は、作品全体を読んでから登場人物の手紙や日記の形で異なる視点からテクストを書き直す rewriting を行った。

　Prediction では、活動を行う前の授業で作品の展開上キーポイントとなる部分までのテクストを配布し、活動の目的と内容を説明した上で次週までに読んでくるように宿題を出した。分量としては全体の 3/4 から 5/6 程度を読む部分になるようにした。両年度ともテクストを渡してから次の授業時間までの間に冬休みがあったので作品を読む時間は十分に取ることができた。次の授業で、受講生から語や表現について意味がわからなかったところを質問してもらい、教師がそれに答える形で解説をした。その上で、さらに受講生の理解を確実にするために、読んだ部分のプロットを日本語で要約したものを配布し、40分間という時間内でその先の物語の展開を書いてもらった。辞書は使用可能としたが、このクラスのこれまでのやり方に従い、手書きで書くこととした。

　受講生には、ガイドラインとして以下の5点を明示し、それが評価の際の基準になることも説明した。一般に、composition の評価は難しいが、creative writing や文学作品を用いた writing の場合、さらにその基準を明確にしておく必要がある。Paran（2010）も、このような活動では、評価の基準がそれを行うやり方に影響を与えるため予め明らかにしておくべきであることを説明している。

Prediction のガイドライン
　1）自然な話の流れになるように最終部のプロットを発展させる
　2）各場登場人物の性格を考慮する
　3）作品の社会的・文化的背景を反映させる

4）原作の文体や雰囲気に合うようにする
　　5）語彙や文法の誤りは最小限にする

　終了後には小グループでお互いの作品を読み合いコメントを付した後で、教師が原作を配布した。Prediction の課題は回収して、内容と言語の両面から評価し、コメントをつけて希望者にのみ返却した。

　2012 年度、2013 年度に行った rewriting においても前週にテクストを配布したのは prediction と同様であったが、この場合はテクスト全体を読んでおくように指示した。"Eveline" を用いた活動では、受講生それぞれが主人公 Eveline になったつもりで手紙か日記を書くという rewriting の作業を行い、翌年の "Lamb" を使った活動では、主人公 Mary になって日記を書くという作業で rewriting を行った。Prediction と同様に書く前にガイドラインを与え、それをそのまま評価の基準とした。

Rewriting のガイドライン
　　1）思考や話の流れを整理する
　　2）作品の中にある特定の事実を反映させる
　　3）主人公の性格や感情を考慮する
　　4）原作の雰囲気に合うようにする
　　5）語彙や文法の誤りは最小限にする

　"Eveline" については、英語の言語的な難しさからプロットや登場人物の性格をつかみにくいことが予想されたので、これまでに提案されている実践例（e.g. Lazar, 1993; Hess, 2006）を参考にワークシートを作成し、writing 活動を行う直前に pre-writing の活動を行った。次ページの Worksheet 5.4.1 である。

第 5 章　文学教材を用いた大学英語授業の事例研究　227

Worksheet 5.4.1　［事例 4.3］"Eveline"

Write brief notes in the boxes to understand the characters in the story.

	Relation to Eveline, Status, Occupation	Personality	Examples from the text
Eveline			
Frank			
Father			
Mother			
Harry			
Ernest			

You may use the following expressions to describe personality.
- A warm-hearted, kind and extrovert person with a zest for life.
- A timid, passive person with very little sense of adventure.
- A selfish bully, who behaves in an authoritarian way.
- A sensitive, conscientious person with a strong sense of responsibility.
- An easygoing, superficial person who is unable to form close ties with anyone.
- An affectionate, humorous man worn down by poverty and drink.

（Lazar, 1993, pp.81–82 を参考に作成））

（4）データ分析

　受講生の composition は、4 年間を通して同一の英語母語話者に上記の評価基準を用いて 5 段階のスケールで評価してもらった（1：最低—5：最高）。文学と言語学の学位を持ち、英語の十分な教育歴を持つ人を評価者とした。また、本事例は通常授業の一部であることから、筆者も活動の結果を詳細にチェックし、コースのガイドラインとゴールに従って評価を行ったが、筆者による評価は本書には用いていない。

　各年度とも、活動の終了後に、英語教育全体や composition の授業で文学教材を使うことをどう思ったかについて受講生にアンケート調査を行った。

4.3　Composition の題材に文学を使った事例研究の結果

　本節では、4.2 で示したデータ分析の方法に従って、学習者が授業で書いた composition をもとに「文学を教材とした writing」を、また、アンケート調査の結果から「学習者の反応」を示し、議論する。

（1）文学を教材とした writing

　活動内容の違いから、prediction を行った "Désirée's", "Birds" と rewriting を行った "Eveline", "Lamb" の 2 グループに分けて分析する。各ガイドライン（評価基準）による writing の評価を Table 5.4.1, Table 5.4.2 に順に示す。

"Désirée's" と "Birds" を用いた prediction

Table 5.4.1　"Désirée's" と "Birds" を使った prediction exercises の評価

	G1：プロットの発展	G2：登場人物の性格	G3：社会的・文化的背景	G4：文体や雰囲気	G5：語彙や文法の誤り	全体的評価
"Désirée's"	3.92	3.43	3.58	3.22	3.56	3.40
"Birds"	4.01	3.94	3.97	3.67	3.51	3.70

　この二例は、授業手順や 40 分という制限時間にほとんど差がなかったにもかかわらず、実際に composition として書いた平均語数は、"Désirée's" が 168 語、"Birds" が 247 語と大きく異なった。ガイドライン或いは評価基準についても、G5 以外ではすべて "Birds" が "Désirée's" を上回り、その G5 でも大きな差は見られなかった。総合評価でも "Birds" の方が 0.3 ポイント高く、"Birds" の方が prediction を書きやすかったということは明らかである。
　評価基準別に見ると、両作品において G1 では他の項目に比べて高い評価を得ているが、G2, G3 では両作品の差が大きくなっている。受講生たちは読んだ部分から自然にプロットを発展させるという作業は比較的得意であるが、"Désirée's" のように社会・文化的な背景に馴染みがない作品[3]になると、登場人物の性質を考えたり、社会的・文化的背景を反映させたりして文章を書くことに困難を感じているであろうことがわかる。これの背景は作品中に明示的に書かれている場合はむしろ少なく、読者がテクストとのやり取りを通して行間からまたは文章全体から読みとらなければならないことが多いので文学的な能力が必要とされると言えるのではないだろうか。最後に、G5 の原文の文体や雰囲気を保つという点は、両作品と最も低いポイントとなっている。様々なジャンルのテクストに慣れていない外国語学習者にはとって

は困難な点なのだろうということが推察できる。

　次の例は、すべての基準で 4 以上を獲得した受講生の prediction の後半部である。"Birds" において G4 で 4.5 のスコアを得た 2 つのうち 1 つであるが、評価者によると、原作の作者のスタイルをよく模倣しているということである。

　　　Don noticed the difference. He was sad when the letter didn't come from Rosalind. It was because he loved Rosalind, not Edith. He understood how much he loved Rosalind.

　　　He wrote a letter to Rosalind again. He wrote his real feelings for her. He decided he would continue to letters until Rosalind answered. He loved her very much. It would not be long before his love for her was realized.　　　　　　　　（全体の総語数は 257 で、決定的なエラーのみ修正）

"Eveline" と "Lamb" を用いた rewriting

Table 5.4.2　　"Eveline" と "Lamb" を使った rewriting の評価

	G1：構成や流れ	G2：特定の事実	G3：主人公の性格や感情	G4：雰囲気の維持	G5：語彙や文法の誤り	全体的評価
"Eveline"	3.67	3.31	3.75	3.83	3.19	3.67
"Lamb"	3.89	3.47	3.74	4.11	3.21	3.84

　Composition の平均語数は、"Eveline" が 101 語、"Lamb" が 239 語である。"Eveline" は第二言語・外国語教育の中でしばしば使われるにもかかわらず、難解な作品であると受講生も感想を述べていたが[4]、それ故に pre-writing 活動や教師からの説明に時間を取られてしまい、書くことに費やすことができた時間は "Lamb" よりも少ない。さらに、"Lamb" を用いた授業では、授業外でも書くことを希望した受講生がいて教育的配慮からそれを許可したため、人によっては長い時間をかけることができ、語数による比較は余り意味を持たない。

　上記の事情から、両作品の間で語数が大きく違うのにもかかわらず、

Table 5.4.2 が示すように、両活動の間で評価がそれほど違わないことに注目すべきである。G1 と G4 では "Lamb" の方が 0.2 ポイント以上高くなっているが、その他では全体評価の 0.17 の差も含めて余り変わらない。

　評価を項目別に見ると、G1 の構成は両作品とも高いポイントを得ており、それまで academic writing で自分の考えを整理して書くことを訓練してきた成果といえるかもしれない。G1 から G4 までの中で一番評価が低いのは、G2「作品の中にある特定の事実を反映させる」である。Rewriting は、オリジナルに書かれていることを見る位置や見方を変えて異なる立場から書くものであるから、この項目で高いスコアが得られなかったことは、原作で起こったことを異なる単語や表現を使って要約したり言い換えたりするのが難しかったということを意味する。

　次の例は、"Lamb" を使って日記形式で rewrite した受講生の composition で、「全体的評価」で 4.5 を得たものである。作品の中の特定の事実に即しながら、起こったことをその順番に要約して表しながら、主人公の目を通して原作を書き直しているのが読み取れる。

It was all his fault. He deserves to be killed for deserting me and my dear baby. I deeply loved him, but he didn't return my love.

The most impressive thing I remember about that night is the feeling of the chilly leg of lamb. At that time, I couldn't think normally. The next moment, I found he was lying on the floor with his head bleeding. And then, suddenly, I came around. What I had to was to make a perfect alibi and destroy the murder weapon. Fortunately, it could be eaten. That was not a problem. And so I had to cook what would be my alibi. I went to the neighborhood grocery. Actually, I had to make a big effort to behave normally. I don't really remember what I said.

After I got home it was easier. The detectives came and they treated me gently. They were his friends and of course I already knew them, so they probably never dreamed that I was the one they had to arrest. They did everything just as I led them to. The weapon had gone, so my baby and I got peace of mind. What a stupid bunch of "detectives"!

（全体の総語数は 188 で、決定的なエラーのみ修正）

(2) 学習者の反応

　このセクションでは、英語学習一般に、さらに特定して composition の授業で文学教材を用いることについて学習者がどう感じているか、受講生へのアンケート調査を分析して議論する。毎年度、短編小説を用いた writing をした後でアンケートを行い、結果は 4 年分をまとめて提示する。議論の焦点を次の 3 点、すなわち、「英語学習における文学教材の印象」、「composition の授業で短編小説を用いた writing を行ったことについての感想」、「このような文学を使った writing についての英語力向上という観点からの評価」におく。

［英語学習における文学教材の印象］

　Table 5.4.3 によると、4 年間を通じて 89.3％の受講生が英語学習における文学教材の印象について「好ましい」または「まあ好ましい」と肯定的な回答をしている。その理由として、肯定的な回答をした受講生のうち、ほぼ半数が「楽しい」「外国の文化が学べる」「英語力が向上する」と答えている。「人間的に成長する」を選んだ回答も 8 あった。「その他」の欄には、「いろいろな表現が学べる」「登場人物を通して考え方の違いを学べる」などが書かれた。一方で、少数ではあるが、毎年度、「あまり好ましくない」と記す受講生もいて、その理由は「文学を読むのが難しい」が一番多く、「読むのが面倒である」「実用的でない」などが続いたが、今回、文学教材について肯定的な回答したものの中に「実用的な英語に触れられる」という理由を書いた者もいたことを指摘しておく。

Table 5.4.3 「英語学習の中で扱う文学教材について、どんな印象を持っていますか。」(n=75)

好ましい	まあ好ましい	あまり好ましくない	好ましくない
33.3％(25)*	56.0％(42)	10.7％(8)	0

(理由)** 楽しい(34)	(理由) 難しい(4)
外国の文化が学べる(33)	読むのが面倒である(3)
英語力が向上する(29)	実用的でない(3)
人間的に成長する(8)	
その他(6)	

* カッコ内の数字は回答数を表す。** 理由は選択式で複数回答可。

[Compositionの授業で短編小説を用いたwritingを行ったことについての感想]

　Table 5.4.4 によると、「好ましい」または「まあ好ましい」という肯定的な回答は 86.6％で依然高い数値ではあるが、英語学習全体のおける文学の印象と比べると「好ましい」が 25 人から 19 人に減り、数の上では「まあ好ましい」または「無回答」に移ったことになる。

Table 5.4.4 「Composition の授業で、文学的な教材(短い小説)を使った writing をおこなうことをどう思いますか。」(n=75)

好ましい	まあ好ましい	あまり好ましくない	好ましくない	無回答
25.3％(19)*	61.3％(46)	10.7％(8)	0	2.7％(2)

(理由)**	(理由)
楽しい、面白い、興味が持てる(21)	論理的でない(2)
これまでのテクストと違う点が良い(10)	読むのが難しい(1)
読む能力もつく(3)	Academic writing と違う(1)

* カッコ内の数字は回答数を表す。** 理由は記述式で、同様の回答をグループ化した。

　肯定的な回答の理由としては、楽しいなど文学教材特有と考えられる特徴を挙げた回答が 21 で筆頭であったが、記述欄を見ると、「読むことが楽しい」という感想と、論文とは違って形式も内容も自由に書けるので「書くことが楽しい」というものが混在している。次に多かったのが、これまでの academic writing の教材や活動とは違うという理由で、10 であった。「読む能力もつく」が 3 人だけで、この活動が writing と共に reading 能力の育成を目指していると認識している受講生は少数であった。

第 5 章 文学教材を用いた大学英語授業の事例研究 233

さらに、「まあ好ましい」と回答した中に、「もっと時間がほしかった」「年に数回ならば良い」など、授業での扱い方についての感想があった。

[文学を使った writing についての英語力向上という観点からの評価]

16％の受講生が「あまり効果的ではない」と答えたが、それ以外の全員が「効果的である」「まあ効果的である」と答えた。そう思う理由については、14 名が語彙も含め様々な表現を学べることを指摘し、視点を変えるという活動がそれを可能にしたと説明する人も 2 名いた。これは、文学作品でこれまでの academic writing の教材とは異なる語彙や表現に接したということだけでなく、rewriting という活動によって、言語に注目し、多くの場合異なる表現で言い換えなければならないという事態に直面してそこから学ぶことがあったということであろう。ここでも、reading, writing 両方の訓練になるという指摘をした回答は 4 であったであり、筆者が予想したよりも少なかった。

Table 5.4.5 「このような writing について、英語力向上という観点からはどう思いますか」(n=75)

効果的である	まあ効果的である	あまり効果的でない	効果的でない
29.3%（22）*	54.7%（41）	16%（12）	0
（理由） いろいろな表現を学べる（14） 自分で創作する力がつく（5） 読み、書き、両方の訓練になる（4） 楽しいので（4）		（理由） 実用的とは思えないから（1） 論理的なものではないから（1） 他の人が書いたものを書き直すのは難しい（1）	

* カッコ内の数字は回答数を表す。** 理由は記述式で、同様の回答をグループ化した。

4.4 Composition の題材に文学を使った事例の考察

大学英語授業における文学教材の役割をできるだけ様々な状況から議論するために、本節では、特に、短編小説を使った composition の授業を、学習者の writing とアンケート調査から分析した。先行研究を調べる中で、文学を使った他の言語活動に比べ writing に言及するものは実践例の提案が少なく、また実際に使った結果を提示したものは海外でも日本でもごく少数に限

られていること、また、第二言語教育の分野ではL2 writingに文学を使うべきかどうかについて長く激しい意見の対立があることがわかった。そのような状況の中で、本事例は、文学作品をcompositionの授業で使うことの実践例を記述しただけでなく、受講生がそれらのwriting活動に熱心に取り組んでいたことをcompositionの質と量の両方から示し、また、受講生自身が短編小説を用いたwriting活動を総じて高く評価したことを示すことができたと考えている。以下に、それぞれのポイントを順に記す。

　基準を設けて評価した学習者のcompositionから推察できることは、研究対象とした学習者たちは、読んだ部分からプロットを発展させて書いたり、考えを整理しながら論理的に書いたりすることは比較的得意でも、社会的・文化的な背景を反映させ登場人物の感情を推し測りながら書くようなことは余り得意ではないということである。このような要素は、情報伝達を目的とした文章には余り見られず、文学的なテクストの特徴とも言えるものである。そして、この事例にある授業の受講生たちが、これまでacademic writingのコースで情報伝達を目的とした文章を読み、自分の考えをまとめて構成を工夫しながら書くという訓練をしてきたことを考えると、基準の項目間に見られる得意不得意の差は当然のことのように思われる。しかしながら、目標言語において熟達した書き手になるためには、より広範なジャンルのテクストに触れ、writingに必要とされる様々な要素を備えられるように練習を積むことが必要ではないだろうか。もちろん、それをacademic writingの授業で行うべきかどうかは議論の余地があるだろうし、各教師が授業の目的や学習者のニーズを考慮して実践できるコンテクストの中で行えばよいのであるが、compositionの中で文学教材が果たし得る一定の役割があること、つまり、文学教材を扱ってこそ学べる要素があることは示せたのではないかと考えている。

　本事例の教材や活動について学習者からの評価は概ね高かった。文学や語学専攻の学生ではないにもかかわらず、4年間を通して、9割近くが英語教育全般においても、また、compositionの授業においても文学教材を使うことを好ましいか、まあ好ましいと答え、8割強の学習者が英語力向上にも効果的である、まあ効果的であると思うと答えている。このアンケート調査

は、毎年、対象とした授業の終了直後に行ったものであるので、少なくとも本書で取り上げた授業は好印象をもたらしたと推察される。

このような活動を好ましいと思ったり、英語能力向上に効果があると思ったりした理由は、主に2つある。まず、小説はストーリーがあるので読んだり書いたりするのが楽しく、高いモチベーションを保てるということ、次に、これまで勉強してきた academic writing とは語彙、表現、構成のいずれの点においても異なるので、単に目新しいというだけでなく、文学教材を通して新たなことが学べると学習者自身が感じていることである。一方で、筆者は文学を使った writing 活動により reading と writing の融合を目指したが、その有用性を指摘した学習者は余り多くはなかった。

授業実践への提案として、使用するテクストの選択と授業手順の計画は特に慎重に行われるべきであることを挙げておく。本事例で、4種類の異なったテクストを試し記述することができたのは幸運だった。テクスト選択の際に念頭においたのは、プロットがはっきりしていて話の展開があるもの、主人公が若い女性でテーマが恋愛や結婚であり、受講生が自分の経験と結びつけて感情移入できるようなものであった。しかし、テクスト読解に伴う言語的な難しさは常に最重要視されるべきであるということを再確認した。特に、活動時間が限られている場合には読み易いテクストを選ぶこと、また、十分時間をかけて pre-writing を行うことなどが必要である。その点で、2012年度の"Eveline"を使った実践は課題が残る。実践に関する提案の最後に、短編小説と共にフィルムやテレビ番組などの映像を利用できる場合には、それらを用いた上で writing 活動を行うことの可能性を示唆しておく。"Lamb"がその例である。

全体的として、本節の事例は、「他のタイプのテクストを補足するものとして（置き換えてそればかりを使うのではなく）使われるのならば、文学テクストは、ESL の学生とその教師にとって writing の能力を高めるための価値のある方法を提供するものとなるだろう。」（Hirvela, 2005、筆者訳）という主張を支持するものとなった。文学テクストを含む様々なタイプのテクストと、文学テクストの性質から生み出される writing の機会に触れることは、ESL の学生にとって有益である。今後は、文学教材を使う頻度や量、pre-

writing の活動も含めたよりよい writing のためのサポート、よりふさわしい
教材と授業手順の選択などが課題となるだろう。

註（第 5 章 4.）

1　L2 composition で"anti-literature discourse community argument"を唱えた理由とし
　　て、Horowitz（1990）は、文学利用を主張する教師たちが、文学テクストを通してア
　　カデミック・ディスコースを教えることができるかという疑問を呈している。

2　ESP/EAP と文学の関係については、第 3 章 2.4 を参照されたい。

3　"Désirée's"は南北戦争時代のアメリカ南部社会から題材をとっており"Birds"は現代
　　ニューヨークを舞台としている。

4　難解である理由の 1 つとして、"Eveline"では、James Joyce が「意識の流れ」という
　　手法を用いて書いていることが挙げられる。

5. Extensive Reading における文学作品

　本節では、大学の授業としての Extensive Reading(以下、ER)に注目し、その中で文学的なテクストがどう使われているのか観察し、記述する。ER の教材には、言うまでもなく、文学的でないジャンルのテクストも含まれるので、まず対象授業の中で実際にどれくらい文学が使われているかについて明らかにし、その上で ER という学習・授業方法の中で文学の果たす役割について議論する。

5.1　Extensive Reading とその題材について

　ER は、Krashen の Input Hypothesis[1] 仮説を理論的背景として発展してきた学習方法・教授法で、「多読」という日本語訳が定着している。多読は、文字通り大量に英文を読むことであるが、「細かい文法事項や語彙項目などに注意を払うことは避けて、書かれていることの内容や大意をすばやくつかむことを重視して読む」(白畑他, 2012, p.106)ことであり、現在日本で採用されている多読には、自分で選択した本を各自が読む、途中でやめても良い、原則として辞書を引かないなどを基本的なルールとするものが多い。ER が中等教育や大学教育などでの授業など幅広いコンテクストで取り入れられるようになるにつれ、最近では、学習者にただ黙々とテクストを読ませるだけではなく、読解力以外の能力伸長にもつながるような様々な活動を取り入れるようになり、その点にも研究者の関心が集まるようになった(e.g. Waring, 2007; 河内・小林, 2010)。

　ER の教材としては、graded readers などの簡略化された(simplified)テクストを用いることが多いが、その他 YA(Young Adult)などの青少年文学を含めた児童書が用いられることもある。また、ジャンルという観点からは、読まれている教材のうち、かなりの部分を文学的なテクストが占めている。実際、筆者の担当した ER の授業では文学作品が多く読まれていたため、本書ではそのことに着目し、ER の授業では文学がどのような活動と共に用いられているか、また、学習者は教材や活動内容についてどう感じているかについて調査する。

文学を用いる授業の方法としては、第5章の1.で示したような訳読や精読を用いた伝統的教授法が想定され、単語を辞書で引いたり文法を調べたりしながら難解なテクストを母語に訳しながら読むというイメージが強い。その結果、文学イコール文法訳読式ととらえられ、教授法と共に文学教材そのものが、教室での使用から遠ざけられてしまったということもこれまで論じてきた通りである。本書では、文学という教材と特定の教授法を結びつけて議論するべきではないと主張してきたが、本節では、その一環としてERの授業における文学使用について事例報告を行う。ERは精読、あるいはintensive readingと対極にあると言えるからである。そのように全く異なる方法の中で文学作品はどのように使われているのか、また、どういう役割を持っているのだろうか、探ることが本節の目的である。

　ERの授業の分析を始める前に、ERで中心的に用いられる簡略版テクストについての議論を整理しておきたい。本章2.「Language-based approachesを取り入れた事例」でも論じたように、言語教育において簡略版テクストを使用することの問題点はしばしば指摘されてきた。中でも、文体論者の中には簡略版使用に慎重な人たちが多いが、文体論とはそもそも文学と言語の統合を目指した学問領域であり文学の中の言語そのものに注目する研究であるから、その慎重な姿勢は当然のことといえよう。例えば、Davies & Widdowson（1974）は、Oliver Twistを例に挙げて簡略版ではどれだけ多くのものが失われるかを示しているし、Carter & Long（1991）は、Adam Bedeのオリジナルと簡略版の違いを示している。後者は、簡略版では直喩や隠喩などの修辞的な仕掛けや語彙の豊かさなどが大きく取り除かれてしまっていることを主張している。

　筆者がこれまでERの授業で簡略版の文学テクストを用いた経験でも、「話の展開が速い」「話の流れが不自然である」「（ストーリーの長さの割に）登場人物が多すぎる」など様々な不満の声を受講者から聞いた。これら受講生の反応については本節でも後述のアンケート結果分析の項で論じるが、さらに、簡略版の弱点として筆者が実感しているのは、オリジナルにある会話文が徹底的に省かれてしまうことである。

　簡略版では語彙や文法が統制されるだけでなく、テクスト全体の長さを短

くする必要があることから、多くの会話文が省かれる傾向にある。話の展開を示すのに会話形式を用いるより、文を用いて説明した方が語数もスペースも節約できるからであろう。ところが、この会話文はいくつかの点において重要なものである。まず、第一に、作品中の会話の部分は受講生に日常的な表現を習得する機会を与えること、次に、とかく読解中心になりがちな文学教材の授業において、会話文は音読練習やロールプレイなど様々な音声活動のソースを提供することである。そして、最後に、テクストと共にその作品の映画を使用する場合に、脚本の台詞は原作の会話部分をそのまま使っていることが多いことである。つまり、映画の併用を考慮した場合、読解テクストおけるに会話文の消失は作品の理解を深める上で大きな痛手となる。以下の例は、筆者が 2001 年に短期大学の授業で用いた Jane Austen, *Sense and Sensibility*, Chapter IV の 1 場面であるが、原作（Text A）にある会話がどのように簡略版（Text B）で省かれ、映画の脚本（Text C）と異なるものになってしまっているかを示している。

Text A（*Sense and Sensibility* by Jane Austen, Penguin classics 1995, p.17, first published 1811）

She tried to explain the real state of the case to her sister.

"I do not attempt to deny," said she, "that I think very highly of him – that I greatly esteem, that I like him."

Text B（Oxford Bookwarms Library 5, 2002 retold by Clare West, p.8）

Marianne, indeed, was quite horrified when her sister cautiously described her feelings for Edward as liking and respect, rather than love.

Text C（The screenplay of the 1995 motion picture written by Emma Thompson）

Marianne:　Do you love him?

Elinor:　　I do not attempt to deny…that I think very highly of him… that I greatly esteem him…that I like him.

（下線は本書の筆者による）

簡略版の短所について述べてきたが、そのような理由があるからと言って簡略版の使用はどんな場合でも避けた方がいいかというとそうではない。学習者のレベルに応じて語彙や文法を統制して書かれた簡略版にはもちろんその利点があるわけであるから、状況に応じて原作と使い分ければとよいということになる。Waring(2012)が、「(簡略版は)オリジナルとは別物と考えるべきである」(筆者訳)主張するのもこのような意味であろう。テクストの言語に注目しつつ文学性を考える場合には、「簡略版で文学を教えることはできない」(Carter & Long, 1991, p.151, 筆者訳)という結論に至るかもしれないが、文学教育ではなく外国語教育に主眼をおいた場合は、簡略版を用いることでたとえば読解力を伸ばすことも可能であろう。また、様々な言語活動を通じて読解以外の能力伸長に貢献することも十分考えられるし、学習者にストーリーの楽しさを気づかせて、「もっと読んでみたい、いずれオリジナルで読んでみよう」という動機付けをすることもできる。深谷(2010)が指摘するように、多読で読書の楽しみを知り、簡略版とはいえ文学作品に触れる機会を持った学習者が、将来的に文学に親しむという可能性もあるだろう。簡略版を使った ER は、原作への bridge, scaffolding になりうるという点で、文学利用という観点からも一定の役割があると推察される。

　以上、ER の授業で使う簡略版テクストの長所・短所について論じたが、同じ状況で利用されるもう 1 つの教材として児童文学がある。本章 2. で既に論じたように、絵本やヤング・アダルト(YA)を含む広い意味での児童文学は、学習者の知的・感情的な興味を引きつけるものであれば、大学英語教育においても十分に使用が可能である。Paran(2008)は、語学教育で児童・YA 文学の使用が増えてきていることを指摘し、いくつかの実例を示しながら、児童文学は想定年齢よりも上の第二言語学習者にも使えると主張する(p.489)。また、Rönnqvist & Sell(1994)は、北欧の英語教育のコンテクストで、ティーンエイジャーの教材としては大人向けの正典を簡略化したものよりティーンエイジャーのために書かれた教材を用いるのが良いと主張し、年齢別の要約つきタイトルを表にして添付している。このように児童文学作品は、多くの場合、第二言語・外国語学習者についてまわる読解の難しさという問題を回避し、それと同時に authenticity に欠けるという簡略版テクス

トの弱点を克服することができる貴重な教材なのである。もちろん、児童・YA 文学にはそれ自体の本来的な価値があるはずではあるが、このような言語教育的な見地からの意義ももっと広く認識されるべきである。本節では、ER という授業・学習方法の中での児童文学に対する学習者の反応を、簡略版に対する反応と共に示したい。

5.2 Extensive Reading の事例概要

(1) 研究対象

本事例研究では、2009 年前期に首都圏 B 大学で筆者が担当した人文系学部英文学科の学生を対象とする必修の Extensive Reading を取り上げる。この授業は、同大学で英文学科と国際関係学科の学生を対象とする外国語科目として位置付けられており、いわゆる文学研究の授業ではない。大学内の英語教育センターがコーディネーションを行い、各授業担当者はコーディネーターからの指示と開講前の打ち合わせに従って授業内容を決定し、授業を進める。教室内使用言語は英語である。

対象受講生は 1 年生 25 名(登録時)。習熟度別で一番初級のクラスで、TOEFL のスコアは 480 程度と推定される。英文学科の学生は 3 年次から英語関連の各専門のコースに分かれるが、それらは、英米文学の他に英語学、アメリカ・イギリスの各文化研究、英語教育などを含み、文学を専攻とする学生はごく少数である。

(2) 教材

教材は大きく 2 種類に分けられ、1 つは簡略版テクストである Macmillan Readers, Oxford Bookworms、もう 1 つは ER に適していると判断された(簡略化されていない)原作のテクストで、児童文学やヤング・アダルトなどの小説や有名な人の伝記などを多く含むものである。前者は ER が行われる教室内に、あらすじや難易度などが詳細に示されたブックリストと共に保管されており、授業中にのみ貸出できる。後者は大学図書館内にあり、授業時間外に貸出することになる。

(3) データ収集と分析の方法

本事例研究は、観察者である筆者が同時に授業者であるため、教師自らが自分のクラスで自分の教える学生を対象に行うアクション・リサーチの形式をとる。教室内では教師としての役割を最優先するためにフィールド・ノートをとることなどはせずに、授業後に内容をまとめてその記述を分析する。また、受講生の意識や反応がこの一連の授業を通して変わるか測るために授業初回の4月と最終回の7月にアンケート調査を実施した。そのアンケート調査の結果と、他の提出物や口頭発表なども受講者の許可を得て分析の対象とする。大学の本コースのコーディネーターに授業を研究対象とすることの許可を得た際に、受講生から同意書を提出してもらうように言われたので同意書の様式を作成した（Appendix G を参照）。

5.3　Extensive Reading の事例結果

(1) どんな本が読まれたか

まず、本事例研究に文学的テクストがどう関係しているのか明らかにしなければならない。そのために、各受講生の ER の記録である Students' Reading Track（様式は Appendix G を参照）を分析し、まとめた。次ページの Table 5.5.1 は、この半年間のコース全体で実際にどんな本（テクスト）がどれだけ読まれたのかを示す。受講生は、本章 5.2 (2) の「教材」で説明した指定のテクストの中から自分の読みたい本を自由に選択して読むことができるわけであるが、本項で読まれたテクストのクラス全体の傾向を把握する。

対象授業では、簡略版についても児童書などのオリジナルについても難易度やあらすじの書いたブックレットがコーディネーターから用意されており、受講生たちはそれらをもとに自分で読む本を選ぶ。また、毎時間の reading circles や presentations でお互いに読んだ本を紹介し合ったり、教師の方でも読むと良いと思う本を紹介したりするので、本の選択は人からの勧めやクラス内での人気に左右されて偏る場合がある。Table 5.5.1 では 3 人以上に読まれた本のみを提示した。

よく読まれた本のジャンルを見てみると、簡略版では Human, Fantasy, Classics などが上位を占めている。Canon と言われる作品の簡略版も多く含

第 5 章　文学教材を用いた大学英語授業の事例研究　243

んでおり、広い意味では文学的な要素の濃い作品が多いと言える。また、オリジナルに名を連ねているのはすべて青少年・児童文学であるので、これらの結果、この ER の授業の教材はほぼすべてが文学作品であると言える。

Table 5.5.1　ER の授業で 3 人以上に読まれた本

Simplified（簡略版）			Unsimplified（オリジナル）		
Title	レベル、ジャンル	人	Title	レベル、ジャンル	人
Love Story	OX-3, Human	5	Charlie and the Chocolate Factory	Fantasy	8
Princess Diaries 2	MC-E, Human	5	Charlotte's Web	Fantasy	6
Princess Diaries 1	MC-E, Human	4	Mary Poppins	Fantasy	6
Jurassic Park	MC-1, Fantasy	4	Emile and Detectives（英語版）	Adventure and Thriller	5
The Secret Garden	MC-3, Human	4	Pippi Longstocking	Adventure and Thriller	5
Who, sir? Me, sir?	MC-3, Human	4	Matilda	Family and Growing-up	4
A Kiss before Dying	MC-1 Crime,	3	Sarah, Plain and Tall	Family and Growing-up	4
Rebecca	MC-UI, Thriller	3	Fifteen	Family and Growing-up	4
The Great Gatsby	MC-I, Classics	3	James and Giant Peach	Stories with animals	3
Dracula	MC-I, Fantasy	3	Narnia Series	Fiction	3
Theresa Raquin	MC-I, Classics	3	Peter Pan	Classics	3
Emma	MC-I, Classics	3			
Gulliver's Travels	OX-4, Classics	3			
Little Women	OX-4, Human	3			
Sense and Sensibility	OX-5, Classics	3			
Pride and Prejudice	OX-6, Classics	3			
The Joy Luck Club	OX-6, Human	3			

OX = Oxford Bookworms: Level 1–6,
MC = Macmillan: Level Elementary, Intermediate, Upper intermediate

（2）授業展開

　授業中の活動としては、1）個人で行う多読、2）作品を読み終えるごとに書く book report、3）教師との interview、4）グループでの reading circle、5）クラス全体での presentations が主なものであった。それぞれの活動の概要

と、1 授業時間当たりに費やす平均的な時間配分は Table 5.5.2 の通りであった。対象授業は、教師からの指示や学生同士のやり取りもすべて英語で行われた。

Table 5.5.2　主な言語活動と時間

活動	1 時限(90 分)当たりの時間	具体的な内容
Reading	30 分程度 (授業外でも読む)	本を選択して読む。授業時間外での読みも想定されているため、ここでの読みは全体の中での一部である。
Writing a book report	15 分程度 (授業外でも書く)	1 つの作品を読み終えるたびに書いて、提出する。教師は添削し評価する。
Interview	2, 3 分	毎時間、教師が読みの進行を確認するだけでなく、作品についての質問も行う。
Reading circles	15 分	その週に読んだ部分について、グループメンバーに紹介する。質疑応答もする。
Presentations	15 分 (自分の発表の準備は授業外に行う)	各自が一度は行う。毎時間 2, 3 名の発表を聞く。1 人、5 分程度。

　まず、この授業の中心の活動である読みであるが、授業中には本の貸し出しや返却、教師との interview、グループやクラスで行われる活動に時間をとられるため、毎回 30 分位の時間しか当てることができなかった。従って、読みのほとんどの部分は授業外に行われたということになる。多読の方法は一般的な ER の法則に従わず、大学からのガイドラインとミーティングでの打ち合わせに基づいて行った。たとえば、ER では、多くの場合、辞書を引かないで読み進めていくことが奨励されるが、本授業では、気になる単語は辞書で意味を確認しながら読むように指導した。

　Book report は、1 つの作品を読み終えるごとに、様式に記入して教師に提出してもらった。記入する内容は、Title/Number of Pages/Reading Time/Language(easy to very difficult)/Summary/Opinion などで、教師はそれをもとにアドヴァイスを与え、また成績評価に使用した。Figure 5.5.1 に受講生の書いた book report の例を示す。

Name: Number: Date: July 10

Author: E. B. White   Title: Charlotte's Web

Series: Level:

Number of Pages: 176   Reading Time: 3.5 hour(s)

Language: easy   fairly easy   (average)   a bit difficult   very difficult

Summary: Wilbur is a pig, and Sharlotte, a spider, is his best friend. They live in Zuckerman's barn with many animals. Thanks to sharlotte, Wilbur never feels lonely. However, then was one thing makes wilbur frighten. That's a death. Pigs are supposed to be killed for Christmas. Wilbur asks her for a help, and she promises to save him. She shows a great deal of wit, and then gets the Zuckermans and other people to believe Wilbur is a special pig: she prints massages on her web, such as "Some Pig" and "Terrific". That works very well, and wilbur can live even after Christmas. On the other hand, Sharlotte, whose time is approaching, gets weaker, and finally she passes away. Wilbur is very sad, but he's not lonely. Sharlotte leaves her eggs. Then after Winter, he enjoys Spring time again with Sharlotte's children. Seasons roll around and lives do, too.

Opinion: The book was interesting.

This was a heart warming story. It's no wonder most Ameri'can children read this book. "Lives" were the main theme in this book. ▼

I'm sorry to write too long again...

Name: Number: Date: April 31

Author: Penelope Lively   Title: The Whispering Knights

Series: Oxford Bookworms Library   Level: 4

Number of Pages: 73   Reading Time: 3 hour(s)

good summary!

Language: easy   (fairly easy)   average   a bit difficult   very difficult

Summary: Susie, William, and Martha are close friends. One day they know how to make a wich's brew and then, they make it. First they think it just a playing, but the brew arouses the wich. After that day, something strange begin to happen. With Miss Hepple-white's support, the three defeat the incidents. However, one day, Martha, who is frightened the wich in the bottom of heart, is napped by the wich. The rest rush and rescue her. However, the wich persistently hunts the three. The children run and run, then they come as far as Opinion: The book was boring/ so-so/ (interesting). Whispering Knights, a circle of grey stones, standing on a hill in the edge of the village. At the moment they hide the stones, they hear the wich's scream. Stones seem to fight the wich. After the battle, peace comes back to the village.

Figure 5.5.1   Book report の例

また、受講生の読みの進行度合いをチェックし、内容や速度についてアドヴァイスを与えるために、毎週、教師が受講生各個人に interview をすることが本授業の特徴の 1 つである。教師は提出された book report と interview 時の申告に基づいて Students' Reading Track に記録を残し、常に受講生全員の読みの状況を把握することになっており、それらの資料は評価にも用いられた。Figure 5.5.2 に記入済みの Students' Reading Track の例を示す。

第５章　文学教材を用いた大学英語授業の事例研究　247

Students' Reading Track

Name: _____ Number: 2

Date		Borrowed	Returned	Book Report	Pages
April 14	The Princess Diaries	○	○	○	55/55
April 21	Finished but writing reports				
April 28	James and the Giant Peach / The Secret Garden	4/28		5/9 / 5/19	136 / 57
May 12					
May 19					
May 26	Charlotte's Web			6/9 A	176
June 2					
June 9	Pride and Prejudice			6/16 A	104
June 16	Sense and Sensibility			6/23 A	88
June 23	Emma			6/30 A	107
June 30	Charlie and Chocolate / Oliver Twist			7/7 A / 7/7 A	161 / 102
July 2					
July 7	Gulliver's Travels			7/14 B	73
July 14					1059

Students' Reading Track

Name: _____ Number: _____

Date		Borrowed	Returned	Book Report	Pages
April 14	Don't Tell me what to do	✓	4/21		64
April 21	"B" is for Burglar	✓		5/19	82
April 28					
May 12	"The Railway children wants to keep "B"	✓		5/19	56
May 19	Matronical	5/19		5/26 A	57
May 26	Love Story	5/26		6/2 A	55
June 2	Who am I? Me, sir? Emil and the Detectives			6/9 B / 6/9 A	57 / 169
June 9	The Secret Garden			6/16 A	57
June 16	Because of Winn-Dixie			6/23 A	182
June 23	A Dubious Legacy			6/30 B / 7/7 A	73 / 62
June 30	Dracula				
July 2					
July 7	The Sign of four			7/14	55
July 14					959

Figure 5.5.2　Students' Reading Track の例

グループ毎に行う reading circles の主な目的は、各自が読んだ本について情報交換をすることで読みに対しての動機付けを行うことである。また、英語でのディスカッションを通してオーラルの能力を向上させることも目的の1つであった。Reading circles におけるグループ・ディスカッションの方向付けを与えるために、筆者は次ページ Figure 5.5.3 に示すガイドラインを作成した。

Students work in small groups and tell each other what they read in the preceding week.

Other possible tasks:
- Describe one of the main characters in the book and express their opinions about a character or the story itself.
- Describe the event in the book that seemed surprising from Japanese perspective.
- Tell the things that students want to read more about.
- Give some reasons why students recommend/not recommend the book to group members.
- Describe the event that was the most impressive in the book.
- Exchange the information about languages in the book they have already read.
- _____

Figure 5.5.3　Reading circles のガイドライン

Presentations は、各受講生が少なくとも 1 回、クラス全体の前で選んだ本の紹介を行う活動である。教師が例を示し、本の summary やそれに対する自分の意見を約 4 分間、英語で発表してもらった。内容は book reports とも重なるが、presentations にふさわしい発表の形式や言語を用い、練習を重ねてから発表してもらった。その後で、クラス全体での質疑応答が続き、毎時間、2, 3 人の受講生を発表者として活動を行った。

最後に評価の仕方であるが、学内のコーディネーターからの指示に基づき、読んだページの総数と book reports, presentations の質（内容、英語、書き方や発表の仕方）により行った。ページ数という観点からのおよその目安は、850 ページ以上読み終えていて提出物の質が良ければ A, 700 ページで B, 550 ページで C という成績になる。

（3）アンケート結果

初回授業と最終回授業で行ったアンケート調査の結果を、質問の項目ごとに Table 5.5.3 - 5.5.10 に示す。他の事例と表現を統一するために、初回を受講前、最終回を受講後とする。

Table 5.5.3 「ER について、どのような印象を持っていますか。」(n=25, 22)

好ましい		まあ好ましい		あまり好ましくない		好ましくない		無回答
受講前	受講後	受講前	受講後	受講前	受講後	受講前	受講後	受講後
24%（6）*	27%（6）	56%（14）	55%（12）	20%（5）	14%（3）	4%（1）	0	5%（1）

* カッコ内の数字は回答数を示す（以下の Table でも同様）

Table 5.5.3 では、ER についての印象を聞いたが、全体的に、受講の前後で大きな差はなく、「好ましい」と「まあ好ましい」という肯定的な割合が若干増えている程度である。それぞれの回答の理由に注目すると、「好ましい」「まあ好ましい」という回答の理由として、受講前に「ストーリーを楽しめる」が 5 名、受講後にも「自分が本を選んで読むのが楽しい」（3 名）「リーディングサークルが楽しかった」（2 名）などがあり、読む行為そのものや本授業での活動について「楽しい」と答える回答者が多数いた。一方で、受講後には「好ましい」「まあ好ましい」と答えながらも「読み進めるのが大変」と記した回答が 4 例あった。「好ましくない」は、1 名から 0 へ、「あまり好ましくはない」は 5 から 3 へと回答数は減っており、それらの回答の理由として、「語彙は身につかない」「強制的でないなら楽しい」（いずれも受講後）などがあった。

Table 5.5.4 では、ER は英語力全般の向上に効果的であると思うかどうか、質問した。全体的には、「効果的である」または「まあ効果的である」という肯定的な回答が受講前は 100％、受講後でも 91％を占めたが、割合は若干減少している。また、この中でも「効果的である」だけを見ると、受講前の 15 が受講後の 10 へ減っている。受講後では全体の回答数が大きく減少しているのでこの数字だけが激減したとは言えないが、「あまり効果的でない」という回答も受講後に 2 あるので、ER の英語力全般の向上への効果については一学期間の授業をしたあとで支持する回答が減っているということ

がわかる。「効果的である」「まあ効果的である」という回答の理由としては受講前でも後でも「速読の力がつく」（受講前に6、受講後に8）、「語彙の力がつく」（同様に、3、3）、「英文を読むのに慣れる」（同様に、3、3）などがある。

Table 5.5.4 「ER は英語力全般の向上に効果的であると思いますか。」(n=25, 22)

効果的		まあ効果的		あまり効果的でない		効果的でない	
受講前	受講後	受講前	受講後	受講前	受講後	受講前	受講後
60%(15)	46%(10)	40%(10)	46%(10)	0	9%(2)	0	0

　次の Table 5.5.5 では ER のもたらす効果について技能別に聞いた調査の結果を示す。

Table 5.5.5 「ER は、英語のそれぞれの技能を伸ばすために効果的であると思いますか。」(n=25, 22)

技能	効果的		まあ効果的		あまり効果的でない		効果的でない	
	受講前	受講後	受講前	受講後	受講前	受講後	受講前	受講後
読む	100%(25)	95%(21)	0	5%(1)	0	0	0	0
書く	20%(5)	27%(6)	72%(18)	64%(14)	8%(2)	9%(2)	0	0
話す	16%(4)	14%(3)	56%(14)	18%(4)	24%(6)	55%(12)	4%(1)	14%(3)
聞く	24%(6)	14%(3)	48%(12)	18%(4)	16%(4)	55%(12)	12%(3)	14%(3)

　技能の中で際立っているのが「読む」であり、ER の授業では読解力を伸ばすことができると感じている受講生がほとんどである。「書く」についても「読む」ほどではないにしても、力がついてきていると考える受講生が多く、これは 1 冊読むごとに book report を書いて提出しフィードバックを受けるという方法が功を奏したと考えられる。一方、「話す」「聞く」については、受講前にも「効果的」と答えた回答は多くないので期待度も高くはなかったと推測できるが、両方において、受講前の「まあ効果的」が受講後では「あまり効果的でない」という回答に過半数を取って代わられている。すなわち、「話す」「聞く」に関しても教師は様々な活動を取り入れたつもりではあったが、受講生はそれらの能力が伸びたと実感しなかったということで

ある。

　次に、授業で行った活動について学習者はどう感じたか、受講後に行った
アンケートの結果を用いて議論する。

Table 5.5.6　「授業の内外で楽しかった活動は何ですか。」(複数回答可)

活動	回答数	活動	回答数
Reading circles	14	Book report を書くこと	1
授業中に一人で読むこと	8	Presentations	1
授業外に一人で読むこと	8	教師との interview	1

Table 5.5.7　「授業の内外で英語力向上のために役立ったと思う活動は何ですか。」(複数回答可)

活動	回答数	活動	回答数
授業外に一人で読むこと	16	Presentations	10
Book report を書くこと	16	Reading circles	9
授業中に一人で読むこと	11	教師との interview	2

　「楽しかった」活動では、圧倒的に reading circles であり、それに授業中
及び授業外での読みが続くが、「英語力向上に役立った」活動としては、こ
れらの読み、特に授業外での読みと book report を書くことであると回答し
ている。次に、presentations も半数近い受講生が役立ったと回答している。
この book report, presentations については、英語力向上のためには役立った
が、楽しいととらえてはいないことがわかる。

　ER で読んでみたい本の種類とジャンルについて、受講前と後に違いは見
られるだろうか。アンケートで「ER で読んでみたい本の種類とジャンルを
答えて下さい。」という質問をし、その結果を Table 5.5.8 及び Table 5.5.9
に示す。

Table 5.5.8　読みたい本の種類（複数回答不可）

読みたい本の種類	受講前	受講後
Simplified	8（32.0％）	6（27.3％）
Unsimplified	2（8.0％）	0
Simplified & Unsimplified	14（56.0％）	14（63.6％）
無回答	1（4.0％）	2（9.1％）

Table 5.5.9　読みたい本のジャンル（複数回答可）

読みたい本のジャンル	受講前	受講後
Crime/Mystery	8	9
Thriller/Adventure	10	7
Fantasy	18	15
Classics	4	9
Children's/Young Adults	8	6
Autobiography	1	1
Biography	3	1
History	4	3
Other Types of non-fiction	1	0

　Table 5.5.8 によると、本の種類については、受講前後共に過半数の受講生が簡略版とオリジナルの両方を読みたいと考えていることがわかる。「オリジナルだけ」という回答が受講前には 2 あったが、これは受講後になくなり、やはりオリジナルは長いものが多いのでこれだけを読むのは大変であると考えたと推測できる。

　読みたいジャンルについては、Thriller/Adventure と Fantasy で受講前から少し回答数を減らし、その代わりに Classics が 4 から 9 へと増えている。Interview では、長い小説を縮めた簡略版は展開が速く登場人物が多いので大変であるという声が多く聞かれたが、たとえ簡略版を使ってでも Classics を読みたいと感じた受講生がいることがわかる。

　最後に、自由記述欄に記載されたこの授業に対する感想を Table 5.5.10 にまとめる。「楽しかった」「自分の力が上がっていることが感じられた」とい

う指摘が上位を占めている。

Table 5.5.10　授業に対する感想（自由記述）

感想	回答数
楽しかった	5
自分の力が上がっていることが感じられた	5
英語の本を読む習慣がついた	3
洋書を読んだことがなかったので不安だった	2
その他 Reading circle が特に楽しかった／普段は英語の本を読まないので良い機会になった／これからも読みたいという意欲につながった／読みたいものが読めてよかった／意欲の湧く授業だった／先生の話がわかるようになった／先生が好きだった Presentation は緊張した／Presentation が難しかった／Book report が大変だった／自分の語彙のなさに嫌気がさした／読みたい本が読めたらいいなと思った	各 1

5.4　Extensive Reading の事例考察

　本節では、ER の授業における文学利用の事例を分析した。最初に対象授業で読まれた本のジャンルを調べたところ、ほとんどが文学的なテクストであったことから[2]、ER も文学を利用する教授法・学習法の1つであり、文学教材はこのような方法でも利用することができると言える。本節ではその可能性を示すことができたのではないかと考えている。これまで、特に日本の英語教育では、文学が訳読あるいは精読と結びつけられて批判の対象となってきたが、一方でその排除が加速したほぼ同じ時期である 1980 年代に、新しい理論を背景とした学習法である ER が注目を集めた。本事例が示すように、文学と ER は対立するものではなく、それどころか、ER の教材のかなりの部分が文学的なテクストなのである。文学教材の使い方には偏見や固定観念を持つべきではないし、文学という教材のジャンルと教授法・学習法の関係を固定化してその有用性や難点を一緒に論じるべきでないということが、本事例を通して再確認することができたのではないかと考えている。

本事例の ER の特徴は、読むことだけに重点を置いた通常の ER の授業と異なり、1 冊読み終わる毎に book report を書き、読んだ作品をグループで紹介し合う reading circles に毎時間参加し、クラス全員の前で oral presentation を行うなど、多彩な言語活動を多く取り入れたことであった。つまり、読むことだけでなく総合的な英語力の伸長を目指したものである。しかし、受講生にとって ER はやはり読解力を伸ばすための授業・学習であり、book report を書いたことで書く力が伸びたという認識はあったものの、それ以外の能力を伸ばすのにつながったという実感は余りなかったようである。授業者としても、限られた時間の中で多くの活動を詰め込みすぎると結局読むための時間が削られるので、授業の目的が曖昧になるということも感じた。おそらく、そのことが、「ER は英語力全般の向上に効果的であると思いますか。」というアンケートの質問で受講後に肯定的な回答が減った原因ではないかと考えられる。今後は、ER に読み以外の活動を入れる可能性を追求しつつも、そのバランスを考慮し、それぞれの授業や学習の目的にかなったデザインを提示したい。

　全体的な感想として、受講者からは「楽しかった」という声が多く聞かれた。これは、読むこと自体についても、また他の活動、特に reading circles についても寄せられたものである。一方で、すべての提出物に加えて読書量も評価や成績の対象になるという評価システムを厳しく感じたという指摘もあった。本事例の ER では、「読んだページ数」が成績評価の中で大きなウエイトを占めたため、常に少しでも多く読まなければというプレッシャーがかかり読むことに追われたこと、また、入学したばかりの 1 年生でしかも習熟度別コース編成で 3 段階の 1 番下のクラスに属する学生にとって、自分の読んだテクストについて発表や話し合いなどの活動を積極的に行うことが求められたことがきつかったことが考えられる。ER の評価についてはまだ確立されたものがなく、読書量は入れるべきではないなど様々な議論がなされている。適当な評価については今後の研究に注目したい。

　簡略版テクストについて、本事例の受講生からのアンケートやインタヴューにおける感想から得られたことを Table 5.5.11 にまとめておく。これは原作と比べての長所・短所であるので、言い換えると簡略版と原作のそれ

第 5 章　文学教材を用いた大学英語授業の事例研究　255

ぞれに長所も短所もあると言える。授業担当者は、これらの特徴を認識した
上で、授業の目的や学習者の能力に応じて使い分けたり併用したりすること
が求められるだろう。

Table 5.5.11　簡略版テキストの長所と短所：原作との比較において

	長所	短所
テクスト	・語彙や文法が統制されているので自分のレベルにあったものを読むことができる。 ・全体の長さが短くなるので短期間に読み終えることが可能である。	・修辞的な仕掛けや語彙の豊かさが消失する。 ・話の展開が速く、またプロットの一部が省かれるために話の流れが不自然な場合がある。 ・（筋に比べて）登場人物が多く、読みにくい場合がある。
言語教育の観点から	・読解力向上、特に速読力をつけるのに役立つ。 ・作品全体を読むことが可能となるので、全体の構成を把握することができる。	・会話部分が省かれるので、日常表現を学べず、音声練習もしにくくなる。 ・会話が省かれることで、映画と共に用いるのが難しくなる。 ・訳読など精読をすることは余りないので、意味が曖昧なまま読み進めることもある。
学習者の心情や動機づけ	・上級者でなくても難解な作品に触れる機会を得ることができ、今後の関心につながる。 ・読み終えると自信がつき、英語学習全体への動機付けができる。	・特に、中・上級者は、「本物」を読みたいと思う。

　文学教材という観点から本事例を論ずると、既に述べたように ER で読ま
れた本のほとんどが文学的なテクストであったが、受講後のアンケートで
「ER で読みたいジャンル」として Classics という回答が増えたこと、また、
Students' Reading Track に見られるコース後半の伝統的な小説などへの志向
から、授業が進むにつれてより文学的な要素の濃いテクストに親しむ傾向が
見られた。このことは、当初、Classics など正典に近い長めの小説などに抵
抗を示していた受講生も、reading circles などを通してのクラスメートから
の勧めなどにより次第にそれらに親しむようになり、そのうち自信もついて
もっと読みたいという意欲を持つようになったことを示している。この点
で、ER は本格的に文学を読むことへの足掛かりという役割も果たしている

という主張を支持する。また、文学に関連する知識を補うという利点も無視できない。本事例の大学のように、英文学科の学生でも英米文学を専攻しない限りは英米文学史が必修科目として履修しないという状況の中で、上級学年に進んだ時に ER で読んだ作品や作者が知識として活かされることも大いにある [3]。たとえ簡略版でも文学作品を読むことで将来活かせるであろう教養の一片を身に付けることができ、作品の背景にある文化を感じることはできるだろう。

　最後に、英語教育の 1 つのプログラムとして ER を考察し、まとめておく。まず、このような ER では学習者中心の形態で授業を進めることができ、モチベーションを保つことも比較的容易なので、速読の力を高めるのは良い方法である。ただし、ER では語彙や文法を考えながら正確に意味を取りながら読むことはなされないので、その問題を解決するためには、本事例の大学のように精読の授業とセットでカリキュラムに組み込まれることが必要である。読み以外の活動との組み合わせについて更なる研究や改善が必要であることは前述した通りである。教師の視点から見て ER は、教室内に英語力の異なる学生がいてもそれぞれが読みの作業を進めることができるという点で教え易い方法であり、宿題など教室外での課題も出しやすいが、一方で、クラス全員がコンスタントに読み続けていくためには、対象授業でも行ったように教師が常にそれぞれの受講生の進み具合を把握し、本の選択について助言を与えたり読み方を修正したりして個別に指導することが必要である。

　全体的に、ER は、少なくとも大学の授業として成立させるためには教師側に多くの工夫と努力が必要であるが、文学教材を使うことのできる 1 つの可能性として理論や実践の研究が進められる価値がある。その際には、受講生の英語能力の育成だけでなく、姿勢や心理面にも配慮しながら効果的な授業手順が提案されることを期待したい。

註（第 5 章 5.）

1　第 3 章の註 1 を参照。

2 本事例の ER で読まれた本のほとんど文学的なものであったという結論については、一般化するにはより広範な調査を行うべきであることを認める。一大学のプログラムであるため、本を選択し設置したコーディネーターの意図が働いたことが考えられるからである。しかし、本事例のプログラムが英文学科だけでなく国際関係学科の学生をも対象とする必修科目であることを考えると、意図的に文学だけを集めたとは考えられないので、一般にも ER のテクストには文学的なものが多いということは言えると考えている。

3 筆者は、2010 年度から 2014 年度まで同大学の英文学科 2 年生を対象に Intensive Reading II という科目を担当したが、そこで扱うテクストに登場する作品や作者について学生に尋ねた時、「ER で読んだことがあるので知っている」という答えがしばしば返ってきた。例を挙げれば、Virginia Woolf, *A Room of One's Own* に出てくる Austen, Bronte 姉妹などである。

6. ESP/EAP に文学を取り入れる試み

本節では、ESP/EAP を主眼においた授業の中で文学を利用する事例を報告する。世界的にも国内的にも実用的な英語教育が求められる中で、第二言語・外国語教育における文学教材の地位が低下してきたことは既に述べたが、特に ESP ではその発展の歴史において文学を否定的にとらえてきた(第3章 2.4 を参照)。そこで、本節では、理工系及び医療系学部の ESP/EAP 中心の授業で文学的な教材を利用する実践例を取り上げ、ESP/EAP と文学教材との間に接点はないのか、また、ESP の中で文学を意味のある教材として用いることは可能なのか、議論する。

6.1 文学と ESP/EAP

まず、ESP/EAP と文学には、外国語教育の中で全く接点がなかったのか、具体的に見てみたい。

野口(2013)は、「ESP(特定の目的のための英語)テキストと文学テキストは、人間のコミュニケーションが目指す 2 つの方向の対極にある」(p.9)という見解を示しながらも、文学作品を読む際に ESP 研究で得られた技術的なサポートが応用できることを紹介している。例えば、ESP アプローチの 1 つである音韻処理についてはインターネットで文学作品の朗読が音声ファイルとして利用でき、また、コロケーションや文体を調べるためにはコーパス言語学を応用したコンコーダンス・ソフトウェア[1]が適していると説明する。その逆、すなわち、ESP の中で文学を使う試みは、非常に数が限られるものの、いくつか提示されてきた。Hirvela(1990)は、エンジニアリング専攻の学生の ESP 授業で SF 短編小説を使った例を分析し、科学的な言語や感情的な言語などを幅広く学びながら学習者のコミュニケーション・スキルを伸ばすことができることを主張した。また、Kelly & Krishnan(1995)は、同じくエンジニアリング専攻のシンガポールの大学生に小説を使った授業の方法を示した。この授業では、Horowitz(1990)の「文学を使う際には実際の活動がどのように学生のニーズや希望に合うか考えるべきである」(p.167)という指摘を活かし、理系の学生が必要とするオーラル・コミュニケーション・ス

キルとリーディング・スキルを同時に伸ばすために、各々が読んだ小説の
ブック・レビューをプレゼンテーションの形で発表させる活動を行ったので
ある[2]。

　ESP の 1 種である EAP(English for academic purposes)は、より広範なア
カデミック目的の英語を意味するため、その習得のために文学教材を用いる
ことは比較的理解されやすいようである。Hirvela(1998)は、大学のディス
コースに慣れていない 1 年生の ESL 学習者にとって、文学を使って読み書
きすることは一般的なアカデミック・リテラシーの獲得に役立つと主張し、
また、Hirvela(2005)は、初級レベルの ESL writing の教材に何を使ったら
良いかという質問に、"It is important to understand how ESL students will
respond to the use of literature in the writing classroom."(p.70)と答えてい
る。さらに、文学には情報伝達を目的とするテクストにはない要素があり、
学習者は文学テクストを通して汎用性の高い narrative forms に触れること
できると指摘する Kramsch の研究を、Belcher & Hirvela(2000)は compisi-
tion の議論の中で紹介している。

　Kramsch(1993)explained how the use of literature enhances learners' dis-
　course community competence because it exposes them to narrative forms
　of discourse and aesthetic, as opposed to strictly information-based, read-
　ing and writing. As many compositionists have noted, academic discourse
　is not one fixed, static style of writing. Its nature changes from field to
　field, and in some fields narrative structures may appear.　　　　(p.29)

6.2　本事例研究の背景

　本事例研究では、大学の ESP を重視した授業の中で文学的な教材を用い
た例を 2 例取り上げる。

　そのうち、事例 6.1 では、1 つのまとまった文学作品を扱うのではなく、
教科書の学習項目との間に接点を見出して、単発的に文学的な活動を行う例
を紹介する。筆者がこのような活動を計画した背景には、筆者自身が学生の
専攻にかかわらず文学教材を使う意義を感じていたということもあるが、そ

れだけでなく、理工系の学生たちからも、大学では専門の勉強だけでなく小説を読むなどして視野を広げ教養を高めたいという話をしばしば聞いていたという理由もある[3]。

今回、ESP/EAP と文学を結び付ける可能性として注目したのは、"narrative"、あるいは"narrativity"（物語性）の概念である。Narrative は文学の大きな特徴の1つであり、私たちが日常生活で過去のことを話したり、事象の説明をしたりするときに頻繁に用いられている。Hall（2005）は次のように説明する。

> In short, humans are story-telling beings. Literature clearly participate in this wider human meaning-making activity, and literary narrative is of interest to educators because it can assist our students in developing and reflecting on their own and others' competence in this central area of human activity.
>
> (p.32)

斎藤他（2004）も、「われわれが日常的に行っているコミュニケーションのかなりの部分が、過去の出来事に関する物語であることはすぐに気がつくと思いますが、そういう出来事を語る時に、文学の言語は非常に役立つ。」(p.6)と指摘している。実際、国内外で出版されている ESL/EFL のテクストには、必ずnarrative のユニットやレッスンがあるが[4]、それはこのような理由に因るものである。

筆者が理工学部の学生を対象に担当している Communication 1 というコースでは、指定テクストに Unit 5: Telling a Story という unit があり、そこでは narrative が次のように学習者に紹介されている。

> A narrative is a speech or writing in which we organize and communicate several items of information. There are several ways to place such information in order. This unit looks at how to explain events and processes, in which information is ordered by time（chronological order）.
>
> （Sheppard, Fujii, Manalo, Tanaka-Ellis, & Ueno, 2013, p.59）

実際、理系の学会における学術論文や学会発表には英語が使われることが多く、そのため学生たちも上級学年になると研究発表の場で英語を用いる必要がある。一見、文学などとは無関係な、理系の学術論文を書く際にもこのnarrativeのスキルが要求され、上記の通り、"how to explain events and processes, in which information is ordered by time"について学んでおくことが重要となる。具体的には、論文の研究デザインを提示するセクションであるresearch designや実験の方法を説明するexperimental procedureにおいて、情報を正確に、時系列に沿ってスムーズに語る必要があり、そこでこのnarrativeに関係する能力が試されるのである。

一方、事例6.2は、医療系学部の学生を対象に医療英語を教える授業である。このように専門性の高いESPの授業で、実際に起こったことや実在の人物をもとにしているとはいえ、創作の部分を含む1編の小説として書かれたテクストを用いる目的は何であるのか、学習者はどのような反応をするかを分析し、そこからESPの習得と文学的な教材との関係を探りたいと考えている。

なお、事例6.1, 6.2で扱うテクストは共に事実に基づいたものであり、それを文学的と見なすかどうかについて議論を呼ぶと予測されるが、本書では第1章で紹介したCarter & Long(1991)と同じ立場を取りたい。すなわち、作者が単に事実を並べるだけでなく創作を行い、読者が"imaginative, truthful re-creation of experience"(p.13)を行えるようなコンテクストを与えている場合、たとえ実際の出来事や経験を扱っていても文学的なテクストであると見なすということである。同書は、"A *direct* reflection of the world or of experiences of the world does not automatically guarantee that the work has a literary character.(p.16, 斜字体は原文のまま)と説明しているが、その点から判断しても、2事例で扱う作品は文学的な性質を備えていると言える。

特に、事例6.2のAwakeningsは病院での症例記録がもとになっており、医療ノンフィクションと見なされることもあるが、文学的テクストであるかどうかを考える時には、『レナードの朝（新版）』（春日井訳, 1991）に書かれた中野信子氏の解説が参考になるので、部分的に引用しておく。

なまじサックスが温かみのある人格を持ち、読み手に豊かな想像を呼び起こす表現力を持っているだけになおさら、本書は科学的な事実だけを淡々と書いた論文とは異質なもののように捉えられ、学界から無視されたというのも無理からぬことであったといえるかもしれません。

（中略）

　温かみのある人格に起因する、患者への共感、共に戦おうとする意志、また、豊かな想像や、文学的な表現力、これらは、科学的に物事を見ようとするときにはすべて、無用のものです。　　　　　　（pp.647–648）

6.3　ESP/EAP に文学を取り入れた事例の概要

　各事例の実施年度・対象学習者・獲得を目指す英語の種類・教材などは Table 5.6.1 の通りである。

Table 5.6.1　ESP/EAP に文学を取り入れた事例の対象授業

	対象学習者	英語の種類	教材
事例 6.1 （2014 年度）	C 大学理工系学部 Commmunication 1 （必修） 1 年生 2 クラス 56 名	ESP（理工系英語） を意識した EAP	National Story Project（Paul Auster） "A Family Christmas", "The Chicken" 他
事例 6.2 （2015 年度）	I 大学医療系学部 （医・薬・看護） 「英語」（必修） 1, 2 年生専攻別	ESP（医療英語）	Oliver Sacks, *Awakenings* 及び映画 『『レナードの朝』で学ぶアメリカの医療と生活』 教員が作成したワークシート

［事例 6.1］

　筆者が 2014 年に担当した首都圏 C 大学理工系学部での授業である。当該学部では学部 1, 2 年は必修、それ以降大学院に至るまでは選択科目として英語の授業が開講されており、一貫して学生の専門に即した ESP 重視の英語教育が行われている。1 年生の英語は、Academic English 1, 2、Communication 1, 2（いずれも仮名）の 2 科目で、本書では Communication 1 の授業の一部に焦点を当てる。全ての英語科目は、目的・授業方法・テクスト・評価方法などが統一された共通シラバスのもとに実施されており、学期末試験も共通である。授業は英語で行われている。

対象クラス A, B の概要は Table 5.6.2 の通りである。

Table 5.6.2　対象クラスの概要 ［事例6.1］

	受講者数	TOEIC 平均スコア[5]
クラス A	34	674
クラス B	22	504

Communication 1 では、同学部の教員が執筆したオリジナルの教科書を使用し、その構成は以下の通りである。通常、各 Unit に 2 授業時間をかけて進める。

Unit 1: Introductions
Unit 2: Asking and Answering Questions
Unit 3: Expressing Opinions
Unit 4: Describing Objects
Unit 5: Telling a Story

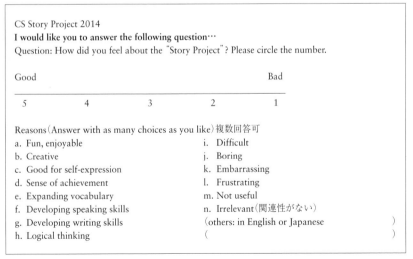

Figure 5.6.1　アンケート用紙 ［事例6.1］

対象授業では、Unit 5 の 1 時限目にテクストの内容を終えたところで、文学テクストを用いた特別な活動（Story Project）を行うことを説明し、実施した。翌週（Unit 5 の 2 時限目）は、授業の前半に特別活動の時間を確保し、残りの時間は通常のテクストを使った授業を行った。特別活動の終了後には、Figure 5.6.1 に示すアンケート調査を実施して、テクストや活動に対する学生の評価を聞いた。

　授業展開は以下の通りである。まず、作家 Paul Auster と National Story Project について筆者が英語で解説し、柴田元幸氏他の訳がついた日本語版書籍の紹介をした。活動としては、まず、同プロジェクトの Family から"A Family Christmas"、Animal から"The Chicken"を作家自身が朗読した CD で 2 度ずつ聴かせ、それぞれのストーリーの後で、ペアで、ストーリーを英語で語る（retell）活動をした。不確かなところは助け合って物語を再現するように指示した。その後、"The Chicken"については英語のスクリプトを配布し、同じくペアで音読するように指示した。これらの活動は、narrative の構成や時制、文と文とのつなぎ方などに慣れてもらうためのものである。そして、次の授業までに、自分の心に残るストーリー、一話を人に語ることを想定して用意してくるようにと言った。National Story Project の寄稿者のように自分の体験であることが望ましいが、それが見つけられない場合は自分以外にソースを求めてもよいということにした。次の週には、クラス内で 4, 5 人のグループを作り、お互いにストーリーを語り合って、一番良いものを選び、それをクラス全体で発表してもらうようにした。

［事例 6.2］

　本事例では、医療系（医・薬・看護）の各学部で、医療単語や総合英語の教科書と並行して、医療小説とそれを基にした映画などが用いられた。事例 6.1 が ESP と文学の接点を見つけて単発的に活動を行ったのに比べ、事例 6.2 は ESP 習得のために文学テクストの性質を積極的に活かして使う例と言える。

　研究方法としては、コース終了後に担当教員へ半構造化インタヴューを行い、授業内容と受講生の反応についてデータを得た。また、シラバス・使用

第 5 章　文学教材を用いた大学英語授業の事例研究　265

教科書・教員作成のワークシート・教員が受講生から回収したアンケート用
紙などを資料として収集し、分析した。また、シラバスは web で参照した。
　複数の英語授業を対象としているが、そのうち、医学部での事例の授業目
標は以下の通りである。

　　専門に進む前段階として必要な英語力を医療系の英語を中心に、医療・
　　社会問題を考察しながら、「読む」、「書く」、「聴く」、「話す」の四技能
　　にわたって総合的な英語力を養成することを目的とする。さらに医療を
　　テーマとする映画を教材に、聴解力をはじめ、医療系の語彙力や表現力
　　を習得するなど総合的な英語力を養成する。自ら英語で新しい事柄を学
　　ぶ力を養成する。

　対象とした授業では、Oliver Sacks, *Awakenings* をもとに教師が編集した
教科書『「レナードの朝」で学ぶアメリカの医療と生活』(以下、『レナードの
朝』)・ワークシート・映画の DVD などが用いられた。医療小説を用いた割
合は、医・看護学部で 8 割、薬学部で 5 割程度とのことである。
　1 年間の予定では、第 1 回授業のオリエンテーションの直後から『レナー
ドの朝』を使った授業を開始し、背景知識獲得に必要な Chapter1, 2 を終え
たところで映画を観る。その後は、別の教材 [6] と並行して、年間を通して『レ
ナードの朝』とワークシートを使って授業を進め、各学期に 1 回ずつ医療
問題に関する調べ学習とそれに基づく essay writing/presentation、及び筆記
試験を課し、成績評価を行う。また、CALL を使っての発音練習・録音など
も取り入れている。進度は、前期には 1 chapter に 2 授業時間かけることも
多いが、後期になると受講生が授業に慣れてくるので 1 chapter を 1 授業時
間で終えることもできるようになるとのことである。
　1 chapter を 1 授業時間で終える場合の授業時間内の主な手順・活動内容
を Table 5.6.3 に示す。

Table 5.6.3 『レナードの朝』を用いた授業の主な手順・活動内容

手順・活動内容	説明	備考
Listening	教師（編著者）が平易な英文に書き直したComprehension の英文を使って listening で穴埋めを行う。直後に答え合わせ。	この英文は予習してから授業に臨むことになっている
Comprehension	Comprehension の英文の内容について、日本語または英語で質問をする（ワークシート）	単なる訳にならないように工夫
Comprehension (True or False)	教科書の問題Ⅲ（Comprehension の英文の内容についてさらに理解を深める）	
Useful expressions	教科書の問題Ⅳ（医療小説の中から語彙や表現を学ぶ）	いくつかを選んで実施
Listening focus	教科書の問題Ⅴ（すべて会話形式）	CD を使用。医療現場での会話を練習
関連の事実から医療英語を学ぶ	教科書の問題Ⅰ	本来は pre-reading であるが、最後に扱うことが多い

6.4　ESP/EAP に文学を取り入れた事例研究の結果

［事例 6.1］

　クラス A は、TOEIC のスコアから推測できるように英語能力も高く、普段からほぼ全員が授業によく取り組んでいるので、そのような姿勢を反映してこの活動にも熱心に参加した。これに対して、クラス B では、十分に準備をしてこなかった者や活動に消極的な受講生も見受けられた。どちらのクラスでも、ストーリーを紙に書いて提出するように指示した理由は宿題として意識させるためであったが、このやり方は良かったと感じている。

　受講生の発表したストーリーの中から、クラス A の中でグループの代表になったものを紹介する。

When I was an elementary school student, my family and I went to a zoo several times. I particularly remember the time when we went to the Tobu Zoo. In the zoo, when we were walking along a street, we noticed there was a pelican walking on the same street. Then, I thought that it would be safe even if I touched the bird because it was not in a cage and walking freely. So I came closer to the pelican and touched it. At first, the bird ignored me. But it might have felt uncomfortable. All of a sudden, that pelican opened its beaks. Both sides of my head got caught strongly in the beaks and I saw the inside of the pelican's throat.

次に、アンケート調査の結果から、受講生の評価とその理由をそれぞれTable 5.6.4, 5.6.5 に示す。

Table 5.6.4　Story Project に対する受講生の評価（n＝34, 22）

	Good(5)	(4)	(3)	(2)	Bad(1)	average
クラス A	7(20.6%)	20(58.8%)	7(20.6%)	0	0	4
クラス B	5(22.7%)	9(40.9%)	6(27.3%)	2(9.1%)	0	3.77

　この結果から、両クラスにおいてこの活動は高く評価されたことがわかる。Table 5.6.4 に示したデータで、評価スケールの Good を 5、Bad を 1 として平均を算出すると、クラス A では 4、クラス B では 3.77 であった。一般に、英語能力の高い集団は英語学習に対する姿勢も高く日頃からどのような活動に対してもよく取り組むため、この活動についても高い評価を示したのは予想された結果であった。

　Table 5.6.5 で評価の理由を見てみると、クラス A の方がより活動を楽しみ、創造的なものとしてとらえていることがわかる。難しいと感じるかどうかという点では、人数では両クラスに差はないものの、クラス全体に占める割合ではクラス B の方が大きかった。やはり英語能力が十分でない場合にはやや負担の大きい活動であったということが言える。

Table 5.6.5　評価の理由（複数回答可）

	クラスA	クラスB		クラスA	クラスB
Fun, enjoyable	19(55.9%)	9(40.9%)	Difficult	10(29.4%)	8(36.4%)
Creative	17(50.0%)	10(45.5%)	Boring	1(2.9%)	1(4.5%)
Good for self-expression	13(38.2%)	7(31.8%)	Embarrassing	9(26.5%)	2(5.9%)
Sense of achievement	4(11.8%)	1(4.5%)	Frustrating	0	0
Expanding vocabulary	6(17.6%)	7(31.8%)	Not useful	0	0
Developing speaking skills	8(23.5%)	6(27.3%)	Irrelevant	0	1(4.5%)
Developing writing skills	15(44.1%)	6(27.3%)	(Others)	1(2.9%)	0
Logical thinking	6(17.6%)	2(5.9%)			

　しかし、全体的には、両クラス共に「楽しい」「創造的である」という理由や感想が1位、2位を占め圧倒的であった。また、「自己表現ができた」という項目も、特にクラスAでは多かった。ネガティブな理由や感想についても選択肢を設けたが、「恥ずかしい」という回答はAで9、Bで2見られたものの、「役に立たない」とか「関連性がない」を選んだ者はほとんどいなかった。

［事例6.2］
　本事例の結果は、担当教員へのインタヴューとインタヴュー時に提示してもらった受講生へのアンケートを分析して示す。Table 5.6.6の「担当教員へのインタヴュー」では、文学的な教材の特徴を表すと思われる部分に強調の下線を施した。

　Table 5.6.6の表中で、「真実味がある」という箇所は、一見、文学教材の特徴でないように見えるが、担当教師によると、このような事実に基づく医療小説では学生が真実性を感じ、また臨場感を抱きながら、作品中に自分自身を投影して心情的にも深くテクストとかかわりながら英語を学んでいくということである。まさに、Careter & Long(1991)が文学的テクストの基準として、"the capacity of the author to create the contexts with which readers can identify"を挙げ、さらに、"If readers can identify with events and characters and project themselves into them *imaginatively* then a certain truth to experience can have been created." (p.13, 斜字体は原文のまま）という説明を施していることと一致する。この点が、医療英語を機械的に覚えさせたり医学論文集を単に読み進めていったりするような授業方法や断片的な事実を集めた総合教材とは異なるところである。

Table 5.6.6　担当教員へのインタヴュー（2016 年 2 月 29 日）

筆者からの質問	担当教員の回答
この教材は医療系英語のための通常の教材[7]と比べてどのような特徴があると思いますか。	*Awakenings*: 医療を題材に登場人物の関係や起こる事柄との関係性を描き、その中で現代に通ずる医療問題を提起しており、学生はそれを自分で想像しながら読み取り、問題提起することができる。また、重要なケーススタディが<u>1つの流れを持って</u>収められている点で優れている。 『レナードの朝』：<u>物語性があるため、学生に興味を持って学んでもらえる。医療英語や表現に真実味があり、身につきやすい</u>。また、これを利用し、英文文献より医療英語の定義をまとめたり、プレゼンテーションや自分の意見をエッセイにまとめたりする活動が無理なくできる。
この教材を使って実際に教えられての感想を聞かせて下さい。（良いと思われる点）	・映画の力が大きく、症例などをよりよく理解することができる ・深い内容を学びながら、4技能や調べ学習を取り入れることができる（content-based instruction[8]に通ずる） ・<u>人間性、humanism を学びながら英語学習ができる</u> ・<u>答えがない問題に取り組むことができる</u>（実際の社会には答えがない問題が多いので）
この教材を使って実際に教えられての感想を聞かせて下さい。（難しいと思われる点）	・はじめは、学生が字面だけを訳し、内容を深く考えられないときがある ・<u>原作が難しいので工夫して使うことが必要である</u>（→教材の準備に時間と手間がかかる） ・すべての章を終えたことはまだない（時間が足りない）

（下線は本書の筆者による）

　次に、受講生の感想を分析するが、これは担当教員が自分のための資料として保管してあったものをインタヴューの際に提示してもらったもので、全体数がわからないため統計的な処理はできない。但し、ある程度の分量がある回答は全て保管してあるということなので、全体の傾向を見て取ることはできる。Table 5.6.7 では、授業と教材についての感想を回答の内容によりグループ化して示す。

Table 5.6.7　受講生の感想

分類	感想(回答数)
英語能力の向上に関するもの	現場で役立つ医療の単語・表現などを学べた(5) レポート課題を通じて意見の述べ方・書き方を学んだ 文通りに読んで訳すのでなく推察しながら読むことを学んだ
教材のタイプに関するもの	(物語なので)読んでいて面白かった(7) ストーリー性があり単語が覚えやすかった(4) 続きが気になり、読み進めたい気持ちになった(3) 映画を楽しみながら英語を勉強することができた(3) 物語なので読みやすかった(2) 実際の話なので興味が持てた(2) 物語を通して症例を学ぶことができた
授業・教材の内容に関するもの	それぞれの患者さんの背景の違いと治療について考えた(6) Sacks博士の人間性、医師としての姿勢に感動、多くを学んだ(5) 医療関係者、患者、家族の探り合い、心の葛藤を学んだ(4) 医療に携わる者としてためになった 薬について考えさせられた 内容の重要な点を考えることができた
その他	もっと映画を観たかった(2) リスニングがもっとあると良かった 予習は総合教材の方がしやすかった 内容がむずかしかった
【まとめ】 教材のタイプと英語学習の関係に言及したもの(上記と重複)	- 物語を読む楽しさと医療英語を同時に勉強でき、興味を持てたので単語や表現を覚えることができた(4) - 物語のように進むので読みやすい - 医療に対する知的好奇心を高めながら、英語の勉強ができた - 英語論文ばかりでなく、実際にあったストーリーなので読みやすく、進んで取り組むことができた

(下線は本書の筆者による)

　受講生たちは、授業や教材の内容、英語学習などの観点から様々な感想を述べてくれたが、全体的には、自分たちの専門分野の深い内容を扱いながら、同時に英語学習を進めることができたというものが多かった。1人の受講生は、「専門的な医療単語、文法、言い回しを学んだだけでなく、医療者としての患者への接し方や心構え、向上心を持つ大切さを学んだ。」と述べている。これは、まさに担当教員が目標としたところで、内容と共に専門分野の英語力を養成するということである。

教材について、「ストーリー」あるいは「物語」という言葉を使った受講生が7名いて、いずれも、そのような要素を持つ教材だからこそ興味を持って読み進めることができ、その結果、医療英語の単語や表現を学ぶことができたと述懐している。また、数名以上から示されたのが、困難な状況の中での患者、家族、医療関係者の心の葛藤を知ることができたこと、また、それぞれの患者の背景によって薬の効果が異なるなど医療の奥深さを知ることができたことなどであり、これらも単に医学論文を読む授業などでは得られない成果であると言える。

6.5 ESP/EAP に文学を取り入れた事例の考察

本節では、理工系の大学生対象の ESP/EAP の理念に基づいた授業の一部で、narrative, narrativity をキーワードに文学との関連性を見出し、単発的に文学的な活動を実践した事例と、医療小説教材として専門性の高い医療英語を学ぶ事例を取り上げ、担当教員や受講生へのアンケート調査という形で、ESP と文学教材の関係を分析した。

事例 6.1 では、一般的に主張されている言語教育における文学の意義に加えて、理系の学生にも必要とされる narrative に文学的な教材を使う根拠を求めた。筆者が意図した通り、創造的な活動を通して「時系列に沿った語り」の練習をすることができ、かつ、自分の経験を話すという行為によってグループやクラスの中に共感や協調の雰囲気が生まれた。アンケート調査では、多くの学習者が活動に高い評価を与え、その理由を「楽しい」「創造的である」「自己表現ができた」と述べた。一方で、この活動にはある程度英語の表現能力が必要で、実際に「難しい」という感想も聞かれたことから、教師は扱う教材や活動を学習者のレベルに合わせ、かつ、実践が英語学習として効果的になるように工夫する必要があると言える。この結果のみでESP/EAP と文学作品のつながりを示せたと結論づけるのは早急であるが、少なくとも、1つの可能性を示すことはできたのではないかと考えている。

また、この実践を通して印象的であったことを記しておく。日頃から教師である筆者ともクラスメートとも打ち解けて話すことのなかった外国出身の受講生の1人が、この活動を行った授業の後で筆者のところにやって来て、

"I always love reading these stories of Paul Auster. I especially enjoy stories in 'War' and "Love". They are so touching." と語ったことである。理工系学部の学生の中にも普段から英語で文学的な作品を読んでいる者がいるということを確認できたことは大きいが、それと共に、このような実践を行ったことで学習者と教師の間にも何かしら通じ合うもの、共感するものが芽生えたということを考えると、そこにも数値では表すことのできない文学教材の教育的な役割があるように感じた。

　2つ目の事例 6.2 では、ESP の授業で文学的な教材を使う意義をより積極的に主張することができたと考えている。医療英語の習得を目指したこの授業で小説を使う意義は何か考察すると、まず、第一に、より文学性の薄い教材と比べた場合、ストーリーや物語性がある方が学習者の興味をかきたて、また、感情に訴えるので英語学習が進み易く、単語や表現を覚えやすくなることが挙げられる。これは、ほとんどの受講生が授業中やアンケートで述べ、教師も認めていることであり、結果として英語能力の向上につながることは実証こそされていないものの十分に可能性があると考えられる。

　第二に、一連の症例を単に英語で読むということは総合教材や医学論文など他の教材でも可能であるかもしれないが、医療者の懸命な姿勢や心の葛藤、家族や患者の背景や心の変化などについて知ることは、おそらくこのような小説形式のテクストでしかできないものであると言える。受講生たちは、想像力を用いて小説の中のできごとや登場人物に自分を投影させ、経験を再創造している。だからこそ、作品中の様々な問題に当事者として対処することができ、「真実味がある」という感想を述べている。また、本教材を通して、humanism、人間性を感じてほしいという教師のねらいは、小説の中で Sacks 博士や他の医療従事者、患者や家族の言動に触れ、心の葛藤や変化などにも注目することで達成させられている。このような、受講生の専門分野で起こり得る様々な問題、特に答えのない問題を深く考えながら ESP を学ぶことができたという点からも、文学的な教材を使う意義を示すことができたと考えている。

　第三に、当該授業では多様な言語活動を通して、専門分野の深い内容と ESP である医療英語を同時に学ぶことが可能となっている。大学生の知的好

奇心や専門分野での問題意識を刺激する内容を扱いながら、教科書と映画の使用により reading, listening など4技能の向上が目指され、また、調べ学習のまとめとして essay writing, presentations なども取り入れられている。内容面での充実と ESP を学ぶための様々な言語活動の提供という2つの役割を担えるテクストはそれほど多くないと予測できるが、本事例で用いた文学的教材はその1つであると言えよう。

註（第5章6.）

1　（野口, 2013）によると、「コンコーダンス・ソフトウェアとは、検出したい語が文の中央にくるコーパスで、その語の前後にはどのような語がくることが多いのかを統計的に知ることができる。」(p.18)

2　この場合の組み合わせとは、オーラルとリーディングという活動面での組み合わせと共に、training/goal-oriented（プレゼンテーション・ユニット）と education/process-oriented（リーディング・ユニット）の方法論における組み合わせをも意味する。

3　例えば、理工系学部の図書館にももっと小説（日本語）などを置いてほしいという要望はよく耳にした。

4　例えば、Oxford University Press が出版している New Headway, Pre-Intermediate（4th Edition）では、Unit 9: Time for a story で、Narrative tenses, Narrating などを学習する。

5　クラス編成のために同年3月下旬に学内で実施された TOEIC-ITP のスコアであり、受講者平均ではなく、クラス平均のスコアを用いている。

6　医学部では医療英語の用語集、薬学部では薬に関する総合英語教科書が使われている。

7　「通常の教材」とは、上記、註6）で示した用語集や総合教材などを指す。

8　第二言語／外国語を用いて教科の内容（content）を学習者に教え、その過程において目標言語を自然な形で習得させようとする教授法（白畑他, 2012）。

7. マルチ・メディアを使った事例

本節では、近年、教育分野全般で関心の高まっているマルチ・メディアを利用した教室で文学教材を使う可能性を追究する。そのために、CALL 教室で行われた英語授業の観察し、授業の展開と学習者の反応を分析する。また、教材作成の際にメディアを使い、授業でも DVD を用いた実践例を示す。

7.1 文学教材とマルチ・メディア

Carter(2010)は、教育的文体論の未来に向けた可能性として、重要なものの 1 つは「サイバースペース・クラスルーム」(p.120)であると主張する。これは新しい技術によって作られる未来型の教室を意味するが、同書は、教育界全体で通常の教室以外にインターネット上のコミュニケーションやビデオ会議などを利用した通信教育が増え続けていると指摘している。以下の引用が示すように、文体論はこれまで書かれたディスコースに過度に依存してきただけに、新技術により口語テータ、音声ファイル、会話データなどへのアクセスが容易になることでより大きな可能性を持つようになるというのが同書の主張である。

> The ease of access to spoken data, sound files and verbal interaction sequences frees stylistics from an over-concentration and privileging of certain types of written discourse. （p.120）

言語教育全般におけるマルチ・メディアの重要性は、既に 1980 年代から関心が持たれており、Kramsch(1993)も以下のように述べている。

> The development of multimedia, a combination of video and computers, is likely to revolutionize the way we use real-life materials...Multimedia or hypermedia uses not only written texts, but material in various media, including text, sound, and visual material as its relational database. （pp.196–197）

この傾向は外国語教育における文学利用の分野においても見られ、Paran（2008）は同分野の研究の歴史を整理する中に"literature and technology"という項目を設定して、従来とは異なる新たなアプローチとしてメディアに関連した研究をまとめている（pp.482–482）。同書も、上記のCarter（2010）と同様に、新技術が文学教材を使う教室に新しい可能性をもたらすと指摘し、1990年代の映像や音声を提供する伝統的なメディアから今世紀に入ってから教室に導入されたパワーポイントやオンラインビデオ、インターネットなどのコンピューター機器などを使った授業についての研究を時系列的に記している。これらは文学を用いる外国語教育への大きな可能性を暗示している一方で、Hirvela（2007）のように、メディアを使った革新的な方法が必ずしも学習者に良い結果をもたらすとは言い切れない報告もあり[1]、全体としては実践の方法についても、またそれがもたらす効果についても未だ模索中であると言える。

本書で論じてきた事例研究の中でも、その多くが文学テクストを主教材としながら、CD、DVDなどの視聴覚教材を取り入れて授業を展開している。授業者がそうすることの理由の1つは、外国語教育の授業で文学を用いる際にはリーディングが活動の中心となり他の言語活動が制限されるというものであろう。多くの教室ではその問題を回避するために視聴覚教材を用い、リスニングその他の能力を同時に高めようという試みを行っている。また、視聴覚教材を利用する場合の別の目的として、映像を用いることによりプロットの理解を助けること、それから、学習者が自分とは異なる解釈に触れることで作品についてより深く考えたりする機会を与えることなどが考えられる。例えば、DVDにおける登場人物の描き方が自分の想像していたものと違いがあれば、もう一度原作を読んで考えることもあるだろうし、そのような作業を通してより深い作品理解につなげることも可能である。

授業者やカリキュラム作成者の視点から見ると、文学教材を用いた授業で新技術を使う場合の使い方として、教材を作成する際に使う場合と、授業内の活動や授業外での課題を行う際に学習者が使うことができるようにする場合とに分けることができる。前者では、テクストを入手する手段として、従来のように紙媒体のものだけでなくプロジェクト・グーテンベルクのように

オンライン化されたテクストを得ることや、問題作成などのためにコーパスを利用すること、また、後者では文学作品をドラマ化・映画化した CD, DVD などの媒体を教室に持ち込むことに加えてインターネット上の映像を利用することなども可能である。さらに、先述の「サイバースペース・クラスルーム」に向けた一段階として、文学作品を教材として用いる授業そのものを CALL 教室で行うことも考えられる。また、今後は学習者が自主的な学習の中で利用する e-learning においても、文学教材を使えるように学習環境を整えることも必要となるだろう。

本節の最後に、文学教材とメディアの新たな接点として、第 5 章 6.「ESP/EAP に文学を取り入れる試み」でも紹介した、野口 (2013) の提案をより詳しく説明する。これは、ESP で得られた音韻処理とコーパスの使用の新技術が文学教育をサポートする可能性を示唆したもので、多くの文学作品の音声ファイルがインターネットサイトで利用できることからリスニングの練習等に使えること、そして、コンコーダンスソフトウェア[2]を用いることによって、作品中のコロケーションや文体上の特徴を瞬時につかむことができるという提案である。いずれも Windows, Mac を搭載したコンピューターで簡単に利用することができるので、新技術を文学研究や外国語教育における文学利用に用いる可能性を示唆している。

7.2 マルチ・メディアを使った事例の概要

本節では、まず、マルチ・メディアを使うケースをさらに特化して CALL (Computer Assisted Language Learning) 教室に焦点を当て、そこで小説を教材とする大学英語授業について議論する。CALL は、2000 年頃からコンピューターの普及と共に注目を集め、かつての LL (Language Laboratory) 教室にとって代わり、今後の大学や学校における外国語教育の一翼を担うものとして期待されている。しかし、そこで教材として文学作品を使う授業についてはこれまでにほとんど報告されていない。

Table 5.7.1 に示す本節の対象授業のうち、事例 7.1 は、筆者が 1 学期間観察した首都圏 A 大学の CALL 教室での授業である。本節では、その授業展開を記述し、コース終了後に行った学習者の反応を調査するためのアン

ケートを分析することを中心とする。事例 7.2 は、事例 7.1 と同じ教師が別の大学（首都圏 J 大学）の普通教室で同じ教材を用いてほぼ同じ内容の授業を集中講義の形で行ったものであり、アンケート調査の結果を提示する。また、事例 7.3 は、首都圏 B 大学で筆者が単発的に文学教材を利用する際に、教材作成の過程でオンライン上のテクストを利用し、そのテクストと DVD を授業で使用した事例である。それについては連続して 3 年間の記録を合わせて示す。

Table 5.7.1　マルチ・メディアを使った事例の対象授業

	授業名など	対象学生	教材
事例 7.1 （2011 年度）	英語 2 C （選択/必修）	A 大学教養学部（文系・理系）2 年生約 60 名（2 クラス）	CALL 教室で Kazuo Ishiguro, *The Remains of the Day* を教材とする。担当教師は日本語母語話者。
事例 7.2 （2011 年度）	夏期スクーリングにおける英語授業	J 大学通信課程文系 1 年生 14 名	Kazuo Ishiguro, *The Remains of the Day* を教材とする。担当教師は事例 7.1 と同じ日本語母語話者。
事例 7.3 （2011 年度） （2012 年度） （2013 年度）	Intensive Reading II（必修）	B 大学人文系学部英文学科 2 年生（21 名、25 名、23 名）	主教材として言語についての論説的テクストを読んだ後で単発的に Barnard Shaw, *Pygmalion* を使用。

［事例 7.1］

　「英語 2 C」は対象とした A 大学で行われる比較的少人数制の授業である。その中で「英語 2 C」は学部 2 年生の前期に履修することとなっており、聴解力・読解力の向上が目標とされている。

　観察した授業では、*The Remains of the Day*（以下、RD）を教材とし、毎時間、CALL 教室で映画の一部を視聴し、ポイントとなる箇所のスクリプトを完成させ、さらに対応する原作の箇所の読解を行う。読解は、精読と速読を併用ことによって 1 冊を読み終えることができるように計画されている。また、英英辞書を使いこなせるようになることも目標に設定されている。

［事例 7.2］

　首都圏 J 大学で、同じ教師が同じ教材を用いてほぼ同じ内容の授業を集中

講義の形で行った事例である。

[事例 7.3]

　筆者が担当した授業、英文学科 2 年生を対象とした通年必修科目の Inten-sive Reading II の一部である。後期に教材とした Bauer & Trudgill (eds.), *Language Myths*（以下、Myths）[3] では、Chapter 20: Everyone Has an Accent except Me で章末の約半ページにわたり本文の内容と関係が深い *Pygmalion* が紹介されている。また、それに続く Further Reading のセクションでもこの作品を読むことが勧められている。そこで、学期末の最終 1、2 授業時間のために筆者が *Pygmalion*（原文）の原文から特定箇所を選んで問題を作成し、単発的に、読解・読解に伴うタスク・映画鑑賞などの活動を行った。

　受講生にとっては、論説的な文章である主教材 Myths とは異なる文体のテクストを精読する機会を得られるだけでなく、精読以外の言語活動や DVD 視聴を通して英語を学ぶ機会を持つことができる。また、出身地域と英語方言の関係などについて理論的で抽象的な説明の多い Myths の内容を、*Pygmalion* では人物描写や台詞を通してより具体的に理解することができることが利点である。

7.3　授業展開とメディアの利用例
[事例 7.1]

　1 学期を通して RD を読み、それに基づく様々な活動が行われたが、実際に受講生が CALL システムを作動させて学習を行うのは、毎時間約 25 分間ほどである。教師がスクリプトから抜粋した、ポイントとなる箇所について、聴き取りをして空所を埋める、いわゆる穴埋めの作業を行った。空所の数は 10 から 20 くらいで、空所に当てはまる語の語数はその週によって異なる。実際に観察してみて、このシステムの良い点として感じたのは、映像教材配布が受講生の画面に一斉にできるので教師の手間が省け時間が節約できること、学習者は自分のペースでリスニングができ、必要に応じて何度でも聴くことができる、さらに Movie Teloco というアプリケーションを使って配布された映像教材を USB メモリーなどに保存し、持ち帰ることができ

第 5 章　文学教材を用いた大学英語授業の事例研究　279

るので、授業外学習に使うことができる点などである。いずれも、普通教室
で DVD を一斉に視聴するという従来のスタイルでは不可能な作業である。

　このスクリプトを使ってのリスニングは、直後に答え合わせが行われ、
時々提出を求めることはしていたものの、評価の対象にはしない。毎時間の
活動で評価の対象としたのは 2 週目から始まった Quiz である。これには前
週使用した DVD のスクリプトや原作の抜粋に出てきた語の定義とコロケー
ションの問題、聴き取り、内容理解、英文和訳、和文英訳が含まれる。また、
前週に配布された原作のテクストについて毎回 3, 4 人がレポーターとして
発表を担当し、重要語句の意義や例文、構文や表現の解説や訳、内容やポイ
ントとなる部分の説明などをプレゼンテーションの形式で行い、それも評価
の対象としていた。

　1 授業時間の中での活動内容とおよその時間配分を Table 5.7.2 に示す。

Table 5.7.2　授業展開（主な活動内容と時間配分）

主な活動内容	時間
Quiz（単語の定義とコロケーション・聞き取り・ディクテーション・内容理解・英文和訳・和文英訳など）と答え合わせ・解説	20 分
原作の指定箇所についての学生によるプレゼンテーション（3, 4 人）	15 分
講師による説明・補足	5 分
DVD を使用したリスニング（各自）	20 分
講義（リスニングの答え合わせと解説）	20 分
ワークシートを用いた問題演習	不定期

　授業者が行ったこれらの活動とは別に、観察者である筆者も学期中に 2 度
ワークシート作成に参加した（Appendix H を参照）。その中で、メディア利
用ということを意識して「映画の違いに気づいた箇所をすべてあげ、映画製
作の際に原作を変えた理由が考えられればそれを記しましょう。また、それ
について 3 ～ 4 人のグループで意見交換をしましょう。」などの設問を行っ
た。

[事例 7.2]

　筆者は参与観察を行っていないが、事例 7.1 と同一の授業者によってほぼ同じ方法で授業が行われた。但し、教室は CALL 教室でなく、普通教室を使用した。

[事例 7.3]

　この授業でのメディアの利用は 2 つある。1 点目は、プロジェクト・グーテンベルクによってオンライン上にアップロードされたテクストを用いたことである。これは、受講生へのテクスト配布や問題作成という点で教師にとって大変便利であるだけでなく、受講生にとってもテクストを自分で入手する必要がないという利点がある。特に、既に決まった主教材を使っていて追加で文学作品の一部を用いるという場合には利用価値が高い。

　2 点目は DVD の利用である。この作品のように映像が複数ある場合には、ある場面に焦点を当てて、テクストとそれぞれの映像における出来事や登場人物の描き方の違いを比べる活動を行うこともできる。

　また、今回は時間の関係上実行することができなかったが、映画 "My Fair Lady" の台本を配布し、その台本と原作という複数のテクストの読み比べを行い、intertextuality という観点から教材を作成することも可能である。その際、全く異なる結末を持つ両方のテクストを読むことで、1 つの絶対的な正解というものを持たない文学作品の特徴を感じさせることもできるだろう。

　このように、副教材として単発的に文学作品を教室に入れ、その際にメディアのサポートを得ながら、以下のような授業計画を立て、実行した。受講生に配布した教材（ワークシート）は、Appendix I に示す。

〈授業計画〉

第 1 時間目

教材：PREFACE- A Professor of Phonics- と該当部分の DVD 鑑賞

1) 3 人のレポーターに Preface 全体の要約をしてもらう。問題点があれば指摘。

2）Preface 1 ページ目、第二段落には、Shaw の英語や音声学についての見
解が記されているので、全員で丁寧に読む。

3）Preface の最後の二段落には、Shaw 自身の *Pygmalion* の評価やアクセン
トを矯正することの現実性などが記されているので 2）と同様に重点的に
精読する。

4）2）で読んだ内容は、DVD で Professor Higgins のセリフとして出てくる
ので鑑賞する。必要ならば、*My Fair Lady* のスクリプトを配布。

第 2 時間目
教材：ワークシート（ACT I よりテクストを抜粋）
1）宿題として Section 1- Reading を各自読み、そのあとの問に答える（Post-
Reading）。
2）答え合わせをし、必要な箇所は精読を行う。
3）該当箇所の DVD を観る。

7.4　アンケート調査の結果
［事例 7.1］
　初回授業（受講前）と最終回授業（受講後）に行ったアンケート調査の結果を
項目別に提示する。回答総数は、2 クラス合わせて受講前が 57, 受講後が 56
である。

（1）授業を選択した理由・動機（受講前）／良かったと思うこと（受講後）
　Table 5.7.3 に見られるように、受講前には特別な理由や動機を持たず、
抽選の結果割り当てられて受講し始めたという者が多かったが、1 学期間の
授業を受けた後では多くがこの授業で良かったと思うことを挙げ、中でも
40 名が映像を教材として使ったことを良かったと答えている。次には、過
半数の 29 名が RD のテクスト（原作）を良かったとしている。受講前には、
テクストと映像を併せても 12 でほとんど期待がなかったことがわかる。
CALL の設備に対する評価も受講前の 1 から 8 に増加した。

Table 5.7.3 「この授業を選択する主な理由・動機は何です
か。／この授業で良かったと思うことは何です
か。」(いずれも３つまで複数回答可)(n=57, 56)

	受講前	受講後
CALL の設備	1	8
RD テクストと映像	12	-----
RD テクスト	-----*	29
RD 映像	-----	40
講師	1	12
様々な言語活動	14	14
その他	18**	1

*　----- は該当する設問がないことを示す
**「抽選によりこのクラスに割り当てられた」が大部分を占めた

(2) 学習内容や活動で良かったもの

　この質問は受講後にのみ行われたが、Table 5.7.4 が示すように、活動と
して良かったものに、多くの受講生が DVD 視聴やリスニング・ディクテー
ションと答えた。上記(1)の項目と呼応するように、テクストの精読につい
ても半分近くの受講生が良かったと答えた。大学のカリキュラム上このコー
スの内容は、聴解と読解であるので、それに合った授業が行われたことを示
している。

Table 5.7.4 「学習内容や活動で良かったものは何ですか。」
(３つまで複数回答可)(n=56)

学習内容や活動	受講後
DVD 視聴	40
精読	22
リスニング・ディクテーション	21
小テスト	15
速読	4
アクティビティ(ワークシート)	4
その他	1

第 5 章　文学教材を用いた大学英語授業の事例研究　283

(3) RD を教材とした授業に期待したこと(受講前)と得られたこと(受講後)

Table 5.7.5 は、受講前の期待と実際に得られたと思うことについての評価をたずねた結果であるが、受講前後で差が一番大きいのは「映像化に伴う解釈の面白さ」である。受講後には半数近くの学生が DVD を見て原作との解釈の違いに興味を持ったということがわかる。映像使用には、テクストを読んで曖昧だった部分の理解を補うことを目的にする場合も多いが、この作品のようにいくつかの重要な箇所で映像が原作とは異なる描き方をしている場合そこに焦点を当てて解釈の違いを考えさせる活動をすることができる。この他には「語彙力向上」も指摘され、この授業の講師が毎時間 Quiz の中に語彙に関する問題を含めていたことが反映されている。この授業の 1 つの目標である英英辞書を使いこなすということも高い度合で達成されているのではないだろうか。

Table 5.7.5 「RD を教材とした学習に期待していることは何ですか。／得られたと思うことは何ですか。」(いずれも 3 つまで複数回答可)(n=57, 56)

	受講前	受講後
読解力向上	25	15
オーラル面の能力向上	10	8
語彙力向上	19	23
内容の面白さ	23	18
教養・人間的成長	12	11
外国の文化に触れること	20	21
映像化に伴う解釈の面白さ	12	24
その他	1*	1**

＊文学に触れること　＊＊日常会話の表現

(4) 文学教材についての印象

Table 5.7.6 によれば、文学教材の印象が授業の前後で大きく変わったとは考えられない。4 つの項目にそれぞれ、4, 3, 2, 1 の数字を当てて平均値を計算すると受講前 2.95、受講後 3.00 で、肯定的な意見が微増したものの大

きな変化が見られたとは言えない。しかし、これは、受講前からシラバスなどにより文学作品を扱う授業であることをわかっていて選択した学生が多いことを考えると、ある程度予測がつくことである。

受講後の「好ましい」「まあ好ましい」という回答の理由として一番多かったのは、「楽しく学べる」ということであった。また、「理系は文学に触れることがないので貴重」「生きた英語と出会える」などというものもあった。

Table 5.7.6 「一般的に、英語学習の中で扱う文学教材についてどのような印象を持っていますか。」(n=57, 56)

好ましい		まあ好ましい		あまり好ましくない		好ましくない	
受講前	受講後	受講前	受講後	受講前	受講後	受講前	受講後
20%(11)	25%(14)	57%(32)	53%(30)	20%(11)	21%(12)	2%(1)	2%(1)

* カッコ内の数字は回答数を示す(以下の Table でも同様)

(5) 文学教材の英語力向上への効果

Table 5.7.7 が示すように、この項目でも受講の前後で大きな変化は見られなかった。前項と同じ方法で計算すると、受講前 3.20、受講後 3.30 である。理由としては、受講後に 12 人が「多様な表現を学べる」を挙げ、そのうち会話表現・口頭表現と明記したものは半数の 6 人であった。肯定的な回答をしながらも「効果があるかどうかは、文学を好むかどうかによる」という指摘もあった。

Table 5.7.7 「文学教材を使う授業は英語力の向上に効果的であると思いますか。」(n=57, 56)

効果的		まあ効果的		あまり効果的でない		効果的でない	
受講前	受講後	受講前	受講後	受講前	受講後	受講前	受講後
32%(18)	35%(20)	59%(33)	60%(34)	7%(4)	5%(3)	4%(2)	0

(6) 文学作品とメディア

「文学教材は、CALL や DVD などのメディアと合うと思いますか。」(Table

第 5 章　文学教材を用いた大学英語授業の事例研究　285

5.7.8）という質問についての回答は受講前後で大きく変化した。「思う」の
人数は大きくは変わらなかったものの、「少し思う」が 10 名以上増え、「あ
まり思わない」がほぼ同数減少し、「思わない」が 0 になった。理由として
は、「文字と映像の組み合わせ」の効果について触れたものが多く、それに
より「理解が深まる」「想像力を高めることができる」「比較が面白い」など
があった。

Table 5.7.8　「文学教材は、CALL や DVD などのメディアと合うと思いますか。」
　　　　　　（n＝57, 56）

思う		少し思う		あまり思わない		思わない	
受講前	受講後	受講前	受講後	受講前	受講後	受講前	受講後
21%（12）	30%（14）	45%（25）	63%（36）	23%（13）	7%（4）	2（4%）	0

　受講前には「文学作品とメディア」に関連性を見出せなかった受講生たち
も、一連の授業を通して「文学教材は CALL や DVD などのメディアと合う」
という意見を持ったということで、文学作品をメディアと共に効果的に使お
うと意図した授業者のねらいは、学習者の反応という観点からは達成できた
と言える。

(7) 文学教材とコミュニケーション能力育成

　Table 5.7.9 に見られるように、この点については受講前後でほとんど変
化がなかった（上記と同じ平均値を出す方法では 2.85, 2.86）。ただ、「コミュ
ニケーション能力」という語の定義については受講生の解釈に委ねられたた
め、単に聞いたり話したりする能力ととらえていた者が多いようである。受
講後の「思う」「少し思う」の理由として「会話表現が学べる」が 6 あった
一方で、「あまり思わない」には「作品の言い回しが丁寧すぎて日常的でな
い」「（自分は）文学作品のような高等な言語を使いこなせるレベルにない」
など文学言語に触れる指摘もあった。

Table 5.7.9 「文学教材も、コミュニケーション能力育成に役立つと思いますか。」(n=57, 56)

思う		少し思う		あまり思わない		思わない	
授業前	授業後	授業前	授業後	授業前	授業後	授業前	授業後
23％(13)	19％(11)	50％(28)	51％(29)	20％(11)	23％(13)	7％(4)	5％(3)

[事例7.2]

　この事例では、最終回授業(受講後)に行ったアンケート調査の結果を一括して示し、その後でまとめて分析を行う。対象者は通信課程の夏期スクーリング参加者で、回答総数は14(男性4、女性10)で全員が文系である。

Table 5.7.10 「この授業で良かったと思うことは何ですか。」(3つまで複数回答可)(n=14, 以下同様)

RD の映画	講師	RD のテクスト	様々な活動を取り入れた授業のやり方	その他 *	CALL の設備
12	11	8	1	1	---

* その他：文法説明がわかりやすかった

Table 5.7.11 「学習内容や活動で良かったものは何ですか。」(3つまで複数回答可)

小テスト	DVD 視聴	アクティビティ(ワークシート)	リスニング・ディクテーション	精読	速読	その他 *
14	13	4	3	2	2	1

* その他：ロングマンを購入したこと

Table 5.7.12 「RD を教材とした学習で得られたと思うことは何ですか。」(3つまで複数回答可)

映像化に伴う解釈の面白さ	読解力向上	語彙力向上	外国の文化に触れること	内容の面白さ	オーラル面の能力向上	教養・人間的成長	その他
8	7	7	5	5	4	3	0

第 5 章　文学教材を用いた大学英語授業の事例研究　287

Table 5.7.13　「英語学習の中で扱う文学教材についてどのような印象を持っていますか。」

好ましい	まあ好ましい	あまり好ましくない	好ましくない	無回答
6	5	2	0	1

(理由) 話の面白さ(2)／英国の文化を　　　(理由) 興味を持てなかった
感じられる／生の英語に触れられる／読
解力の向上

Table 5.7.14　「文学教材を使う授業は英語力の向上に効果的であると思いますか。」

思う	少し思う	あまり思わない	思わない
12	2	0	0

(理由)楽しく読める・学習できる(4)／生きた
英語・表現を学べる(4)／文化や背景知識を得
ようとして勉強が進む(2)／自分の感情と共に
学習できる／読解力の向上／語彙力・語彙の推
測力の向上／リスニング力の向上

Table 5.7.15　「文学教材は、それ以外の教材に比べて、何か違いがあると思いますか。」

思う	少し思う	あまり思わない	思わない
8	4	2	0

(理由) 文体が異なる(フォーマル、美しい)／ス
トーリーがあるので面白い(2)／筆者の意図を読み
取ることで英文に対する理解が深まる／想像力を必
要とする／生の英語に触れることができる

Table 5.7.16　「文学教材は、CALL や DVD などのメディアと合うと思いますか。」

思う	少し思う	あまり思わない	思わない
13	1	0	0

(理由) 映像により理解が深まる(3)／発音がネイ
ティヴのものなので役にたつと思う／創作が可能に
なる／現在の社会ではそのようなものに触れずに勉
強が進まないと思う／文芸的な表現と実生活での言
い回しの差が理解できる

Table 5.7.17 「文学教材も、コミュニケーション能力育成に役立つと思いますか。」

思う	少し思う	あまり思わない	思わない
10	3	1	0

（理由）会話に深みがある・会話やジュークを使っ　　（理由）日常会話で現在使えるものが少ない
てみたい・口語表現や慣用表現が多用されてい
る・台詞が読める(5)／物語の方が次の展開を求め
て進んでいける／生の言語に触れるので大事

　本事例では受講後のみアンケート調査を行ったが、その結果は概ね事例
7.1 の受講後と似たものとなった。相違点として、学習者は、良かったと思
う活動内容やこの授業で得られたことに DVD 視聴や映像化に伴う解釈の面
白さを挙げており、全体的を通してテクストの読解より DVD 視聴に関心が
高かったことが推察できる。これは夏期スクーリングでの授業ということで
授業と授業の間隔が短く、授業外にテクストを読む時間が十分に取れないた
めであることが原因であると考えられる。
　文学教材の印象や英語力向上に対する効果については肯定的な意見が多い
が、特に、効果については「（効果的だと）思う」が 12 回答、「少し思う」
が 2 回答である。その理由は、物語の面白さに引き込まれて学習できるとい
うものが多い。文学教材とそれ以外の教材との違いについては、12 名が
「（違いがあると）思う」または「少し思う」と答えており、文体の違いや、
解釈・創造力の必要性についての言及があった。そして、「文学作品はメディ
アと合うかどうか」という質問について、13 名が「（合うと）思う」、1 名が「少
し思う」と答え、Table 5.7.16 に見られるような様々な理由を挙げた。それ
と呼応するように、「文学教材もコミュニケーション能力育成に役立つと思
うか」という次の質問にも、ほとんどの受講生が「思う」と答え、その理由
の多くが作品中の会話を通して日常的な表現や言い回しを学べるというもの
であった。

[事例 7.3]
　本事例は、1 学期間、Myths という言語についての論説的な主教材を精読
した後で、関連のある文学作品を単発的に取り入れた事例であるので、アン

第 5 章　文学教材を用いた大学英語授業の事例研究　289

ケート調査により得られた回答のうち、関連部分のみを分析する。*Pygma-lion* のテクスト抜粋を含むワークシート、DVD を教材とした授業の、教材と方法についての学習者の反応である。

Table 5.7.18　「今回の授業では、*Pygmalion*（文学的な作品）を用い、通常の精読以外の活動を行いました。教材とやり方についてどう思いますか。」(n=21, 25, 23)

	教材				授業のやり方			
	好ましい	まあ好ましい	余り好ましくない	好ましくない	好ましい	まあ好ましい	余り好ましくない	好ましくない
2011 年度	12	8	1	0	6	14	1	0
2012 年度	17	8	0	0	10	14	1	0
2013 年度	12	11	0	0	10	9	4	0

理由　「好ましい」「まあ好ましい」（教材・やり方）：面白い・楽しい(11)／読んだ文章から知識を広げていくのは理解が深められる・とつきやすい(6)／先に台本を読んでから DVD を見るやり方が良かった(3)／グループワークが良かった(2)／実際に耳で（アクセントなどの）英語を聞けた(2)／音声学への興味が湧く／意欲が高まる／違う作者の文が読めた／いつもと違う方法で良かった／新鮮な視点で見られた／映像から得られるものは多い／もっと長く DVD を見たかった(2)
「余り好ましくない」「好ましくない」（教材・やり方）：教材は良かったが、（時間の都合で）最後までできなかった(2)

　この事例は年度が異なる 3 回の実践結果をまとめたもので、アンケート結果も、年によって活動に費やした時間が異なることが受講生の反応や感想に影響したと考えられる。例えば、2013 年度については、十分な時間を取れなかったために、「もう少し時間が必要だった」という意見が出され、授業方法について「余り好ましくない」という回答が 23 回答中 4 寄せられた。
　アンケート調査自体も時間の制約のある中で行われたので、説明にも回答にもっと時間をかけ余裕のある中で行うべきだったという反省が筆者にはあるが、教材についてもやり方についてもほとんどの受講生が「好ましい」「まあ好ましい」と答え、全体的には肯定的・好意的であったことがわかる。理由のうち、「楽しい」「音声や映像が理解を助ける」というものは予測できたが、「読んだ文章から知識を広げることができた・読んだ文章の理解を深めることができた」という指摘は、複数テクストの関連性(intertextuality)の

利用という観点から示唆に富むものである。本事例が示すように、論説文など他のジャンルのテクストを扱った際に単発的に文学を入れて、学習者の知識を広げたり興味を高めたりし、その結果として主教材のテクストの理解が深まるという可能性が文学にはあるということである。もちろん、その逆の可能も考えられ、今後そのような使い方の研究がなされる価値はあると感じる。そして、そのように文学を単発的に使う際には、本を 1 冊購入するというような従来のやり方では実際的でない場合もあるのでオンライン上のテクストを使うのが便利であるし、DVD などの映像と組み合わせることでさらに学習者の興味を引き理解を助けることにつなげることができるはずである。

7.5 マルチ・メディアを使った事例の考察

　本節では、マルチ・メディアや新技術を駆使した未来型の授業の中で文学がどのように使われているかを調べるために、CALL 教室での授業展開と学習者の反応を分析し、また、教材作成という観点からの新技術の利用についても考察した。昨今の学校・大学教育では、英語授業に限らず、新技術の利用は関心の持たれている分野ではあるが、文学というとテクストを黙々と読むイメージが強いせいか、新技術と文学には接点がないという印象を持たれることが多い。実際には、映画・ドラマ化されている文学作品は多くあり、その DVD 視聴などを授業に取り入れている例は多いのであるが、それでも、今回の事例 7.1 のようにコンピューターと共に文学教材を扱う英語授業の研究例はこれまで限られており、将来への可能性を示すものである。

　CALL 教室で文学作品を使う授業を行う場合の利点はいくつか観察された。まず、通常の教室で視聴覚教材を使う場合と同様、「読んだ部分の理解が深まる」「映像化したものと原作、自分の解釈の違いを楽しむことができる」などがある。それに加えて、CALL のシステムで映画を見たりリスニングのタスクを進めたりする場合には、それらを自分のペースで行うことが可能になる。例えば、CALL を使ってのリスニングは自分が繰り返し聞きたいところを集中的に聞くことができるので、学習者それぞれが主体的に積極的に取り組むという状況を作り出すことができる。Carter(2010)が指摘するよ

うに、受講生たちは文学を使う従来の授業のようにただ静かにテクストを読むのではなく五感を使いながら学んでいると感じられた。教師の視点からも、システムを使って教材配布が一斉にできる、各自の進捗状況をつかむことができる、などの長所があり、効率よく授業を進めることができる。今後は、さらに CALL の機能を活かした多様な活動、例えば、スクリプトの一部を音読練習してから画面に合わせて発声することなどが試みられることを期待したい。

　アンケート調査の回答によると、CALL の設備を使ったことへの評価は授業後でかなり高くなっている。また、良かった活動としては DVD 視聴やリスニング・ディクテーションが挙げられ、この授業を通して得られたものとして授業後に指摘が倍増したものが「映像に伴う解釈の面白さ」であった。学習者は、CALL を使いながらリスニングのスキルを向上させるだけでなく、個人の画面で何度も繰り返し DVD の映像を見ることによって、映像化に伴う原作との解釈の違いに興味を持ちつつ学習を進めることができたことがわかる。

　当然、そのような意味深い授業にするためには、教師の努力と工夫が欠かせない。CALL 教室での授業は、活動としてはリスニングや語彙問題に取り組むことが中心となるが、教師の工夫次第で多様な言語活動を含む総合的な英語学習を行うことが可能となる。本事例でも、教師は映像を用いた部分を中心に紙媒体のテクストを用意して受講生に読むように指示し、それに基づいたプレゼンテーションをしてもらったり講義形式でポイントを解説したりしていた。また、ワークシートを使用して、設問を言語的なものに限定しないようにし、文学テクストを用いてこそできるような問題、例えば、登場人物の心理を考えるなど解釈に関する問題も提供することができる。CALL を使う授業は、使う側のこのような深慮を持ってして初めて大学生の知的レベルに合った興味深いものとなり、そのような場面で文学は格好の教材の 1 つとなるであろう。それを裏付けるように、「文学作品とメディア」について、多くの受講生が授業後に「文学教材は CALL や DVD などのメディアと合う」という意見を持ち、その理由として、文字と映像の組み合わせにより「理解が深まる」「想像力を高めることができる」「比較が面白い」と回答している。

また、本項の事例ではないが、本章6.「ESP/EAP に文学を取り入れる試み」で示した事例6.2 のように、ある程度まとまった学習が終了した時点で CALL 教室を利用して、受講生にテクストの音読や発音練習をさせて、録音を提出してもらうというようにも利用できる。

　このようなメディアを使う授業に難点があるとすれば、しばしば機械の不具合が起きて授業のスムーズな進行を妨げることであろうか。たとえ、機械に故障などがない場合でも、1 人の教師が授業と機械の操作の両方を効率良く行うのは困難な場合が多いので、TA（teaching assistant）の活用などが検討されるべきである。

　学習者の専攻という視点から本事例を論じると、事例7.1 の授業は受講生全員が理系の学生であったにもかかわらず、文学教材に対しても活動や授業に対しても授業後の評価が高かったと言える。近年、ESP への関心の高まりの中で、文学は理系の英語には使えないと決めつける場合が多いが、適切な教材を選び授業の目的に合うように活動内容などを工夫すれば、理系の学習者にも十分興味を持ってもらえることがわかった。それどころか、「文体が美しい」「生の英語に触れることができる」「ストーリーがあるので面白い」「想像力を必要とする」など、文学を他のジャンルのテクストと比較して積極的にその良さを評価する姿勢が見られた。

　文学教材はコミュニケーション能力の育成に役立つと思うかという問いについては、全体的に多くの受講生が肯定的に答えていた。「コミュニケーション能力」が何を意味するのか、あえて定義せず、受講生の解釈に任せたままの問いかけを行ったが、事例7.1 では受講前後共 7 割以上が「思う」「そう思う」と答えており、その理由は「日常に使う会話などの表現を学べる」というものが多かった。事例7.2 でもほぼ全員が同様に文学教材をコミュニケーション能力育成という点でサポートしていた。ただし、受講生の大多数はコミュニケーション能力の意味をオーラル・コミュニケーションと同義に解釈していたということや、日常の会話表現を学べるという理由は文学の中でも小説などの限られたジャンルの作品にしか当てはまらないことは承知しておかなければならない。

　事例7.3 では、論説文を読む授業に単発的に文学作品を取り入れた試みを

3 年間にわたり分析した。メディア利用という点では、プロジェクト・グーテンベルクやホットポテトなどオンライン上の新技術を使って授業準備を行い、教室では DVD 視聴を行った。確かに、オンラインでテクストが入手できることで、文学作品をこれまでより簡単に気軽に使うことができるようになった。そのようにして作成した教材や活動に対し、学習者からは、「DVD 視聴が楽しかった」「いつも違う授業方法が新鮮だった」などの肯定的な反応が多かった。また、この事例では、授業で読んだ文学作品の映像を見るのではなく、授業で読んだ論説文に関連した文学作品の一部を DVD で視聴しワークシートを用いての活動を行うという点で、通常とは異なる使い方をしたが、主教材である論説文で得た知識を広げたり理解を深めたりするために文学作品が役立つという例を示すことができた。

註（第 5 章 7.）

1 Hirvela（2007）では、ESL の composition の授業でコンピューターを用いて、学習が自分の読んでいる小説の作者と交信することを取り入れた授業実践の報告をしたが、それにより学習者の作品に対する理解が深まったという結果は得られていない（Paran, 2008, p.483）。

2 検出したい語が文の中央にくるコーパスのこと。その語の前後にどのような語句がくることが多いのかを統計的に知ることができる（野口, 2013）。第 6 章 6.2「ESP/EAPと文学」も参照されたい。

3 *Language Myths* の内容と文章の特徴については、第 5 章 1.「伝統的な教授法を用いた事例」1.2［事例 1.4］を参照されたい。

8. 言語横断的授業で用いる文学的な教材 [1]

本節では、学習者のメタ言語能力を育成することを目的として行われた言語横断的な授業において、文学的な教材がどのような役割を果たしているか、分析する。対象授業で用いた文学的な教材は、英語の絵本である。

8.1 「言語横断的」と「メタ言語能力」について

最初に、本事例の議論において重要な概念である、「言語横断的」と「メタ言語能力」について説明する。

まず、「言語横断的」という概念であるが、Cook(2010)は、H. H. Stern (1992)が用いた「言語横断型(cross-lingual)」(斎藤・北訳, 2012, p.57)という言葉を紹介し、これが広い意味で学習者の既得言語を使う授業構成法あるいは教授法を意味すると説明している。それに従えば、本書で提示してきた事例の多くが教室内で教師や学習者の既得言語あるいは第一言語を使用しているので、その点では言語横断的授業ということになる。また、既得言語を教室内での意思疎通に使うだけでなく、訳読など活動の中で積極的に既得言語を用いる場合も同じく言語横断的授業と区分される。Cook(2010)が「訳は言語横断的活動として考えうるいくつかの形の1つ」(斎藤・北訳, 2012, p.58)という見解を示している通りである。

これまで既に言語横断的な性質を備えている多くの事例について論じてきたにもかかわらず、本節で「言語横断的」というグループを設けたのは、まず、対象とする事例がその特徴をとりわけ強く意識した授業であるからである。さらに、本事例では、授業者が「言語横断的」な授業を通じて「メタ言語能力」を育成することを目的としていることもその理由である。すなわち、ここでは、教師も学生も日本語を話し、日本語訳を行い、意見文を書いたり発表したりするだけでなく、授業内の活動として、学習者たちは英語絵本の2つの翻訳(日本語訳)を比べたり、ディスカッションを通して絵本全体の解釈をしたりすることによって、言葉への気づきや解釈する力を養うことが想定されているのである。このような「言語横断的」という発想は、日本では中等教育における国語科と英語科の連携をはかった教科横断的授業に

見られるものであるが、大学教育には教科という概念がないことから言語横断的授業と呼ぶ。

既得言語、あるいは第一言語を教室内で用いるという状況は、当然、教師と学習者が共通の言語を習得していることが前提となるので、言語横断的授業の先行研究は日本の英語教育や英語圏での外国語教育の中に見出すことができる。海外での研究の例として、例えば、Strodt-Ropez(1996)は小説を用いて解釈を行う実践例を示し、EFL 環境の中では活動の途中で目標言語から学習者に共通する既得言語に切り替えることが効果的である場合があると述べている。また、Scott & Huntington(2007)は、米国のフランス語の授業で、学習者の第一言語である英語を用いると初級者でも効果的に難解な詩の解釈ができることを示し、言語横断的授業への可能性を示唆している。

本事例研究では、教材として絵本を用いており、その点が 1 つの特徴となっている。本書では、絵本を広義の文学的作品と見なす立場をとるが、これは第 2 章でも紹介したように、1980 年代に英米で語学教育の中での文学教材が再評価されて以来、扱うテクスト、教授法、学習者のレベルなどすべての範囲が広がったという事実に依拠する。また、本事例で取り上げるような絵本は語彙や文法が比較的やさしく、それでいて外国語学習者のために書き換えられたものではないので authenticity が保たれ、原作の簡略化に伴う問題を回避することができる[2]。本事例の絵本は、授業者が十分に吟味し、後述するいくつかの理由によって教材として選んだもので、どのような絵本でも全てこのように使えるというように一般化することはできないが、言語横断的な大学英語授業における絵本利用の可能性を主張することはできると考えている。

次に、「メタ言語能力」について説明する。日本の大学・学校教育のコンテクストで言語横断的という場合には、言語横断的な「メタ言語能力」の育成を目的としたものが多い。日本におけるメタ言語能力の理論的研究は、大津(1989)に始まると言えるが、2000 年代には小学校英語の議論に使われるようになり、一気に注目を集めた[3]。大津(2010)によると、メタ言語能力とは「言語を客体化された対象として捉え、その構造と機能についての知識を利用しながら、言語の運用を行う力である」(p.8)であり、さらに、同書は「メ

タ言語能力の原始的形態を含め、この力を「ことばへの気づき」と呼んでいる」(p.8)と述べている。

　また、岡田伸夫(2010)は、「大学英語教育と初等・中等教育との連携」と題する論文において、「現在、「小・中・高・大の英語教育の主たる目的は何か」と問われたら、コミュニケーション能力の育成と答える人が大多数であろう。しかし、ことばを観察し、省察する力(メタ言語能力)を育成することも英語教育の重要な目的の1つである」(p.20)と述べ、メタ言語能力の重要性を強調している。さらに、「将来は、国語教育と英語(外国語)教育を言語教育として有機的に統合し、両者をより活性化する方向も考えていかなければならない」(p.20)と提言し、今後、メタ言語能力を言語横断的に育成する可能性について示唆している。

　メタ言語能力育成に関するこれまでの先行研究の中で、実践的なものとしては、国語教員と英語教員のチーム・ティーチングについて研究した柾木(2012)を挙げることができる。また、メタ言語能力を文法に特化した「メタ文法能力」の育成を目指して言語横断的な実践を行い、分析した研究としては秋田他(2013)がある。しかし、問題点としては、実践案を提示した上で分析を行った研究がこれまでに数例しかないため、具体的にどのようにメタ言語能力を育成するのかが不明瞭だと言えることと、また、報告された実践は一文ないしは説明的文章を題材としたものがほとんどであり、文学的文章を用いた実践は柾木(2012)の一例にとどまっていることが挙げられる。そこで、本節では、絵本という文学的な教材を用いる言語横断的な授業の実践例を分析し、メタ言語能力を育成する上でそのような文学的教材や活動が有効なものとなるかどうか、検証する。

8.2　言語横断的授業の概要
(1)　対象
　本実践の対象者は、首都圏K大学の理学療法学科1年生2クラス合計40名(登録数)である。講座名は教養教育科目「英語IB」(必修)で、2013年1月8日および15日に行われた第14週と第15週の授業を研究対象とした。筆者は、主に観察者として両授業に参加した。

(2) 教材

The Giving Tree, Shel Silverstein (1964) を主たる教材とし、その日本語訳である『おおきな木』本田錦一郎 (訳) (1976) と『おおきな木』村上春樹 (訳) (2010) も用いた。この絵本を教材として選んだ理由は、授業者によると、様々な解釈が可能で大学生の知性にも見合ったものであること、また、2010年9月に村上春樹による日本語訳が出版されたことにより、以前からあった本田訳との読み比べが可能になったことである。英語と2つの日本語訳が揃うこの作品を利用することで、日本語と英語の両言語において言葉への気づきを促したいと考えたのである。

(3) 指導目標

以下は授業者によって定められた指導目標である。

1) 1年間の授業で学習した英語・日本語の文法知識を踏まえ、原文の日本語訳を行う。

2) 原文を参照しながら2つの日本語訳を読み比べることで、英語・日本語の特徴について意識化を図る。

3) 2つの日本語訳に顕著な違いが表われる箇所を手掛かりに、物語の全体について解釈を行い、英語・日本語で表現する。

8.3 言語横断的授業の実践結果

(1) 授業の展開

2回の授業の活動内容には、導入としての CD リスニングの他に、日本語訳・既に出版されている2つの日本語訳の読み比べ・物語全体の解釈に関わる活動 (意見と理由の日本語による記述・ディスカッション・英作文) があり、それぞれが指導目標の 1), 2), 3) に基づいて考案された。また、活動の形態としては、個人・ペア・クラス全体がある。受講生には Worksheet 5.8.1 のようなワークシートが配布され、活動の多くはワークシートの設問に答えてから発表し合うという形で授業が進められた。

Worksheet 5.8.1　[事例8] *The Giving Tree*

ワークシート

名前 (　　　　　　　)　パートナーの名前 (　　　　　　　)

1. 【ペア活動】指定された場面を日本語に訳そう。

場面 (　　　)

＊ ＜場面1＞ ―少年― ＞Once there was a tree...~
＜場面2＞ ―青年― ＞Then one day the boy came to the tree and the tree said.~
＜場面3＞ ―中年― ＞But the boy stayed away for a long time...and the tree was sad. ~
＜場面4＞ ―老年― ＞But the boy stayed away for a long time.~
＜場面5＞ ―晩年― ＞And after a long time the boy came back again.~

2. 【ペア活動】訳をする上で苦労した原文の表現を記入しよう。

3. 【個人活動】本田訳と村上訳を読み比べて、気づいたことを書こう。

原文の英語	本田訳
本田訳	
村上訳	村上訳
比較して考えること	比較して考えること

4. 【個人活動】物語の全体について考えよう。

A. 木は幸せだったと思いますか？ あなたの意見とその理由を日本語で書いてください。

B. ディスカッションを通して考えたことをメモしてください。

C. 木は幸せだったと思うかについて、think か don't think のいずれかに○をつけた上で、その理由を because

I { think / don't think } the tree was happy

because

第 5 章　文学教材を用いた大学英語授業の事例研究　299

　授業者は、前年度にも *The Giving Tree* を教材として同様の授業を行っているが、当該年度は活動内容や手順を決めるにあたって筆者と話し合い、より目的にかなった有効な実践を行うことができるように前年度の指導案からいくつかの点を変更した。変更するにあたって心がけた点は、主に、1)学生が英語に接する時間と量を増やす、2)発表やディスカッションの場を多く設けて他の学生の訳や意見を聞くことにより、言葉への気づきや解釈する力を促す、3)意見文を書くための問いはわかりやすいものとし、自分の考えを持つためのヒントとなるような資料を配布する、の3点である。2回の授業の展開を示したものが Table 5.8.1, Table 5.8.2 である。

Table 5.8.1　第 1 回(1 月 8 日 1 限)の授業展開

活動の展開	活動内容	前年度からの主な変更点
00' 導入	授業目的・教材の説明。 ペアを作り、絵本を配布。 訳の担当箇所(場面 1 から 5)割り当て。	
10' CD リスニング	作者自身の朗読による CD を聞く。	英語のリスニングと物語全体の把握のため、追加。
18' 【ペア活動】 日本語訳	ペアごとに担当箇所の日本語訳を行う。(教師は辞書を使うことを促したり文法を教えたりして訳の手助けをする。) 訳をする上で苦労した原文の表現を記入。	
65' 発表	日本語訳と苦労した原文の表現について発表。	今年度追加。
80' 【個人活動】 二つの訳の読み比べ	二つの訳(本田訳と村上訳)を教師が配布し、まず自分の担当箇所から比較を始める。	
89' まとめ	絵本回収。次回の予定を確認。	

Table 5.8.2　第 2 回(1 月 15 日 1 限)の授業展開

活動の展開	活動内容	前年度からの主な変更点
00' 導入	事務連絡(試験の説明など)。 授業目的の説明。絵本の配布。	
10' 【個人活動】 二つの訳の読み比べ	前回授業に引き続き、訳の読み比べ。担当箇所が終わった学生はそれ以外の部分も読んで比較。	
33' 発表	読み比べて気づいた点について発表。	今年度追加。

40'【個人活動】 意見を書く	参考資料を配布し、教師が説明。 「木は幸せだったと思いますか」について意見とその理由を書く。	参考資料は今年度追加。昨年度の問いは「『無償の愛』の物語だという点に賛成ですか？反対ですか？」
60'ディスカッション	教師の進行でそれぞれが意見を述べる。教師は"but not really"への注目を促し、ディスカッション後にも決定的な答えは与えない。学生は、その後でディスカッションを通して考えたことを書く。	ディスカッションとディスカッションを通して考えたことを書く活動を共に追加。
75'【個人活動】 英作文	短い英文で自分の意見をまとめる。活動が困難な学生に対しては教師が手助け。	今年度追加。
87'まとめ	絵本回収。諸連絡。	

(2) ペアの日本語訳

　日本語訳を行うに当たって、学生たちは 2 段階の作業を行った。第一に、絵本に書かれている英文の意味を理解すること、第二に、自然で状況に合った日本語に翻訳することである。米国の外国語教育のガイドラインである *Standards* については既に第 3 章で述べたが、その 1.2 には、コミュニケーションがとれるようになるための具体的な目標として「学習者は、様々な話題について書かれたり話されたりしたことばを理解し、解釈する」（筆者訳）と書かれている。本事例でも、まず書かれている内容を理解し、次に理解したことを日本語で表すために訳をしてもらったが、訳す際には日本語を選んでいくので、語や文のレベルでの「解釈」も同時に行っていると言える。

　まず、英文を理解することにおいて、対象の学生たちには困難があるようだったので、授業者と観察者が各ペアをまわり、辞書を引くことを促したりヒントを与えて一緒に考えたりした。特定の文法に関する知識がないため文全体の理解ができない例としては、関係詞を含む文、too ～ to ～, so ～（that）～を使った構文などがあり、動詞＋前置詞の複合語が訳せないという例には、go by, swing away, sail away などがあった。授業者は、指導目標の 1）にあるように「1 年間の授業で学習した英語・日本語の文法知識を踏まえ」ながら、受講生が母語と外国語を言語横断的に連携させることによってメタ言語能力を育成することができるように、原文の日本語訳という活動をサポー

トしていた。

ペアでの日本語訳を行った際に、学生が特に意識していた事柄は以下の3点である。

1) 原文で木は she／her となっているが、これは「彼女」と訳すか「木」と訳すか。
2) 原文の主語が人称代名詞である場合、どのくらい訳すべきか。
3) 日本語の文末表現をどのように用いるか。

まず、1)について、この絵本では一貫して木に she/her という代名詞を用いている。しかし、それを「彼女」と訳すと不自然な日本語になるし、絵本らしさも失われると話しているペアが多かった。だからと言って、「木」とすると、せっかく作者が女性とした意図が伝わらない。時間が許せば、なぜ作者は she/her を使ったのか話し合わせてみるのも、このような教材だからこそ成り立つ活動であろう。木を生き物とし、つまり擬人化するには、英語の場合、he か she のどちらかを用いなければならず、この場合、やがて多くの実をつける豊穣のイメージは she にこそふさわしい。また、愛を与え続ける木に母性を見て、この物語は無償の愛であるという解釈につなげることも she を用いて初めて可能になる。さらに、英語では、愛着の表れとして乗り物などを she で受けることも多いという説明を添えると興味深く感じる学生もいると考えられる。

つづいて 2)の人称代名詞についてであるが、日本語ではしばしば主語が省略される傾向にあり、これを英文の通りにすべて「ぼく」や「私」と訳すと不自然になる。授業者が行った 2011 年度の同様の授業において、ほとんどのペアがすべての "I" を訳出していたため、2012 年度では前期初回のテーマとして主語を扱い、その後も折に触れて日本語と英語の違いについて考えさせたということである。框木・久世(2014)では、次の例を挙げて説明している。

原文：I want a wife and I want children, and so I need a house. Can you give me a house?

> ペア 1 :「妻も欲しいし、子供も欲しい。だから家が必要なんだ。僕に
> 　　　　家をくれない？」
> ペア 2 :「私は奥さんが欲しい、そして子どもが欲しい、だから家が必
> 　　　　要なんだ。私に家をくれない？」

　ペア 1 の訳は、"I"をすべて省略することで自然な日本語にしている。一方、ペア 2 の訳にも若干のぎこちなさは残るが、それでも年間の授業内容を反映させて"I"の訳を最小限にとどめたことがうかがえる。

　最後の 3)は、日本語の文末表現についての問題である。日本語では人物の性格や発話のニュアンス、人物の関係性等を示す上で文末表現が大きな役割を果たす。例えば、木のことばである"The forest is my house, but you may cut off my branches and build a house. Then you will be happy."に対して、「森が私の家<u>だよ</u>。けど、私の枝を切って、家を建てたらどう<u>かな</u>？そうすれば、あなたは幸せになれる<u>よね</u>」と訳したペアがあったが、このペアは断定をさける文末表現を用いてやさしい言葉遣いにしていたといえる。別のペアはこの箇所の訳を「〜です」「〜ですか？」「〜ですね」とした結果、少年と木の関係性はひどくぎこちないものになってしまった。授業者は、そのようなペアには自分たちの訳を音読させることで不自然さを認識させ、より自然な日本語になるよう指導していた。また、she/her が使われていることから「木」を女性とし、末尾を「〜だわ」「〜なのよ」としたペアがあった。これらも授業内容を背景とした「言葉への気づき」の 1 例と言える。

　上記の 3 点以外では、絵本の中で頻繁に使われている接続詞の and について、それをその都度「そして」と日本語にすると、不自然になるのでどうしたらいいのか、と話し合っているペアが何組もあった。このことに注意を向けたことは、授業者が後期の授業で取り上げた「接続詞」の学習が活かされているといえる。

第5章　文学教材を用いた大学英語授業の事例研究　303

（3）本田訳と村上訳の読み比べ

　ペアの日本語訳の後に、授業者が本田錦一郎訳と村上春樹訳を併記したプリントを配布した。受講生はそれを読み、必要があればもとの英文を確認しながら2つの日本語訳を比較して気付いたことをワークシートに記入した。今年度はこの後にクラス全体で意見交換をする機会を設けたが、実際にはワークシート記入の段階でペアの相手と相談しながら活動を行っている者が多かった。

　以下では、受講生が挙げたものの中から、物語全体に関わる指摘3点に注目して議論する。

> 1）本田訳では木は男性的だが、村上訳は原文を踏まえ、女性的な訳をしている。
>
> 2）本田訳は少年が成長するたびに呼び方を変えているが、村上訳は一貫させている。
>
> 3）And the tree was happy…but not really. の訳が本田訳と村上訳で大きく異なる。

　まず1）についてであるが、学生の多くは日本語訳をする過程で she/her に気づき、木は女性であると考えていたので、本田訳と村上訳ではどのように処理しているか、注目したものと考えられる。たとえば、I have no money. という木のセリフに着目すると、本田訳は「おかねは　ないのだよ」、村上訳は「お金はないの」としているが、この点を指摘した解答がいくつか見られた。

　2）は、絵本の中で少年は年齢を重ね、外見が変化していくことを踏まえ、本田訳が「そのこ」「おとこ」と挿絵に合わせ呼び方を変えているのに対し、村上訳は一貫して「少年」と呼び続けていることへの指摘である。原文では最初から最後まで the boy で統一されているので、原文に忠実なのは村上訳であるということがいえるが、数人の学生がこれを違いとして挙げた。しかし、英語の boy は呼びかけなどにも使い、日本語の「少年」より幅が広いということを紹介しても両言語の微妙な違いに興味を持たせることができた

かもしれない。

　最後に 3) は、本田訳は「きはそれでうれしかった…だけどそれはほんとかな」で、疑問を投げかけるような訳になっているのに対し、村上訳は「それで木はしあわせに…なんてなれませんよね」と、かなり否定的な表現になっている。これは 2 つの翻訳の違いがもっとも顕著なところであり、同時に物語全体の解釈に関わる重要な箇所である。次の意見文の記述やディスカッションにつながるポイントなので、授業者はこの点への気づきを促そうと計画していたが、それより前に自分で気づいて指摘した学生が数人いた。

　この 3 点以外にも数多くの指摘があった。一例を挙げると、冒頭の Once there was a tree. を本田訳では「むかし　りんごのきが　あって…」と訳していることに気付いた学生がいた。なぜ、ここで本田は a tree をりんごとしたのか。数ページあとにある挿絵がりんごのように見えるからなのか。りんごと訳すことで村上の「いっぽんの木」という表現にはないどんな効果を狙ったのか。一番の役割が食用となる実をたくさんつけることである「りんご」とすることで、やがて切り倒されて株になってしまう木の運命を浮き立たせたかったのだろうか、などの意見が交わされた。

(4) 物語全体の解釈

　ワークシートの 4.「物語の全体について考えよう。」では、意見文を書く・発表し仲間の意見を聞く・考えたことをメモする・英語でまとめるという一連の活動が行われた。この部分は指導案の中で物語全体に関する解釈に関わるものと位置付けられている。

〈ディスカッション〉

　まず、各自が「木は幸せだったと思いますか。あなたの意見とその理由を日本語で書いてください。」という問いに答えた後で約 10 分間行われた。それぞれが自分の意見をまとめるのに先立ち、今年度は参考資料として本田訳と村上訳の「あとがき」の抜粋が配布され、読む時間が与えられた後で活動に入った。

　Table 5.8.3 が示すように、両クラスともこのディスカッションの展開は

第 5 章　文学教材を用いた大学英語授業の事例研究　305

大きく 2 つの部分に分けられる。前半は「幸せだった」と思う側とそうは
思わない側がそれぞれ意見を発表する部分で、後半は教師がこの物語の解釈
のポイントとなる"but not really"に注目するように促し、その上で意見を述
べる部分である。以下にそれぞれのクラスのディスカッションにおける発言
内容を示し、談話分析を行う。重要と思われる部分に下線と番号を施し、そ
れらの点を中心に議論を行う。

Table 5.8.3　第 2 回授業のディスカッションにおける発言内容

1 限	2 限
〈学生 1〉[(1)] 木は幸せだったと思います。幸せは だいすきな相手に対してあたえることで自分も 幸せな気持になると思ったからです。もちろ ん、自分にも愛を与えてほしかったという気持 ちがあったかもしれませんが、木には she とい う表現が使われています。She を母親として解 釈すると、守ってあげたい、幸せになってほし いという気持ちが強く、少年のためにしてあげ ることができるなら木は幸せなのだと思いま す。 〈教師〉なるほど。二文目で「幸せとはどうい うことか」という定義をしてくれてますよね。 あとは、she... この本文でずっと she というの が使われていたよね。この、村上春樹も指摘し ているけれどもね、その she というところか ら、母親っていうふうに木を連想して、そこか ら、「母親は与えることができれば幸せ」って いうようなロジックに持っていってますね。 〈学生 2〉[(2)]幸せではない。木は少年のことが大 好きだったから、自分の身を削ってまで少年に つくしてあげたのに、少年のしていることは、 木のことを考えずに自分の幸せのためだけにし ていると感じた。そして、木はずっと変わらず に少年のことが大好きだったのに、少年は歳を とるにつれて、木への愛情がうすれていってい ると思った。その結果、やっぱり木は幸せでは なかったと思う。 〈教師〉なるほど。結論としては、少年の愛が うすれていっているように木が感じとって、最 終的には木は幸せではなかった、という、そう いう考え方か？それは、木が感じ取ったという のはどのへんから言える？ 〈学生 2〉感じ取ったというか、木への愛情が うすれていっていると思った。	〈学生 A〉[(3)]幸せだったと思う。木は、主人公 が小さな頃から年をとるまで、いろいろなこと があったけれど、共に過ごしてくることができ たし、役に立つことができたと思うから。本田 訳にあったように、「与える」ことを忘れない りんごの木に、言い知れぬ感動があるなら、そ の感動こそ、「犠牲」ならぬ真の「愛」のもた らすもの（に）ほかならないのである。というよ うに、最後には、切り株になってしまったけれ ど、しっかり休む場所を与えられたから、私は それは「与える」ことができたと思うから。 〈教師〉ああ、なるほどね。つまり、与えるこ とができたから、たとえ切り株になったとして も木は幸せだったと、そういう立場だ。 〈学生 B〉[(4)]木は幸せではなかったと思う。木は she と書かれていたので女性だということがわ かる。なので、木は木だけども心は人間のもの と同じだと考えるべきだと思う。人は与えるだ けでは幸せにはなれない。少なからず見返りを 求める。しかし、もしかしたら、木は母親の感 情になっていたのかもしれない。そうなると、 見返りなんていらないという風になり、全てを 奉げることができるが、結果的に母親ではない ので幸せにはなれないと思う。 〈教師〉ああ、なるほど。途中までの意見とし ては、見返りがないと幸せにはなれない。それ が、本当に人なら見返りがなくても幸せにはな れるかもしれないけど、最終的に木は人ではな いから、やはり、見返りがないと幸せにはなれ ない。そういうこと？なるほどね。与えること ができればそれで幸せなのか、それとも、見返 りがないと幸せにはなれないか、っていう、ま あ、ほとんどこう真正面から対立するような意 見でしたけれども。幸せではない？なんで？

〈教師〉〈学生3〉は?

〈学生3〉一緒です。

〈教師〉大体、一緒?少年は調子にのって木から奪っていってしまって、それが悲しくて、木は最終的には不幸せになってしまった。そういう感じ?

〈学生3〉はい。

〈教師〉それでも、木は幸せだったとは考えられない?さっきの主張としては、与え続けていても母親だから、それでも幸せだったという考えなんだけど、それについてはどう思う?

〈学生3〉いやあ、素晴らしいと思います・

〈教師〉素晴らしいと思う?やっぱり、どんどんどんどん、自分の体が奪われていったら幸せにはなれない?

〈学生3〉最終的に、切り株になった。

〈教師〉切り株になった。でも、切り株になっても幸せだったんじゃないの?

〈学生3〉でも、与えるものを全部あげちゃった。

〈教師〉与えるものを全部あげちゃったから、不幸せ?

〈学生C〉利用されているから。

〈教師〉利用されている?だから、幸せではない。だから幸せではない、に至るにはちょっと飛躍があるよね。木は、その利用されているってことに感づいていたって言った人、利用されているっていう実感がなければさ、それはそれで幸せじゃん。だから、今の根拠から幸せだっていう意見もありうるんじゃない?

〈学生C〉ああ。

〈教師〉でも、Cはどんな感じ?利用されているってことを木は気づいていて、だから本当には幸せにはならない?

〈学生C〉気づいてなかったかもしれない。

〈教師〉幸せだったとしたら、but not really というさっき〈学生4〉が指摘してくれた場所、それが本文に含まれているのはなぜだ?幸せだったら、ずっと、The tree was happy... The tree was happy... で、was happy で最後まで貫かれていけばよかったんじゃない?あえて、ここで、筆者が but not really、本田訳を借りるならば「だけど、それはほんとかな?」、村上訳に従うのならば「幸せにはなれませんよね」という [5] but not really が本文に含まれているのはどう解釈する?

〈学生5〉木は、少年に幸せになってほしいという気持ちもあったけど、[6]自分にも愛を表現してほしかったというのが大切だと思うから。

〈教師〉自分にも、ものを奪っていくだけじゃなくて、愛を与えてほしいという気持ちが木にもあった。

〈学生5〉だから、自分を犠牲にしているだけじゃなくて、少年に木が与えている愛を...

〈教師〉なるほどね。木は、与えるだけではなくて何か与えられるってことも必要としていた?じゃ、幸せになるためには、与えるだけじゃなくて与えられるっていうことも必要だと考える?そういうこと?なるほどね。「幸せ派」の人、どう考える?but not really の意味は?与えるだけで木は幸せになれたと思う?

〈学生6〉木は、少年がたまに来るだけでうれしい、かな。[8]それは、与えられている、っていう…

〈教師〉あー、もう最初の時点で実は与えられていた。

〈学生6〉それだけで幸せだから。

〈学生D〉木は、少年の役に立って満足しているけれども、[7]木は木で自分の人生を楽しみたかった。

〈教師〉自分の人生を楽しみたかった。つまり、今、話題になっていた、与えるとか与えられるとかという枠組みでいくと、与えられるという要素もないと幸せにはなれないっていう、そういうことか?

〈学生D〉そういうこと。

〈教師〉そういうこと?Dの立場はどうだったっけ。

〈学生D〉私は、「幸せではない」

〈教師〉なら一貫しているなあ。なるほどね。じゃ、ちょっと、but not really ってこれどう考える?…木がさあ、幸せな物語だとしたら、これが必要だと思う?いらないよね。これがある意味は?これがあるから、木は幸せではなかったと解釈する?そうだよね。とにかく、今回の、いいかな、[10]今回の but not really ってところが大変なポイントで、それによって、木は与えるものがないと幸せにはなれないっていう

〈教師〉あー、なるほどね。つまり、こう、確かに、⁽⁹⁾その少年が小さいときに来てくれた段階では別に木は何も与えてないよね。むしろ、与えられていた。その時点で、もう幸せだったと？そのあと、少年が与えてくれるものがなくなって、ただ与える一方になっていったけれども、少年が小さいころにすでに与えてもらっているから、もうそれですでに幸せだったと。そういう考え方？近いか？なるほど、なるほど。そういう確かに考え方もできるね。	ふうに解釈する立場がでてきてるわけだ。だけど、そうじゃなくて、木は女性、she で受けられる女性だからとにかく母のように与えることができれば幸せである、っていうそういう立場もうまれてくるというわけだ。

　前半は、教師がまとめ役となってそれぞれの立場の学生に意見を発表させながら、曖昧な点があればそれを質問し、あるいは代弁してから確認する形で話し合いが進んでいく。学生はまず自分の意見を言い（下線部(1)、(2)、(3)、(4)）、絵本の中の具体的な場面を引用したり参考資料にある文言を借りたりしながら、その意見を持つに至った理由を説明している。予め各自がワークシートに意見と理由をまとめるという方法が有用だったようで、全員がはっきりとした意見を持っており、さらに、その意見の根拠を用心深くテクストの中に求めていた。

　両方の立場からの代表的な意見が出たところで、教師が解釈のポイントとなる"but not really"についてどう考えるか、2 つの日本語訳も紹介しながら問題提起をする（下線部(5)）。これは、特に、クラスの多数派である「幸せだった」という意見の学生により深く考えることを要求するものであるが、両クラスで表現は異なるものの「与えるだけでは幸せにはなれず、幸せになるには与えられることも必要である」という意味の答えが得られる（下線部(6)、(7)）。さらに、1 限では、「木は少年がたまに来るだけで嬉しいので、与えられている」（下線部(8)）という、これまでの「木は与えるばかり」という前提にとらわれない斬新な意見が出されている。教師は、少年と木がお互いに与え合うのには時間的なズレがあると考えたのではないかと確認している（下線部(9)）が、この学生は無意識のうちにも村上の示唆する「木は母親である」という考えを反映させて、木と少年に人間の母と子の関係を見ているのではないかという推察もできる。

　ディスカッションの最後で教師は特別な答えを提示してはいない。代わり

に、"but not really"がこの物語全体を解釈する上で重要になることを再度確認し、2つの異なる意見の根拠を説明してディスカッションを締めくくっている(下線部(10))。そうして、もう一度自分の考えをまとめる次の活動につなげている。

〈ディスカッションを通して考えたこと〉

　ワークシートの「ディスカッションを通して考えたこと」の箇所には、学生26名が記述し、21名がディスカッションの内容を反映させたり自分とは異なる意見や理由に気づいたりしたことを記した。そのうち、ディスカッションを通して反対の意見を持つようになったのは1名、同じ意見を述べているのは5名であり、ディスカッションの内容には触れずに自分の意見を繰り返している者は2名であった。Table 5.8.4は、元の意見の内容ごとにディスカッション後の記述をまとめたものであるが、自分とは異なる意見を聞き、考えを深めていっている様子がわかる部分に下線を施した。

　本事例では、ディスカッションの前に参考資料を配布したが、まず、参考資料なしで考えさせてみてから次の段階で資料を配布するというやり方もある。実際、今回の事例では、訳者のあとがきから抜粋した参考資料に大きく影響されていると見られる学生が多かったからである。例えば、大多数の学生が「木は女性で、母だから、与えることが幸せである」という同じ解釈をしていたが、原作で木の人称代名詞に she/her を用いているからといって、必ずしも母を表象しているとは限らないのではないか。英語では船のように女性の人称代名詞を使うことが多いし、木を生きているものとして表すにはどうしても he か she のどちらかを用いる必要があり、やがて実を結ぶという豊穣のイメージからも she の方がよりふさわしいと作者は考えただけのかもしれない。また、参考資料の中では、木が幸せだったかどうかの基準として「与えた」ことだけが取り上げられているが、他の要素は考えられないだろうか。テクストを今一度読んでみると、but not really が提示される部分は、少年が木でボートを作ってどこかに行ってしまった箇所であり、従って、少年と一緒にいられることが木にとっての幸せの基準なのかもしれない。限られた時間の中で、学生に深く考えさせたり、活発な意見交換をさせ

たりするためにこのような参考資料の配布はもちろん意味があるが、幾通り
もの解釈が可能で決まった答えのない文学的な教材を用いる授業で、逆に、
解釈の可能性を狭めてしまうこともある。学習者に偏りのない考えや多角的
な視野を持ってもらうために、資料の内容や提示のタイミングは慎重に考慮
されるべきである。

Table 5.8.4　元の意見と〈ディスカッションを通して考えたこと〉の記述例

「幸せだった」と思う	「幸せではなかった」と思う
幸せではないというという意見もわかった。もう一度文を読み返してみると木の犠牲の方が大きく感じたが、結果的に老人になった時にまで木を忘れなかった。木に会いにきたことが幸せだったと思う。（1限）	少年が幸せになってくれることが木にとっての幸せであったのかもしれない。でも、やっぱり少年も木のためにもっと何かをしてあげればよかったと思う。（1限）
木は最後に何も残らなくて幸せじゃないかもしれない、という意見もあったけど、やっぱり木を母として考えたとき、母は子供のためなら犠牲を惜しまない生き物だから、やっぱり幸せだと思った。（1限）	木は少年からもう幸せを与えられていた。だから、少年が年をとっていくにつれて何もしてくれなくてもそばにいるだけで幸せだった。（1限）
「与える」ことが木の愛情表現という意見と、見返りが全くないから幸せじゃないという意見があったが、もし、木に母性があるなら見返りなんて求めていないと思うので幸せだと思う。（1限）	幸せな方の意見を聞いて、やはり気がついていなければ幸せ、また、自分の子供のように男の子を想っていたため、それが幸せと感じたということ。（2限）

〈英作文〉

　木は幸せだったと思うかについて、"I（think, don't think）the tree was
happy because…"という書き出しを使って、英語で自分の意見と理由を書く
活動である。本授業は、「言語横断的」な要素を多く持つもののカリキュラ
ム上は英語の授業であり、教材も英語テクストであるので、たとえ短いもの
でも英語で文を書くという体験を学生にさせるために考案された活動であ
る。実際には、英作文を行ったことよりも、物語全体の解釈に関わるディス
カッションを経ての最終的な自分の意見と理由をもっとも簡潔な形でまとめ
るということにより意味があったように思う。対象の学生にとっては容易な
作業ではなかったようだが、教師やペアを組んだ仲間に相談しながら熱心に
取り組んでいた。

Table 5.8.5　英作文の記述例

I think the tree was happy because...	I don't think the tree was happy because...
the tree thinks that boy's happiness is her happiness.	the tree devoted herself to the boy but the boy didn't devote himself to the tree.
she gives the boy. The tree was like mother, so she needed no return.	the tree hasn't got love.
the boy was near the tree, though the boy did nothing to the tree.	she is not his mother. She cannot find happiness only by giving because she needs return.

(5) アンケートの結果

　最後に、2回の授業のあとに実施したアンケート調査の結果を提示する。まず、教材としての絵本について、次に対象授業での活動について回答してもらい、さらに、本授業を通して「英語」「日本語」のそれぞれについて理解は深まったと思うかどうか、質問した。対象クラスの受講生の人数は 19 名と 17 名(合計 36 名)であり、アンケート結果はいずれも 2 クラス合わせての人数を示した。

Table 5.8.6　「教材として絵本を扱ったことについてどう思いますか？」(複数回答可)(n=36)

受講生の感想	人数	受講生の感想	人数
ストーリーがあってよかった	19	いろいろな解釈ができてよい	15
外国の絵本を手にとれてよかった	12	絵があってよかった	11
英語がやさしくやりやすい	3	英語が難しい	1

　最も多くの回答者が、「ストーリーがあってよかった」、「いろいろな解釈ができてよい」という文学的な教材ならではの肯定的な感想を示した。「外国の絵本を手にとれてよかった」や「絵があってよかった」のように絵本利用を好ましいとする意見も多く、英語圏で読まれている本物のテクストを教材にすることで教材の authenticity が保たれ、また、学習への動機づけになったと言える。英語については、「やさしくてやりやすい」が 3 名だけで意外に少なかった。対象学生にとっては、まだ難しく感じられたということであろう。

第5章　文学教材を用いた大学英語授業の事例研究　311

Table 5.8.7 「授業では、①ペアでの日本語訳、②本田訳と村上訳の比較、③意見
文の記述（日本語・英語）、④ディスカッションという4つの活動を
行いました。どの活動がもっとも勉強になりましたか？」

活動	回答数＊	理由（人数）
ペアでの日本語訳	12	相手から学ぶことができた(5)。楽しくてやる気が出た(2)。より深く考えられた(2)。
本田訳と村上訳の比較	11	人による解釈の違いを学べた(7)。訳や日本語の表現の勉強になった(4)。
意見文の記述（日本語・英語）	3	
ディスカッション	9	人の意見や考えを聞くことができた(7)。自分の考えをまとめる力がついた(2)。
無回答	3	

＊複数回答が2件あったので、総数を38として示す

　Table 5.8.7 に見られるように、活動では、ペアワークやクラス全体での
ディスカッションという活動形態が学生にとって新鮮で楽しかったことが推
察できる。江利川(2012)は、少しの改良を加えることで大学の授業にも協
同学習は導入でき、自主的・自律的に学び続ける人間を育てる上で効果的で
あることを論じているが、まさに昨年度の授業からの改良の結果加えられた
これらの学習により、学生たちは相手の訳や人の意見から多くを学び、活動
に積極的に参加していたことが「理由」の記述からもわかる。

　また、活動の内容自体に注目すると、日本語訳に次いで、2つの日本語訳
を読み比べる活動も3割近い学生から支持されたことがわかる。1つの英語
のテクストに対して2つの日本語訳を比較することで、学生たちは、この
ようなテクストにはいくつかの適当な訳や解釈があることを実感し、自分の
訳とも比較することで面白いと感じたり、また、時には自信を持ったりした
と記していた。

　Table 5.8.8, 5.8.9 は、それぞれ、日本語と英語についての理解をたずねた
項目である。両方とも、「深まった」「まあ深まった」がクラスの大多数を占
める結果であった。「深まった」と回答した学生数は、日本語の方がやや大
きい。日本語についての理解は英語や複数の日本語訳と比べることで深ま
り、英語についての理解は、文法の意識や理解、また、様々な解釈を知るこ
とで得られたということが理由として挙げられている。

Table 5.8.8　「日本語について理解は深まったと思いますか。」(n=36)

深まった	まあ深まった	あまり深まらなかった	深まらなかった	無回答
55.6%(20)	33.3%(12)	2.8%(1)	0	3

「深まった」「まあ深まった」という回答の理由：
　　英語とその日本語訳を同時に読んだこと(5)、複数の日本語訳を比べたこと(3)、
　　教師の説明がわかりやすかったこと(3)

Table 5.8.9　「英語について理解は深まったと思いますか。」(n=36)

深まった	まあ深まった	あまり深まらなかった	深まらなかった	無回答
44.4%(16)	47.2%(17)	2.8%(1)	0	3

「深まった」「まあ深まった」という回答の理由：
　　文法を意識したり理解したりしたこと(5)、楽しく学べたこと(3)、
　　いろいろな解釈を知ることができたこと(4)、
　　教師の説明がわかりやすかったこと(3)

　最後に、Table 5.8.10 は、授業者が年間を通して様々な教材を用いながら行ったメタ言語能力育成を目指す授業の中で、*The Giving Tree* を用いた実践の評価が一番高かったことを示している。

Table 5.8.10　「後期の授業についてどのテーマを扱った授業が一番勉強になりましたか。」(複数回答可)(n=36)

授業で扱ったテーマ	回答数	授業で扱ったテーマ	回答数
指揮者佐渡裕の挑戦	5	小惑星探査機はやぶさの帰還	11
アーティスト奈良美智の生き方	10	棋士羽生善治のチェス参戦	14
絵本 *The Giving Tree*	18	無回答	1

8.4　言語横断的授業で文学的な教材を用いた事例の考察

　本節では、絵本という広義の文学的教材を用いてメタ言語能力の育成を図る言語横断的授業について議論した。

　事例 8 では、特に前半の 2 つの活動―日本語訳と 2 つの訳の読み比べ―が、言葉への気づきを育むことを目的として行われた。その結果、日本語訳をする過程では、性別を表す人称代名詞・主語・文末表現の 3 点において学生の意識をひきつけることができ、メタ言語能力を高めるために行われた

1 年間の学習の効果が見られた。また、この訳すという活動に加えて、出版されている 2 つの日本語訳の読み比べをすることで、日本語と英語の共通点・相違点を意識化させ、両言語への理解を深めることが可能になった。アンケート（Table 5.8.8, Table 5.8.9）でも、ほぼ全員が日本語・英語への理解が深まったと回答し、理由として「英語とその日本語訳を同時に読んだこと」と答えている。英語と日本語を言語横断的に用いることにより言葉への気づきを促すことができたという点でこの活動の意義は大きいと考えられる。

　また、これまで、「言葉への気づき」を促す実践では、それで以上に発展させる例が余り見られなかったが、今回、「気づき」から「全体の解釈」につながる可能性を示した。すなわち、she/her という人称代名詞から木が女性であると考え、そこに母性を見ることによって「木は幸せだった」と解釈する学生が多くいたということである。

　解釈する力の育成に直接関連するのは、「8.3　結果（4）物語全体の解釈」で詳述した活動である。学生たちは、「幸せだったと思うかどうか」という問いに対して、まず自分の考えをまとめ、人の意見を聞いて賛同したり批判的になったりしながらさらに深く考え、テクストを読み返しながら考えたことをメモし、さらに英語で表現するという一連の活動に熱心に取り組んでいた。アンケートの回答にも、教材と活動に対していろいろな解釈ができてよいという肯定的な感想が述べられており、学習者自身も解釈するという行為を自覚していたと考えられる。

　ディスカッションは、「木は与えるばかりだった」のかどうか、与えるばかりの場合「幸せだったと思うか」どうか、幸せだったと思う場合それはなぜなのか、の各段階で異なる意見が出されたわけであるが、上述のように、木が女性であるということの言葉への気づきを「幸せだった」という解釈の根拠につなげた学生が多かったことから、言葉への気づきと物語全体の解釈との関連性が示唆できる。ただ、ほとんど全員が「与える」と「幸せだった」を結びつける同じ方向を向いた議論になったことについては、参考資料として配布した訳者たちの見解がかなり影響したのではないかと考えられる。

　本事例のような、言葉への気づきを促し解釈する力を育むための試みの中

で、絵本という教材が果たす役割は大きい。文学的なテクストでは、日本語訳を行う場合に1つきりの正解や決まった答えというものが存在しにくいので、最もふさわしいと思われる言葉を自分で選んでいく必要がある。このことが言葉への気づきを促す。訳すこと自体が語や文のレベルでの解釈であるとも言えるし、また、言葉への気づきが文章全体の解釈につながることもある。この解釈するという行為を、読者や学習者が自らの意図を反映させて、ある程度自由に行うことができるのが文学的な作品の特徴である。本事例のように、様々な解釈が可能な絵本、ましてや評価されている日本語訳が複数存在する英語絵本は限られているかもしれないが、英語の読み易さや全体の長さなどを考えると、初級学習者向けの英語授業でも大きな役割を果たせるように考えられる。

註（第5章8.）

1 本節は、柾木・久世（2014）の最終稿に大幅に加筆・修正を行ったものを部分的に引用している。柾木・久世（2014）では、本書の「8.3 言語横断的授業の実践結果」に相当する部分のうち、「ペアの日本語訳」と「本田訳と村上訳の読み比べ」を柾木が、「授業の展開」「物語全体の解釈」「アンケート結果」を久世が担当した。それ以外の部分は共同で執筆作業を行った。

2 第5章2.2「教材としての児童文学」の項を参照されたい。

3 小学校英語必修化の議論において、大津は反対の立場を取り、小学校英語への対案として、メタ言語能力育成を中核とする「言語教育」の構想を提示した（秋田他, 2013, p.472）。

第 6 章
事例研究の総合考察
事例研究に基づく意義と問題点の再検討

　本章では、第 5 章でカテゴリーごとに示した個別の事例研究を総合的に考察し、本書の研究課題 4)「授業事例の中に、これまで主張されてきた文学教材の価値・意義、また、問題点は見られるのか。また、問題点を解決する方法があるとしたら、それはどのようなものであるか。」に答えるために議論する。

　本書では、事例研究に先立ち、第 3 章で英語・外国語教育の中における文学教材の意義を利用する場合の問題点について整理したので、本章ではその枠組みに従って、最初に意義、次に問題点について議論を行う。

1.　文学教材の意義

1.1　言語に関する意義

　言語教育という枠組みの中で扱われる文学は、学習者の言語的な能力を伸ばすことが前提となっている。そこで、まず、言語に関する意義を論ずるが、第 3 章で一括して説明したこの意義を、本項では「言語」と「言語能力」の 2 つの観点に分けて議論したい。前者は文学テクストの言語そのものから得られる意義を指し、後者は言語能力を向上させるための教材としての文学の特徴に注目するからである。

　文学を使う場合の「言語」的な意義として、文学教材復活の一翼を担った教育的文体論の分野が注目してきたのは、いわゆる言葉への気づき(language awareness)である。本書で多くの授業事例を観察し分析した中で、学

習者がテクストの言語あるいは言語の使い方について多くを認識し学んでいると感じられた最も顕著な例は、伝統的な教授法を用いた各事例である。例えば、事例 1.3 の Wordsworth の詩についての講義では、1 つ 1 つの単語がどのように使われ、その他の単語とどういう関わりを持っているかについて受講生たちは学び、これまでの英語学習では触れてこなかった語義、文法、それらを踏まえた解釈の仕方などに気づかされたと述べている。また、*A Room of One's Own* を扱った精読の授業(事例 1.4)では、同じクラスでそれ以前に扱った論説的なテクストとの比較も考慮に入れたが、女性であることを理由に芝生を横切ることを拒否される場面で使われる文章とリズム、男子寮の午餐と女子寮の夕食を比較する箇所での語彙の豊富さに受講生たちは感銘を受けたと語った。さらに、文字通りの意味を理解した上で作者の言いたいことを自分で読み取る必要があるという点で、文学テクストの言語は論説的テクストのそれとは異なるという印象を持ったと述べていた。事例 1.1, 7.1 は理系学生の多いクラスでそれぞれ Dickens や Ishiguro を教材とした例であったが、文学に使われる言語に着目し、文学からしか学べない表現が多いという理由で文学教材を高く評価する声が多かった。

　言葉への気づきは、精読や訳読によりテクストを細部にまで注意しながら読んでいく時に最もよく促されると言えるが、他の授業方法においてもしばしば観察された。英語のみを使って行われた CLT の授業の中でも、事例 3.1 の pop song lyrics を題材とした授業では、受講生たちがディスカッションを通して語や文の意味を注意深くつかみながら metaphor について考え、読み手によって異なる解釈が生まれることを学んでいた。また、文学作品の短編を用いた composition のクラス(第 5 章 4. の各事例)では、受講生は prediction や rewriting のために原作をじっくりと繰り返し読み込む必要があり、登場人物の性格や感情、時代背景を把握するために作品中の言語と言語使用には細心の注意を払うことが要求された。さらに、メタ言語能力の育成を目指した日本語との言語横断的な授業(事例 8)では、受講生は翻訳や物語の解釈を通して英語と日本語を比較し、英語という言語の特徴についていくつもの発見をしていた。

　このように、学習者が単語や文の意味を取りながらテクストを読み、それ

を言葉への気づきにつなげるためには、Williams（1983）が文学の定義として用いた「質」という要素が関わってくるかもしれない。つまり、学習者に言葉への気づきを促すに足る、ある程度上質なテクストであることが要求されるということである。さらに、いくつかの例外はあるにせよ、そのような言葉への気づきを促すことのできる「質」を持つテクストには評価の定まった、文学の正典（canon）が多かった。1980年前後に英米で起こった言語教育における文学再評価は、正典へのこだわりを払拭し、より広い範囲のテクストを文学的と見なすことから始まったが、それでも、本書の事例のような外国語としての英語教育では、言葉への気づきを促すという文学教材の意義は、伝統的な評価を持つテクストを丁寧に読む場合により顕著に見られた。言葉への気づき、正典、精読の間には密接な関係があると言えるだろう。

　次に、「言語能力」という観点から文学教材の意義について論じるが、これは文学が英語能力の伸長を促すかどうかということである。本書は、能力の伸びを測定して数値で示すタイプの研究でなく、主に授業観察と学習者の反応という視点からその効果を探ったが、ほぼすべての事例で学習者が文学を使った授業に深く関わりながら様々な英語能力を伸ばしていく様子が観察され、また、アンケート調査でも多くの学習者が文学は英語能力を向上させるのに効果的であると認識していることがわかった。

　英語能力の中でも、特に、読解力の伸長に文学は役立つという声が多く聞かれた。本書の多くの事例では小説や物語が使われたが、そのようにストーリー性のあるものは先の展開が気になって読み進めたい気持ちになるという証言は多かった。それは学習者の英語能力・専攻や教材使用のコンテクストを横断してほぼ全ての事例に見られたことから、文学教材の大きな特徴であると考えられる。英語初級者向けには平易な英文の物語を使うことで、また、中級者にはたとえ ESP の習得を目指す授業であっても想像力を必要とするような物語や小説を用いることで、学習への積極性を高めて読解力を増強することはできる。

　この物語性という点に関連して指摘しておきたいのは、言語学習において能力や技能を向上させる要素はそれだけが完全に独立したものではなく、次項で論じる感情的な側面や心理的な作用などが大いに関わってくるという点

である。例えば、上述のように、文学作品のように物語性があるものは話の展開が気になって読み進めたくなる、あるいは読むことが楽しいと本書の事例でも多くの受講生が述べているが、その結果として、読むスピードが速くなったり読む量が増えたりして読解力が向上する。また、感動を覚えた場面では単語や表現が記憶に残りやすく、文脈の中での言語使用能力を向上させることができる。そして、英語で文学を読むことで達成感を得たり、読んだことについて深く考えたり話し合ったりすることが印象に残ると、それは英語学習全般に対する動機付けにつながる。文学作品にはいわば間接的にも英語能力を高める可能性があると言える。

　さらに、文学教材を使った英語教育ではこれまで読解力向上という効果のみが注目されてきたが、本書の事例では教師の工夫により、書く力、聞く力、話す力など様々な技能の養成や、ディスカッションやプレゼンテーションなどのより総合的な活動にもつなげられる使い方ができることが示された。文学を読解、特に訳読にのみ結び付けて狭くとらえるのは誤りで、文学教材は言語教育の中の様々な能力向上のために使用することができる総合的な英語教材であるということが認識されるべきである。

　以上、文学テクストが持つ「言語に関する意義」について述べてきたが、一方で、文学にしかない固有の役割があると立証するのは容易でない。一例として、斎藤（2015）は自由間接話法（free indirect speech）に注目し、日本人学習者が苦手とするこの話法が小説の心理描写場面でしばしば用いられることから、文学を排除して英語学習は完結しないと主張する。本書の事例ではないが、Nakamura（2015）は Jane Austen, George Eliot らの小説を教材とした大学英語授業で、文体論アプローチにより speech / thought presentation（発話／思考の描写法）を教える実践と意義を報告しており、このような文学教材の特徴を活かした利用例の蓄積が急がれるところである。

1.2　感情や人間形成に関する意義

　文学教材の持つ人間の感情に関する意義と、人間形成や人間の成長という観点からの意義を、同じ項で論じることの理由は第3章で既に述べた通りである。1980年代の文学教材再評価以来、多くの文学教材擁護者たちが、

言語に関する意義と文化に関する意義以外のほとんど全ての要素をこのカテゴリーにまとめ、楽しみ、感動、動機付け、人間的な成長、教養などの文学の持つ意義を情意的・心理的な側面から主張してきた。文学を教材とする英語授業を受けた学習者たちは教材や授業に対してどのような感情を持つのか、本書では、主として授業後のアンケート調査により学習者の反応を調べた。

　これまで見てきたように、扱った事例の全てにおいて、大多数の学習者が文学教材についての印象を「好ましい」または「まあ好ましい」と回答しており、その理由として「楽しかった」ことを挙げている。その中には、「Language-based approaches を取り入れた事例」の各例で顕著だったようにストーリーを追いながら物語を読むこと自体が楽しかったという回答もあるし、事例 1.4, 3.1, 7.1, 8 が示すように、必ずしも 1 つの答えを持つわけではない文学という教材に向き合って、解釈の自由が与えられ、自分自身で深く考えたり教師や仲間と意見交換したりすることが楽しかったという場合もある。しかも、授業の前後でアンケートを実施した事例では、ほぼ全ての事例で[1]文学教材への印象を好ましいとする割合が授業後に高くなっている。

　第 5 章 2.「Language-based approaches を取り入れた事例」で観察した初級者レベルの授業では、文学教材の意義の中でもこの感情的な要素の占める割合が特に大きかった。それは、授業中やアンケートやインタヴューで、「初めてまとまった量の英語を読んで楽しかった」「さらに英語を勉強したいという気持ちになった」など、楽しさや英語学習全般の動機付けに関する声が多く聞かれたということである。初級者を対象とした授業では、正典など伝統的な文学作品というより児童文学や簡略版を含めた広義の文学的テクストが用いられることが多いので、それらの教材が直接的に学習者の英語能力を大きく向上させるのには限界があるのかもしれない。このようなコンテクストでは、文学教材の意義として、物語の持つ楽しさ、読めたという達成感、そして英語学習全体への動機付けなど情意的な側面が注目されることになる。

　一方、英語能力や他の学力が高い学習者からは、「人間的に成長する」「教養が身につく」という感想が多く聞かれた。事例 1.1 の Dickens, 事例 7.1 の

Ishiguro を題材とした授業はいずれも理系学生が多数を占める授業だった
が、文学教材の印象や効果について授業後に 9 割以上の学生が肯定的な回
答をした。そして理由として、「内容が楽しいから読める」「映像と共に解釈
をするのが面白い」などと共に、文学を読むことは人間としての成長に資す
るという意見が多数寄せられた。

　Edmondson(1997)は、このように文学が持つ情意的・感情的な特徴を認
めながらも、そのような感情は人によるものである、つまり、楽しいと感じ
る人もいればそうでない人もいるので意義とは認められないとしている。し
かし、少なくとも本書で取り上げた事例では、肯定的な感情を持った学習者
の方が圧倒的に多かった。このような感情を呼び起こすことができるという
点にやはり文学教材の意義があるように思われる。また、同論考は、昨今の
実用的な教材が扱えない深刻な内容を扱えるという文学の役割を否定してい
るが(p.49)、本書の多くの事例で、「人生」「愛」「死」などをテーマにした
文学的な作品を読んで、学習者たちはそこに自分自身の経験や価値観を照ら
し合わせ、内容に深く関わりながら英語学習を進めていた。それゆえに、多
くの学習者たちは文学作品の言語だけでなく内容についても高く評価し、
「難しいが、面白い」という感想を述べるのであろう。授業で読んだ文学的
なテクストの内容を半年後や 3 年後になっても良く覚えているという証言
もいくつかあった。

　さらに、広い意味での人間形成に関わる要素であるが、文学教材を使う英
語の授業で豊かな人間性や微妙な心の動きなどを学べるとしたら、それも 1
つの重要な意義と言える。医療英語という ESP を教える事例 6.2 では、事
実に基づいた医療小説を使うことにより、専門的な英語と深い内容が身に付
いただけでなく、医療従事者たちの治療に対する姿勢や心の葛藤、患者や家
族のそれぞれ異なる状況下での内面の様子を学ぶことができたという反応が
クラスの大半を占めた。実際の症例に基づいた記述であっても、受講生たち
は想像力を用いて自分を作品に投影しながら読んだのであり、そのようなこ
とは情報提供のみを目的とした論説文や論文を読む場合にははなかなか起こ
らない。

　本書では英語の能力や専攻分野などコンテクストの異なる事例を幅広く取

第6章　事例研究の総合考察　321

り上げたが、使おうとする教師が適当な教材を選び使い方を工夫すれば、ど
のようなコンテクストでも学習者たちは文学教材の持つ感情的・心理的なメ
リットを感じることができることを確認した。英語能力が高い学習者であれ
ば、難解な作品の言語的な問題を解決した上で自分なりの解釈をしたり作品
の主題にかかわる文学研究をしたりすることができ、そこに知的な楽しみを
見出すことができる。また、初級学習者でも、絵本や児童文学、あるいは語
彙や文法が統制された簡略版のテクストを使ってストーリーを追い、初めて
まとまった量の英文を読むことで達成感を得て、それがその後の英語学習全
般へのモチベーションを生むという事例が何件もあった。さらに、受講生の
専攻という観点からも、人文系以外の学生が英語で文学的なテクストを読む
ことを楽しいと感じ、それらを通して人間性を学んだり教養の幅を広げたり
することを意味があると実感するケースが複数観察された。

1.3　文化に関する意義

　文学を教える意義を文化理解に結びつける主張は、第3章で論じたよう
に、文学教材が再評価されるより以前から常に多くの関心を引き付けてき
た。しかしながら、この文化に関する意義については、現在、2つの問題が
混在しているように思われる。1つは、文学を通して文化を学ぶことに意味
があるのか、言い換えると、文学は文化を学ぶための有効な手段であるかど
うか、という点であり、もう1つは、そもそも言語学習において文化を学
ぶ必要があるのか、という点である。

　まず、1つ目の文学を通して文化を学ぶことの意味について議論する。第
5章で分析したどの事例の作品にも、登場人物の外見的な特徴から思考や言
動の仕方、生活様式、また、作品の歴史的・社会的背景やその時代に起こっ
た様々な出来事に至るまで、文化的な要素が豊富に含まれている。学習者の
反応という観点から見ても、多くが文学作品を扱う授業で「外国の文化を学
べた」と述べ、そのことを、文学を扱うことを好ましいとする理由として挙
げていた。

　Edmondson(1997)は、しかしながら、外国語教育における文学の特別な
役割を否定する中で、文学は文化的な見識を与えるという主張を批判し、

「19 世紀のイギリスの労働条件を知りたいときに、Dickens の小説を読むより良い方法はいくらでもあるだろう」(p.47) と主張した。それに対する反論として、外国語教育という枠組みの中で文化を学ぶ媒体として文学を使う意味を考えてみたい。まず、最初に考えられるのは、文化を学ぶ・知ることが当初の目的でなくても、文学を読むことで結果的に文化に触れられるということである。上記の Dickens の例で、当時のイギリスの労働条件を研究する歴史学者などは資料や記録、研究書などを読むのであろうが、そのような人の数は限られている。それ以外の多くの人たちは文学を通して、間接的に、あるいは結果的に文化や歴史を学ぶことがある。事例で取り上げたどの文学作品も程度の差はあるが文化的要素を多分に含んでいる。学習者たちは、文化的知識の獲得を第一の目的とはせずに作品を読んだはずであるが、結果としてどの授業でも「外国の文化を学ぶことができた」という感想を述べている。

　文学を通して文化を学ぶもう 1 つの意味は、文学作品では多くの場合、登場人物の視点を通して生き生きと細部にわたり当時の文化的な要素が語られ、読者や学習者は登場人物の言動を通し、自分の体験として文化に触れることができるということである。文学には創造も含まれるが、文化的な描写は解説書や新聞記事よりもしばしば印象的であり、学習者の記憶に残る。例えば、A Room of One's Own (事例 1.4) では、当時のイギリス社会の女性の地位の低さが大学構内や食事の様子を用いて詳細に描かれているが、イギリス文化を専攻する 4 年生がこれまでに読んだどんな本や資料よりも女性を取り巻く当時の社会・文化背景についてよく理解できたと語っていた。また、事例 7.1, 7.2 で扱った The Remains of the Day では、第二次世界大戦前のヨーロッパの国々の立場や力関係について登場人物を通して垣間見ることができ、小説の中でありながら読者は臨場感を持って文化・歴史を学ぶことができる。

　ただし、文化を学べるというこの特徴は、一方で、文学という教材をより特殊で扱いにくいものにしてしまう可能性を含んでいるのも事実である。例えば、上述の A Room of One's Own を精読した授業では、作品を読む上でのむずかしさとして「背景知識がないこと」を挙げた学習者も数人いた。そ

れと同数以上の学生が「背景知識、文化と合わせて読み解くこと」を面白い
と回答しているのではあるが、やはり、イギリス文化に関心や親しみのある
学生でなければ作品を読むことに困難をきたすだろうことは容易に推測でき
る。

　そもそも言語学習において文化を学ぶことに意味があるのだろうか。
Edmondson（1997）は、「文学を通してどんなタイプの文化的アクセスを得ら
れるのか、また、それが言語習得の過程にどのような影響を与えるのか」
（p.47，筆者訳）と問いかけているが、本書では、文化と言語の間には密接な
関係があり、ある言語を使用している国や人々を理解することはその言語の
習得を助けるという立場に賛同する。具体的に、例えば、1970年代以来に
研究が進んだ「スキーマ理論」の成果の中でも読み手の持つ文化背景知識が
目標言語の読解を大きく左右することが指摘されている（田近，2002）。さら
に、微妙なコミュニケーションの仕方なども文化の一部ととらえれば、それ
は言語使用そのものであり、言語の学習や取得には欠かすことができない。
また、これは前項の「感情や人間形成に関わる意義」とも関わりがあるが、
外国語学習者は目標言語が話されている国や地域の文化を知ることに興味が
ある場合が多く、文化を知ることが言語学習の動機付けになることもある。
本書の事例では、多くの学習者が文学を教材とした授業の後で教材や授業に
ついて肯定的な意見を述べているが、その理由の1つとして「外国の文化
を学べる」と書いている。つまり、異文化を学ぶことは、多く学習者にとっ
て未知のことを知る楽しみであり、知ることで成長したり教養が身についた
りする。自分が学習している言語の背景にある文化であれば、なおのこと、
そのような感情は言語学習へのモチベーションとなるのである。

　英語教育の場合、事情が複雑なのは、第3章でも説明したように英語の
グローバル化、英語文学の多様化などにより英語という言語の帰属する場所
が以前に比べ特定できなくなっていることである。また、英語帝国主義への
批判もあり、英語圏の文化を学ぶことの意味が問われている。これに対する
答えとしては、言語教育で触れる英語圏文化を1つの異文化としてとらえ、
文学教材を用いることが多様な文化の存在を知ることや自国の文化を考え直
すことのきっかけになればよいと言うことができる。本書の事例3.4で読ま

れた *Daisy Miller* は異文化接触が重要なテーマであるが、教師は登場人物の言動から文化の接触について考える機会を受講生に与え、受講生たちはそれを自分自身の経験に結びつけてクラスで共有していた。アメリカ文化とヨーロッパ文化の衝突は遠い話であっても、作品を読むことで登場人物に自分を投影して自己の経験や価値観に照らし合わせ、他国や自国の文化への理解を深めることができる。文学作品のこのような役割について、Carter & Long (1991) が "the cultural model"（文学を通して文化を教えるモデル）としてまとめているので、以下に引用する。

Teaching literature within a cultural model enables students to understand and appreciate cultures and ideologies different from their own in time and space and to come to perceive tradition of thought, feeling, and artistic form within the heritage the literature of such cultures endows.　(p.2)

1.4　その他の意義

第3章1.5では、文学教材の持つ上記以外の意義として、コミュニケーション能力の育成、解釈する力や創造力の向上を指摘した。コミュニケーション能力の向上については、従来から文学教材と相容れないものと見なされており、次節「文学教材利用に伴う問題点」の2.2で論じるので、本項では主として解釈の可能性と創造性について取り上げる。この2つは、近年注目されている批判的思考能力にもつながり、また、相互に関わりがあるとされているが、具体的には授業中のどの場面で見られるのか、それらに学習者はどう反応するかについて、これまでほとんど議論されてこなかった。

まず、解釈の可能性という点についてであるが、ある範囲の中でとはいえ、読み手が自由な解釈を行うことができるのは文学テクストの特徴であり、従って、文学を教材として使うことの本質的な意義となる。文学とそうでないものを明確に区別することはできなくとも、文学的なテクストを英語教育で用いる場合には、解釈の自由があるという特質を活かした使い方ができることを多くの事例が明らかにした。中でも、*A Room of One's Own* を教材とした事例1.4では、論説的なテクストとの比較も行ったが、この作品

を読む時には文字通りの意味を取った上で作者の言いたいことを探るという、論説文とは異なる読み方をする必要があることを学習者たちは証言した。また、事例 2.4 の児童文学や事例 8 の絵本のように比較的やさしい英語で書かれた作品も、「幸せとは何か」というテーマに関わる問題など、読み手それぞれが決まった答えのない問題について深く考えるような授業ができることを示した。Pop song lyrics を教材とした事例 3.1 では、授業者が metaphor の解釈をめぐって多様な解釈が許されることを受講生に語りかけており、まさにそれが文学的なテクストの特徴であり、存在意義であると言える。

　解釈の可能性を持つことが教材として重要である理由は、大きく分けて 2 点ある。1 つ目は、それ自体が教育的な価値を持つことである。1 つのテクストについて根拠を示しながら自分で解釈していく姿勢は論理的な思考力や批判する力を育て多面的な見方を養う。特に、複雑化する現代社会においては必ずしも 1 つの答えが存在しないことや、相手の発話や文章から言外の意味をくみ取らなくてはならない場合も多い。英語授業の文学を通してそのような場合に備えるための訓練を行うことや、少なくとも、1 つの表現についていくつかの解釈が存在すること、受け取り手によって異なる意味が生み出されることもあることを認識させるのは意味があると言えるのではないだろうか。

　2 つ目の理由は、解釈の可能性を英語授業の言語活動に活かし、言語能力の向上につなげることができるということである。例えば、CLT で文学を使う事例の中では、グループやクラスの中で異なる解釈が生まれるからこそ、目標言語を用いた活発なディスカッションが行われる。これはオーラルの能力を中心としたコミュニケーション能力の向上につながるだろう。また、伝統的な教授法を用いた事例でも、英語の意味をとった後で許される範囲内で解釈を行い、作者の意図を理解しようとしたり考えを深めたりすることができる。そのためには、テクストをさらに読み込まなくてはいけないので、読解力や語彙力の向上につながることは容易に想像できる。"The Happy Prince", *The Giving Tree* の事例で示したようにテクストの語句や表現が解釈のきっかけになることも多く、比較的やさしい英語で書かれたテクストでも細部に注意が払われれば言葉への気づきが促されるであろう。

学習者の側からも、そのような解釈を行うことに知的な楽しさがあるという声を多数聞くことができた。テクストを読んで自分で解釈したり、クラスメートとの意見交換や教師の説明から新たな点に気づかされたりすることが有意義だったという感想も数多くあり、また、視聴覚教材を用いた時にテクストから得た自分の解釈と映像化に伴う他者の解釈が異なるのでその相違に興味を持ったという意見も "The Happy Prince"（事例2.3）、*The Remains of the Day*（事例7.1）の事例で多く聞かれた。学習者たちが文学を使った授業を楽しいと言う時、それは文学の持つ物語性のためであることもあるが、主体的に解釈を行うことに因る場合も多いということを本書のアンケート調査は示している。これらは文学教材の持つ「感情に関する意義」につながり、さらに英語学習への動機付けを高めると言える。

　創造性は、解釈と関連がある。上述したように、pop song lyrics を用いた授業事例（事例3.1）では、授業者が「文学では誰でもが創造的になることができる」(Literature allows you, me and everybody to be creative.)と説いて歌詞の自由な解釈を促したが、与えられたテクストを解釈することは意味を創造することでもあり、両者の距離は近い。さらに、創造性そのものを養う活動としては、文学的なテクストを読んだり聞いたりして、それをもとに自分でも creative writing を行う作業がある。具体例としては、第5章4.「Composition で文学を使った事例」、第5章6.「ESP/EAP の中での事例」で示した。学習者たちは、この創造的な活動を終えて、構成や使用する語彙の種類、また想像力を必要とする点でそれまで学んだ academic writing の文章とは異なるという感想を持ち、オール・ラウンドな英語の使い手になるためには、時には creative writing を行ったり文学を含む様々なタイプの文章に触れたりすることが自分たちの専攻に関係なく必要であるという意見を呈している。

　このような、テクストを読んである範囲内で自由に創造的に解釈を行い、さらに創造的に文章を書くという一連の活動は、文学的な教材を使う授業や学習の特徴である。また、「読み」「書き」を統合して総合的に言語能力を高めるという点でも今後関心が持たれる分野であろう。

2. 文学教材利用に伴う問題点

2.1 文学読解の難しさ

　これまで見てきたように、文学という言葉は長年、評価の確立した作品である正典を想起させることが多かったため、言語的にも内容的にも難解であるというイメージがついてまわり、第二言語・外国語教育で用いるのには不適切であるという見方が強かった。確かに、第3章で整理したような、語彙や文体の難しさ、テーマに関する解釈や文化的背景の理解に伴う難解さは本書の事例でもしばしば観察され、学習者の反応として提示されることもあった。しかし、難しいということは、それだけで文学を排除する理由になるかと言うとそうではない。教材として有用であり、授業目的に沿っていれば、難しくても学習者の言語能力を高めるために使う価値がある場合も多いのではないだろうか。

　特に、精読を教授法の中心に据えた第5章1.「伝統的な教授法を用いた事例」では難解な作品が扱われていたので、確かに難しいという声が学習者からよく聞かれた。しかし、*A Room of One's Own*（事例1.4）を使った intensive reading の授業では「難しかったが、読み解いていくことが楽しかった」「英語も内容も高度で一生の記念になる」という反応もあった。また、事例1.3 のロマン派の英詩の読解も講座後に難しいという声が多かったが、「高校までの文法が実際に役立つことがわかった」「思っていた以上に面白かった」という感想も聞かれた。難解なテクストを読むことは必ずしもネガティブなことばかりではない。もちろん、難しすぎて学習者のやる気を削ぎ授業目的を達成できないような場合は論外であるが、言語も内容も難しいからこそ、そのテクストから学べることも多く、大学生の知的な興味をかきたてて新たな学習意欲をもたらすものも多いと考えられる。

　一方で、英語能力が十分に高くない学習者には、使う作品と授業内の活動内容を工夫することによって、広義の文学作品に触れてもらうことが可能である。1980年代の文学教材再評価の動きの中で文学の意味が広がり、それ以来、幅広いレベルの学習者を対象に作品のタイプや教え方の研究が行われてきたが、本書の多くの事例が示すように上級レベル以外の学習者も文学テ

クストの持つ様々な恩恵に浴することができるのである。

　例えば、初級学習者を対象に LBA のアプローチを採り入れた事例 2.1–2.3、また、CLT の中で文学を使った事例 3.2 や事例 3.3 などでは児童文学を教材としていた。また、extensive reading に特化した授業(事例 5)でも平易な児童文学や長い小説の簡略版を教材とした。さらに、言語横断的な授業の事例 8 では英語絵本を教材としてメタ言語能力の育成を試みた。これらの事例で示したように、各授業では学習者の能力や授業の目的に合った様々なタイプの教材が使われ、それをもとに言語能力の発達を促すための活動が行われていた。言い換えると、コンテクストに合った文学的なテクストを中心にして、テクストと学習者、学習者同士、学習者と教師などの間に密度の濃いやり取りが行われ、学習者たちはそのような活動に知的にまた感情的に深く没頭していたのである。

　そもそも、文学作品には難解なものからそうでないものまで様々な難易度のものがあり、それは文学に限らず、それ以外の文学要素が薄いテクストについても同様である。例えば、論説的な文章にも様々な難易度があるし、新聞記事でも発行する新聞社によって語彙・構文・内容などに難易の差があること、また、同じ新聞でも記事の内容によっては読み易かったりそうでなかったりすることなどは周知の事実であろう。伝統的な文学である正典を中心に考えた場合、確かに文学には難解なものが多いかもしれないが、文学作品はすべて難しいと一括りにし、だから英語教育の教材として不適切であると切り捨てるのは一面的な見方である。

　それと同時に、長い間高い評価を受けてきた英文学の正典がどんな環境でも必ず最適な英語教育の教材となるかと言うと決してそうではなく、第 1 章でも提案したように、文学教材の正典とでも言うべきものの存在が考慮されるべきである。それらは、これまで述べてきたような言語・感情や人間形成・文化・その他の意義を持つ、あくまで言語教育の教材として優れている文学あるいは文学的な作品で、文学の正典とは必ずしも一致しない、文学教材の正典なのである。

2.2 コミュニケーション能力との関係

　日本の英語教育の歴史の中で、コミュニケーション能力育成に貢献しないという理由で文学教材が敬遠されてきたことは第3章2.3で詳説した。しかし、まず、コミュニケーションとは何かについての議論が必要であり、本書では、コミュニケーション能力を日常的な会話能力と狭くとらえるのではなく、解釈することも含めて相手の言うことを良く聞き、テクストを読み、その上で状況に応じた創造的なやり取りを行う能力であると定義し直す時、それを養成するために果たす役割が文学にもあるのではないかという提案をした。

　本書の8つのカテゴリーの中でもCLTで文学を使った事例3.1から3.4は、まさにコミュニケーション能力育成を目的とした教授法を用いたものであるから、文学教材とコミュニケーション能力育成の関係を見直す上で重要な事例である。教材はいずれも歌詞や児童文学を含めた広い意味での文学的なものであったが、受講生たちは英語のディスカッションに積極的に参加して自分の感想や経験を語り、解釈の自由が許される質問に対して英語で答え、エッセイ・タイプの試験にも臨んでいた。授業後のアンケート調査によると、受講生自身もこのような教材や活動はコミュニケーション能力を養うものであると認識している場合が多く、より具体的にはオーラルの能力が伸びたと報告するケースも多く見られた。

　その一方で、学習者が文学教材を使ってコミュニケーション能力を伸ばしていく様子は、上述のようなCLTの事例だけでなく、他の多くの授業事例においても観察された。LBAを用いた授業事例では、学習者はテクストについての様々な言語活動を行い、ペア・グループワークなどを経験した。また、マルチ・メディアを使ったCALL教室での授業(事例7.1)では毎時間、小説の原文をかなり長く読み、同時にDVDを視聴した。それら以外にも、従来コミュニケーション能力とは相容れないと考えられてきた精読の授業で、事例1.1に見られるように、受講生の多くが授業後に文学教材について良い印象を持ったことの理由として、「実際に読んでみて文学教材の方がコミュニケーション英語に近いと感じた」というコメントを寄せている。

　では、受講生たちは、文学教材を用いる様々な形態の授業で、どのような

330

場合にコミュニケーション能力育成の要素を感じたのであろうか。しばしば指摘があったのは、小説などの文学作品には会話が多く、その表現が学べることである。これは、会話表現そのものだけでなく、人との接し方や答えの返し方などを細かなニュアンスと共に体得できることを含んでいる。また、事例 1.1 や事例 7.1 のように題材が長編小説であり、読むことに重点が置かれても DVD など視聴覚教材を併用することでリスニング能力や、使い方によってはスピーキング能力の養成につなげることもできる。そのような音声面に限定したコミュニケーション能力だけでなく、第 3 章で紹介した Widdowson(1978)の定義を援用すると、文学作品の読解と共に行う writing 活動で培うことができる創造性や、作者の意図を探ろうために細部まで読み想像力を駆使して行う解釈などもコミュニケーション能力育成に貢献できる文学教材の特徴である。

このように見ると、文学作品は、本来、コミュニケーション能力を育成するのに適した性質を持っていて、さらに、使い方を工夫することで学習者のコミュニケーション能力向上に役立てることも可能である。日本の英語教育では、確かに、文学は文法訳読式で読まれることが多かったので、その結果として話せない学習者を生んでいるという先入観を持たれるようになり、ゆえに、文学教材を用いた授業ではオーラル・コミュニケーション能力が身につかないと敬遠されてきたが、やはり、教材と教授法の関係を固定化して論じるべきではないと言える。

2.3　ESP/EAP との関係

第 3 章で論じたように、ESP はその発展自体が文学排除の上に成し遂げられたと言われており、大学などで学生の専攻を重視した英語カリキュラムが編成されている場合にその中に文学を組み込むことは、通常、容易ではない。また、composition など英語教育の中のいくつかの分野は、ESP/EAP の理論や実践と結びつきが強く、その結果、文学とは相容れない関係になっている。

しかしながら、ESP は特殊な言語や方法論を意味するものではないという考え方(Hutchinson & Waters, 1987)や ESP の授業での英語の特殊性にはい

くつかの要素がありそれらをどれくらい重視するかは個々の授業によって異なるという説明（Widdowson, 1983a）に従えば、教材においてESPと一般の英語授業に決定的な差異はなく、必要と判断される場合にはESPにも文学を入れる余地があると言える。また、EAPはESPの1つの形態であるという点に着目すれば、第3章2.4で挙げた先行事例のように、より広く文学を利用することが可能となるだろう。

　その実践例として、事例6.1のESP/EAPの授業ではnarrativeの練習をする際に文学的な活動を取り入れた。理工系の学生が論文やプレゼンテーションで実験方法や結果を説明する際にはnarrativeの手法が深く関わってくることから、文学的なテクストを読んだり書いたりすることで時系列に沿った語りを学ぶことができると考えたからである。受講生の反応は概ね肯定的で、半数以上が「楽しい」「創造的である」と答えた。一方、「難しい」という回答も3割程度はあり、教師は、「短い物語を読んで、自分で書き、発表する」という活動が、EFLの学生にとって負荷が高いものであることを認識し、受講生の英語力にも配慮することが求められると言える。全体的には、楽しいと感じながら創造的にnarrativeの練習をすることができたこと、また、自分自身の経験を語り合うことによって受講生の間に共感や協調の感情が生まれたことが観察された。

　事例6.2は、ESP、それも専門性の高い医療英語を教える授業で医療小説と映画を用いるという例であった。事実に基づいたものとはいえ小説という文学テクストを用いることの理由を、教員はESPと共に専門分野に関する深い内容、そして人間性を学んでほしいとしていたが、そのねらいが活かされた授業であった。受講生にとっても、このESPの授業で小説を用いて英語を学んだ利点は大きく3つある。まず、一連の症例が1つの物語にまとめられていることにより、先を読みたいという気持ちが湧き学習全体に積極的に取り組めたこと、そして、医療英語の語彙や表現も用語集など他の教材に比べて覚えやすかったということである。第二に、論文のように起こった出来事や結果のみが書かれているのではなく、主人公である医師や他の医療従事者の内面的な葛藤や迷い、患者への姿勢、患者や家族とのやり取りが詳しく描かれており、受講生たちは英語と共に、将来医師となった時に必要な

人間の心の問題を学ぶことができたという点である。最後に、この医療小説と映画は様々な言語活動を生み出すのに適していて、受講生は専門的な内容を学びながら英語の4技能を高めることができたことである。いずれも文学テクストならではの特徴と言えるが、英語教育の中でそのような役割を果たすことができる他の教材を見つけることは難しい。当該教材が医療英語のESPの授業で有効に使われたという意味は大きく、本事例によりESPにおける文学の意義の一端を示すことができたと考えている。

最後に、ESPに特化した授業でなく、総合的な英語授業で文学を使うことに対して、語学や文学など人文科学系以外の学生がどう反応したか付け加えておく。本書の多くの事例は社会科学・理工学・音楽学など多岐に渡る専攻の学生たちを対象としたが、受講生たちは、昨今の日本の英語教育が直接・間接に文学教材を遠ざけてきた事実からは考えられないほど、文学を1つのジャンルとして自然に受け入れていた。事例1.1では、理系に進学する教養学部の学生が、様々なテクストを聴解と読解に使うクラスでDickensの小説を読んで「文学だけ使わないとしたら、その方がおかしい」と述べ、事例7.1でも類似の対象学生たちがCALL教室で映画と共にIshiguroの作品を読み、「教養が身につく」「コミュニケーション能力育成にも役立つ」と答えた。また、国際関係学科の学生対象にcompositionの授業で短編小説を用いた事例4.1–4.4でも、9割近くが時々であれば小説を使ったライティングの活動は好ましいと考え、いろいろな文章構成・表現が学べるということを理由に英語能力の向上にも効果的であると記している。このような肯定的な反応が得られたのは、使う側の教師たちが受講者の英語力や興味をつかみ、テクスト選択から導入に仕方に至るまで入念に準備を行ったからではあるが、少なくとも授業の目的に沿って注意深く使用すれば、文学教材は学生の専攻に関わらず、広く使うことができると言える。

2.4 評価に関する問題

文学を教材とする外国語の授業で学習者の評価にどのような問題があるかについては第3章2.5で概観したので、ここでは本書の事例の中で授業を行った実践者が受講生に対してどのような評価をしていたかに注目して、改

めて、文学教材を用いた場合の問題点としての評価を論じたい。

　評価の中で大きな割合を占める最終試験の内容については公開されない場合も多く、本書の事例研究でも観察できた例は限られたが、授業で扱った内容をカバーして試験を作成するという点では教材が文学である場合もそうでない場合も余り変わりがない。例えば、筆者が担当した *A Room of One's Own* を使った事例 1.4 では、「専門課程で必要な読解力と分析力の養成」が主たる授業の目的であり、さらに「単なる訳読ではなく、文化的、社会的、歴史的文脈の中で、テキストの内容を正しく理解するとともに分析的に読み解く訓練」を行っていたので、まず、英文の意味を正確に理解できるかどうかという言語的側面に注目した問題を作成した。そこには日本語訳の問題も含めた。その上で、「これはどんな内容を指しているのか」というような、「分析的に読み解く」必要のある問題、それから、「作者はここでなぜこのような表現を用いているのか」「これは何を象徴しているのか」というような解釈を含む文学的な問題も出したが、いずれも授業中に話し合った範囲からの出題を中心にした。英語授業で文学を使う場合には、常に、言語的要素と文学的要素の両方が試されることになるが、その割合は授業の目的によって変えればよい。英語の意味を問わずに話の筋や登場人物の言動などについて聞くような問題はほとんど出題しなかったが、それは、Carter & Long（1991）が指摘するように、作品についての知識は翻訳から得ることもでき、英語を理解しなくても答えられてしまうからである。

　事例 3.1–3.4 の CLT の中で文学を使った事例では、試験問題も回答も全て英語が使われ、単語の定義や作品中の出来事やその意味について説明することが要求された。事例 3.1、3.4 の最終試験では設問に答える形で短いエッセイを書く問題もいくつか出題されたが、それらの質問は予め知らされていて学習者が準備をすることが前提となっているものであった。受講生はその準備段階で再度テキストを読み、授業を振り返りながら英語で自分の考えをまとめていた。

　Composition のクラスで短編小説を用いて prediction, rewriting を行った授業では最終試験は行わず、各 composition の評価に平常点を加味して成績をつけたのであるが、筆者は文学を使ったこの composition の評価が特に難

しいものであるとは感じなかった。通常、composition の評価は正解を求める活動の評価に比べ難しいものであると言われているが、特に、文学教材を使う場合には創作をどう評価かするかという点でさらに曖昧さが加わる。そのような場合には、事例 4.1–4.4 で示したように、予め明確な評価の基準を示しておくと、授業者にとって評価がしやすくなるだけでなく、学習者にとっても書く際の目標になり評価の公平感を得ることができる。本書の事例でも、書く際にガイドラインとして提示したものを後に評価の基準としたので、評価が不安だという声は学習者から全く聞かれなかった。

　文学を使う授業の試験では、解釈を必要とする言語活動を既に授業中に行っているので、試験時には授業の内容を踏まえテクストに基づいて根拠を示しながら、受講者が自分の考えを論理的に述べられるかどうかを評価すればよいのではないだろうか。それは文学的でないテクストを教材とする場合と同様で、授業の目的を考え授業内容を反映させた問題を作成し、評価を行うことが必要なのである。

　ただ、評価に、これまで読んだことのない新しい文学作品を使う場合には教師はより注意深くなる必要がある。筆者は、授業後の試験などの学習者評価に新しい文学作品を用いることや、また、入学試験のような場合にも文学テクストを含めることにも反対ではないが、それでも、例えば、登場人物の意図や気持ちを聞く問題など解釈の余地があるものについては、明確な根拠がテクストの中にあり、正確に言語を理解すれば全ての人が出題者の求める解答にたどり着けるようなものに限られるべきであると考える。本来は、学習者が読んだことのないテクスト（unseen passages）を用いてこそ、純粋な文学的なスキルがテストされることを Paran (2010) は示唆しているが、それを第二言語・外国語教育の試験で行うかどうかについては議論が分かれるところであろう。

　本書の事例を観察しながら「文学を使うと評価が難しい」という言説について考えると、それは「言語的要素と文学的要素の両方を測るのか、その場合どういう割合で測るのか」「文学の問題には答えが 1 つでないことも多いので何を正解とするか」など複数の問題を指していることがわかる。前者への対処については上述のように各授業の目的や目標に従うべきであるし、後

者に対しては、高等教育でよく行われるエッセイ・タイプの試験には1つの正解を持たないものが多く、文学教材だけの問題ではないことを指摘したい。論説文を教材に使っても、書かれている情報を正確に読み取った上で自分の意見を述べたり議論したりするような課題は多い。その場合も、完全に公平な評価を行うことは採点者にとっては容易なものではないだろうが、資料や講義の内容を基に自分の考えを論理的に述べることができるかどうかを測るはずである。

これらのことを考慮すると、文学教材を扱う授業においてのみ評価が難しいということにはならず、授業の目的や評価基準を明確に示せば公平な評価を行うことはできると考える。

2.5 その他の問題点

本項では、これまで論じてきたものの他に文学教材利用に伴う問題点にはどのようなものがあるか、考察する。

2.1「文学読解の難しさ」では主に学習者の観点から文学教材の難しさを議論したが、教師にとってもこの教材はいつも使いやすいものであるとは言えない。その原因の1つは、読解の難しさに関連し、「テクストが長い」ということである。実際、小説、戯曲、随筆などの散文は通常長いものがほとんどで、例えば、新聞記事のようにまとまった文章を1回の授業で読み切ることはほぼ不可能である。そのことが文学を扱う上では常に問題となり、教師に工夫を要求する点である。ただし、児童文学や簡略版など言語的に難易度が高くないものは速く読み進めることができるので長さに対処するのは比較的容易である。児童文学の中でも複数のチャプターから成り立つチャプター・ブックやヤング・アダルトに分類されるものは全体で100ページを超えるものも多いが、本書の事例2.1, 2.2などでも示したように、数ページから時には10ページ位に区切って予め読んで来てもらい、授業中にはLBAに基づいた様々な言語活動を中心に行うようなやり方もある。その場合、重要な箇所や1人では理解しにくい部分のみ精読や訳読を行えば英語力向上という点で効果的である。事例7.1のように読解能力の高い学習者を対象とする場合は、より難解な小説でも速読と精読を組み合わせたやり方で原作を

1冊読破することができる。

　他に文学が教師にとって使いにくい理由として、Hirvela (1989) が四半世紀も前に指摘した様々な要因が今日の状況にも当てはまる。すなわち、自分が文学を読まない、あるいは専門家ではない、準備などに時間がかかるなどである。実際、本書の事例研究ではいずれもその教材の持ち味を活かした効果的な授業が行われていたが、扱っていた教師たちはある程度文学の専門的な知識を持ち作品を熟知していた。やはり、文学作品を良い形で使うには教師側にある程度の専門性や興味、また、十分な勉強や準備が必要となるだろう。ただ、教材の準備という点では、事例 7.3 で示したように、プロジェクト・グーテンベルクのようにオンライン教材も利用できるようになった現在の ICT 時代には、教師の負担も軽減され、そういう意味では文学テクストも身近になってきていると感じている。

　もし教師が文学を使いたいと思う場合でも、今日の教育現場では、教育機関の方針やカリキュラム作成上の理由などにより、1 学期間を通して毎授業時間に文学だけを使うことができるという状況は得にくいかもしれない。そのような場合には、授業の一部で単発的に使うこともできる。本書の事例でも、文学をコース全体で排他的に使っている例は実は少ないのである。事例 1.1 では様々なジャンルのテクストの中の 1 つとして単発的に使い、事例 2.3, 3.2, 3.3 では文法演習の教科書や時事問題の主教材と共に副教材として学期を通して作品を読んでいた。Composition の題材として文学を使う授業では、学期末の 1–2 時間を利用して文学をもとにしたライティングを行っていたし、事例 6.1 では ESP との間に narrative という接点を見出してその週だけ短い物語を書いた。言語横断的授業を観察した事例 8 では年間を通して様々なトピックについて異なるジャンルのテクストをもとに授業者が教材を作成していたが、絵本を用いた授業は最後の 2 時間である。それらの事例では、文学が唯一の教材として中心的に使われているわけではないが、それでもこれまで述べてきたような文学ならではの特徴を活かすために、時には想定されるいくつかの問題点を補いつつ、文学教材が使われ続けているのである。

　その他、文学教材を取り巻く問題としてしばしば取り上げられるのは、母

語教育との関係から見た英語教育の役割や目的に関する議論である。文学教材の意義のうち「文化を学べる」や「人間的な成長を促す」などを主張すると、それらは母語教育の中で行えば良いという指摘がなされることがある。解釈の可能性についても、学習者は母語を用いて小説を読みその中で解釈を学べばよいのであって、英語という外国語の学習では技能を磨くことに徹すればよいという考えもある。これは英語教育の目的論に関わる問題であり、英語が教えられるそれぞれのコンテクストによっても目的は異なるのであるが、少なくとも大学英語教育では、言語能力そのものの向上だけでなく、解釈することや文化を学ぶことを通しての知的・人間的な成長が促されるべきであると考える。また、英語の授業はスキル教育に徹し、内容を学ぶのは他の教科や授業に任せればよいというのでは、近年注目されている content-based instruction や CLIL [2] などの理念は否定されてしまうだろう。本書で取り上げた事例でも、多くの受講生が英語と共に興味のある深い内容を学べたと述べており、また、文学を教材として学ぶと楽しさや学習への動機付けが促されると証言している。このような人間の心理や感情は学習の効果と切り離せないものであるし、教育という人間形成の観点からも英語教育で文学を使うことの意味は大きい。

　最後に、教師が文学教材を使いにくさを感じるという点に関連して教員養成の制度に触れておきたい。やはり、どんなに文学教材の意義や問題点の解決策が認識されようとも、実際に文学を使おうとする教師が増えないことには文学作品は使われ続けないからである。Hirvela(1989; 1993)は、教員養成課程において文学について学ぶ科目が十分でない点を指摘し、そのような授業がもっと提供されるべきであると主張した。筆者が修了したアメリカの大学院でも、ESL コースの必修科目として Integrating Culture and Literature in the Communicative Curriculum があり [3]、指定テクストとして *Envisioning Literature: Literary Understanding and Literature Instruction* [4] が用いられていた。つまり、初等・中等教育の ESL 教師になろうとする人が文学や文化をどう言語教育に取り入れていくか学べるようになっていたということである。日本では、折しも、教員養成課程のコアカリキュラム案が策定され、「英語文学」の科目は、当初の懸念に反して辛うじて残された(文部科学省,

2017b)。一方、大学英語教育においては、研修や学会のワークショップなどで文学の使い方を教える機会が設けられればそれまで使ったことのない教員も単発的にでも文学教材を使うかもしれないし、少なくともカリキュラム作成の際に文学を利用する英語教育についての理解を示すようになるかもしれない。実践案を示すリソース・ブックを出版することなどももちろん大切ではあるが、多くの英語教員にとって文学が馴染みのないものになってしまう前に、やはり教員養成課程や研修において、理論と実践の両面から学びの機会が提供されることが望ましいと考えられる。

註

1　英詩を扱った「ロマン派講座」の事例1.3では、文学的な教材についての印象で「好ましさ」の度合いがわずかながら減少しているが、それ以外の全ての事例で増加している。

2　Content and Language Integrated Learningのことで、教科学習と語学学習を統合して行う英語教育のアプローチ。

3　Manhattanville College, Department of Teacher Education 発行の学生便覧"Graduate Programs in Teaching: Master Degree Programs & Post Masters Certification Programs"（revised, November 1994）, p.19による。

4　Langer, J. A.（1995）.

第7章
結論

　終章である本章では、まず、本書の各章の要約を述べ、次に、研究課題に対する答えを結論としてまとめる。そして、最後に、本書の研究を振り返り、改善すべき点と今後の研究課題を示したい。

1.　要約

　第1章は、序論として、「本書の目的」「研究の課題」を示し、「用語の定義」を行った。本書は、日本の英語教育における文学教材の位置を歴史的に概観し、英米での歴史や理論を踏まえた上で、日本の大学英語教育における授業事例を複数分析することによって文学教材の意義と問題点を再検討することを目的とした。この目的を成し遂げるために、4つの研究課題を設定した。1）日本の英語教育、及び、英米を中心とした世界的な第二言語・外国語教育における文学教材利用の歴史は、それぞれどのようなものであるか、2）これまでに主張されてきた英語教育における文学教材の意義と問題点には、どのようなものがあるか、3）日本の大学の英語授業では、実際にどんな文学作品がどのように使われていて、学習者たちはそれらの文学教材や活動に対してどう反応しているのか、4）授業事例の中に、これまで主張されてきた文学教材の価値・意義、また、問題点は見られるのか、また、問題点を解決する方法があるとしたら、それはどのようなものか、の4点である。

　続いて、本書中で用いる用語のうち、「英語教育」「文学、文学的」「文学教材」の定義を行った。「文学」については、先行研究において示されてき

た特徴の中でその中心に位置するものを意味するとし、「文学的」という表現も併せて用いることとした。そして、本書で研究対象とするのは、創造性があり、想像力に富み、ある程度解釈の自由が読者に与えられるようなテクストで、作品ジャンルとしては、小説・詩・戯曲・随筆・児童文学・歌詞・手紙・自伝・日記などであることを明記した。さらに、「文学教材」として選択されるテクストは、文学の正典である必要はなく、英語教育の教材として各実践の目的にかなう基準により、分けて考えられるべきであるという考えを示した。

　第2章では、第3章以下の議論を進めるために必要な歴史的考察と先行研究のまとめを行った。本章は、英語及び外国語教育における文学教材利用の歴史の考察、文学教材利用についての先行研究の概観の2部構成で、いずれも日本国内と英米の両方の文脈から分析した。まず、日本における文学利用の歴史を明治時代初頭から現在まで辿り、特に、戦後の中等教育の学習指導要領の変遷に伴い文学教材が徐々に排除されてきた過程を説明した。これに対して、英米では1980年前後に、教育的文体論とCLTの発展を主な要因として言語教育において文学教材を再評価する動きが起こったことに注目した。そして、このような再評価が日本で本格化しない理由として、文学を使った場合の教授法に固定観念があることや経済界からの要請などにより実用英語が過度に重要視されてきたことなどを論じた。第2章の後半では、Widdowson（1975）以降のこの分野の主な先行研究をまとめ、文学教材の意義についての理論的な研究が進むにつれて、現在では、それを支持する実証的な研究、特に、個人の学習過程や教室での授業の進行に関するデータ収集や学習者の反応の分析に関心が集まるようになったことを説明した。

　第3章では、英語・外国語教育の中で文学教材を使うことの意義と利用の問題点について、先行研究を参考にしながら独自の視点も加えて議論した。本章でまとめた意義と問題点は、授業事例のデータを収集する際の理論的な枠組みとし、また実践や観察を行う際に特に注目する点とした。文学教材の意義は、Carter & Long（1991）のモデルに準じる3つの主張、「言語に関する意義」、「感情や人間形成に関する意義」、「文化に関する意義」と、それらに区分できない「その他の意義」にまとめた。さらに、文学教材の意義

の主張を批判し「外国語教育において文学に特別な役割はない」とする Edmondson（1997）の反論を紹介した。

第3章の後半では、文学教材使用に伴う問題点を探るため、Hirvela（1989）の「語学教師が文学を避ける5つの理由」を端緒に、これまで渾然一体となって体系的に整理されることのなかった諸問題を、「文学読解の難しさ」「コミュニケーション能力との関係」「ESP/EAPとの関係」「評価に関する問題」に分けて詳説した。そして、それぞれの区分の中で何が文学教材を使いにくいものにしているのか、それに対して解決の糸口はないのか、についても論じた。

第4章では、第5章で行う事例研究の概要を述べた。事例研究の目的は、実際に行われた教室実践と学習者の反応を綿密に調査し、記述し、分析することによって、日本の英語教育における文学教材の意義や問題点を論じることであることを、まず、明確にした。その中で、この分野の実証的な研究が世界的にも希求されているにも関わらず、まだ不十分であることの理由にも触れた。続いて、本書の事例研究の方法論を示す上で中心的な概念である、「質的研究」「事例研究」「観察」「アンケート調査」「倫理的配慮」について説明した。研究の具体的な方法の選択については、いくつかの手法を組み合わせる triangulation の重要性を強調した。第5章の事例研究は、教授法や文学教材の使い方から8つのグループに分けて論じるが、それぞれの事例でどのようなデータ収集や分析の方法を用いるかを章末に一覧表にした。

第5章は、内容的にも分量的にも本書の中心となる章である。主として教授法に注目して全22の事例を8カテゴリーに分類して節を立てた。それらは、「伝統的な教授法を用いた事例」「Language-based approaches を取り入れた児童文学の授業例」「Communicative Language Teaching を用いた事例」「Composition で文学を使った事例」「Extensive Reading の教材としての文学」「ESP/EAP の中での事例」「メディアを使った事例」「言語横断的授業での事例」である。各カテゴリーに属する事例の数は1から4と異なるが、各節ではそれぞれの事例の授業内容やアンケート・インタヴューによる学習者の反応を記述し、それらに基づきカテゴリーごとの考察を行った。

第6章では事例研究の総合考察を行った。第5章でカテゴリーごとに行っ

た考察を統合し、事例研究に見られる文学教材の意義と文学教材利用に伴う問題点を総合的に論じた。その際には、第3章で先行研究をもとにまとめた文学教材の意義と問題点に応えるように、意義としては「言語に関する意義」、「感情や人間形成に関する意義」、「文化に関する意義」と「その他の意義」、問題点としては「文学読解の難しさ」「コミュニケーション能力との関係」「ESP/EAPとの関係」「評価に関する問題」「その他の問題点」に分けて考察を行った。その過程で、先行研究などで主張されている意義は事例の中に様々な形で見られ、しかも相互に関連し合っていることを確認した。文学教材利用に伴う問題点については、指摘されているようなテクストの長さや難しさなども観察できたものの、作品選択を適切に行い、使い方を工夫することで解決できるものも多いことを具体的に示した。実際、先入観や偏見により文学は使えないと決めつけられているケースも見られたが、これまで文学が入る余地がないとされてきたコミュニケーション能力やESPを主眼とする英語教育の中にも文学教材利用の可能性があることを示した。最後に、文学教材を存続させていくためには、教員養成課程や教員研修などで教員に広く文学教材の有用性を認識してもらい、扱い方を学ぶ機会を提供するべきであるという提案を行った。

　第7章では、章ごとの要約、結論を述べた上で本研究の反省を行い、改善点と今後の課題を記す。

2.　結論

　本書では、事例研究を行うことにより、英語教育における文学教材の意義や役割を再検討した。

　文学は、まず、先人たちの苦労からもわかるように、その定義を行うことからして難しい。また、文学とそうでないものの間にはっきりとした境界線を引くことも到底不可能であるように思われる。本書では、研究対象を明確にするために先行研究から得たアイディアを合成する形で定義を行ったが、この部分はいまだに未解決である。文学の意味は時代と共に変化し、言語によっても異なる。また、言語教育における教材としての文学の意義や役割も

時を経るごとに廃れたり再評価されたりしてきた。人や状況によってもその価値は異なるだろう。本書では、英語教育の流れの中で文学教材受容の歴史を概観したが、現代の目まぐるしく変化する社会の中、実用性を重んじる風潮の中では、文学も文学教材も多くの人々にとっては徐々に馴染みのないものになりつつあるのかもしれない。

　それでも、本書の事例研究に基づいて総合的に判断すれば、文学や文学的テクストは、英語教育において特別な役割を担う有用な教材であると言える。文学的な教材だけが持つ、特有の価値が存在していることも確認できたと考えている。それは、洗練され選び抜かれた言語表現であり、多様な言語活動を生み出すことのできる文章である。また、文学教材は、初級者から上級者に至るまで、読む楽しみや感動、学習への動機付けを与え、同時に人間的な成長を促す。目標言語の文化に対する知識を与えるだけでなく、異文化や学習者自身の文化を意識し理解することに役立つ。さらに、ある程度の解釈の自由を許すことで学習者に深い思考を促し、新たな創造の機会を提供する。言い換えると、文学は、言語に関する意義、感情や人間形成に関する意義、文化に関する意義を持ち、学習者の解釈する力や創造性を育む教材に十分になり得るものなのである。それら全てが直接、間接に言語能力を向上させ、同時にゆたかな人間性を育てる。従って、このような教材の意義は決して軽視されるべきでないと言える。

　一方で、文学教材はどんなコンテクストでも有効に働く万能の教材というわけではないし、文学だけ使っていれば英語能力が向上するということでもないだろう。また、すべての教師にとって使いやすい教材とは言えないかもしれない。しかし、英語教育における文学の意義を少しでも認めるならば、文学教材を囲む環境が厳しさを増している今こそ、その長所を活かし、使いにくさを克服する対策を練りつつ、各授業の目的に合わせて教授法や授業手順を探りながら有効に用いていくことが求められているのではないだろうか。

3.　改善点と今後の課題

　本書では、これまで理論研究が中心であった言語教育における文学教材の

利用について、日本の大学英語教育という限られた文脈ではあったが、授業の実践事例を多数分析することにより意義や利用に伴う問題点を再検討した。1つ1つの意義や問題点の解決策を支持する決定的な証拠を提示するには至らなかったものの、数多くの異なる条件下での授業展開や学習者の反応を通して、これまで明らかにされてこなかった文学利用の実態を統合的にかつ具体的に示すことができたと考えている。以下では、本書の研究を振り返り、改善点と共に今後の研究課題を示す。

　まず、研究方法全般に関して、本書では授業事例の分析のために主として質的な研究方法をとり、客観性を保つために常に複数の手法を組み合わせたが、今後は様々な量的な研究も含め、より広い研究方法の可能性が追求されるべきであろう。例えば、文学教材を使った学習者の英語能力全体の伸びを測ることは難しいとしても、読解力や語彙力など特定分野に絞れば能力の伸長を測ることはより現実的であるかもしれない。将来的には、質的研究を中心に添えながらもそうした量的な要素も組み合わせた手法を考案して、文学教材と英語能力の関係を追究したいと考えている。

　また、本書の事例研究が10年を超える長い期間に渡ったために、研究方法から記述の仕方に至るまで統一感に欠ける箇所がいくつかある。筆者が繰り返し実践や観察を行う中で学び改善しながら研究を行ったという事情もあるが、今後はより綿密な計画のもとに研究を遂行したい。さらに、アンケートの質問項目や実施方法についても改善の余地がある。この分野の実証的な研究は始まったばかりで過去における研究の蓄積が十分ではなく、いくつかの先行研究を組み合わせながら模索していくという状態で研究を進めたが、アンケートやインタヴューでの質問内容を含め改良を重ねたい。

　研究対象について言えば、本書では既に文学を用いている授業に焦点を当て、学習者や教師からの肯定的な反応により文学教材の価値を確認することができた。しかし、一方でなぜ文学教材が減少していくのか、その原因究明が十分になされたとは言い難い。例えば、文学教材を取り入れない教育機関や英語教師の意見なども調査すれば、文学排除の問題を異なる角度から議論できるのではないかと考えている。

　今後の課題としては、第一に、様々な教育環境における文学利用の方法を

総合的に提示することを挙げておく。本書では大学英語教育における各コンテクストでの文学教材の利用を論じてきたが、さらに、より広い範囲を対象にして、どのような基準でどの作品を選び、それらをどのように効果的に使うか、まとめることを計画している。そうすることで、これまで文学教材に接してこなかった教師や学習者も文学を使う機会を持つことができ、何よりも広く世の中に、文学教材を用いた英語教育の役割や価値を伝えていけると考えるからである。

4.　おわりに

　本書の事例研究を行うために、文学教材が使われている様々な英語教育の現場に教師として、また、観察者として身を置き、使われる作品や使われ方、学習者の反応から本当に多くを学んだ。そこでは、毎回、文学教材の重要さを痛感したが、一方でその意義や価値をどのように伝えればいいのか、研究手法としてはなかなか有効な方法を見出すことができず、最後まで試行錯誤の繰り返しであった。

　文学教材に特別な役割があるのかどうか、意見はすぐには一致しないだろう。しかし、結局、その価値を認めるかどうかの判断は、英語・外国語教育の目的をどうとらえるかによるのではないかとも思う。単に言語能力の発達や向上だけに注目すれば、文学教材の役割はある程度他の教材が担えるのかもしれない。しかし、文学テクストが持つ様々な特徴、言葉使いの巧みさや繊細さ、解釈の奥深さ、創造性、話の展開の面白さ、心に訴えかけるテーマなどはやはり特有のものであり、それ故に、文学を用いた英語教育は、学習者の言語能力を向上させるだけでなく、その個人に深く考える機会を与え、人間としての成長を促すものである。広い意味での教育的な価値を持つと言えるのではないだろうか。文学が必要かどうかという問いは、究極的には、学ぶとは何か、教育とは何かという問題につながるのではないかと考えている。

参考文献

ACTFL（1996/1999）. *Standards for foreign language learning in the 21st century*. Retrieved April 14, 2011, from http://www.actfl.org/files/public/StandardsforFLLexec summ_rev.pdf

秋田喜代美・藤江康彦編（2007）.『事例から学ぶ：はじめての質的研究法「教育・学習編」』東京：東京図書.

秋田喜代美・藤江康彦・斎藤兆史・藤森千尋・三瓶ゆき・王林鋒・柾木貴之・濱田秀行・越智豊・田宮裕子（2013）.「国語科と英語科におけるメタ文法授業のアクションリサーチ」『東京大学大学院教育学研究科紀要』第 52 巻：337–366.

Albom, M.（1997）. *Tuesdays with Morrie*. New York: Random House.

Alderson, J. C.（2000）. *Assessing reading*. Cambridge: Cambridge University Press.

Auster, P.（Ed.）（2001）. *I thought my father was God* and other true tales form NPR's National Story Project. New York: HarperCollins.（ポール・オースター編・朗読、柴田元幸他訳. 2005.『ポール・オースターが朗読するナショナル・ストーリー・プロジェクト』東京：アルク.）

Austen, J.（1811/1995）. *Sense and sensibility*. New York. Penguin.

Baughan, M. G.（2008）. *Shel Shiverstein（Who wrote this?）*. New York: Chelsea House.（水谷阿紀子訳. 2009.『「おおきな木」の贈りもの』東京：文渓堂.）

Bauer, L. & Trudgill, P.（Eds.）（1998）. *Language myths*. London: Penguin.

Belcher, D. & Hirvela, A.（2000）. Literature and L2 composition: Revisiting the debate. *Journal of Second Language Writing* 9: 21–39.

Boyd, M. & Maloof, V. M.（2000）. How teachers can build on student-proposed inter-textual links to facilitate student talk in the ESL classroom. In J. K. Hall & L. S. Verplaetse（Eds.）, *Second and foreign language learning through classroom interaction*（pp.163–182）. Mahwah, NJ: Erlbaum.

Brumfit, C.（1981）. Reading skills and the study of literature in a foreign language. *System* 9（1）: 243–248.

Brumfit, C. & Benton, M.（Eds.）（1992）. *Teaching literature: A world perspective*. London: Macmillan Modern English Publications and The British Council.

Brumfit, C. & Carter, R.（Eds.）（1986）. *Literature and language teaching*. Oxford: Oxford University Press.

Burgess, A.（1972）. *A clockwise orange*. Middlesex: Penguin.

Burton, J.(2006). Series Editor's Preface. In A. Paran(Ed.), *Literature in language teaching and learning*(pp.vii-viii). Alexandria, VA: TESOL.

Byron, G. G.(Lord Byron)(1818). "The Dying Gladiator" from *Childe Harold's Pilgrimage*, IV.(笠原順路編. 2009.『対訳　バイロン詩集―イギリス詩人選(8)』(pp.52-55). 東京：岩波書店.)

Canale, M. & Swain, M.(1980). Theoretical bases of communicative approaches to second language teaching and testing. *Applied Linguistics* 1(1): 1-47.

Carpenter, M. C.(1992). I am a town. In P. Hullah(Ed.), *More songs of ourselves*(2007)(pp.76-79). Okayama, Japan: University Education Press.

Carter, R.(1995). *Keywords in language and literacy*. London: Routledge.

Carter, R.(1996). Study strategies in the teaching of literature to foreign students. In J. J. Weber(Ed.), *The stylistics reader: From Roman Jakobson to the present.*(pp.149-157). London: Arnold.

Carter, R.(2003). Language awareness. *English Language Teaching Journal* 57(1): 64-65.

Carter, R.(2007a). Foreword. In G. Watson & S. Zyngier(Eds.), *Literature and stylistics for language learners*(pp. vii-xi). Basingstoke: Palgrave MacMillan.

Carter, R.(2007b). Literature and language teaching 1986-2006: A review. *International Journal of Applied Linguistics*, 17.1: 3-13.

Carter, R.(2010). Issues in pedagogical stylistics: A coda. *Language and Literature* 19(1): 115-121.

Carter, R. & Long, M. N.(1991). *Teaching literature*. Harlow: Longman.

Carter, R. & Nash, W.(1990). *Seeing through language: Styles of English writing*. Oxford: Blackwell.

Chen, Y-M.(2006). Using children's literature for reading and writing stories. *Asian EFL Journal* 8(4): 210-232.

Chopin, K.(1893). *Désirée's baby(The father of Désirée's baby)*. Retrieved December 1, 2010, from http://etext.virginia.edu/toc/modeng/public/ChoDesi.html

Cohen, L., Manion, L. & Morrison, K.(2000). *Research methods in education.*(6th ed.). London: Routledge.

Collie, J. & Slater, S.(1987). *Literature in the language classroom. – A resource book of ideas and activities*. Cambridge: Cambridge University Press.

Cook, G.(2010). *Translation in language teaching: An argument for reassessment*. Oxford: Oxford University Press.(斎藤兆史・北和丈訳. 2012.『英語教育と「訳」

の効用』東京 : 研究社.)

Council of Europe(2001). *Common European Framework of Reference for Languages: learning, teaching, assessment*. Retrieved September 25, 2011, from http://www.coe.int/t/dg4/linguistic/Source/Framework_EN.pdf

Creswell, J. W.(2003). *Research design: Qualitative, quantitative, and mixed methods approaches*.(2nd ed.). Thousand Oaks: Sage.

Dahl, R.(1953). *Lamb to the slaughter*. Retreived December 7, 2013, from http://www.classicshorts.com/stories/lamb.html

Dahl, R.(1964). *Charlie and the chocolate factory*. New York: Random House.

大学英語教育学会(JACET)実態調査委員会(2003).『わが国の外国語・英語教育に関する実態の総合的研究』「大学の外国語・英語教員個人編」

Davies, A. & Widdowson, H. G.(1974). Reading and writing. In J. P. B Allen & S. Pit Corder(Eds.), *Techniques in applied linguistics: The Edinburgh course in applied linguistics. Volume 3*(pp.155–201). Oxford: Oxford University Press.

Davis, J. N.(1992). Reading literature in the foreign language: The comprehension/response connection. *The French Review* 65.3: 359–370.

Davis, J. N., Carbón Gorell, L., Klein, R. R. & Hsieh, G.(1992). Readers and foreign languages: A survey of undergraduate attitudes toward the study of literature, *The Modern Language Journal* 76.3: 320–332.

Dickens, C.(1861/2008). *Great expectations*. London: Penguin.

Dörnyei, Z. & Ushioda, E.(2011/2013). *Teaching and researching motivation*(2nd ed.). Oxon: Routledge.

Duff, A. & Maley, A.(1990). *Literature*. Oxford: Oxford University Press.

Durant, A. & Fabb, N.(1990). *Literary studies in action*. London: Routledge.

Eagleton, T.(1983). *Literary theory*(2nd ed.). Oxford: Blackwell.

Edmondson, W.(1997). The role of literature in foreign language learning and teaching: Some valid assumptions and invalid arguments. *AILA Reviews* 12: 42–55.

Eeds, M. & Wells, D.(1989). Grand conversations: An explanation of meaning construction in literature study group. *Research in the Teaching of English* 23(1): 4–29.

江利川春雄(1998).「教科書にみる文学作品の変遷史」『英語教育』47(2): 8–10.

江利川春雄(2002).「英語教科書の 50 年」『英語教育 Fifty』51(3): 27–36.

江利川春雄(2004).「英語教科書から消えた文学」『英語教育』53(8): 15–18.

江利川春雄(2005).「英語『戦略計画』の批判的考察」『中部地区英語教育学会紀要』第 34 号.

江利川春雄(2006).『近代日本の英語科教育史―職業系諸学校による英語教育の大衆化過程』東京：東信堂.

江利川春雄(2007).「指導要領から見た授業の変化と展望」『英語教育』56(7): 11–13.

江利川春雄(2008).『日本人は英語をどう学んできたか：英語教育の社会文化史』東京：研究社.

江利川春雄(編著)(2012).『協同学習を取り入れた英語授業のすすめ』東京：大修館書店.

江利川春雄(2018).『日本の外国語教育政策史』東京：ひつじ書房.

Finocchiaro, M. & Brumbit, C.(1983). *The functional-notional approach: From theory to practice.* New York: Oxford University Press.

藤掛庄市(1982).「英語の学習環境の条件―環境汚染源を絶て―」『英語教育』53(8): 12–14.

深谷素子(2010).「第7章：「読書」としての楽しみを広げるための多読指導：〈英語＋文学〉教師の視点から」成蹊大学国際教育センター・多読共同教育プロジェクトグループ編著『多読で育む英語力プラス α』(pp.135–170). 東京：成美堂.

Gates, S.(1999).『英米児童文学への招待』. 東京：英宝社.

現代英語教育編集部(1994).「目で見る英語教育」『現代英語教育』創刊30周年記念号: 102.

Gilroy, M. & Parkinson, B.(1997). Teaching literature in a foreign language. *Language Teaching* 29: 213–25.

Green, B.(2006). A framework for teaching grammar to Japanese learners in an intensive English program. *The Language Teacher* 30.2: 3–9.

Haddon, M.(2003). *The curious incident of the dog in the night-time.* New York: Random House.

Hafiz, F. M. & Tudor, I.(1989). Extensive reading and the development of language skills. *ELT Journal* 43(1): 4–13.

Hall, G.(2005). *Literature in language education.* New York: Palgrave Macmillan.

Hall, G.(2007). Stylistics in second language contexts: A critical perspective. In G. Watson & S. Zyngier(Eds.), *Literature and stylistics for language learners*(pp. 3–14). Basingstoke: Palgrave MacMillan.

Hanauer, D. I.(2001). The task of poetry reading and second language learning. *Applied Linguistics* 22(3): 295–323.

橋岡良夫(1956).「科学教育と語学教育」『学鐙』4月号: 848–851.

羽鳥博愛(1996).『国際化の中の英語教育』東京：三省堂.

羽鳥博愛(2002).「生き残るか、英語教師」『英語教育』51(3): 51.

林碧蘿 (1956).「大学英語教育のありかた」『学鐙』2 月号 : 846–848.

Hess, N. (2006). The short story: Integrating language skills through the parallel life approach. In A. Paran (ed.), *Literature in language teaching and learning* (pp. 27–43). Alexandria, VA: Teachers of English to Speakers of Other Languages, Inc.

Highsmith, P. (2011). The birds poised to fly. In *Eleven*. New York: Grove Press.

Hill, S. (1973). Red and green beads. 鈴木和子・窪田憲子 (編注) (1993).『現代イギリス短篇小説集』(pp.14–22). 東京 : 三修社.

平賀優子 (2008).「日本の英語教授法史：文法・訳読式教授法存続の意義」(東京大学大学院総合文化研究科提出博士論文)

平井清子 (編著) (2008).『「レナードの朝」で学ぶアメリカの医療と生活』東京 : 南雲堂フェニックス.

Hirvela, A. (1989). Five bad reasons why language teachers avoid literature. *British Journal of Language Teaching* 27: 127–132.

Hirvela, A. (1990). ESP and literature: A reassessment. *English for Specific Purposes*, 9: 237–252.

Hirvela, A. (1993). A study of the integration of literature and communicative language teaching. Unpublished doctoral dissertation. The University of Stirling, Scotland, UK.

Hirvela, A. (1996). Reader-response theory and ELT. *ELT Journal* 50 (2):127–135.

Hirvela, A. (1998). [Review of the book Myra Shulman's *Journeys Through Literature*.] *English for Specific Purposes*, 17: 320–326.

Hirvela, A. (2004) *Connecting reading and writing in second language writing instruction*. Ann Arbor, MI: The University of Michigan Press.

Hirvela, A. (2005). ESL students and the use of literature in composition courses. *Teaching English in the Two-Year College* 33: 70–77.

Hirvela, A. (2007). Computer-mediated communication and the linking of students, text, and author on an ESL writing course listserv. *Computers and Composition* 24, 3–55.

Hirvela, A. & Boyle, J. (1988). Literature courses and student attitudes. *ELT Journal* 42 (3). 179–184.

本田錦一郎 (訳) (1976).『おおきな木』東京 : 篠崎書林.

Horowitz, D. (1990). Fiction and nonfiction in the ESL/EFL classroom: Does the difference make a difference? *English for Specific Purposes*, 9, 161–168.

Hullah, P. (2007). *More songs of ourselves*. Okayama, Japan: University Education Press.

Hutchinson, T. & Waters, A.(1987). *English for specific purposes*. Cambridge: Cambridge University Press.

Hymes, D.(1972). On communicative competence. In J. B. Pride & J. Holmes(eds.), *Sociolinguistics* (pp.269–293). Harmondsworth: Penguin.

イギリス・ロマン派学会(Japan Associasion of English Romanticism)ホームページ. Retrieved June 3, 2012 from https://sites.google.com/site/jaeromanticism/

Iida, A.(2012). Writing haiku in a second language: Perceptions, attitudes, and emotions of second language learners. *Sino-US English Teaching* 9(9): 1472–1485.

Iida, A.(2013). Critical review of literary reading and writing in a second language. *The journal of literature in language teaching*. 2: 5–11.

伊村元道(1995).「英語教育の戦後50年―変わったこと、変わらないこと」『英語教育』9月増刊号：8–11.

伊村元道(2003).『日本の英語教育200年』東京：大修館書店.

伊村元道・若林俊輔(1980).『英語教育の歩み―変遷と明日への提言』東京：中教出版.

石田泰(1956).「再び大学英語教育のありかたについて―林碧蘿氏の所論に反駁す―」『学鐙』4月号：851–854.

Ishiguro, K.(1988). *The remains of the day*. London: Faber and Faber.

James, H.(1878/2007). *Daisy Miller*. London: Penguin.

Joyce, J.(2000/1914)Eveline. In J. Johnson(Ed.), *Dubliners*(pp.25–29). Oxford: Oxford University Press.

金谷憲(2004).「大学英語教師論―誰が大学英語教育を担うのか」『英語青年』12月号 150(9)：14–15.

金谷憲(2010).「新学習指導要領」『英語教育』59(8)：6–7.

Katz, S.(2002). Teaching literary texts at the intermediate level: A structured input approach. In V. Scott & H. Tucker(Eds.), *SLA and the literature classroom; fostering dialogues*(pp.155–172). Boston: Heinle & Heinle.

河内智子・小林めぐみ(2010).「第3章：多読授業を活性化させるアクティビティー」成蹊大学国際教育センター・多読共同教育プロジェクトグループ編著『多読で育む英語力プラス a』(pp.34–74). 東京：成美堂.

川畑彰(2008).「文学テクストによる言語教育の意義と可能性」. 村田久美子・原田哲男編著『コミュニケーション能力育成再考』(pp.53–77). 東京：ひつじ書房.

川澄哲夫編(1978).『資料日本英学史―第二巻・英語教育論争史』東京：大修館書店.

Keller, H.(1903/1996). *The story of my life*. New York: Dover.

Kelly, R. K. & Krishnan, L. A.(1995). "Fiction talk" in the ESP classroom. *English for*

Specific Purposes. 14（1）: 77–86.

Kim, M.（2004）. Literature discussions in adult L2 learning. *Language and Education.* 18（2）: 145–166.

北和丈（2006）.「「英語教育」に見る英語教育観の変遷―「実用」から「コミュニケーション」まで」『英語教育』54（12）: 47.

Knudsen, C. M.（2003）. *Stranger than fiction.* Tokyo: Nan'undo.

小池生夫（2003）.「大学外国語教育・英語教育の実態調査の経緯と問題点」大学英語教育学会（JACET）実態調査委員会編『わが国の外国語・英語教育に関する実態の総合的研究：大学の学部・学科編』（pp.5–6）.

小泉仁（2006）.「中学校英語教科書の変化―学習指導要領への最近の対応について」FLTA（東京大学外国語教育学研究会）7月例会口頭発表

Kramsch, C.（1985）. Literary texts in the classroom: A discourse. *The Modern Language Journal* 69（4）: 356–66.

Kramsch, C.（1993）. *Contest and culture in language teaching.* Oxford: Oxford University Press.

Kramsch, C. & Kramsch, O.（2000）. The avatars of literature in language study. *The Modern Language Journal* 84.1: 553–573.

Krashen, S.（1989）. We acquire vocabulary and spelling by reading: Additional evidence for the Input Hypothesis. *The Modern Language Journal* 73.4: 441–464.

Krashen, S.（1993）. The case for free vocabulary reading. *Canadian Mondern Language Review* 50（1）: 72–82.

Kuze, K.（2007）. The possibilities of the use of literature in EFL classrooms in Japan. Unpublished MA thesis. The University of Tokyo.

Kuze, K.（2008）. Some possibilities of the use of literary texts in EFL classrooms in Japan. *Language and Infromation Sciences* 6: 117–134.

Kuze, K.（2011）. Pop song lyrics in the university EFL class. Liberlit Conference: Proceedings and Papers, 2011. Retrieved April 1, 2015 from http://www.liberlit.com/new/?p=162

久世恭子（2011）.「文学教材を用いた授業―大学の英語教育における事例研究―」『言語情報科学』9: 63–79.

久世恭子（2012）.「コミュニケーション能力育成についての一考察―文学教材を用いた英語授業から―」『言語情報科学』10: 73–89.

久世恭子（2015）.「児童文学を用いた英語授業のデザインと学習者の反応―音楽専攻の学生を対象とした実践例から―」『上野学園大学創立110周年記念論文集』

49–63.

Kuze, K.(2015). Using short stories in university composition classrooms. In M. Teranishi, Y. Saito, and K. Wales(Eds.), *Literature and language learning in the EFL classroom*(pp.182–196). Basingstoke, UK: Palgrave Macmillan.

久世恭子(2016).「精読の授業における文学的テクストの特徴：*A Room of One's Own* に対する学習者の関心と反応」北和丈・城座沙欄・高橋和子(編)『英語へのまなざし：斎藤英学塾10周年記念論集』(pp.317–344). 東京：ひつじ書房.

Langer, J. A.(1995). *Envisioning literature: Literary understanding and literature instruction*. New York: Teachers College, Columbia University.

Lazar, G.(1993). *Literature and language teaching: A guide for teachers and trainers*. Oxford: Oxford University Press.

Leavis, F. R.(1943). *Education and the university*. London: Chatto & Windus.

Lindemann, E.(1993). Freshman composition: No place for literature. *College English* 55, 311–316.

Liskin-Gasparro, J. E.(1999). *Teaching of literature in foreign language programs bibliography*. Retrieved September 1, 2015, from http://darkwing.uoregon.edu/~ridavisw/aausc/archive/pragadmin/lit-read.html.

Literature.(n.). In *Oxford English Dictionary Online*(3rd ed.). Retrieved September 18, 2018 from http://www.oed.com.stri.toyo.ac.jp/view/Entry/109080?redirectedFrom=literature#eid

Lively, P.(1986). Clara's day. 鈴木和子・窪田憲子(編注)(1993).『現代イギリス短篇小説集』(pp.6–13). 東京：三修社.

Lodge, D.(1986). Hotel des boobs. 鈴木和子・窪田憲子(編注)(1993).『現代イギリス短篇小説集』(pp.23–34). 東京：三修社.

Makarova, V.(2006). The effect of poetry practice on English pronunciation acquisition by Japanese EFL learners. *The Language Teacher* 30.3: 3–9.

Malarcher, C., Janzen, A., & Worcester, A.(2009). *Reading in the real world*(2nd ed.). Compass.

Maley, A.(1989). A comeback for literature? *Practical English Teaching* 10.1: 59.

Manhattanville College, Department of Teacher Education(1994). *Graduate programs in teaching: Master degree programs & post masters certification programs* (revised). NY: Manhattanville College.

Martin, A. L. & Laurie, I.(1993). Student views about the contribution of literary and cultural content to language learning at intermediate level. *Foreign Language*

Annals 26(2): 188–207.

柾木貴之(2012).「国語科が英語科と連携する意義について―「国語科と英語科のチーム・ティーチング」を例に」『国語科教育』71: 43–50.

柾木貴之・久世恭子(2014).「英語絵本を用いた言語横断的授業―ことばへのきづきと解釈する力を育むために―」『言語情報科学』12: 109–126.

McNichollas, S.(2006). Using enchantment: Children's literature in an EFL teacher education context. In A. Paran(Ed.), *Literature in language teaching and learning* (pp.71–85). Alexandria, VA: TESOL.

McRae, J.(1991). *Literature with a small 'l'*. London: Macmillan.

Melua, K.(2005). Nine million bicycles. In P. Hullah(Ed.), *More songs of ourselves* (2007)(pp.9–12). Okayama, Japan: University Education Press.

文部科学省(2002).「確かな学力の向上のための 2002 アピール「学びのすすめ」」Retrieved April 14, 2011 from the World Wide Web: http://www.mext.go.jp/b_menu/houdou/14/01/020107.htm

文部科学省(2008).『中学校学習指導要』Retrieved April 14, 2011 from the World Wide Web: http://www.mext.go.jp/a_menu/shotou/new-cs/youryou/1304424.htm

文部科学省(2009).『高等学校学習指導要領』Retrieved April 14, 2011 from the World Wide Web: http://www.mext.go.jp/a_menu/shotou/new-cs/youryou/1304427.htm

文部科学省(2012).「新たな未来を築くための大学教育の質的転換に向けて～生涯学び続け、主体的に考える力を育成する大学へ～(答申)(平成 24 年 8 月 28 日)用語集より」Retrieved February 27, 2016 from the World Wide Web: http://www.mext.go.jp/b_menu/shingi/chukyo/chukyo3/004/siryo/__icsFiles/afieldfile/2015/09/04/1361407_2_4.pdf

文部科学省(2014).「学習指導要領データベース」Retrieved July 30, 2017 from the World Wide Web: https://www.nier.go.jp/guideline/

文部科学省(2015).「英語教員の英語力・指導力強化のための調査研究事業」Retrieved July 30, 2017 from the World Wide Web: http://www.mext.go.jp/a_menu/kokusai/gaikokugo/1362173.htm

文部科学省(2017a).「高大接続改革の実施方針等の策定について「大学入学者選抜改革について」」Retrieved September 18, 2018 from the World Wide Web: http://www.mext.go.jp/b_menu/houdou/29/07/__icsFiles/afieldfile/2017/07/18/1388089_002_1.pdf.

文部科学省(2017b).「中央教育審議会教員養成部会(第 98 回)配付資料 6–1「外国語(英語)コアカリキュラム案について」」Retrieved September 19, 2018 from the

World Wide Web: http://www.mext.go.jp/b_menu/shingi/chukyo/chukyo3/002/siryo/attach/1388110.htm

文部科学省(2018).「高等学校学習指導要領比較対照表(外国語)」Retrieved September 18, 2018 from the World Wide Web: http://www.mext.go.jp/a_menu/shotou/new-cs/1407080.htm

村上春樹(訳)(2010).『おおきな木』東京:あすなろ書房.

中村哲子(2004).「英語教育における文学教材の新たな可能性」『慶応義塾外国語教育研究』創刊号:157–176.

Nakamura, T.(2015). Benefits of teaching speech/thought presentation: Developing language awareness through reading Austen and Eliot. In M. Teranishi, Y. Saito, and K. Wales(Eds.), *Literature and language learning in the EFL classroom*(pp. 151–166). Basingstoke: Palgrave Macmillan.

Nishino, T. & Watanabe, M.(2008). Communicative-oriented policies versus classroom realities in Japan. *TESOL Quarterly* 42(1): 133–138.

Nitobe, I.(1900/2012). *Bushido: The soul of Japan*. Tokyo: Kodansha Amer.

野口ジュディー(2013).「文学テキストへの ESP アプローチの応用」吉村俊子・安田優・石本哲子・齋藤安以子・坂本輝世・寺西雅之・幸重美津子編著『文学教材実践ハンドブック:英語教育を活性化する』(pp.9–19). 東京:英宝社.

Nostrand, H. L.(1989). Authentic texts and cultural authenticity: An editorial. *The Modern Language Journal* 73: 49–52.

Nunan, D.(1992). *Research methods in language learning*. Cambridge: Cambridge University Press.

Nuttall, C.(1996). *Teaching reading skills in a foreign language*(New ed.). Oxford: Heinemann.

岡田伸夫(2010).「大学英語教育と初等・中等教育との連携」大学英語教育学会(監修)、森住衛・神保尚武・岡田伸夫・寺内一(編)『英語教育学大系 第1巻 大学英語教育学その方向性と諸分野』(pp.12–20). 東京:大修館書店.

岡本有里(1992).「中学校の英語教科書にみられる文学作品の変遷」『神戸大学英語教育研究会 KELT』第8号

奥聡一郎(2014).「教育的文体論から考える教材としての児童文学」日本英文学会関東支部第9回大会(2014年度夏季大会)口頭発表.

大津由紀雄(1989).「メタ言語能力の発達と言語教育—言語心理学からみたことばの教育」『言語』10月号、pp.26–34.

大津由紀雄(2010).「言語教育の構想」田尻英三・大津由紀雄(編)『言語政策を問う!』

(pp.1–31). 東京 : ひつじ書房.

Oxford English Dictionary (online, 3rd ed.). Updated on June, 2018 http://www.oed. com.stri.toyo.ac.jp/

Paran, A. (ed.) (2006). *Literature in language teaching and learning.* Alexandria, VA: TESOL.

Paran, A. (2008). The role of literature in instructed foreign language learning and teaching: An evidence-based survey. *Language Teaching* 41 (4): 465–496.

Paran, A. (2010). Between Scylla and Charybdis: The dilemmas of testing language and literature. In A. Paran & L. Sercu (Eds.), *Testing the untestable in language education* (pp.143–164). Bristol: Multilingual Matters.

Peikoff, L. (2001). Table for two. In P. Auster (Ed.), *I thought my father was God.* New York: Henry Holt.

Pope, R. (2002). *The English studies book: An introduction to language, literature, and culture* (2nd ed.). London: Routledge.

Potter, B. (1901). *The tale of Peter Rabbit.* London: Fredrick and Warne.

Qiping, Y. & Shubo, C. (2002). Teaching English literature in China: Importance, problems, and countermeasures. *World Englishes* 21.2: 317–324.

Richards, J. C. & Rogers, T. S. (2001). *Approaches and methods in language teaching.* Cambridge: Cambridge University Press.

Richards, J. C. & Schmidt, R. (2010). *Longman dictionary of language teaching and appied linguistics* (4th ed.). Harlow: Peason. (高橋貞雄・山崎真稔・小田眞幸・松本博文. 2013. 『ロングマン　言語教育・応用言語学用語辞典』(第四版). 東京 : 南雲堂).

Richardson, M. (2004). Who killed Annabel Lee? Writing about literature in the composition classroom. *College English* 66: 278–293.

Rosenkjar, P. (2006). Learning and teaching how a poem means: Literary stylistics for EFL undergraduates and language teachers in Japan. In A. Paran (Ed.), *Literature in language teaching and learning* (pp.117–132). Alexandria, VA: TESOL.

Rossman, G. B. & Rallis, S. F. (1998). *Learning in the field: An introduction to qualitatibe research.* Thousand Oaks, CA: Sage.

Rönnqvist, L. & Sell, R. D. (1995). Teenage books in foreign-language education for the middle school. In R. D. Sell (Ed.), *Literature throughout foreign language education: The implications of pragmatics* (pp.40–73). Modern English Language Publications in Association with the British Council.

Rosenblatt, L. (1985). Viewpoints: Transaction versus interaction - A terminological rescue operation. *Research in the Teaching of English* 19(1): 96–107.

Sachar, L. (1897). *There's a boy in the girls' bathroom*. New York. Random House.

Sacks, O. (1973). *Awakenings*. New York: Random House. (春日井晶子訳. 1991.『レナードの朝(新版)』東京：早川書房.)

齋藤安以子(2012).「言語学習教材としての文学の回帰：文体論が果たす役割」日本英文学会第84回大会 Proceedings.

斎藤剛史(2017).「学習指導要領周辺で、学習・指導はこれからどう変わる？」『英語教育』66(5): 20–22.

斎藤兆史(2000).『英語の作法』東京：東京大学出版会.

斎藤兆史(編)(2003).『英語の教え方学び方』東京：東京大学出版会.

斎藤兆史(2010).「英語教育の事業仕分け」『英語教育』58(12): 41.

斎藤兆史(2015).「声に出して読みたい文学テクスト」日本英文学会関東支部秋季大会英語教育部門シンポジウム口頭発表.

斎藤兆史・室井美稚子・中村哲子・海木幸登(2004).「文学こそ最良の教材：英語の授業にどう活かすか？」(座談会)『英語教育』10月増刊号：6–14.

斎藤兆史・中村哲子(編)(2009). *English through literature*(『文学で学ぶ英語リーディング』)東京：研究社.

佐々木輝雄(1989).『新旧学習指導要領の対比と考察：中学校外国語(英語)科』東京. 明治図書出版.

Savignon, S. (1997). *Communicative competence: Theory and classroom practice*(2nd ed.). (草野ハベル清子・佐藤一嘉・田中春美訳. 2009.『コミュニケーション能力―理論と実践』東京：法政大学出版局).

Scholastic. *The Stacks*. Retrieved September, 21, 2014, from http://www.scholastic.com/browse/book.jsp?id=1476

Scott, V. M. & Huntington, J. A. (2007). Literature, the interpretive mode, and novice learners. *The Modern Language Journal* 91.1:3–14.

Shanahan, D. (1997). Articulating the relationship between language, literature and culture: Toward a new agenda for foreign languge teaching and research. *The Modern Language Journal* 81. 2: 164–174.

Shaw, B. (1913/2000). *Pygmalion*. London: Penguin.

Shelley, P. B. (1818/1819). Ozymandias. In D. H. Reiman and S. B. Powers (Eds.) (1977), Shelley's poetry and prose: Authoritative texts criticism. New York: W. W. Norton.

Sheppard, C., Fujii, M., Manalo, E., Tanaka-Ellis, N., & Ueno, Y. (2013). *Communica-*

tion strategies 1. 東京：DTP.

白畑知彦・冨田祐一・村野井仁・若林茂則 (2009).『英語教育用語辞典』東京：大修館書店.

白畑知彦・冨田祐一・村野井仁・若林茂則 (2012).『改訂版英語教育用語辞典』東京：大修館書店.

Shultz, R. (1981). Literature and readability: Bridging the gap in foreign language reading. *The Modern Language Journal*, 65: 43–53.

Silverstein, S. (1964). *The giving tree*. New York. HarperCollins.

Simpson, P. (2004). *Stylistics: A resource book for students*. London: Routledge.

Spiro, J. (2010). Crossing the bridge from appreciative reader to reflective writer: The assessment of creative process. In A. Paran & L. Sercu (Eds.), *Testing the untestable in language education* (pp.165–190). Bristol: Multilingual Matters.

Stenhouse, L. (1983). Case study in educational research and evaluation. In L. Bartlett, S. Kemmis, & G. Gillard (Eds.), *Case study: An overview*. Geelong, Australia: Deakin University Press.

Stern, H. H. (1992). *Issues and options in language teaching*. Oxford: Oxford University Press.

Strevens, P. (1977). *New orientations in the teaching of English*. Oxford: Oxford University Press.

Strodt-Lopez, B. (1996) Using stories to develop interpretive processes. *ELT Journal*. 50 (1): 35–42.

鈴木和子・窪田憲子 (編注) (1993).『現代イギリス短篇小説集』東京：三修社.

鈴木貞美 (1998).『日本の「文学」概念』東京：作品社.

鈴木貞美 (2009).『「日本文学」の成立』東京：作品社.

田近裕子 (2002).「文化知識」津田塾大学言語文化研究所読解研究グループ編　『英文読解のプロセスと指導』(pp.229–240). 東京：大修館書店.

高橋和子 (2015).『日本の英語教育における文学教材の可能性』東京：ひつじ書房.

玉井史絵 (2010).「文学の教材としての可能性―実践的コミュニケーション能力育成のために―」『日本英文学会第 82 回大会 Proceedings』(pp.38–40).

Tate, G. (1993). A place for literature. *College English*. 55: 317–321.

寺西雅之 (2010).「真のコミュニケーション能力の育成のために―文学作品を用いた英語教育の可能性―」. 小迫勝・瀬田幸人・福永信哲・脇本恭子編著『英語教育への新たな挑戦―英語教師の視点から―』(pp.171–183). 東京：英宝社.

Teranishi, M., Saito, A., Sakamoto, K. & Nasu, M. (2012). The role of stylistics in Japan:

A pedagogical perspective. *Language and Literature*. 21(2): 226–244.

Thompson, E.(1995). *Sense and sensibility*(screenplay).

Tickoo. M. L.(1981). ESP materials in use: Some thoughts from the classroom. In L. Selinker, E. Tarone, & V. Hanzeli(Eds.), *English for academic and technical purposes*(pp.154–164). Rowley, MA: Newbury House Publishers.

東京大学(2014).『科学研究行動規範―科学の健全な発展を目指して―』Retrieved February 11, 2016, from http://www.u-tokyo.ac.jp/ja/administration/codeofconduct/

鳥飼玖美子(1996).『異文化をこえる英語―日本人はなぜ話せないか』東京 : 丸善出版.

鳥飼玖美子(2002).『TOEFL テスト TOEIC テストと日本人の英語力―資格主義から実力主義へ』東京 : 講談社.

鳥飼玖美子(2004).「大学改革の哲学」『英語教育』53(4): 8–11.

Uemura, A.(2013). *Story box: Gifts from great tellers*, Tokyo: Cengage Langauge Learning.

Ur, P.(2012). *A course in language teaching*(2nd ed.). Cambridge: Cambridge University Press.

Waring, R.(2007). Bringing extensive reading into oral communication classes. *The Language Teachers*, 31.7: 38–39.

Waring, R.(2012). Why most EFL teachers don't teach 'literature': What can be done about it? Keynote Speech. Liberlit Conference.

Weber, J. J.(1996). Towards contextualized stylistics: An overview. In J. J. Weber(Ed.), *The stylistics reader: From Roman Jakobson to the present*(pp.1–8). London: Arnold.

Weldon, F.(1981). Watching me and watching you. 鈴木和子・窪田憲子(編注)(1993).『現代イギリス短篇小説集』(pp.52–72). 東京 : 三修社.

West, C.(2002). *Sense and sensibility* (retold). Oxford: Oxford University Press.

White, E. B.(1980). *Charlotte's web*. New York. Harper Collins. Rowley, MA: Newbury House.

Widdowson, H. G.(1975). *Stylistics and the teaching of literature*. Harlow. Longman.(田中英史・田口孝夫訳. 1989.『文体論から文学へ―英語教育の方法』東京 : 彩流社.)

Widdowson, H. G.(1978). *Teaching language as communication*. Oxford: Oxford University Press.(東後勝明・西出公之訳. 1991.『コミュニケーションのための言語教育』東京 : 研究社.)

Widdowson, H. G.(1983a). *Learning purpose and language use*. Oxford: Oxford University Press.

Widdowson, H. G.(1983b). Talk Shop: H. G. Widdowson on literature and ELT. *ELT Journal* 37(1): 30–35.

Wilde, O.(西田実編注)(1888/1959). *The happy prince and other stories.* 東京：英宝社.

Williams, R.(1983). *Keywords: A vocabulary of culture and society*(Revised ed.). New York: Oxford University Press.(椎名美智・武田ちあき・越智博美・松井優子訳. 2011.『完訳：キーワード辞典』東京：平凡社.)

Woolf, V.(1928/2004). *A room of one's own.* London: Penguin.(川本静子訳. 1999.『自分だけの部屋』東京：みすず書房.)

Wordsworth, W.(1807). Daffodils. In E. de Selincourt(Ed.), *The poetical works of William wordsworth*(2nd ed.)(1952). Oxford: Oxford at the Clarendon Press.

山本史郎(2008).『東大の教室で「赤毛のアン」を読む：英文学を遊ぶ 9 章』東京：東京大学出版会.

Yang, A.(2001). Reading and the non-academic learner. A mystery solved. *System* 29.4: 450–460.

Yang, A.(2002). Science fiction in the EFL class. *Language, Culture and Curriculum* 5.1: 50–60.

吉村俊子・安田優・石本哲子・齋藤安以子・坂本輝世・寺西雅之・幸重美津子(編著)(2013).『文学教材実践ハンドブック：英語教育を活性化する』. 東京：英宝社.

Appendix

Appendix A：第 5 章　事例 1.1（*Great Expectations* など）アンケート例

授業前アンケート

1．あなたご自身について、あてはまる方に○をつけて下さい。　　男性 ・ 女性　　文系 ・ 理系

2．英語力を示す公的な指標をお持ちでしたら、お聞かせ下さい（複数回答可）。
英検(　　　　級)、GTEC(　　　　　　)、TOEIC(　　　　　　　)、TOEFL(　　　　　)
大学入試センター試験（筆記のみ）(　　　　　　　)　その他(　　　　　　　　　)

3．あなたがこの授業を受講する主な目的は何ですか。（複数回答可）
　1．読解力向上　　　　2．聴解力向上　　　3．発音の改善　　　4．文法を身につけること
　5．英語能力全般の向上　6．いろいろなジャンルの英語に接すること　7．文学作品に接すること
　8．異文化理解　　　　9．日本文化の理解
　その他(　　　　　　　　　　　　　　　　　　　　　　　　　　　　　　　　　)

4．ガイダンスで提示された教材の中で楽しみにしているものに○印をつけて下さい（3つまで複数回答可）。
　1．発音訓練の教材　　2．*tuesdays with Morrie*　　3．ヘレン・ケラー　　4．禅について
　5．武道・武士道　　　6．Charles Dickens

5．英語学習の中で扱う文学教材について、どのような印象を持っていますか。
　1）好ましい　　　　2）まあ好ましい　　　3）あまり好ましくない　　4）好ましくない
　理由(　　　　　　　　　　　　　　　　　　　　　　　　　　　　　　　　　　　)

6．文学教材は、それ以外の教材に比べて、何か違いがあると感じていますか。
　1）感じている　　　2）少し感じている　　3）あまり感じていない　　4）感じていない
　どういう点でそう思いますか(　　　　　　　　　　　　　　　　　　　　　　　　　)

7．この授業のように、様々なジャンルの教材を扱う授業の中で文学教材も扱うという方法について、どう思いますか。
　1）好ましい　　　　2）まあ好ましい　　　3）あまり好ましくない　　4）好ましくない
　理由(　　　　　　　　　　　　　　　　　　　　　　　　　　　　　　　　　　　)

8．このような授業は英語力全般の向上に効果的であると思いますか。そう思う理由は何ですか？
　（例：読解と聴解を両方学ぶ、発音をきちんと学べる、様々なジャンルの教材に触れられるなど）
　1）効果的である　　2）まあ効果的である　　3）あまり効果的でない　　4）効果的でない
　理由(　　　　　　　　　　　　　　　　　　　　　　　　　　　　　　　　　　　)

《ご協力有り難うございました。》

364

Appendix B：第 5 章　事例 1.3（イギリス・ロマン派講座）受講者の記録様式

本日は、貴重なお時間をいただき、ありがとうございます。どうぞ、宜しくお願いいたします。

皆さんにお願いしたいことは以下の 3 点です。いずれも無記名でいいですので、思ったことや感じたことを率直に（たくさん！）お聞かせいただければ大変ありがたく存じます。

1．講演を聞く前に、アンケート（Pre）に回答していただくこと。
2．ワークショップ形式の講演を聞きながら、講演者からの質問に対する答えやメモ、また、考えたことや感想などを自由に書いていただくこと。内容について細かくメモをとっていただく必要はありませんが、印象に残った部分などは書いておいて下さい。
3．講演後に、アンケート（Post）に回答していただくこと。また、必要に応じてインフォーマルなインタヴューに参加していただくこと。

講演中のメモ	感想

Appendix 365

Appendix C：第5章　事例1.4 アンケート様式（回答欄を縮小）

12/16/2014

〈選択肢は該当する□に✔を入れて下さい。〉

3年次より英文学科のどのコースに進まれる予定か、お聞かせ下さい。

□英米文学　□英語学　□アメリカ文化　□イギリス文化　□コミュニケーション　□その他

1．後期のテクストA Room of One's Own（"Room"）について、前期のLanguage Myths（"Myths"）
と比べて感じたことをできるだけ具体的に書いて下さい。

観点	感じたこと、理由、具体例など
「むずかしさ」の観点から	
「面白さ」の観点から	
「英語力向上」の観点から	
（その他）	

2．それぞれの作品を読む際にどのような点に関心を持って取り組みましたか。（複数回答可）

Room
□英語の意味を理解すること
□解釈すること（作者の言いたいことなど）
□自分の経験に結びつけること
□外国の文化を学ぶこと
□作品を評価すること
□その他（　　　　　　　　　　）

Myths
□英語の意味を理解すること
□解釈すること（作者の言いたいことなど）
□自分の経験に結びつけること
□外国の文化を学ぶこと
□作品を評価すること
□その他（　　　　　　　　　　）

3．Room、Mythsについて印象に残っていること（テクストの箇所、行った活動など）があれば書いて下さい。

4．Roomでは皆さんに担当箇所の問題を作成していただきましたが、そのようなやり方はどうでしたか。

5．その他、教材や授業についてコメントがありましたら、自由に書いて下さい。

＊ありがとうございました＊

Appendix D：第 5 章　事例 1.4（*A Room of One's Own*）インタヴュー・スクリプト

日時：2014 年 12 月 16 日（第 12 回授業及びアンケート終了後）18 時より約 20 分間
場所：首都圏 B 大学教室
Interviewees：自主的参加の受講生 3 名、同学英文学科 2 年生（A, B, C）、来年度からの専門コースは、英語学・イギリス文化・コミュニケーション。
Interviewer：本書の筆者で授業担当者（I）
形式等：予め質問事項を知らせたりせずに、その場で自由に話してもらった。筆者は、時々話の方向付けをしたり、会話を促進するような発言をしたりすることはあったが、全体的には事由形式（unstructured）。

[I：instructor, A, B, C：students]（12/16/2014）
Ｉ：全体的に、前期のテクストと比べて後期のはどうでしたか。
Ａ：難しかったです。
Ｂ：面白かったかどうかは別にして難しかった。
Ａ：今まで読んだ英語の文章の中で一番難しかったです。
Ｂ：概念的なものを問われているので、それをつかむのが難しい。
Ｃ：内容が深い。
A, B：深い。
Ｂ：この難しさを面白いと思える学生は楽しいだろうけれど、そうでない人は最初の方で諦めているのかなと感じた。
Ｉ：好き嫌いが分かれるという感じですか。
Ａ：私はとても面白いと感じました。面白いということと難しいということは、私の中では両立していて、つまり、内容はとても面白いけれども難しかった。予習は大変でした。
Ｃ：背景知識を知らないと読み進めるのが難しいということがあった。
Ａ：フェミニズムについても、これを読みながら、へぇーと思うことがあった。
Ｉ：難しさというのは、この作品の場合、まず、英語をきっちり読む必要があって、さらにその後にまだ考えることがあるので、そこが難しいということですか？前期と比べてどうですか？
Ｂ：前期は説明文で、書いてあることが全てという感じだった。
Ｃ：答えが 1 つというか。
Ｉ：そうですね。何かわからないことがあっても、文章の中に答えが絶対にあって、それにたどり着くために読むということですか、ね？
一同：そうです。
Ａ：（前期のは）段落で区切れているので、長く続いているという感じもなかった。こちら（Room）は、終わったと思ってもまだまだ続いていたり、前に出てきたこと

が後で出てきて、ここ繋がっていたんだ、と思ったりしました。流れがあって。長い。

B：私はそこが好きというか面白い。とても楽しいと思う。

I：どちらが、ですか？（確認）

B：後期の方が楽しめました。
やっぱり奥が深いし、ウルフすごいな、と思いながら読んでいました（一同、笑）。

C：前にページを遡ってここにあることが、また後で出てくるじゃないですか。そういうのも楽しいし、何というか、それがわかった時がすごくうれしい。

A：あっ、わかったという楽しさがある。

B, C：そうそう、わかる楽しさがある。

I：そういう意味ではパズル的な楽しさもありますよね。さきほどのbirdsもそうなんですけど、前に出てきたこととつながっていることがわかると楽しいですね。でも、それは緻密な読みをして、きちんと理解して初めて可能となる発見と言えますね。

（中略：別のクラスに、この作品を音声で聞いている学生がいるという話になる。）

授業のやり方について（5:00）

I：この授業はIntensive Readingなので、緻密に読んでいく精読のやり方を取りましたが、たとえば、所々かい摘んで読んだり、レポーターさんが数ページずつ要約したりするようなやり方もあります。やり方についてはどう思いますか。

B：速読で読んでもよくわからないと思う・

B：Intensive Readingの目的がきちんと細かく英語を読んでいくということなら、前期のようなテキスト、答えが書いてあるようなものの方がいいのかもしれないですけれど…。

I：いえ、Intensive Readingの目的は実はそれだけではないんですよ。もちろん、英語を正確によむのですけれど、その上で学生が深く考えられるような内容を扱うという目標があります。

（中略）

（7:40）

I：アンケートを見てみないとわかりませんが、興味を持てた人とそうでない人といたと思います。

B：イギリスに興味のない人はいやになってしまったかもしれないです。

I：イギリスへの興味ですか。あるいは、文学に興味がないという人もいるかもしれませんね。

C：あとは、文化や歴史的背景への興味とか。

B：私は「イギリス文化コース」なので興味が持てましたが。
ウルフを大学時代に読めたってことが1つ、意味があると思う。結構、自慢したくなる。留学生とかにも「ウルフ、読んでいるんだけど、今」と言っていた（笑）。

文学をやっている人なら大体知っているし。

Ｉ：これは、ウルフの中でも有名な作品ですね。題名もそうですけれど、「年に 500 ポンドの収入と鍵のかかる部屋」というのは、native speakers なら読んだことがなくても知っていると思いますね。

Ａ：フェミニズムということで、ですか？

Ｉ：フェミニズムについてはどうですか。前に、余りピンとこないと言っていた人もいましたが。

Ａ：この大学にはすごく合っていると思う。

Ｉ：でも、時代のせいもあると思いますが、(今の女子大学生は)ここまで厳しい体験もしていないので、例えば、女子に教育は要らないという時代には育っていないので、自分の経験に照らし合わせて読むということができたかどうか。前期のLanguage Myths の方が言葉の問題なので身近に感じたということはないですか？

Ａ：言葉の問題という意味では身近なので、ああそうなんだとは思うけれど、その後でやはり英語と日本語は違うなと感じたりした。こちらは、女性の問題なので自分たちの問題としてとらえました。

Ｂ：この大学にはぴったりだと思う。

Ａ：でも、良く考えると、すごいこと言っているな、とも感じました。お母さんたちがお金を残していってくれなかったと言うところとか(一同、笑)。

Ｉ：「お母さんたちは何をしていたの？」というのがありましたね。(一同、笑)

Ｃ：ほかの授業でも、ちょくちょくフェミニズムは出てきたので。入り易さはありましたね。

Ｉ：じゃ、自分の考えとか普段の生活などに反映させながら読むことができましたか？

Ａ：(フェミニズムは)考えとしてはわかっているけれど、普段の生活では余り感じないので…。

Ｉ：まあ、もしかしたら、今後社会に出てから感じたりするかもしれませんね

(中略)

Ｂ：この前の時間がイギリスのアートについての授業で、イギリス人の先生なんですけど、この本を見て「あ、ウルフだ」と仰って、その授業にも関係があると言っていました。そういうふうにいろいろなものと関連があるのが面白いです。ああ、本当に楽しかったです。

Ｃ：とりあえず、難しかったというのが一番大きいです。

Ｉ：前期と後期で違うタイプのテクストを使ったという点はどうですか。

Ａ：英語が違うと感じた。前期のテクストは論説用の英語で、ここが説明でここが結論だという論理構成がはっきりしていた。でも、こちらは、流れるようで。

Ｉ：この人の英語は特にそうですね。Stream of consciousness ですから。

Ａ：最初、予習の時にさらっと読んでも全然わからないです。

Ｂ：私も、最初は全然わからないです。で、一生懸命読むんですけど、準備をすればするほど授業は楽しいので。

Appendix 369

A：それは、本当にそうだよね。

I：そう言っていただけると…。そうですね、わかる楽しみというのも（この作品には）ありますね。

B：後期は本当に楽しかった。前期のは、内容がわかっても興味がわかなかった。たとえば、この州とこの州とで異なる言語変種を話すと書かれていても。「だから何なの？」と思ってしまう。

I：それは説明しているわけですからね。

B：でも、ウルフは、だから…とどんどん深く考えていけるので、そこが楽しかった。

C：これは、流れるような文章である分、週一（の授業）というのがきつくて、いつも振り返って思い出さないといけないのでつらかった。

I：一応、授業の最初に前の授業に何をやったか復習するようにはしていたのですけれど。

C：一気に読めば、昔のことも思い出せるのかもしれないけれど、ちょっと読んで、時間が経って、そういえばそういう話だったなと思いだすというふうになってしまうので。週一の難しさを感じました。

I：週二とかにしてほしいですか。毎日とか？

C：（笑）それくらいだったら、すぐにパッと思い出せるかもしれない。

I：あるいは、短いのを読みたいという感じですか。

C：続くからこその週一の難しさと感じる。

B：できれば、全部読み切りたかった。

I：授業が終わったあとに自分で残りを読んで下さい。2,3月とかに。

一同：自分ひとりでは絶対に読めないと思う。授業だから読めた。

（授業のやり方）

A：切れていないところで時間が来てしまうことがあった。（予め範囲を決めて）毎回どこまでというのがはっきりしている方が思い出しやすくもあるし、とつきやすくもあるかなと思う。

I：そうですね。でも、範囲を決めてしまうと、できなかったところは捨てることになります。この作品はつながっているので途中を捨てるのが難しいと思いました。あと、捨てていい箇所があまりなくて。例えば、春の庭の描写とか、現実と幻想のところくらいですかね。ディナーの描写とか、今日のお母さんのところも大事ですしね。

B：今日のところも自分で読んでいる時はよくわかりませんでした。

C：自分で読んでも、はぁー？という感じでした。

I：この後自分で読むなら、翻訳もいくつか出ているので、それと英語を両方見ながら読み進めるといいと思います。

B：単語のニュアンスとかもありますし。

I：語彙が難しかっただけではなくて、単語の意味が今まだ知っていたものとは違うというのがありますよね。

B：それが楽しかった。

A：こんな意味があるんだという発見があって楽しかった。

Ｉ：Ｃさんは（3年次から）どちらのコースに進むのですか。

Ｃ：英語学です。

Ｉ：では、前期の方が面白かったのではないですか？

Ｃ：そうですね。題材的には興味の対象だったので。

Appendix 371

Appendix E：第 5 章　事例 **2.3** ワークシート

The Happy Prince

Name _____

1．空所にあとの語群から最も適当だと思うものを入れなさい。

(1) The Happy Prince never dreams of crying （　　　） anything.

(2) He looks just （　　　） an angel.

(3) …he did not approve （　　　） children dreaming.

(4) After they had gone he felt lonely, and began to tire （　　　） his lady-love.

(5) All day long he flew, and at night-time he arrived （　　　） the city.

(6) Then he saw the statue （　　　） the tall column.

(7) What is the use （　　　） a statue if it cannot keep the rain （　　　） /

(8) The eyes of the Happy Prince were filled （　　　） tears, and tears were running （　　　） his golden cheeks.

(9) （　　　） the garden ran a very lofty wall, but I never cared to ask what lay （　　　） it…

(10)…and though my heart is made （　　　） lead yet I cannot choose by weep.

(11)He was （　　　） polite to make any personal remarks out loud.

(12)He has a fever, and is asking （　　　） oranges.

(13)So the Swallow picked （　　　） the great ruby （　　　） Prince's sword, and flew away （　　　） it （　　　） his beak （　　　） the roofs of the town.

(14)Pluck （　　　） one of them and take it （　　　） him.

(15)"I am covered （　　　） fine gold," said Prince, "you must take it （　　　）, leaf （　　　） leaf, and give it （　　　） my poor.

at, by, in, on, of, off, out, for, like, to, too, up, down, with, beyond, round, from

2．各文の後にある動詞を、最も適当な形に変えて文に入れなさい。

(1) In he （　　　）, and （　　　） the great ruby on the table beside the woman's thimble. [hop, lay]

(2) Then he flew gently round the bed, （　　　） the boy's forehead with his wing.

(3) Then the Swallow flew back to the Happy Prince, and （　　　） him what he （　　　）. [tell, do]

(4) So the Swallow （　　　） over the great city, and saw the rich （　　　） merry in their beautiful houses, while the beggars （　　　） at the gates. [fly, make, sit]

(5) Under the archway of a bridge two little boys （　　　） in one another's arms to try and （　　　） themselves warm. [lie, keep]

(6) (   ) over my city, little Swallow, and (   ) me what you (   ) there.
[fly, tell, see]

(7) At that moment a curios crack (   ) inside the statue, as if something (   ).
[sound, break]

(8) This (   ) lead heart (   ) in the furnace. [break, melt]

3．物語の中で王子はツバメにどのようなことを頼みましたか。まとめてみましょう。

(1)

(2)

(3)

(4)

(5)

(6)

4．王子の問いかけに対するツバメの返答を選んで、会話を完成させなさい。

1. I am the Happy Prince. (p.12) (   )
2. Will you not bring her the ruby out of my sword-hilt? (p.12) (   )
3. Pluck out one of them and take it to him. (p.17) (   )
4. Pluck out my other eye, and give it to her. (p.18) (   )
5. You must go away to Egypt. (p.19) (   )
6. I am glad that you are going to Egypt at last…You have stayed too long here; but you must kiss me on the lips, for I love you. (p.21) (   )

a. …but I cannot pluck out your eye. You would be quite blind then.
b. It is not to Egypt that I am going. I am going to the House of Death.
c. Why are you weeping then?

Appendix 373

d. I am waited for in Egypt.
e. Dear Prince, I cannot do that.
f. I will stay with you always.

5．この物語の中で、情景が目に浮かぶ場面はどこですか。その箇所(一文～数文の英語)を書き抜いて、日本語に訳しましょう。その後で、絵を描いてみましょう。

（英語）

（日本語訳）

（絵）

6. つばめが亡くなる前に、エジプトにいる仲間のつばめに手紙を書くとしたら、どのようなものになりますか。"Dear Friends," で始め、英語で手紙を書いてみましょう。（少なくとも 80 語以上は書きましょう！）

Dear Friends,

7. 王子は幸せだったと思いますか。生きている時と、像になってからのそれぞれの時に幸せだったと思うかどうか、あなたの考えを書いて下さい。

（スペースが足りない場合は裏へ）

Appendix 375

Name _____

8. 映像(アニメーション)と原作を比べて、気づいたことや感想を書きましょう。

376

Appendix F：第 5 章　事例 2.1（*Charlie and the Chocolate Factory*）

Follow-up interview の記録

日時：2007 年 1 月（授業終了後の約 6 ヶ月後）
場所：首都圏 D 短期大学講師室
Interviewees：受講生 3 名、いずれも同学同学科 2 年生（G、K、S）
Interviewer：本書の筆者で授業担当者（I）
背景：授業で *Peter Rabbit, Charlie and the Chocolate Factory*（10 章まで）を読み、直後にアンケートを実施。約 6 ヶ月後にその follow-up として interview を設け、成績・出席率ともに異なる 3 名に集まってもらった。（G は優、K は良、S は可）

　I：G さんから、授業のあと、Charlie を自分で読んだという話を聞いてうれしく思いましたが。
　G：ずっと電車の中で読みました。電子辞書も携帯し、わからない単語は調べながら読みました。
　I：日本語訳は見ましたか？
　G：見ませんでした。が、DVD は見ました。
　I：今までに英語の本を読んだことはありますか。
　G：このように長い英語の本を読んだことはありません。授業の最初にやった絵本の読み聞かせで読んだくらい。
　I：他の方はどうですか。あの後、Charlie とか他の児童文学の本を読んだりしましたか。
K、S：いいえ。

　I：あの授業は楽しかったですか。
K、S：ええ、まあ。
　G：絵本とか物語だったので楽しかった。
　I：それは何と比べて？時事問題とか？
　G：そのへんにあるような…（→いわゆる大学教科書を指しているようである。）文学も難しくてよくわからない。
　I：一応、Charlie も私は「文学」と位置づけているのですが（笑）
　G：「文学」というと、以前やったもののイメージが強くて、良くない。例えば、××先生とやったもの。Hemingway かな？
　I：Hemingway の何を読んだの？
G、K：「老人と海」。英語も難しいし、内容も難しいしでいやになった。

　I：S さんはどうですか。

Appendix　377

　S：私は DVD を見ました。
　Ｉ：借りたの？
　S：買いました。（→授業の後でわざわざ購入したとのことであった）
一同：買ったんだ！？

　Ｉ：じゃ、本自体は、授業のあとは読んでいないということですね。
　S：面倒くさいので、訳すのが。
　Ｉ：訳すのが面倒くさい？辞書を引くのが面倒くさいという意味ですか？
　S：両方とも。
　Ｉ：絵本の読み聞かせをしていたときも、そうでしたか？
　S：はい。
S、K：何でもそうですが、先に DVD とか見て内容わかった後で、読む方がいい。
　Ｉ：まあ、そうかもしれませんね。それがいいかどうかはまた別の問題ですが。

　Ｉ：では、英語の本、特に Charlie とか児童文学の本を読むことによって、自分の英語
　　　力は伸びたと思いますか。
　G：たとえば、動詞でもいろいろ出てくるので。覚えているのは「高い声をあげる」
　　　というようなのが出てきたし、似たような意味の単語でもいろいろ出てきました。
　Ｉ：それは語彙が広がったということですね。読みについてはどうですか。たとえば、
　　　読み方が速くなったとか読みに耐えられる力がついたとか。
　G：それはわからない。でも、絶対に最後まで読もうと思って読んだので、自信がつ
　　　いた。でも、歌詞のところは読んでいません。難しかったから。
　Ｉ：そうですね。詩は難しいですね。S さんはどうですか。
　S：私はいつもたくさん DVD を観ているので。
　Ｉ：日本語・英語の切り替えはどういうふうにして観ていますか。
　S：大体、三回くらい観るので。最初は日本語で観て、その後英語で。

　Ｉ：この前の、_Erin Brockovich_ はどうでしたか。
　S：あまり面白くなかった。
　Ｉ：遅れてきたからじゃないの？（笑）

　Ｉ：最後に Peter Rabbit について聞きたいのですが、あれはどうでしたか。楽しかった
　　　ですか。
一同：ええ、まあ。Hemingway ほどは難しくなかったし、物語の楽しさがわかった気
　　　がする。

　Ｉ：授業のやり方はどうでしたか。訳読はできるだけしないで、activity をしたり、
　　　worksheet を埋めたりというような方法をとってみましたが、アンケートで「そ

れでは意味がはっきりしないところがあるのでもっと詳しくやって欲しかった」
という意見もありました。

一同：こっちのやり方の方がいいと思う。

Ｉ：時間的にも、こういうやり方をしないと進まないというのがあります。それに、
　　訳に集中するあまり、大切な内容とか、物語が伝えようとしていることがわから
　　なくなってしまうことがあるのです。

Ｉ：皆さんの意見をまとめると、そんなに英語力がついたかどうかわからないが、語
　　彙力は多分ついて、全体的には楽しい体験だった、ということでしょうか。

一同：（うなずく）

Ｉ：これがきっかけで、英語を頑張って勉強しようという気持ちにはなりましたか。

Ｋ：これがきっかけではないかな。前から、勉強しようと思っていたけれど、その中
　　で、ああ、こういう勉強の仕方もあるんだぁ、とわかったという感じです。

Ｇ：Charlie を読むことで、物語を読む楽しさはわかりました。

Ｉ：で、Hemingway とかよりやさしいということを再確認して、読みたいという気持
　　ちになった。

Ｓ：（やさしい）物語は、読む気が出る。

Ｇ：やっぱり、先が気になるので、物語は楽しいから。

Ｉ：わかりました。今日はどうも有り難うございました。

Appendix　379

Appendix G：第 5 章 Extensive Reading「同意書」と Students' Reading Track

同　意　書

1．研究への参加・協力は任意であり、いつでもやめることができます。
2．研究への参加・協力とは、具体的に、約 15 分間の **Reading Circles** の録音に協力することと、
　それに付随するアンケートに答えることをさします。
3．得られたデータは、研究目的にのみ使用され、成績やその他の評価には一切使用しません。
4．結果を発表する際には、個人の特定ができないように配慮します。
5．研究への参加が皆さんの利益になるように、得られたデータをもとにして適切なフィードバ
　ックを与えるなど教育的な配慮をします。
6．この件について、いつでも質問したり結果の開示を求めたりすることができます。

2009/05/11

参加者

Extensive Reading I (Kyoko Kuze)

Students' Reading Track

Student Name: _____　　　Student Number: _____

Date		Pages /Total Pages
April 14	Borrowed	
April 21		/
April 28		/
May 12		/
May 19		/
May 26		/
June 2		/
June 9		/
June 16		/
June 23		/
June 30		/
July 2		/
July 7		/
July 14		/

380

Appendix H：第 5 章　事例 7.1

ワークシート(1)　*The Remains of the Day*(範囲：Day One – Evening, Day Two – Morning)

1．Day One – Evening の最後の部分に、"It is with such men (great butlers) as it is with the English landscape seen at its best as I did this morning: when one encounters them, one simply *knows* one is in the presence of greatness." とありますが、Stevens は「偉大な執事」と「イギリスの景色」のどんなところが共通していると考えていますか。

2．Day Two – Morning にある次の一節を読んで問いに答えなさい。

'When I was young, I used to keep all sorts of tropical fish in a tank. (1) Quite a little aquarium it was. I say, Stevens, are you all right?'

I smiled again. 'Quite all right, thank you, sir.'

'As you so rightly pointed out, I really should come back here in the spring. Darlington Hall must be rather lovely then. The last time I was here, I think it was winter then too. I say, Stevens, are you sure you're all right there?'

'Perfectly all right, thank you, sir.'

'(2) <u>Not feeling unwell, are you?</u>'

'Not at all, sir. Please excuse me.'

I proceeded to serve port to some other of the guests. There was a loud burst of laughter behind me and I heard the Belgian clergyman exclaim: 'That is really heretical! Positively heretical!' then laugh loudly himself. I felt something touch my elbow and turned to find Lord Darlington.

'Stevens, are you all right?'

'Yes, sir. Perfectly.'

'You look as though you're crying.'

問 1　二つの下線部分を日本語になおしなさい。
　　(1)
　　(2)

問 2　この一節では、Stevens の尋常でない様子が他の登場人物の発する言葉から推測されますが、その箇所すべてに下線を引きなさい。また、Stevens がなぜそのような状態にあるのか説明しなさい。

3．今回の範囲内で原作と映画の違いに気づいた箇所をすべてあげ、映画製作の際に原作を変えた理由が考えられればそれを記しましょう。また、それについて 3 ～ 4 人のグループで意見交換をしましょう。

Appendix　381

原作	映画	考えられる理由

ワークシート(2)　*The Remains of the Day*(範囲：Day Four – Afternoon, Day Six – Evening)

I.　Day Four – Afternoon

1 ．Mr. Cardinal に対する Stevens の答えとして、適当なものを選び、記号で答えなさい。

Won't you care to join me in a little drink?'

（1.　　　　　　　　　　　）

'I say, Stevens, are you all right there?'

（2.　　　　　　　　　　　）I said with a small laugh.

'Not feeling well, are you?'

'A little tired, perhaps, but I'm perfectly fine, thank you, sir.'

'Well, then, you should sit down. Anyway, as I was saying. We've been friends for some time. So I really ought to be truthful with you. As you no doubt guessed, I didn't happen by tonight just by accident. I had a tip-off, you see. About what's going on. Over there across the hall at this very moment.'

'Yes, sir.'

'I do wish you'd sit down, Stevens. I want us to talk as friends, and you're standing there holding that blasted tray looking like you're about to wander off any second.'

（3.　　　　　　　　　　）

'I hardly need to tell you, do I, Stevens, what I feel towards his lordship. I mean to say, he's been like a second father tome. I hardly need to tell you, Stevens.'

（4.　　　　　　　　　　）

'I care deeply for him.'

（5.　　　　　　　　　　）

'And I know you do too. Care deeply for him. Don't you, Stevens?'

（6.　　　　　　　　　　）

a. 'Yes, sir.'

b. 'No, sir.'

c. 'Perfectly all right, thank you, sir,'

d. 'I'm sorry, sir.'

e. 'I do indeed, sir.'

f. 'That's very kind of you, sir. But no, thank you, I won't.'

2．下線部を日本語に直しましょう。

　　As I approached Miss Kenton's door, I saw from the light seeping around its edges that she was still within. And that was the moment, I am now sure, that has remained so persistently lodged in my memory – that moment as I paused in the dimness of the corridor, that tray in my hands, an ever-growing conviction mounting within me that just a few yards away, on the other side of that door, Miss Kenton was at that moment crying. <u>As I recall, there was no real evidence to account for this conviction – I had certainly not heard any sounds of crying – and yet I remember being quite certain that were I to knock and enter, I would discover her in tears.</u>

3．この場面は、Day Two – Morning と同様、sense of triumph という言葉で締め括られています。Stevens がなぜ、そのような感情を持つに至ったか、説明して下さい。

II．Day Six - Evening

4．ペアを組み、テクストの p.254 の下から 3 行目から p. 256 の第 3 段落 lot, you see." まで、登場人物の気持ちを考えながら音読しましょう。

5．音読した部分のうち、以下の 2 つの文の持つ意味を作品全体から考えてみましょう。自分の意見をまとめて書いたあとで、ペアの相手と意見交換をしましょう。

　　1）- what dignity is there in that?（p.256, l.5）

　　2）The evening's the best part of the day.（p.256, l.15）

6．原作と映画を比較すると最後の場面に大きな違いが見られ、それによってタイトルの The Remains of the Day の持つ意味が異なっているように思われます。どのように異なっているか説明して下さい。

Appendix 383

Appendix I：第5章　事例 7.3 ワークシート

Bernard Shaw, *Pygmalion*

Session 1- Reading

Act I

The rain has stopped; and the persons on the outside of the crowd begin to drop off.

THE FLOWER GIRL [resenting the reaction] He's no gentleman, he ain't, to interfere with a poor girl.

THE DAUGHTER [out of patience, pushing her way rudely to the front and displacing the gentleman, who politely retires to the other side of the pillar] What on earth is Freddy doing? I shall get pneumonia if I stay in this draught any longer.

THE NOTE TAKER [to himself, hastily making a note of her pronunciation of "monia"] Earlscourt.

THE DAUGHTER [violently] Will you please keep your impertinent remarks to yourself?

THE NOTE TAKER. Did I say that out loud? I didn't mean to. I beg your pardon. Your mother's Epsom, unmistakeably.

THE MOTHER [advancing between her daughter and the note taker] How very curious! I was brought up in Large lady Park, near Epsom.

THE NOTE TAKER [uproariously amused] Ha! ha! What a devil of a name! Excuse me. [To the daughter] You want a cab, do you?

THE DAUGHTER. Don't dare speak to me.

THE MOTHER. Oh, please, please Clara. [Her daughter repudiates her with an angry shrug and retires haughtily.] We should be so grateful to you, sir, if you found us a cab. [The note taker produces a whistle]. Oh, thank you. [She joins her daughter]. The note taker blows a piercing blast.

THE SARCASTIC BYSTANDER. There! I knowed he was a plain-clothes copper.

THE BYSTANDER. That ain't a police whistle: that's a sporting whistle.

THE FLOWER GIRL [still preoccupied with her wounded feelings] He's no right to take away my character. My character is the same to me as any lady's.

THE NOTE TAKER. I don't know whether you've noticed it; but the rain stopped about two minutes ago.

THE BYSTANDER. So it has. Why didn't you say so before? and us losing our time listening to your silliness. [He walks off towards the Strand].

THE SARCASTIC BYSTANDER. I can tell where you come from. You come from Anwell. Go back there.

THE NOTE TAKER [helpfully] *H*anwell.

THE SARCASTIC BYSTANDER [affecting great distinction of （　a　）] Thank you, teacher. Haw haw! So long [he touches his hat with mock respect and strolls off].

THE FLOWER GIRL. Frightening people like that! How would he like it himself.

THE MOTHER. It's quite fine now, Clara. We can walk to a motor bus. Come. [She gathers her skirts above her ankles and hurries off towards the Strand].

THE DAUGHTER. But the cab—[her mother is out of hearing]. Oh, how tiresome! [She follows angrily].

All the rest have gone except the note taker, the gentleman, and the flower girl, who sits arranging her basket, and still pitying herself in murmurs.

THE FLOWER GIRL. Poor girl! Hard enough for her to live without being worried and chivied.

THE GENTLEMAN [returning to his former place on the note taker's left] How do you do it, if I may ask?

THE NOTE TAKER. Simply phonetics. The science of (a). That's my profession; also my hobby. Happy is the man who can make a living by his hobby! You can spot an Irishman or a Yorkshireman by his brogue. I can place any man within six miles. I can place him within two miles in London. Sometimes within two streets.

THE FLOWER GIRL. Ought to be ashamed of himself, unmanly coward!

THE GENTLEMAN. But is there a living in that?

THE NOTE TAKER. Oh yes. Quite a fat one. This is an age of upstarts. Men begin in Kentish Town with 80 pounds a year, and end in Park Lane with a hundred thousand. They want to drop Kentish Town; but they give themselves away every time they open their mouths. Now I can teach them—

THE FLOWER GIRL. Let him mind his own business and leave a poor girl—

THE NOTE TAKER [explosively] Woman: cease this detestable boohooing instantly; or else seek the shelter of some other place of worship.

THE FLOWER GIRL [with feeble defiance] I've a right to be here if I like, same as you.

THE NOTE TAKER. A woman who utters such depressing and disgusting sounds has no right to be anywhere—no right to live. Remember that you are a human being with a soul and the divine gift of articulate (a): that your native (b) is the (b) of Shakespeare and Milton and The Bible; and don't sit there crooning like a bilious pigeon.

THE FLOWER GIRL [quite overwhelmed, and looking up at him in mingled wonder and deprecation without daring to raise her head] Ah—ah—ah—ow—ow—oo!

THE NOTE TAKER [whipping out his book] Heavens! what a sound! [He writes; then holds out the book and reads, reproducing her vowels exactly] Ah—ah—ah—ow—ow—ow—oo!

THE FLOWER GIRL [tickled by the performance, and laughing in spite of herself] Garn!

THE NOTE TAKER. You see this creature with her kerbstone English: the English that will keep her in the gutter to the end of her days. Well, sir, in three months I could pass that girl off as a duchess at an ambassador's garden party. I could even get her a place as lady's maid or shop assistant, which requires better English. That's the sort of thing I do for commercial millionaires. And on the profits of it I do genuine scientific work in phonetics, and a little as a poet on Miltonic lines.

THE GENTLEMAN. I am myself a student of Indian dialects; and—

THE NOTE TAKER [eagerly] Are you? Do you know Colonel Pickering, the author of Spoken Sanscrit?

THE GENTLEMAN. I am Colonel Pickering. Who are you?

THE NOTE TAKER. Henry Higgins, author of Higgins's Universal Alphabet.

PICKERING [with enthusiasm] I came from India to meet you.

HIGGINS. I was going to India to meet you.

PICKERING. Where do you live?

HIGGINS. 27A Wimpole Street. Come and see me tomorrow.

PICKERING. I'm at the Carlton. Come with me now and let's have a jaw over some supper.

HIGGINS. Right you are.

THE FLOWER GIRL [to Pickering, as he passes her] Buy a flower, kind gentleman. I'm short for my lodging.

PICKERING. I really haven't any change. I'm sorry [he goes away].

HIGGINS [shocked at girl's mendacity] Liar. You said you could change half-a-crown.

THE FLOWER GIRL [rising in desperation] You ought to be stuffed with nails, you ought. [Flinging the basket at his feet] Take the whole blooming basket for sixpence.

The church clock strikes the second quarter.

HIGGINS [hearing in it the voice of God, rebuking him for his Pharisaic want of charity to the poor girl] A reminder. [He raises his hat solemnly; then throws a handful of money into the basket and follows Pickering].

THE FLOWER GIRL [picking up a half-crown] Ah—ow—ooh! [Picking up a couple of florins] Aaah—ow—ooh! [Picking up several coins] Aaaaaah—ow—ooh! [Picking up a half-sovereign] Aasaaaaaaaaah—ow—ooh!!!

FREDDY [springing out of a taxicab] Got one at last. Hallo! [To the girl] Where are the two ladies that were here?

THE FLOWER GIRL. They walked to the bus when the rain stopped.

FREDDY. And left me with a cab on my hands. Damnation!

THE FLOWER GIRL [with grandeur] Never you mind, young man. I'm going home in a taxi. [She sails off to the cab. The driver puts his hand behind him and holds the door firmly shut against her. Quite understanding his mistrust, she shows him her handful of money]. Eightpence ain't no object to me, Charlie. [He grins and opens the door]. Angel Court, Drury Lane, round the corner of Micklejohn's oil shop. Let's see how fast you can make her hop it. [She gets in and pulls the door to with a slam as the taxicab starts].

FREDDY. Well, I'm dashed!

|Post-Reading|

1．The Note Taker は、どのような意図・目的でこのようなことをしているのですか。

2．The Note Taker によると、The Flower Girl の英語はどのようなものですか。また、その結果、どんな人生を送ることになると言っていますか。

3．The Note Taker は、The Gentleman に対してどのようなことを約束しますか。

4．"The fact is that everyone has an accent. It tells other people who we are because it reflects the places we have been and the things we have done."（Myths, p.169）の内容の具体例と思われる箇所全てに印をつけなさい。

5．The Sarcastic Bystander の発言の中で、彼のアクセントがある単語やフレーズを書き抜きなさい。

6．Accent とほぼ同義の単語を書きなさい。

7．空所、a, b に入る単語を考えてみましょう。

あとがき

　本書は、独立行政法人日本学術振興会 2019 年度科学研究費助成事業（科学研究費補助金）（研究成果公開促進費　課題番号 19HP5231）及び 2019 年度東洋大学井上円了記念研究助成（刊行助成）の交付を受け刊行したものである。審査にあたってくださった先生方、関係者の皆様には厚く御礼申し上げる。

　本書のもととなっているのは、2016 年 9 月に東京大学より博士（学術）の学位を授与された論文「英語教育における文学教材の意義―事例分析による再検討―」（The Role of Literary Texts in EFL Classrooms: A Reexamination Through the Analysis of Case Studies）である。

　筆者が英語教育における文学教材の意義という研究に取り組むようになってはや十数年が経過したが、この間にも日本の英語教育は目まぐるしく変化してきた。特に、最近は、民間の資格・検定試験を活用する大学入試改革の話題が注目を集めている。大学においてもグローバル人材の育成や学生の専攻・将来の職業に直結した英語教育がますます求められている。このような流れの中、文学教材はどのような役割を担っていくのであろうか。

　学生時代に修めた英文学とアメリカで勉強した英語教授法の両方に関わることから興味を持った分野であったが、研究を進めるうちに、教材としての文学の役割や意義への関心はますます高くなっていった。同時に、複数領域にわたって専門性を求められる学際的研究の厳しさは予想以上のもので、自分の力不足を実感することも多々あった。今後の研究の発展・改善のため、読者の皆様からのご助言やご指導等を切に願う次第である。

　本書とそのもととなった博士論文の執筆にあたっては多くの方々に大変お世話になった。中でも、東京大学大学院総合文化研究科および教育学研究科教授の斎藤兆史先生には、長年にわたり親身にご指導いただいた。先生の門を叩くことがなければ、この研究をまとめることは到底できなかっただろう。また、共に論文審査にあたってくださった山本史郎先生、アルヴィー・宮本なほ子先生、トム・ガリー先生、奥聡一郎先生にも心より御礼を申し上

げる。先生方には論文の構想段階からいく度も相談にのっていただいただけでなく、草稿についてもご専門の立場から大変貴重なご助言をいただいた。

学部時代の恩師である故小津次郎先生にも感謝を捧げたい。ご指導いただいてから随分時が経ってしまったが、先生の教えは今でも筆者の心の中で生きている。

他にも、研究者として未熟な筆者を励ましご指導くださった多くの先生方、共に切磋琢磨してきた斎藤英学塾塾生の方々にお礼を申し上げる。皆様のおかげで、今日まで何とか研究から離れずにやってくることができた。

本書は、研究の性質上、事例研究に参加してくださった多くの方のご協力なしには成り立たなかった。ご寛容にも授業を観察させてくださった教員の方々と学習成果や感想を聞かせてくれた学生の皆さんに深く感謝する。一緒に過ごした教室で、目の前で展開される授業から本当に多くを学ばせていただいた。

本書の刊行にあたっては、株式会社ひつじ書房の松本功社長、丹野あゆみさん他社員の方々に大変お世話になった。本書の研究テーマに対するご理解と、企画から刊行に至るまでのお力添えに心よりお礼申し上げる。

最後に、週末ごとに図書館へ向かう筆者をだまって送り出してくれた家族と愛犬にもありがとうと伝えたい。

索引

A

Audiolingual Method（オーディオ・リンガ
　ル・メソッド）　33, 73, 111
Audiolingualism　185
authentic　2, 48, 33, 50, 51, 53, 66, 68,
　154, 170, 182, 183185, 186
authenticity　72, 295, 310

C

CALL 教室　274, 276, 277, 290, 291, 329,
　332
CLIL　337
CLT（Communicative Language Teaching）
　2, 33, 34, 107, 316, 325, 340
communicative competence　68, 57, 58,
　73, 75
creative writing　58, 59, 152, 153, 218,
　221, 225, 326
creativity　58
cultural awareness　49, 56

E

EAP（English for Academic Purposes）　34,
　76, 77, 220, 221
Edmondson　8, 55, 59, 41, 60, 61, 80, 320,
　321
EFL（English as a foreign language）　4, 5,
　42, 153, 218, 331

ELT (English Language Teaching) Journal
　31, 33, 36, 40, 43, 57
ESP（English for Specific Purposes）　34, 35,
　76, 77, 78, 81, 107, 150, 216, 220, 221,
　273, 276, 292, 317, 320, 331, 332
ESL（English as a second language）　4, 5,
　153, 218, 221, 235, 259

I

Input Hypothesis　53, 237
intensive reading　110, 113, 114, 118, 327

L

language awareness　52
LBA（language-based approaches）　15, 54,
　100, 107, 152, 182
linguistic goals　79
lit/com debate　220, 221
literariness　11, 12, 40
literary goals　15, 79
literature-composition debate　37

M

metaphor　193, 194, 316

N

narrative　222, 259, 260, 261, 271, 331,
　336

O

Oxford English Dictionary　5

P

pop song lyrics　189

prediction　153, 219, 224, 225, 226, 228,
　　229, 333

R

readability　157, 158
re-creation of experience　9
retold 版　13, 25, 67, 154
rewriting　153, 175, 219, 225, 226, 228,
　　229, 230, 233, 333
Russian Formalism　10

S

scaffolding　240
Shakespeare　20, 21
*Standards for Foreign Language Learning
　in the 21st Century*　74

T

TESOL　65
The Modern Language Journal　31, 33, 36,
　　40
TOEIC　39, 40
triangulation　90, 91

あ

アクティブ・ラーニング　201, 216

い

生きた英語　181

え

英語教師養成　65
英語帝国主義　323
絵本　294, 295, 296, 312, 336

お

オーディオ・リンガル・メソッド　73
音読　121, 129, 291

か

解釈する力　294, 313, 324
学習指導要領　vi, 1, 16, 21, 22, 23, 24, 25,
　　26, 27, 39, 45, 69, 74, 340
過剰なるもの　118
簡略化　67, 237, 295
簡略版　67, 154, 182, 184, 238, 239, 240,
　　242, 252, 254, 255, 256, 319, 321, 335

き

教育的文体論　14, 32, 43, 44, 52, 76, 86,
　　125, 152, 175, 218, 222, 340
教員養成課程　337, 338
教職課程　26
教養主義　28, 69

け

経済界　35, 39, 77
言語的要素　14, 333, 334

こ

語彙数　23
語彙力　211, 283, 286, 287
コーディング　151, 191, 208
コード化　133
コーパス　276
コーパス言語学　258
言葉への気づき　50, 51, 52, 294, 312,
　　313, 314, 315, 316, 317
コミュニケーション能力　57

コミュニケーション能力（の）育成　1, 21,
　23, 38, 58, 69, 71, 130, 185, 292, 329,
　330, 332

さ

再創造　9, 272

し

シェークスピアより使える英語を　22, 35,
　39
視聴覚教材　112, 116, 117, 167, 179, 275,
　326, 330
実証的研究　41, 42, 61, 83, 84, 85, 89,
　341
実用主義　30
自由間接話法　318
授業時間数　23

す

随筆　115
スキーマ理論　323

せ

正典（canon）　10, 13, 14, 16, 17, 30, 64,
　65, 67, 72, 109, 155, 242, 255, 317,
　327, 328, 340
精読　110, 112, 118, 132, 134, 136, 140,
　147, 149, 150, 162, 179, 256, 278,
　282, 286, 316, 317, 327, 335

そ

創造性　12, 66, 324, 326, 330
想像的　7, 9, 10, 54, 64
創造的　7, 10, 68, 268, 326
想像力　12, 183, 272
速読　255, 286, 335

た

大学入試改革　25
脱ゆとり教育　24
多読　15, 42, 53, 237, 240

と

同意書　99, 242
読解力　51, 53, 181, 211, 250, 254, 255,
　283, 286, 317, 318

な

ナショナル・リーダー　20
生の　34
生の英語　287, 292
生の言語　288

は

背景知識　147, 322, 323

ひ

比喩的表現　135

ふ

プロジェクト・グーテンベルク　275, 280,
　293, 336
文学的要素　14, 333, 334
文法　125, 127, 128, 129, 131
文法訳読式　38, 111, 112
文法訳読法　30, 32, 33, 110, 111, 112,
　149, 151, 171, 330

へ

ペア・グループワーク　186, 197, 213,
　329

ほ

翻訳　120, 151, 300, 304

め

メタ言語能力　294, 295, 296, 312, 316,
　328

も

物語　115, 171, 270, 288, 309
物語性　53, 272, 317, 318, 326

や

ヤング・アダルト（YA）　188, 237, 240

ろ

ロシアン・チェコフォルマリスト　40
論説的　115, 116, 132, 278, 288, 316,
　324, 328
論説文（的）　149, 150

〔著者〕 久世恭子 (くぜ・きょうこ)

略歴
長野県生まれ。津田塾大学学芸学部英文学科卒業。外資系銀行勤務等を経て、米国 Manhattanville College 修士課程（ESL）修了。都内の大学で教鞭をとる一方、東京大学大学院総合文化研究科言語情報科学専攻修士課程（社会人特別選抜）、博士課程修了。2016年博士（学術）取得。現在、東洋大学経営学部准教授、東京大学教養学部非常勤講師。

主要著作・論文
Using Short Stories in University Composition Classrooms. In *Literature and Language Learning in the EFL Classroom*（2015年、Palgrave Macmillan）、「精読の授業における文学的テクストの特徴：*A Room of One's Own* に対する学習者の関心と反応」『英語へのまなざし―斎藤英学塾10周年記念論集』（2016年、ひつじ書房）など。

シリーズ言語学と言語教育
【第38巻】
文学教材を用いた英語授業の事例研究
Linguistics and Language Education Series 38
A Reexamination of the Role of Literary Texts
in EFL Classrooms through Case Studies
Kuze Kyoko

発行	2019年10月31日　初版1刷

定価	8000円＋税
著者	©久世恭子
発行者	松本功
装丁者	吉岡透 (ae) /明田結希 (okaka design)
印刷所	三美印刷 株式会社
製本所	株式会社 星共社
発行所	株式会社 ひつじ書房 〒112-0011　東京都文京区千石2-1-2 大和ビル2F Tel 03-5319-4916　Fax 03-5319-4917 郵便振替　00120-8-142852 toiawase@hituzi.co.jp http://www.hituzi.co.jp/

造本には充分注意しておりますが、落丁・乱丁などがございましたら、小社かお買上げ書店にておとりかえいたします。
ご意見、ご感想など、小社までお寄せ下されば幸いです。

ISBN978-4-89476-987-8　C3080
Printed in Japan

【刊行書籍のご案内】

英語へのまなざし

斎藤英学塾10周年記念論集

斎藤兆史監修　北和丈・城座沙蘭・髙橋和子編
定価6,000円＋税

英語をめぐる研究が過度に高度化・細分化していくなかで、その核たるべき英語そのものへの眼差しを取り戻すべく立ち上がった「斎藤英学塾」が、2005年の発会から10周年を迎えた。英文学・英語学・英語教育といった従来の枠組みにとらわれることのない幅広い視点から、日本における新たな「英学」のあり方を模索する異色の論集。

シリーズ言語学と言語教育　34

日本の英語教育における文学教材の可能性

髙橋和子著　定価7,500円＋税

本書は、近年、日本の英語教育から文学教材が減少した経緯を批判的に分析した上で、文学はコミュニケーション能力育成を目指す英語教育において重要な教材であることを、理論と実践両面から示している。実践面では、中学・高校教員の声や、大学生の意見を踏まえ、文学を活用するための多彩な授業プランを紹介している。英語教育に興味を持つ幅広い読者に薦めたい。